Nancy Etcoff

# Nur
# die Schönsten überleben

## Die Ästhetik des Menschen

Aus dem Amerikanischen von Heinz Tophinke

Diederichs

Die Originalausgabe erschien 1999 unter dem Titel
*Survival of the Prettiest – The Science of Beauty*
bei Doubleday/Random House, New York

*Meiner Mutter*
*und dem Andenken meines Vaters gewidmet*

Die Deutsche Bibliothek – CIP-Einheitsaufnahme
Etcoff, Nancy:
Nur die Schönsten überleben : die Ästhetik des Menschen / Nancy Etcoff.
Aus dem Engl. von Heinz Tophinke. – Kreuzlingen ; München :
Hugendubel, 2001
(Diederichs)
Einheitssacht.: The survival of the prettiest <dt.>
ISBN 3-7205-2222-9

Umschlaggestaltung: Zembsch' Werkstatt, München, unter Verwendung
eines Bildmotivs von Stone, München
Textredaktion: Claudia Müller-Ebeling, Hamburg
Produktion: Maximiliane Seidl
Satz: EDV-Fotosatz Huber / Verlagsservice G. Pfeifer, Germering
Druck und Bindung: Huber, Dießen
Printed in Germany

ISBN 3-7205-2222-9

# Inhalt

1 EINFÜHRUNG: SCHÖNHEIT AN UND FÜR SICH . . . . . . . . . . . . . . . . . . 7
Was ist Schönheit und wie erfahren wir sie? 14 Ein Ideal von
Schönheit existiert im Kopf, nicht leibhaftig 17 Der Kanon
der Schönheit 22 Satanische und göttliche Schönheit 26
Die Evolution der Schönheit 28

2 SCHÖNHEIT ALS KÖDER . . . . . . . . . . . . . . . . . . . . . . . . . . . . . . 37
Niedlichkeit 42 Ganz der Papa 47 Aussehen und
Realität 48 Gutes Aussehen – guter Charakter? 50
Die Ungerechtigkeit des Lebens 53 Schönheit als Status 56
Wem vieles gegeben wurde, von dem wird vieles erwartet 58
Sex als Waffe 60

3 SCHÖNHEIT KOMMT AN . . . . . . . . . . . . . . . . . . . . . . . . . . . . . 65
Das schöne, zarte Geschlecht? 71 Junge Liebe 74
Aufstieg durch Heirat? 76 Schönheit macht beneidenswert 78
Die Biologie der Schönheit 80 Fruchtbarkeitsgöttin 83
Wie wichtig es ist, sich helfen zu können 86
Krise der Kategorien 92 Geld 96 Glück(lich sein) 98

4 SCHMÜCKE MICH . . . . . . . . . . . . . . . . . . . . . . . . . . . . . . . . 103
Nackt 106 Geschniegelt 108 Gerieben, gegossen, gesprenkelt,
gesprüht 110 Heute Haare, morgen ... ? 111 Der verzierte
Körper 113 Schminke 115 Geheimnisse und Lügen 117
Warum aus Marilyn eine Blondine wurde und Elvis sich die Haare
schwarz färbte 119 Errötende Bräute 122 Straffe Haut 124
Makellos 128 Leere Verlockung 129 Schönheit und
Hautfarbe 131 Haare 136 Haarsträubend 138 Lass dein
Haar herunter 139 Vergängliche Pracht 141 Verrückt nach
blond 143 Gutes Haar, schlechtes Haar 146

5  GESICHT ZEIGEN . . . . . . . . . . . . . . . . . . . . . . . . . . . . . . . . . . . 149
   Universale Schönheit 155   Schönheit in Zahlen 158   Koinphilie:
   der Hang zum Durchschnittlichen 162   Ähnlichkeiten innerhalb
   der Familie oder: Warum wir Menschen mögen, die aussehen
   wie wir 166   Hyperfeminine Frauen 169   Der geheimnisvolle
   Mann 176   Vergängliche Verführung 181   Symmetrie 182
   Der B-Punkt 184

6  GRÖSSE . . . . . . . . . . . . . . . . . . . . . . . . . . . . . . . . . . . . . . . . . . 189
   Der Gipfel der Macht 195   Keine Muskeln, kein Sex 199
   Der Penis: Bedrohung oder Verlockung? 203
   Ebenmäßigkeit 208   Die Lust an der Brust 211
   Die Taillengegend 215   Kritische Masse 220

7  MODE, TREND . . . . . . . . . . . . . . . . . . . . . . . . . . . . . . . . . . . . 231
   Sex 235   Status 238   Die Geburt der Mode 239   Konsum,
   Verschwendung und Freizeit 241   Ungeheuerlichkeit 244
   Die Kontrolle der Masse 246   Der Designerkult 248
   Das Designerlabel 250   Supermodels und Designerkörper 251
   Plus ça change 255   Intelligente Kleidung 256

8  SCHLUSSBETRACHTUNG . . . . . . . . . . . . . . . . . . . . . . . . . . . . . 259
   Nicht nur unser Aussehen sendet Signale 263   Stimme 264
   Geruch 266   Nicht nur auf Schönheit warten 270


ANMERKUNGEN . . . . . . . . . . . . . . . . . . . . . . . . . . . . . . . . . . . . . . 277

LITERATUR . . . . . . . . . . . . . . . . . . . . . . . . . . . . . . . . . . . . . . . . . . 313

FOTOS UND ILLUSTRATIONEN . . . . . . . . . . . . . . . . . . . . . . . . . . . 337

DANK . . . . . . . . . . . . . . . . . . . . . . . . . . . . . . . . . . . . . . . . . . . . . . 339

ZUR AUTORIN . . . . . . . . . . . . . . . . . . . . . . . . . . . . . . . . . . . . . . . 341

SACHWORT- UND PERSONENREGISTER . . . . . . . . . . . . . . . . . . . . 342

# 1

# Einführung:
# Schönheit an und für sich

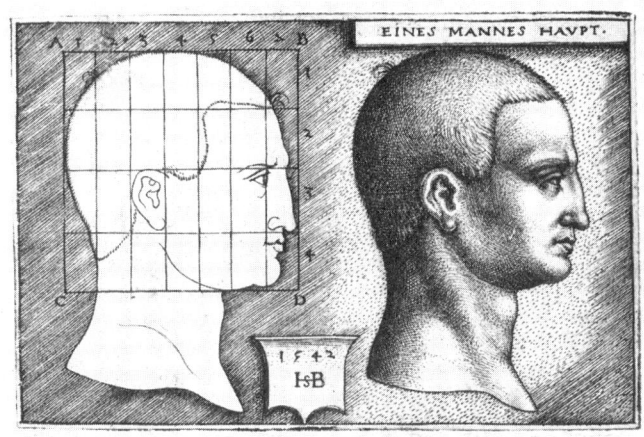

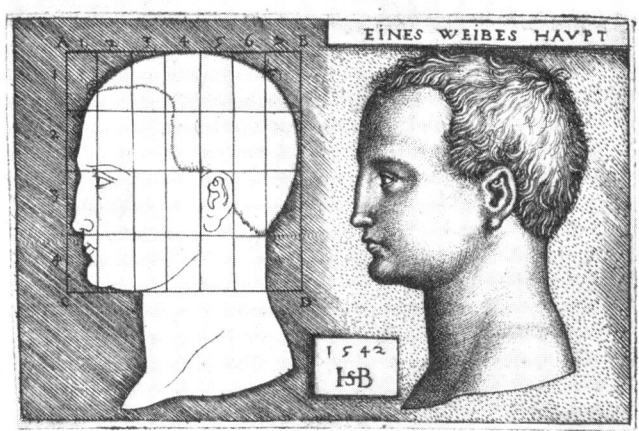

Drei Wünsche hat jeder Mensch: gesund zu sein, ehrlich Reichtum zu erlangen
und schön zu sein.

PLATON

Es muss ... in unserem innersten Wesen eine radikale und weit verbreitete
Tendenz vorherrschen, nach Schönheit zu trachten und sie wertzuschätzen.
Eine Beschreibung geistiger Prinzipien, die eine derart augenfällige Gabe
ignoriert, kann nicht hinreichend sein.

GEORGE SANTAYANA

(Ja, ich weiß. Du hast keine Ahnung, wovon ich rede. Die Schönheit ist längst
verschwunden. Sie ist unter die Oberfläche des Lärms abgetaucht, des Lärms
der Worte, und so tief gesunken wie Atlantis. Das Einzige, was von ihr blieb,
ist das Wort, und seine Bedeutung verliert Jahr für Jahr mehr an Klarheit.)

MILAN KUNDERA

Philosophen zerbrechen sich den Kopf über sie, und Pornographen bieten sie feil. Gefragt, weshalb sich die Menschen nach körperlicher Schönheit sehnen, gab Aristoteles zur Antwort: »Niemand, der nicht blind ist, könnte diese Frage stellen.« Schönheit bezaubert das Herz, umgarnt den Verstand und entfacht das Feuer der Emotionen. Von Platon bis zum modernen Pin-up-Foto haben Abbilder menschlicher Schönheit das nie endende Sehnen nach der idealen menschlichen Gestalt gestillt.

Doch wir leben im Zeitalter der hässlichen Schönheit, in dem Schönheit moralisch suspekt ist und Hässlichkeit einen verwegenen Reiz hat. Schönheit ist gleichermaßen Leibhaftigkeit und Imagination: wir erfüllen sie mit unseren Träumen und Sehnsüchten. Andererseits aber ist die Verehrung von Schönheit lediglich eine Flucht aus der Realität, es ist der ewige Jugendliche in uns, der sich weigert, eine mit Makeln behaftete Welt zu akzeptieren. Wir weisen sie von uns mit einem Klischee: »Die Schönheit liegt im Auge des Betrachters«, womit wir meinen, Schönheit sei, was immer uns gefällt (mit der Nebenbedeutung, dass sie unerklärbar sei). Doch so definiert ist der Begriff Schönheit bedeutungslos – wie Gertrude Stein einst über ihre Kindheit in Oakland, Kalifornien, sagte: »Da gibt es kein Da da.«

1991 behauptete Naomi Wolf, Schönheit als objektive und universale Entität existiere nicht, und räumte so mit Jahrhunderte langen Spekulationen auf. »Schönheit ist ein Währungssystem wie der Goldstandard. Wie jedes ökonomische System wird sie von der Politik determiniert, und sie ist das letzte und beste Glaubenssystem in der modernen westlichen Welt, das die männliche Dominanz aufrechterhält.« Wolf zufolge beruhen die Bilder, die wir um uns herum sehen, auf einem Mythos. Ihre Schönheit ist so frei erfunden wie die Erzählungen von Aphrodite,

9

das Urteil über Paris und der Apfel der Zwietracht. Schönheit ist eine praktische Erfindung, mit deren Hilfe die Großindustrie Idole, »Images«, kreiert, um sie als Opium für die weiblichen Massen zu verkaufen. Schönheit weist den Frauen den Platz zu, an dem die Männer sie haben wollen – außerhalb der Strukturen der Macht. Kapitalismus und Patriarchat definieren die Schönheit für den kulturellen Konsum und sorgen dafür, dass überall Abbilder davon Neid und Sehnsucht hervorrufen. Das solchermaßen ausgelöste Verlangen dient dem zweifachen Ziel, Geld zu verdienen und den Status quo zu erhalten.

Viele Intellektuelle wollen uns glauben machen, dass Schönheit unwichtig sei. Da sie weder etwas erklärt noch Lösungen anbietet und auch nichts lehrt, solle sie im intellektuellen Diskurs keinen Platz haben. Und wir sollten einen kollektiven Seufzer der Erleichterung von uns geben. Schließlich sei der Begriff der Schönheit zur Peinlichkeit geworden.

Doch an diesem Bild ist etwas falsch. Denn außerhalb des Reiches der Gedanken und Ideen regiert die Schönheit. Niemand hat je aufgehört, sie zu betrachten oder sich ihres Anblicks zu erfreuen. Sich achtlos von ihr abzuwenden ist so unmöglich, wie körperliche Bedürfnisse zu unterdrücken oder auf das Schreien eines Babys nicht zu reagieren. Wir können zwar sagen, dass die Schönheit tot sei, doch damit erreichen wir nicht mehr als eine Erweiterung der Kluft zwischen der realen Welt und unseres Verständnisses derselben.

Bevor die Schönheit noch weiter absinkt, möchte ich sie zu einer näheren Betrachtung heranholen. Davon auszugehen, dass die mächtigen Herren der Modewelt den Frauen gleichsam Verhalten und Vorlieben diktieren und ihre Vorstellungen von Schönheit definieren, käme der Feststellung gleich, dass Frauen nicht nur machtlos sind, sondern zudem keinen Verstand besitzen. Aber kann es nicht ganz im Gegenteil auch so sein, dass die Frauen die Schönheit kultivieren und die Schönheitsindustrie dazu benutzen, die Macht zu optimieren, die Schönheit mit sich bringt? Besteht das Problem nicht vielmehr darin, dass den Frauen häufig die Gelegenheit fehlt, ihre anderen Vorzüge zu kultivieren, und nicht darin, dass sie die Schönheit kultivieren können?

Wie wir sehen werden, beutet die Welt der Mode geschickt überall auf der Welt anzutreffende Präferenzen aus, doch sie kreiert diese ebenso

10

wenig wie Walt Disney unsere Vorliebe für große Augen und kindhafte Körperproportionen kreierte oder Coca Cola und McDonald's für unsere Lust auf süße und fetthaltige Nahrungsmittel verantwortlich sind. Werbefachleute und Geschäftsmänner bestimmen mit, wie wir uns kleiden und schmücken und was wir schön finden, doch ich werde zeigen, dass diese Dinge zu unserem Verständnis von Mode gehören, das es von unserer Auffassung von Schönheit zu unterscheiden gilt. Mode beschrieb Charles Baudelaire als »die ergötzliche, verführerische, appetitanregende Glasur auf dem göttlichen Kuchen«, im Gegensatz zum Kuchen selbst.

Die Medien kanalisieren unser Verlangen und engen die Bandbreite unserer Vorlieben ein. Eine »bildschöne« Frau, die bei der Masse Anklang findet, wird zum Vor-Bild, und einer Schönheit folgt ihre Nachahmerin, der wiederum eine Imitatorin folgt und so weiter. Marilyn Monroe war ein solcher Massenmagnet, dass jede Frau von Jayne Mansfield bis Madonna sie imitierte. Rassismus und gesellschaftlicher Dünkel finden sich auch bei Schönheitsidealen, wenngleich die Schönheit selbst durch Verschiedenheit gewinnt und Rasse für sie keine Rolle spielt. »Wenn jeder aus der gleichen Form hervorginge, gäbe es keine Schönheit«, schrieb Darwin.

Zum Teil erwuchs die heftige Reaktion auf die Schönheit aus dem Gedanken, dass das Streben danach enorme Ausmaße angenommen hatte, und das gilt weithin als Zeichen einer kranken Kultur. Bei der Betrachtung der historischen und anthropologischen Literatur werden wir feststellen, dass die Menschen sich seit jeher im Namen der Schönheit Narben beigefügt, bemalt, gepierced, ausstaffiert, gepolstert, Haare ausgezupft und ihren Körper zur Schau gestellt haben. Als Darwin im neunzehnten Jahrhundert mit der *Beagle* die Erde umschiffte, stellte er eine weltweite »Leidenschaft für Ornamentik« fest, die häufig ein »wunderbar erhabenes« Ausmaß an Opfer und Leiden beinhaltete.

Wir gestehen zwar zu, dass in »primitiven« Kulturen dem Körper Gewalt angetan wird oder dass dies in vergangenen Kulturen gang und gäbe war, doch wir haben uns noch nicht zu der Erkenntnis durchgerungen, dass Schönheit die primitive Seite jedes Menschen herauskehrt. 1996 ließen 696 904 Amerikaner freiwillig eine Schönheitsoperation über sich ergehen, bei der Haut verbrannt oder aufgerissen, Fett abge-

11

saugt oder Fremdkörper implantiert wurden. Bis zur gesetzlichen Einschränkung von Silikonimplantationen im Jahre 1992 unterzogen sich in den USA täglich vierhundert Frauen einem solchen Eingriff. Früher waren Brustimplantate die Domäne von Pornostars; heute sind sie für Hollywood-Schauspielerinnen die Norm und für Hausfrauen keine Seltenheit mehr.

Diese drastischen Maßnahmen sollen nicht etwa Deformierungen korrigieren, sondern lediglich ästhetische Details verbessern. Kathy Davis, eine Professorin an der Universität von Utrecht, beobachtete mehr als fünfzig Personen bei dem Versuch, Chirurgen von einer Korrektur ihres Aussehens zu überzeugen. Abgesehen von einem Mann mit einer deutlichen Knollennase konnte sie in keinem Fall im Vorhinein erkennen, was diese Menschen jeweils verändert haben wollten. »Ich war erstaunt, dass jemand wegen eines, wie mir schien, sehr geringen Mankos derart drastische Maßnahmen ergreifen wollte«, stellte sie dazu fest. Doch wenn es um Gesicht oder Körper geht, kann für den Betroffenen von einem geringen Manko offenbar keine Rede sein. Jeder kennt die Topografie seines Gesichts und Körpers so genau wie ein Kartograf eine Landschaft. Für die Außenwelt verändern wir uns je nach Befindlichkeit oder »Form« nur geringfügig. Doch vor unserem geistigen Auge vollzieht sich ein ganzes Kaleidoskop von Veränderungen, und ein Tag, an dem wir uns selbst nicht mögen bzw. anschauen können, ein begangener Fehler oder ein zusätzliches Pfund Körpergewicht können unser Selbstvertrauen auf eine Weise untergraben, wie es ähnlich geringfügige Schwankungen unserer Stimmung, unserer Kraft oder unserer geistigen Beweglichkeit für gewöhnlich nicht vermögen.

Im Namen der Schönheit gehen die Menschen in Extreme. Sie investieren einen so großen Teil ihrer Ressourcen in sie und riskieren dermaßen viel für sie, dass man glauben könnte, ihr Leben hinge davon ab. In Brasilien gibt es mehr Avon-Beraterinnen als Armeeangehörige. In den Vereinigten Staaten wird mehr Geld für Schönheit ausgegeben als für Bildung oder soziale Dienstleistungen. In jeder Minute werden Unmengen von Make-up verkauft – 1484 Lippenstifte und 2055 Packungen Hautpflegemittel. Selbst bei Hungersnöten verwenden die Buschmänner der afrikanischen Kalahari-Wüste noch tierische Fette zum Einreiben ihrer Haut, und im Jahre 1715 kam es in Frankreich zu

12

einem Aufstand, als der ausgiebige Einsatz von Mehl im Haar der Aristokratie zu einer Lebensmittelknappheit führte. Erst die Französische Revolution unterband das Horten von Mehl zu Zwecken der Schönheitspflege.

Entweder gibt sich die Welt also einem Massenwahnsinn hin, oder aber hinter dieser Verrücktheit steckt Methode. Tief in unserem Inneren wissen wir alle: Niemand kann gutem Aussehen widerstehen. Selbst wenn wir jede Ausgabe von *Vogue*, *High Society* und den anderen großen Modezeitschriften und jedes Foto von Kate Moss, Naomi Campbell und Cindy Crawford ins Feuer würfen – in unseren Köpfen würden nach wie vor die Bilder jugendlicher, perfekter Körper Gestalt annehmen und in uns den Wunsch erwecken, ebenso gut auszusehen. Niemand ist dagegen gefeit. Als die Präsidentengattin Eleanor Roosevelt gefragt wurde, ob sie irgendetwas in ihrem Leben bedauerte, gab sie die bezeichnende Antwort, sie wäre gerne hübscher gewesen – eine ernüchternde Aussage für eine der beliebtesten und am meisten geschätzten Frauen ihrer Zeit und einer, die mit Sicherheit ein erfülltes Leben führte. In dem Werk *Kindheit, Knabenalter, Jünglingsjahre* schrieb Leo Tolstoi: »Häufig war ich Augenblicken der Verzweiflung unterworfen. Ich stellte mir vor, dass es für einen Menschen mit einer so breiten Nase, solch dicken Lippen und so kleinen grauen Augen wie den meinen kein Glück auf Erden geben könne ... Nichts beeinflusst die Entwicklung eines Menschen so sehr wie sein Erscheinungsbild, doch es ist weniger das tatsächliche Aussehen als die Überzeugung, attraktiv oder aber hässlich zu sein.«

Das Aussehen ist der öffentlichste Teil des Selbst. Es ist unser Heiligstes, das sichtbare Selbst, das die Welt für einen Spiegel des unsichtbaren inneren Selbst hält. Diese Behauptung mag unfair sein und nicht der besten aller moralischen Welten entsprechen, doch wird sie dadurch nicht weniger wahr. Schönheit hat Konsequenzen, die sich nicht verleugnen lassen. Und ihre Wirkung ist ungebrochen – jenseits von Recht und Gesetz, in der gesetzlosen Welt gegenseitiger menschlicher Anziehung. Die akademische Welt mag sie aus ihren intellektuellen Diskursen verbannen, die Snobs die Nase rümpfen und sie als trivial und seicht erklären, doch in der realen Welt kollidiert der Mythos der Schönheit rasch mit der Wirklichkeit.

13

Dieses Buch will ergründen, was wir schön finden und warum – welcher Teil unseres Wesens uns für Schönheit empfänglich macht, welche Eigenschaften eines Menschen solche Reaktionen hervorrufen und weshalb eine Sensibilität für Schönes in der Natur aller Menschen liegt. Ich werde aufzeigen, dass unser leidenschaftliches Trachten nach Schönheit auf dem Wirken eines grundlegenden Instinkts beruht. George Santayana schrieb hierzu: »Ohne einen Zusammenhang zwischen unseren Wahrnehmungen und unserem Vergnügen würden wir schon bald die Augen vor dieser Welt verschließen ... Dass wir über einen Sinn für das Schöne verfügen, ist von großem Vorteil für uns.« Bei meiner Argumentation lasse ich mich von neuesten Forschungen in der Erkenntnis- und Entwicklungspsychologie leiten. Eine evolutionistische Betrachtungsweise kann das Thema Schönheit zwar nicht in seiner Gesamtheit erklären, doch hoffe ich aufzuzeigen, dass sie eine Vielzahl von Problemen erhellen und eine Perspektive für den Standort der Schönheit im menschlichen Leben bieten kann.

## Was ist Schönheit und wie erfahren wir sie?

Wir schätzen die anderen Menschen ständig nach ihrem Aussehen ein: unsere Schönheits-Detektoren sind immer und unermüdlich im Einsatz. Wir bemerken die Attraktivität jedes einzelnen Gesichts, das wir erblicken, so automatisch wie wir registrieren, ob es uns bekannt ist oder nicht. Unsere Schönheits-Detektoren tasten die Umwelt ab wie ein Radargerät: Wir sehen ein Gesicht nur für den Bruchteil einer Sekunde (150 Millisekunden in einem psychologischen Experiment), taxieren seine Schönheit und bewerten es dabei bereits genau so wie nach längerer Betrachtung. Unsere unmittelbare Reaktion auf eine Person ist noch im Gedächtnis gespeichert, wenn wir viele unwichtige Details über diesen Menschen längst vergessen haben.

Schönheit ist ein elementarer Genuss. Versuchen Sie sich einmal vorzustellen, Sie seien dafür unempfänglich geworden. Aller Wahrscheinlichkeit nach würden Sie sich dann unwohl fühlen – körperlich, geistig oder gefühlsmäßig nicht auf der Höhe. Das Nichtreagieren auf physische Schönheit ist ein Zeichen tiefer Depression – und zwar ein so vorherrschendes, dass eine Frage bezüglich der Wahrnehmung der eigenen körperlichen Attraktivität zu den üblichen Messmethoden für Depressionen gehört.

Aber was ist Schönheit? Wie wir sehen werden, lässt sie sich mit keiner Definition vollständig erfassen. Ich legte diese Frage Leuten vor, die sich beruflich mit Schönheit befassen, in der Hoffnung, sie hätten dazu konkrete Kriterien zu bieten, die sie detailliert darlegen könnten. Aaron Spelling, der Schöpfer der Fernsehserien *Baywatch* und *Melrose Place*, sagte: »Ich kann Schönheit nicht definieren, aber ich erkenne sie, wenn sie das Zimmer betritt.« Bei einer Agentur für männliche Topmodels erhielt ich eine etwas eingehendere Auskunft: »Schönheit – das ist, wenn jemand zur Tür hereinkommt, und Ihnen bleibt der Atem weg. Das passiert nicht oft. Man fühlt es mehr, als man es sieht. Ich meine einen Mann, an dem Sie einfach nicht vorbeigehen können, wenn Sie ihn auf der Straße sehen.« Bemerkenswert an dieser Expertenaussage ist, dass sie die Erfahrung des Sehens von Schönheit beschreibt, nicht aber, wie Schönheit aussieht bzw. was sie ist, worin sie besteht. Zu diesem Punkt war die einzige Auskunft, die ich bekam, dass sie – die Männer – jung und groß sein und eine makellos reine Haut haben sollten. Aber es war ein Anfang.

Das *Oxford English Dictionary* definiert das Wort »schön« (*beautiful*) wie folgt: »Von ausnehmender Anmut in Gestalt oder Form, bezaubernder (Gesichts-)Farbe oder Färbung und ausgestattet mit weiteren Eigenschaften, die das Auge erfreuen und Bewunderung hervorrufen: a) vom menschlichen Gesicht oder der menschlichen Gestalt; b) von anderen Objekten.« Im Wörterbuch meines Computer-Netzwerks heißt es: »(Schönheit) erfreut die Sinne oder stimuliert auf angenehme Weise den Geist.«

Die Wörterbücher definieren Schönheit also entweder als etwas dem Objekt Innewohnendes (seine Farbe, Form und andere Qualitäten) oder einfach als das Wohlbefinden, die Freude, die ein Objekt beim Betrachter auslöst (der Philosoph Santayana beschrieb Schönheit als »objektifizierte Freude«). Wenn wir den Begriff durch die Ideengeschichte zurückverfolgen, schwingt das Pendel eindeutig von einem Extrem ins andere. Für die alten Griechen war Schönheit etwas wie ein sechster Sinn; im zwanzigsten Jahrhundert, in dem Marcel Duchamp eine Toilette und Andy Warhol eine Suppendose zum Subjekt hoher Kunst erheben konn-

15

ten, wohnte die Schönheit nicht mehr dem Objekt selbst inne, sondern dem Auge, das dieses betrachtet und ihm Schönheit verleiht.

Es wird also das *Objekt* der Schönheit diskutiert, nicht jedoch die Erfahrung, das Erlebnis der Schönheit. Schönheit kann ein ganzes Gewirr von Emotionen aufwühlen; Freude oder Genuss muss jedoch immer dabei sein (quälende Sehnsucht und Neid stehen dazu nicht im Widerspruch). Unser Körper reagiert instinktiv auf Schönheit, und unsere Bezeichnungen für Schönheit bzw. Schönes sind Synonyma physischer Umwälzungen und körperlicher Vernichtung – atemberaubend, Femme fatale, umwerfend, zum Umfallen/Ausflippen, wahnsinnig schön, hinreißend. Wir erleben Schönheit nicht als rationales Phänomen, sondern als eine Reaktion auf physische Eindringlichkeit.

1688 äußerte Jean de La Bruyère den folgenden geschlechtsübergreifenden Wunsch: »Im Alter von dreizehn bis zweiundzwanzig Jahren ein Mädchen, ein schönes Mädchen zu sein, und danach ein Mann.« In der Schönheit einer jungen Frau liegt eine nicht zu unterschätzende Macht. 1957 war Brigitte Bardot dreiundzwanzig Jahre alt und der Star in dem Film *Und Gott erschuf das Weib*. Im selben Jahr berichtete die Zeitschrift *Cinémonde*, in den französischen Tageszeitungen seien eine Million Zeilen und in der wöchentlich erscheinenden Presse zwei Millionen Zeilen über die Bardot geschrieben und 29 345 Bilder von ihr veröffentlicht worden. Weiter berichtete das Blatt, die Schauspielerin sei Thema von siebenundvierzig Prozent aller Gespräche in Frankreich gewesen! Claudia Schiffer führte 1994 auf der Spanischen Treppe in Rom vier Minuten lang ein schwarzes Samtkleid vor. Britische Journalisten, die für den *Daily Telegraph* über das »Ereignis« berichteten, behaupteten, viereinhalb Millionen Menschen hätten zugesehen, und die Stadt sei zum »Stillstand« gekommen.

Dies mögen von den Medien angeheizte Spektakel sein, die so wenig real sind wie das konservierte Lachen, das uns aus unseren Fernsehgeräten entgegenkommt. Doch kleine Epiphanien sind im Alltagsleben nichts Ungewöhnliches. Die gefühlvollste Beschreibung einer Begegnung mit Schönheit – einsam, unerwartet, mit einer Unbekannten – liefert James Joyce in seinem Roman *Ein Porträt des Künstlers als junger Mann*: Am Strand sieht Stephen Dedalus eine junge Frau »mit langen, schlanken bloßen Beinen« und einem Gesicht, das »vom Wunder sterblicher Schönheit angerührt« ist. Ihre Schönheit verleiht seinen sinnlichen und geistigen Sehnsüchten Form. »Ihr Bild war in seine Seele eingedrungen, für immer, und kein Wort hatte das heilige Schweigen seiner Ekstase gebrochen ... Ein wilder Engel war ihm erschienen, der Engel sterblicher Jugend und Schönheit, ein Gesandter von den lieblichen Residenzen des Lebens, um vor ihm in einem Augenblick der Ekstase die Tore zu allen Straßen des Irrtums und der Herrlichkeit aufzureißen. Weiter und weiter und weiter und weiter!«

Ein Augenblick des Erkennens inspirierte Ezra Pound zu einem Zweizeiler mit dem Titel »In einer Métro-Station«: »Das Sichtbarwerden dieser Gesichter in der Menge: / Blütenblätter, an einem nassen, schwarzen Zweig.« Später berichtete Pound, wie es zur Entstehung dieser Zeilen kam. »Vor drei Jahren stieg ich in Paris an der Station La Concorde aus der U-Bahn aus und sah plötzlich ein wunderschönes Gesicht, und dann noch eines und noch eines, und dann ein schönes Kindergesicht, und dann noch eine wunderschöne Frau, und ich versuchte den ganzen Tag, Worte dafür zu finden, was dies für mich bedeutet hatte, doch ich konnte keine finden, die mir dieses plötzlichen Gefühls wert erschienen oder ebenso wunderschön waren ... In einem Gedicht dieser Art versucht man, exakt den Moment festzuhalten, in dem etwas Äußerliches, Objektives sich transformiert und sich in etwas Innerliches, Subjektives verwandelt.«

Es ist schwierig, in Worte zu fassen, weshalb ein bestimmtes Augenpaar oder ein bestimmter Mund uns bewegen, während andere uns nicht berühren. Selbst für Dichter ist dieser Vorgang oft genug jenseits der sprachlichen Erfassbarkeit. Wenn wir das Objekt der Schönheit betrachten, konfrontieren wir uns mit dem Jahrhunderte alten Versuch, das Wesen der Schönheit zu begreifen.

## Ein Ideal von Schönheit existiert im Kopf, nicht leibhaftig

Wir urteilen über das Aussehen anderer, als würde in unseren Köpfen eine ideale menschliche Gestalt existieren, eine Gestalt, die wir erkennen würden, wenn wir sie sähen, obgleich wir nicht erwarten, dass dies je geschieht. Sie existiert lediglich in der Vorstellung. Emily Dickinson,

17

die den Großteil ihrer Zeit im Speicher ihrer Eltern verbrachte, schrieb einmal über die Kraft der Vorstellung, das Schöne zu begreifen: »Ich habe nie ein Moor gesehen, Und auch nie die See, Und doch weiß ich, wie die Heide aussieht, Und was eine Welle sein muss.« Kenneth Clark bemerkte, jedes Mal, wenn wir eine menschliche Gestalt kritisieren – wenn wir zum Beispiel sagen, der Hals sei zu kurz, die Nase zu lang oder die Füße zu groß –, geben wir zu erkennen, dass wir ein Ideal physischer Schönheit in uns tragen. Und Albrecht Dürer schrieb, dass es »auf Erden keinen schönen Menschen gibt, der nicht noch schöner sein könnte«.

Donald Symons, ein Anthropologe an der University of California in Santa Barbara, erzählte mir die folgende kartesianische Erfahrung. Er hörte den Vortrag eines plastischen Chirurgen, der von einer Reihe Dias von sehr schönen Menschen begleitet wurde. Besonders beeindruckte Symons, dass jede der gezeigten Personen zwar sehr schön, aber dennoch nicht vollkommen war. Er konnte nicht umhin festzustellen, dass ihm hier eine Unterlippe zu lang oder dort eine Nase zu weit vorstehend erschien; ja, er hatte das Gefühl, dass die Schönheit dieser Menschen den jeweiligen »Mangel« sogar noch hervorhob. Aber, so fragte er sich, zu lang oder zu weit vorstehend im Vergleich wozu? Für Symons war die Erfahrung, solch auffallend schöne Gesichter zu betrachten und diese kleinen Abweichungen vom »Perfekten« festzustellen ein zwingender Beweis dafür, dass wir über ein inneres Schönheitsideal verfügen; eine Art Schablone, die uns nicht direkt zugänglich ist, mit der wir aber alles, was wir sehen, prüfen. Diese Gesichter entsprachen der Schablone beinahe, doch nicht ganz und gar. Wie Dürer konnte auch er begreifen, dass sie noch schöner sein konnten.

Im Versuch, ein Ideal zu erschaffen, das de facto nie existiert hat, wurde das Bild des Menschen zahllosen Manipulationen unterzogen. Als Zeuxis Helena von Troja malte, rief er fünf der schönsten Frauen seiner Zeit zusammen und stellte von jeder bestimmte Züge dar in der Hoffnung, so Helenas Schönheit erfassen und wiedergeben zu können. Es existiert jedoch weder von ihr noch von anderen legendären Schönheiten, wie etwa Dantes Beatrice, eine tatsächliche Beschreibung – ihre Gesichter sind leere Blätter, Rorschach-Tintenkleckstests unserer Vorstellung des vollkommenen Antlitzes.

18

Heute erschaffen moderne Nachfahren von Zeuxis im Kino und in Zeitschriften Abbilder von Schönheit aus den idealen Teilen vieler Einzelner. Hollywood benutzt Body-Doubles für Stunts, die eine Grazie und Sportlichkeit erfordern, welche Schauspieler(inne)n womöglich fehlt. Doch ebenso häufig wird dies gemacht, weil der großartige Körper eines/einer anderen besser zum großartigen Gesicht einer Schauspielerin oder eines Schauspielers passt. Jennifer Beals wurde in den achtziger Jahren mit dem Film *Flashdance* berühmt, obwohl später bekannt wurde, dass die auf der Leinwand zu sehenden Nahaufnahmen gar nicht ihren Körper zeigten. Langfristig schien das auch gar keine Rolle zu spielen; die meisten Zuschauer brachten Beals' Gesicht problemlos mit dem Körper ihres Doubles zusammen und bewahrten dieses Kompositum im Gedächtnis.

Topmodels sind genetisch außergewöhnliche Menschen, deren Gesichts- und Körperproportionen besonders gut ausgefallen sind, weshalb sie erregen und Genuss oder Freude verbreiten. Doch selbst sie sind mit menschlichen Unzulänglichkeiten behaftet: die Handgelenke von Supermodel Cindy Crawford sind ungleich groß (von ihrem Leberfleck ganz zu schweigen!), und Kollegin Linda Evangelista hasst ihren Mund, weil er »zu klein« und »runzlig« ist. Es gibt jedoch auch Menschen mit »perfekten« Füßen, Händen oder Lippen, und diese »Specialty Models« stellen nichts anderes zur Schau als eben diese Körperteile. Ihre Hände etwa werden zusammen mit dem Gesicht von Cheryl Tiegs oder Lauren Hutton abgebildet. Der Markt für Hände ist sogar in zwei spezielle Sektoren aufgeteilt: »Glamourhände« und »Produkthände«. Die Ersteren müssen über eine perfekte Haut und lange, sich verjüngende Finger verfügen – »Hände, die Juwelen tragen oder eine Scheckkarte halten«; Letztere hingegen versinnbildlichen Tatkraft und suggerieren, dass sie geschickt mit Reinigungsmitteln oder Shampoos hantieren können. Auch die Füße sind ein weiteres Gebiet für Specialty Models, nicht zuletzt deshalb, weil Topmodels meist über einsachtzig groß sind – und entsprechende Füße haben. Der ideale Fuß hingegen war über Jahrhunderte hinweg klein und zierlich wie der von Aschenputtel. Fuß-Models haben also kleine Füße mit glatter Haut und perfekten, kleinen Zehen, die an »fünf kleine Shrimps« erinnern, wie eine Agentur erklärte.

19

Aber natürlich lässt sich der Mensch nicht in einzelne Teile zergliedern, und die Kombination der »perfekten« Parts mehrerer Individuen ist nichts anderes als der Versuch, einer Person das bestmögliche, ansprechendste Aussehen zu verschaffen. Kenneth Clark schrieb, es sei schwierig, den nackten Körper durch direkte Zurschaustellung zur Kunst zu erheben. Ein menschlicher Körper sei »nicht wie der Tiger oder die verschneite Landschaft ... nackte Gestalten erwecken in uns keine Empathie, sondern Desillusion und Bestürzung. Wir wollen nicht imitieren, sondern perfektionieren.« Dies war die Auffassung der Porträtmalerei, bis der Modernismus die Art und Weise, in der der Körper repräsentiert wurde, veränderte. In ihren extremsten Formen waren die Bilder so idealisiert, dass sie nur noch eine geringe Ähnlichkeit mit ihren Subjekten aufwiesen. Die Porträts der englischen Königin Elizabeth I. aus dem sechzehnten Jahrhundert zeigen ihr Gesicht als »eine makellose Maske, die nichts erkennen lässt«. Als Horace Walpole feststellen sollte, auf welchen Porträts die Königin wirklichkeitsnah dargestellt worden war, hielt er sich an die Kriterien einer »Adlernase«, Juwelen im Haar, eine Krone, ein prächtiges Kleid aus schwerem Stoff, eine große Halskrause und »mengenweise« Perlen. Wahrscheinlich wurde keines von Elizabeths Porträts sehr wirklichkeitsgetreu gemalt, doch mit ihrem zunehmenden Alter werden sie immer unrealistischer und lenken die Aufmerksamkeit zunehmend auf ihre schöne, augenfällige Kleidung, während Kopf und Gesicht zu Andeutungen von rot-goldenem Haar und bleicher Haut verblassen und die Nase einfach mit einem großen Rücken dargestellt wird.

Wenn Sie einen Menschen beobachten, der sich im Spiegel betrachtet, sehen Sie in der Regel jemanden, der versucht, sich selbst zu gefallen. Doch wenn wir für uns selbst posieren, tun wir das letztlich immer für die anderen; wir versuchen, uns so darzustellen, wie wir gern gesehen werden möchten. Berühmte Schönheiten gehen in diesem Bemühen noch einige Schritte weiter; sie unterziehen sich vor jedem Auftritt oder Fototermin ausgiebigen Behandlungen. In den dreißiger Jahren präsentierte man Filmschauspielerinnen mit Aufsehen erregendem Make-up, tollen Kleidern und auffallenden Posen vor Kameras, deren Linsen mit Filtern ausgestattet waren. Die künstliche Beschönigung war offensichtlich und freimütig. Heute meinen wir, natürlicher Schönheit den Vorzug zu geben, doch das, was wir darunter verstehen, ist nicht minder künstlich erzeugt wie der damalige Glamour. Befragt, wie lange es dauerte, ihre natürliche Schönheit zu kreieren, antwortete Veronica Webb, ein hoch dotiertes Model: »Zwei Stunden und zweihundert Dollar ... Ich selbst könnte mich nie so herrichten, wie ich in einer Zeitschrift aussehe.«

In einer Welt der Fälschungen, der künstlich intensiven Farben, des Airbrushing und inzwischen sogar digitaler Veränderungen am Erscheinungsbild von allem, was vorstellbar ist, scheint es kaum überraschend, dass wir auch das Aussehen von Menschen »frisieren« wollen. Wir versuchen, allem und jedem ein besseres Äußeres zu verleihen, um besser zu gefallen und verführerischer zu wirken. Und wir wären dumm, wollten wir nicht gefallen und verführerisch sein.

Moderne Künstler jedoch präsentieren Bilder ohne jeglichen Glamour. Die Fotografin Diane Arbus konfrontiert uns mit Nahaufnahmen von Menschen, die nicht als schön gelten. Ihr Kollege Richard Avedon schuf eine berühmte Porträtserie aus dem amerikanischen Westen, die durch ungeschminkte Sachlichkeit besticht. Maler wie Lucien Freud und Phillip Pearlstein stellen Menschen mit Falten, Sommersprossen, trister Blässe und schlaffen Körpern zur Schau. Doch sind auch dies letztlich nicht etwa exaktere Repräsentationen von Menschen – so wie unser Auge sie sieht oder wie sie sich selbst sehen. Denn normalerweise betrachten wir Menschen nicht im Scheinwerfer eines Fotografen oder kommen ihnen so nahe, dass wir ihre Poren und unordentlich gekämmten Haare sehen. Es besteht kein Grund zu der Annahme, dass diese Darstellungen »realistischer« seien als schmeichelhaftere Bilder. Sie sind im kalten Licht eines Operationssaales gehalten, sie vermitteln den Blickwinkel eines Voyeurs oder eines Erzfeindes. Würden wir je so auf einen Menschen blicken, den wir lieben oder auch nur mögen? Nein – dies ist lediglich Kunst, die mit einem neuen Kunst-Griff imponieren will, die vorgibt, dass wir in anderen nicht mehr sehen denn Massen sterblichen Fleisches.

Paul Valéry sagte, wir leiden am »Drei-Körper-Problem«, das wir nie lösen können. Der erste Körper ist der, den wir »besitzen«, in dem wir leben. Er ist für jeden von uns, so Valéry, »das wichtigste Objekt auf Erden«. Dies ist das Selbst, das wir erfahren. Der zweite Körper ist die öffentliche Fassade, »der Körper, der Gestalt hat und von den Künsten erfasst wird, der Körper, der Stoffe, Verzierungen oder eine Rüstung trägt, den die Liebe sieht oder sehen möchte und zu berühren ersehnt.« Wir können diesen zweiten Körper als das Subjekt der herkömmlichen Porträtkunst bezeichnen. Der dritte schließlich ist der physische Apparat, den wir nur deshalb kennen, »weil wir ihn seziert und auseinander genommen haben ... nichts führt uns dazu, eine Leber, ein Gehirn oder eine Niere in uns zu vermuten.« Es ist der Körper, dem wir am meisten entfremdet sind und den die Schönheit verdeckt und uns zu verleugnen hilft.

Der Grund unserer universalen Leidenschaft für Schmuck, der Grund dafür, dass Fotos manipuliert werden und Gemälde idealisieren, ist unsere Sehnsucht danach, nicht nur ein Werk der Natur zu sein, sondern ein Kunstwerk. Wir wollen Valérys drei Körper zu einem vereinigten Ganzen zusammenführen. Zum Teil ist diese Sehnsucht spiritueller Natur: Wir sehnen uns nach einer äußeren Erscheinung, die unseren Träumen, unseren Visionen und moralischen Aspirationen entspricht. Darüber hinaus ist sie eine Suche nach Liebe und Anerkennung, danach, ein Gesicht und einen Körper zu haben, das bzw. den andere betrachten und kennen lernen wollen. Biologen würden sagen, dass das Trachten nach Schönheit im Grunde von den Genen herrührt, die darauf drängen, weitergegeben zu werden und ihr derzeitiges Habitat für Besucher so einladend wie möglich zu machen. Quentin Bell schreibt in seinem verblüffenden Buch *On Human Finery* (etwa: Über die Putzsucht der Menschen), Maler und Modemacher seien im Grunde ihres Herzens Philosophen. »Aristoteles sagte, das Drama sei philosophischer als die Geschichte, weil uns diese nur mitteile, was geschah, während das Drama uns sagt, was hätte geschehen sollen. In diesem Sinne sind der Modemacher und der Maler Philosophen. Der Maler versucht, den Körper neu im Zustand der Perfektion zu schaffen; der Modemacher versucht, seinen Stoff so schön zu arrangieren, dass der Körper zum bloßen Ausgangspunkt wird.«


## Der Kanon der Schönheit

Wie ein gemeinsamer roter Faden zieht sich von den Vorsokratikern bis heute durch die Diskussion um Schönheit eine Ästhetik, die auf Proportionen und Zahlen basiert. Dabei geht es stets um die Elemente Klarheit, Symmetrie, Harmonie und intensive Farbgebung. Platon zufolge gehören zur Schönheit das richtige Maß und die richtige Größe von Teilen, die sich harmonisch zu einem nahtlosen Ganzen zusammenfügen lassen. Er erweiterte den Gedanken der Proportion auf das Schöne in allen Dingen und schrieb über die beste Länge einer Rede, die optimale Anlage von Gemälden und den richtigen Gebrauch der Sprache in der Poesie. Für Augustinus war Schönheit gleichbedeutend mit geometrischer Form und Ausgewogenheit. Seiner Ansicht nach ist ein gleichseitiges Dreieck schöner als ein ungleichseitiges, weil seine Teile ausgewogener sind. Noch schöner sind für ihn Vierecke, da sie aus gleich langen Segmenten bestehen; ein Kreis übertrifft selbst ein Viereck an Schönheit, und an der Spitze dieser Hierarchie steht der unteilbare, vollkommene Punkt. »Worin besteht die Schönheit des Körpers?«, fragt er. »In einer Harmonie seiner Teile und einer gewissen, angenehmen Farbe.« Aristoteles sah Schönheit in »Ordnung und Symmetrie und Eindeutigkeit«; Cicero sprach von »einer gewissen symmetrischen Gestalt der Gliedmaßen, verbunden mit einem gewissen Reiz der Färbung«, und Plotin schrieb von einer »Symmetrie der einzelnen Teile untereinander und als Ganzes ... das Schöne ist im Wesentlichen symmetrisch.« Plotin glaubte, Schönheit müsse im Detail ebenso präsent sein wie im Ganzen; »sie kann nicht aus der Hässlichkeit erschaffen werden, ihr Gesetz muss insgesamt gelten«. Gemeinsam ist all diesen Theorien der Gedanke, dass die Eigenschaften von Schönheit dieselben sind, unabhängig davon, ob wir eine schöne Frau, eine Blume, eine Landschaft oder einen Kreis betrachten.

Schon immer haben Künstler versucht, die geometrischen Proportionen der Schönheit durch Mess-Systeme für den menschlichen Körper festzuhalten. Der Kunsthistoriker George Hersey hat festgestellt, dass das bedeutendste Proportionssystem der westlichen Kunst auf den im fünften vorchristlichen Jahrhundert lebenden griechischen Bildhauer Polyklet zurückgeht, dessen Skulpturen eines männlichen Speerträgers und einer verwundeten Amazone zu häufig imitierten Standards der männlichen und weiblichen Gestalt wurden. Sein Zeitgenosse Praxiteles schuf ein ähnliches weibliches Vorbild mit seiner Aphrodite von Knidos. Diese maßgeblichen Werke beeinflussten die gesamte westliche Kunst von etwa 450 vor Christus bis ins zwanzigste Jahrhundert, bis der Modernismus die Möglichkeiten der Darstellung des menschlichen Körpers erweiterte. Polyklet nannte seinen Speerträger den Kanon, und dies ist er bis heute geblieben.

Für Polyklet wie später auch für Albrecht Dürer, Leon Battista Alberti und Leonardo da Vinci lag die Schönheit in der Symmetrie, doch hatte die Symmetrie für diese Künstler und Theoretiker eine andere Bedeutung als heute. Wenn wir von Symmetrie sprechen, denken wir an eine exakte formale Entsprechung zu beiden Seiten einer Teilungslinie, -ebene oder zentralen Achse. Die Künstler und Gelehrten des antiken Griechenlands und der Renaissance jedoch verstanden unter Symmetrie das Verhältnis zwischen und die exakte Analogie von Teilen, die im Allgemeinen durch ganze oder rationale Zahlen ausgedrückt wurde. Sie bedeutete, wie George Hersey es ausdrückte, »das richtige Verhältnis«. So wurde etwa die gesamte Körperlänge in Handbreiten, Kopflängen oder in Relation zur Länge des Daumens gemessen. Der griechische Arzt und Anatom Claudius Galenus meinte, ein Arm, der drei Hand breit messe, sei symmetrischer und damit auch schöner als einer, der zweieinhalb oder dreieinhalb Hand breit aufweise.

Dürer konstruierte mit seinem eigenen Finger als Maßeinheit ein Proportionalsystem, in dem die Länge des Mittelfingers der Breite der Hand entsprach, die wiederum mit dem Unterarm proportional war. Davon ausgehend konstruierte er einen Maßstab für den ganzen Körper. Sein gesamtes System zur Messung der idealen Schönheit beruhte also auf den Proportionen seiner Hände, die sehr lange Finger hatten. Man darf fragen, was mit der westlichen Kunst geschehen wäre, wenn Dürer kurze Finger gehabt hätte! Doch ist dies durchaus kein Einzelfall dafür, dass ein Künstler oder Wissenschaftler eigene körperliche Merkmale zu einem universalen Kanon erhob. Der amerikanische Zahnarzt Edward Angle veröffentlichte 1907 eine weithin beachtete Abhandlung zur Kieferorthopädie, in der er bei Zahlenangaben sein eigenes (europäisches) Gesicht als Ideal oder Norm zugrunde legte – was bedeutete, dass alle Asiaten und Afrikaner sich einer Zahnbehandlung hätten unterziehen müssen!

In der Renaissance wurde den Proportionen des idealen menschlichen Gesichts und Körpers besondere Aufmerksamkeit geschenkt. Dürer vertrat die Ansicht, das Gesicht müsse im Profil aus vier gleich großen Teilen bestehen; andere favorisierten eine Dreiteilung, bei der sich

24

die Größe der Teile vom Haaransatz bis zu den Augenbrauen, von den Brauen bis zu den Nasenlöchern und von dort bis zum Kinn entsprechen sollten. Andere Maßregeln des Klassizismus und der Renaissance schrieben vor, die Länge von Nase und Ohr müsse gleich sein, die Entfernung zwischen den Augen müsse der Breite der Nase entsprechen, die Breite des Mundes müsse das Eineinhalbfache der Nasenbreite betragen und die Neigung des Nasenrückens habe parallel zur Längsachse des Ohrs zu verlaufen. Diese Regeln diktierten jahrhundertelang, was in der westlichen Kunst als schön galt, und sie bilden noch heute die einflussreiche Grundlage der Arbeit von plastischen Chirurgen bei der Neugestaltung von Gesichtern.

Die westliche Zivilisation hält diese Regeln zwar sehr hoch, aber nur überraschend wenige Menschen zeigten ein Interesse daran, zu überprüfen, ob die Proportionen lebender Schönheiten ihnen tatsächlich entsprechen. Der Anthropometriker Leslie Farkas jedoch zückte seine Geräte und vermaß die Gesichtsproportionen von zweihundert Frauen, darunter fünfzig Models, sowie jene von jungen Männern und Kindern, und ließ die Schönheit einer beträchtlichen Anzahl von Menschen bewerten. Dann verglich er seine Resultate und die Schönheitsbewertungen mit den Idealen des klassischen Kanons. Seine Ergebnisse sind wohl kaum definitiv, doch sie liefern einige interessante Informationen. Der Regelkanon schnitt dabei nicht gut ab. Vieles, wie etwa die relativen Winkel von Ohr und Nase, erwies sich als unbedeutend. Einige Regeln schienen reine Idealisierungen zu sein: Keines der Gesichter bzw. der Köpfe im Profil stimmte mit der Regel gleicher Hälften, Drittel oder Viertel überein. Einige waren ungenau – der Augenabstand war bei den Schönheiten größer als die vom Kanon vorgegebene Breite der Nase. Farkas' Resultate bedeuten nicht, dass ein schönes Gesicht nie mit den Idealen der Klassik und Renaissance übereinstimmen kann, doch sie legen nahe, dass die damaligen Künstler sich bezüglich des grundlegenden Wesens menschlicher Schönheit geirrt haben. Vielleicht glaubten sie, es gebe ein mathematisches Ideal, weil dies mit den platonischen oder religiösen Vorstellungen über den Ursprung der Welt zusammenpasste.

Mess-Systeme konnten keine Schönheitsformel erbringen. Vielleicht ist es gar nicht überraschend, dass universale Schönheit sich nicht mit

25

den Proportionen von Dürers Finger in Einklang bringen lässt. Wir wir sehen werden, erwächst Schönheit womöglich mehr aus mathematisch »unordentlichen« Kriterien, die mehr mit Biologie zu tun haben als mit idealen Zahlen.

## Satanische und göttliche Schönheit

Keine Einstellung zur Schönheit war für sich genommen die ganze Geschichte hindurch konsistent. Die Menschen haben die Schönheit verehrt, aber auch verachtet und sogar gehasst. Platon glaubte, die Schönheit mache das Geistige sichtbar. Sinnliche Schönheit imitiert die reine Schönheit, zu der wir keinen Zugang haben. Im platonischen Sinn ist die Schönheit, ebenso wie die Wahrheit und die Gerechtigkeit, eine reine Idee, von der weltliche Dinge uns zwar eine Ahnung vermitteln können, die sich jedoch nie wirklich verkörpert. So erklärte Platon die eigenartige Kraft der Schönheit, ihr geheimnisvolles Vermögen, ästhetische Wonne hervorzurufen. Thomas Mann schrieb in *Der Tod in Venedig*, alle Tugenden würden Verehrung hervorrufen, wenn wir sie nur sehen könnten: »Denn die Schönheit ... ist die einzige Form des Geistigen, welche wir sinnlich empfangen, sinnlich ertragen können. Oder was würde aus uns, wenn das Göttliche sonst, wenn Vernunft und Tugend und Wahrheit uns sinnlich erscheinen wollten! Würden wir nicht vergehen und verbrennen vor Liebe, wie Semele einstmals vor Zeus?«

Mit dem Beginn des Christentums wurde die Einstellung zur Schönheit ambivalenter. Die Kirchenväter rangen um die rechte Art und Weise des Umgangs mit ihr. »Im Fleisch liegt nichts Gutes«, erklärte der heilige Clemens, »der Gottesfürchtige muss das Werk des Fleisches kasteien.« Hieronymus meinte, das Fleisch müsse »besiegt« werden. Christus hatte seine Jünger gelehrt, der Versuchung und den vergänglichen Dingen dieser Welt zu entsagen. Schönheit wurde als sinnliche Versuchung und weltliche Eitelkeit gefürchtet, doch wurde sie auch als Erscheinungsform von Gottes Gnade verehrt. Dem Buch »Genesis« zufolge ist der Mensch nach Gottes Ebenbild erschaffen, deshalb ist seine Erscheinung göttlich, und je schöner er ist, desto gottähnlicher ist er. »Schönheit ist das Zeichen des gut Gemachten, sei es ein Universum oder ein

Objekt«, sagte Thomas von Aquin, und das gut Gemachte sei eine »Nachbildung einer Idee im Geist des Schöpfers«. Die Geschichte der jüdisch-christlichen Einstellungen zur Schönheit spiegelt den beständigen Kampf wider, die Schönheit als Versuchung mit der Schönheit als Gottes Ruhm und Ehre zu versöhnen. Dürer schreibt in seinen vier nach seinem Tod 1528 veröffentlichten Büchern zur menschlichen Proportion über die physische Vollkommenheit von Apollon, Adam vor dem Sündenfall und Christus. Ihre vollkommene Schönheit sei ein Zeichen ihrer Göttlichkeit gewesen, während unsere unvollkommene Schönheit ein Zeichen für unseren Abfall von der Gnade sei.

Unsere Einstellungen zur Schönheit sind verflochten mit den tiefsten Konflikten um Fleischlichkeit und Geist. Wir betrachten den Körper als Tempel oder Gefängnis, als Wohnstatt der unsterblichen Seele, als Peiniger, Garten der irdischen Lüste, als biologische Hülle, als Maschine, als Zuhause. Wir können nicht über unsere Reaktion auf die Schönheit unseres Körpers sprechen, ohne alles zu verstehen, was wir auf unsere Fleischlichkeit projizieren.

Die Psychoanalyse umgab den Körper mit einer Aura der Scham. Freud schrieb: »Schönheit zu lieben scheint ein perfektes Beispiel für einen Impuls zu sein, der an seinem Ziel gehindert wird.« Das heißt, Schönheit kommt von sexueller Erregung, die von ihrer Quelle abgelenkt sein muss. »Es ist bemerkenswert, dass die Genitalien selbst, deren Anblick immer erregend ist, dennoch kaum jemals als schön bezeichnet werden.« Zu viel Kultivierung von Schönheit, schrieb er weiter, lasse einen pathologischen Narzissmus erkennen. Wie Masochismus und Passivität sei auch der Narzissmus hauptsächlich ein Problem der Frauen, ein Schutzmantel für Scham und Wertlosigkeit; Gefühle, für die Frauen anfällig seien.

Bis vor kurzem wurden bei vielen Menschen, die sich einer Schönheitsoperation unterziehen wollten, psychiatrische Diagnosen gestellt – sie wurden als depressiv, hysterisch, zwanghaft oder narzisstisch eingestuft. Männliche Patienten bekamen fast immer eine psychiatrische Diagnose, da die Wertschätzung eines guten Aussehens bei Männern für ein ernst zu nehmenderes Krankheitssymptom gehalten wurde als bei Frauen. Psychiatrischen Studien zufolge hat in den letzten zwanzig Jahren die Anzahl der »gesunden« Empfänger plastischer Chirurgie drastisch zugenommen. Dies ist womöglich auf eine breitere Akzeptanz solcher Behandlungen und eine größere Vielfalt seitens der Klientel zurückzuführen. Ebenso gut kann es aber auch auf einen Wandel in der modernen Psychiatrie hinweisen, die eine Verbesserung des Aussehens heute nicht mehr als ein ungesundes Bedürfnis wertet. Der Psychoanalytiker John Gedo vertrat kürzlich sogar die radikale Ansicht, kosmetische Chirurgie unterscheide sich nicht allzu sehr von der Veränderung des Charakters durch Psychoanalyse: in beiden Fällen handle es sich um eine Umgestaltung des Selbst. Der Psychiater Peter Kramer zog Analogien zwischen kosmetischer Chirurgie und einer von ihm so genannten »kosmetischen Psychopharmakologie«, zum Beispiel dem Einsatz von Medikamenten wie Prozac nicht nur zur Heilung von Depressionen, sondern zur Veränderung der Persönlichkeit – um sich »besser als gut« zu fühlen.

## Die Evolution der Schönheit

Die Sozialwissenschaften sind bei der umfassenden Debatte zum Wesen der menschlichen Schönheit auffallend unbeteiligt. Wie wir sehen werden, entstand ein großer Teil der Forschungen, die die Argumentation dieses Buches stützen, erst in den siebziger Jahren und später. Das 1954 erschienene, umfangreiche *Handbook of Social Psychology* von Gardner Lindzey listete unter dem Stichwort »physische Faktoren« nur einen Eintrag auf. Vor Ende der sechziger Jahre verfasste Texte zur Psychologie und Anthropologie legen nahe, dass die physische Erscheinung des Menschen absolut nichts mit seinen Einstellungen oder Gefühlen zu tun habe und auch in seinem geistigen Leben keine Rolle spiele. Weshalb haben die Sozialwissenschaften so wenig Interesse am menschlichen Körper gezeigt?

Einer der Gründe dafür ist, dass sie sich nicht für biologische »Gegebenheiten« interessierten. Der Anthropologe John Tooby und die Psychologin Leda Cosmides zeigten auf, dass das Standardmodell der Sozialwissenschaften, das sich im Laufe des letzten Jahrhunderts entwickelte, den Geist als ein »unbeschriebenes Blatt« betrachtete, dessen Inhalt von Milieu und sozialer Umwelt determiniert wurde. Der Geist selbst, so

28

glaubte man, bestehe aus einer Anzahl von »Mehrzweck-Mechanismen«, mit denen die Umgebung wahrgenommen und verstanden werde. Es war ein Denkmodell, das die Biologie von der Kultur abspaltete und Ersteres (das unbeschriebene Blatt) ignorierte, um dann das prägende Werk der Kultur zu erforschen. Die Ursprünge dieses Modells innerhalb der Sozialwissenschaften sind sowohl politischer und gesellschaftlicher als auch intellektueller Natur.

Der Anthropologe Donald Symons meint, man könne nicht verstehen, was ein Mensch sagt, solange man nicht begreift, zu wem er es sagt. Der kulturelle Relativismus stand intellektuell vor allem während der zwanziger Jahre in den Vereinigten Staaten hoch im Kurs als eine Reaktion auf Behauptungen, dass Rassen, ethnische Gruppen, Klassen, Frauen und so weiter von Natur aus minderwertig seien. Derartige Argumente wurden mit behavioristischen Beweisen widerlegt, welche zeigten, dass Menschen ihr Verhalten als Reaktion auf Belohnung oder Bestrafung vonseiten der Umwelt drastisch verändern können. John B. Watson, der Begründer des Behaviorismus, schrieb: »Geben Sie mir ein Dutzend gesunde, wohlgestaltete Kinder und meine spezifische Welt, um sie darin zu erziehen, und ich garantiere Ihnen, dass ich jedes, unabhängig von seinen Talenten, Neigungen, Vorlieben, Fähigkeiten sowie seiner Eignung und biologischen Abkunft, zu einem Spezialisten meiner Wahl machen kann – ob Arzt, Jurist, Künstler, Handelsfürst, ja, sogar zu einem Bettlerkönig und Dieb.«

In ähnlicher Weise präsentierte das bereits erwähnte Standardmodell der Sozialwissenschaften Beweise aus anderen Kulturen, dass menschliches Verhalten formbar und großteils oder ganz durch Erfahrung erworben werde. Margaret Meads idyllische Beschreibung der sexuellen Freiheit samoanischer Mädchen etwa steht in dieser Tradition. In diesem Kontext kann es nicht überraschen, dass die am stärksten verwurzelte Überzeugung hinsichtlich der Schönheit bei den Sozialwissenschaftlern war, dass »Schönheit im Auge des Betrachters« liege. Sie lenkten ihr Augenmerk auf die Bandbreite und den Erfindungsreichtum an menschlichem Zierrat – von Metallringen, die den Hals verlängern, bis zu bemalten Zähnen und Lippenscheiben – und kamen zu dem Schluss, dass Schönheit eine Angelegenheit individuellen Geschmacks oder kulturellen Diktats sein müsse.

Gardner Lindzey nennt als weiteren Grund, weshalb das Thema Schönheit von den Sozialwissenschaftlern gemieden wurde, das »spektakuläre Fehlschlagen« früherer Versuche, physische Attribute mit Verhalten in Zusammenhang zu bringen (Schädellehre, Physiognomie etc.). Im nächsten Kapitel werden wir derartige Studien betrachten und feststellen, dass sie wissenschaftlich kaum etwas fruchteten, dafür aber zahllose »Märchen« in die Welt setzten. Es kann nicht verwundern, dass viele Wissenschaftler mit dieser Art von Arbeit nicht in Zusammenhang gebracht werden wollten. Selbst Charles Darwin wäre beinahe eines ihrer Opfer geworden. Der Kapitän der *Beagle* war, wie viele Menschen seiner Zeit, von dem 1772 verfassten Werk *Von der Physiognomik* von Johann Caspar Lavater beeinflusst gewesen. Darin wird die Ansicht vertreten, dass man anhand gewisser Merkmale von Gesicht und Schädel auf den Charakter schließen könne. Wie Darwin in seiner Biografie schrieb, war der Kapitän »ein leidenschaftlicher Anhänger Lavaters ... und er bezweifelte, ob jemand mit einer Nase wie meiner über genügend Energie und Entschlusskraft für die Reise verfügen konnte.« Dazu meinte der Psychologe Leslie Zebrowitz: »Beinahe wäre die Evolutionstheorie wegen einer ›unpassenden‹ Nase verloren gegangen.«

Die Sozialwissenschaft mied das Thema Schönheit als trivial, undemokratisch und alles in allem ungeeignetes Subjekt wissenschaftlicher Betrachtung. Doch Ende der sechziger Jahre tadelte Lindzey seine Kollegen wegen ihrer »Vernachlässigung der Morphologie [der äußeren Gestalt]« und schlug vor: »Vielleicht ist es jetzt an der Zeit, die Schönheit und andere morphologische Variablen wieder zum Studium sozialer Phänomene zuzulassen.« Innerhalb der folgenden drei Jahrzehnte sollte denn auch eine explosionsartig anwachsende Forschung den zwingenden Beweis für eine neue Sichtweise der menschlichen Schönheit in den Sozialwissenschaften erbringen und nahe legen, dass die Behauptung, Schönheit sei eine beliebige kulturelle Konvention, schlicht und ergreifend falsch sei.

Diese Forschung kommt zu einer Zeit, in der Wissenschaftler erneut viele andere Behauptungen zum Zusammenhang zwischen menschlichem Verhalten und Kultur hinterfragen. Dazu stellen Leda Cosmides, John Tooby und Jerome Barkow fest: »Kultur existiert nicht grundlos und ist nicht entkörpert. Sie entsteht auf vielfältige und komplexe Weise durch informationsverarbeitende Mechanismen, die im menschlichen Geist stattfinden. Diese Mechanismen wiederum wurden durch den Evolutionsprozess gestaltet.« Es ist klar, dass Kultur nicht aus dem Nichts entstehen kann; sie wird von grundlegenden menschlichen Instinkten und angeborenen Präferenzen oder Prioritäten geformt und reagiert auf sie. Bis in die sechziger Jahre glaubte man, Sprachen könnten sich beliebig und grenzenlos verändern; heute stimmen die Linguisten überein, dass die sprachliche Vielfalt auf einer universalen Grammatik basiert. In ähnlicher Weise glaubte man, Mimik könne von Kultur zu Kultur unterschiedlich sein, bis der Psychologe Paul Ekman zeigte, dass viele Emotionen in allen Kulturen durch ein und dieselbe Miene ausgedrückt werden. Ekman traf die wichtige Unterscheidung zwischen einer Emotion und dem dazugehörigen Gesichtsausdruck (Lächeln, Stirnrunzeln, finsterer Blick und so weiter), was universal ist, und den Regeln dafür, wann eine Emotion zum Ausdruck gebracht werden darf, welche kulturell unterschiedlich sind. In ähnlicher Weise können Aspekte der Beurteilung menschlicher Schönheit von Kultur und individueller Geschichte beeinflusst sein, doch die allgemeinen geometrischen Gegebenheiten eines Gesichts, die zur Wahrnehmung von Schönheit führen, können universal sein.

Damit soll natürlich nicht gesagt sein, dass die Menschen sich des evolutionären Grundprinzips hinter ihren ästhetischen Reaktionen bewusst sein sollten, sondern nur, dass dieses den Druck ausübt, der diese Reaktionen im Laufe der Entwicklung des menschlichen Gehirns formte. Ebenso wenig will ich behaupten, dass Lernen und Kultur bei der Beurteilung von Schönheit keine Rolle spielen. Schon im neunzehnten Jahrhundert erklärte der Dichter Charles Baudelaire, Schönheit bestehe aus einem »ewigen, unveränderlichen Element« und einem »relativen, durch Umstände bedingten Element«; Letzteres definierte er als »das Zeitalter, seine Moden, seine Moral, seine Emotionen«. »Ich möchte denjenigen sehen«, schrieb er, »der das kleinste bisschen Schönheit zeigen kann, welches nicht diese beiden Elemente enthält.«

Die Schönheit unter dem Aspekt der Biologie zu betrachten verändert den zeitlichen Rahmen unserer Analyse vollständig. Neuere feministische Beiträge zum Thema Schönheit, wie zum Beispiel Naomi Wolfs

Buch *The Beauty Myth*, wurden von Camille Paglia und anderen wegen mangelnden Geschichtsbewusstseins kritisiert; sie würden sich lediglich mit Schönheit im zwanzigsten Jahrhundert befassen, nicht aber im Verlauf der Tausende von Jahren menschlicher Zivilisation. Paglia selbst behauptet, Schönheit sei im alten Ägypten erfunden worden. Ich gehe davon aus, dass die Geschichte der Schönheit noch viel weiter zurückreicht! Die Wahrnehmung von Schönheit ist so alt wie die Menschheit selbst.

Hierzu noch einmal Cosmides und Tooby: »Bereiche zu schaffen, die sich einer gegebenen Umwelt anpassen, benötigt unglaublich viel Zeit – es ist wie ein Stein, der von Wind und Sand bearbeitet wird. Selbst relativ einfache Veränderungen können sich über Zehntausende von Jahren hinziehen.« Unser Geist ist das Produkt einer langen Geschichte und einer Lebensweise, die längst verschwunden ist. Der Mensch verbrachte neunundzeunzig Prozent seiner Geschichte als Jäger und Sammler in kleinen, nomadisch lebenden Gruppen. Um unsere Instinkte zu verstehen, müssen wir in der Zeit zurückschreiten und uns in die Welt des Urmenschen hineindenken.

Auf den folgenden Seiten werden wir die Schönheit als biologische Anpassung betrachten. Das dazu nötige Argument ist einfach: Schönheit ist ein universaler Teil der menschlichen Erfahrung, der Freude oder Vergnügen bereitet, Aufmerksamkeit auf sich zieht und zu Aktionen bewegt, die zum Überleben unserer Gene beitragen. Unsere extreme Sensibilität für Schönheit ist auf Schaltkreise im Gehirn zurückzuführen, die durch natürliche Auslese entstanden. Wir lieben es, wenn wir weiche Haut sehen, dickes, glänzendes Haar, eine geschwungene Taille und einen symmetrischen (»gut gebauten«) Körper, weil die Menschen, die im Lauf der Evolution auf diese Signale reagierten und deren Träger begehrten, in ihrer Reproduktion erfolgreicher waren. Wir sind die Nachfahren dieser Menschen.

Natürlich sind solche Signale heute durch Kosmetik, plastische Chirurgie und Kleidung manipuliert – drei riesige Industrien, die zum Teil irreführende Werbung betreiben. Auch kann man sich einer Bemerkung über die Ironie sexueller Attraktion nicht enthalten: In einer Welt, in der Männer wie Frauen versuchen, bei der Mehrzahl ihrer sexuellen Begegnungen eine Schwangerschaft abzuwenden, ist sexuelle Bevorzugung nach wie vor den alten Regeln unterworfen, die uns jene für die Fortpflanzung am besten geeigneten Körper am attraktivsten erscheinen lassen. Und auch einem im Kern widersprüchlichen Gedanken können wir nicht entkommen: Die Frauen bemühen sich bei der Paarung um Männer, deren Gehirne so »verdrahtet« sind, dass sie vor allem junge Mädchen begehrenswert und schön finden. Dies ist weder ein bewusster noch ein erwünschter Vorgang, sondern gleichsam ein biologisches Überbleibsel einer längst entschwundenen Lebensweise. Kann man ihm widerstehen? Die Reaktion auf Schönheit mag unwillkürlich sein, doch unser Denken und Verhalten können wir letztlich kontrollieren.

In Kapitel 2 betrachten wir die Schönheit näher und konzentrieren uns dabei auf den am wenigsten kontroversen theoretischen Aspekt, nämlich die Frage, weshalb wir Babys unwiderstehlich anziehend finden. Ferner werden wir uns umstritteneren Forschungsergebnissen zuwenden, die nahe legen, dass Eltern vor allem attraktiven Neugeborenen mehr Zuwendung angedeihen lassen sollten. Und schließlich werden wir auf Forschungen über die Wahrnehmung von Kleinkindern eingehen und feststellen, dass sogar erst drei Monate alte Babys ein attraktives Gesicht länger betrachten als ein weniger schönes. Kinder scheinen bereits mit der Fähigkeit auf die Welt zu kommen, dem Schönen den Vorzug geben zu können – was eindringlich zeigt, dass die Bevorzugung von Schönheit nichts Erlerntes ist.

In den nächsten beiden Kapiteln widmen wir uns der gewaltigen Wirkung der Schönheit im Alltag. Schönheit beeinflusst unsere Wahrnehmungen, Einstellungen und unser Verhalten den Mitmenschen gegenüber. Der Ökonom David Marks bemerkte, Schönheit sei als gesellschaftliche Kraft ebenso stark wie Rasse oder Geschlecht. Doch im Gegensatz zum Rassismus oder Sexismus, deren wir uns bewusst sind, operieren Vorurteile aufgrund von Schönheit weitgehend unbewusst. Diese Studien rücken einige unserer extremen Schönheits-Praktiken in die richtige Perspektive. Die Menschen geben für Kosmetik und plastische Chirurgie Milliarden aus: diese Industrien bieten ihre Leistungen einer Welt an, in der gutes Aussehen Überlebenswert hat.

Wiewohl die meisten Menschen behaupten, sie würden nicht mehr glauben, dass »was schön ist, auch gut ist«, lässt sich die bevorzugte Behandlung schöner Menschen sehr einfach demonstrieren, und dasselbe gilt auch für die Benachteiligung unattraktiver Zeitgenossen. Von der Kindheit bis ins Erwachsenenalter werden schöne Menschen bevorzugt behandelt und positiver betrachtet. Dies gilt für Männer ebenso wie für Frauen. Schöne Menschen finden leichter einen sexuellen Partner und vor Gericht leichter Milde als andere, und sie können Fremde eher zur Mithilfe bewegen. Schönheit bringt bescheidene, aber reale soziale und wirtschaftliche Vorteile mit sich, aber was noch bedeutsamer ist: Hässlichkeit führt zu gravierender sozialer Benachteiligung und Diskriminierung. Sind schöne Menschen letztlich glücklicher? Die Antwort mag überraschen.

In den Kapiteln 5, 6 und 7 betrachten wir die Schönheit selbst. Ein großer Teil der Schönheit der Welt, vom Rad des Pfaus bis zum Gesang der Nachtigall, dient als Signal zur Paarung und soll auf die physische Brillanz des Trägers hinweisen. Der Mensch macht hier keine Ausnahme; wir empfinden jene körperlichen Merkmale als schön, die auf Ehemündigkeit, Fruchtbarkeit, Gesundheit und gute »Bauweise« schließen lassen. Doch welche Signale sind das? Anthropologen und Psychologen haben darauf hingewiesen, dass ein schönes Gesicht nichts weiter ist als – Durchschnitt. Das heißt, ein schönes Gesicht weist die Züge des Bevölkerungsdurchschnitts auf. Weitere Forschungen ergaben, dass, obwohl Durchschnittlichkeit als attraktiv gilt, die schönsten Gesichter nicht dem Durchschnitt entsprechen, sondern Züge aufweisen, die in einer geringen Anzahl vorhersagbarer Attribute davon abweichen. Diese Befürworter des »Mehr ist besser« wollen uns nahe legen, dass wir unsere Eignung durch Übertreibung anpreisen – wie der Pfau mit seinem herrlichen Rad.

Auch Forschungen zum Körper haben überraschende Resultate gezeigt. So können etwa Symmetrie, Proportion und insbesondere das Verhältnis der Taille zur Hüfte ausschlaggebender für die Schönheit einer Frau oder auch eines Mannes sein als absolutes Gewicht (ausgenommen extreme Korpulenz bzw. Magerkeit). Ferner werde ich kurz auf die Kontroverse zur Rolle der Medien bei Essstörungen eingehen. Angesichts der Tatsache, dass mehr als ein Drittel der US-amerikanischen Bevölkerung übergewichtig ist und diese Zahl ständig zunimmt, deutet nichts darauf hin, dass das Übermaß an dünnen Schönheiten zu einer Gesellschaft der Schlanken führen könnte. Die Medien tragen zu einer noch größeren Unzufriedenheit mit dem Körper bei, indem sie uns mit Beispielen extremer Körpertypen überfüttern. Doch Essstörungen haben komplexere Ursachen.

Einige Skeptiker mögen argumentieren, Studien zur Psychophysik würden den Gedanken bestärken, dass es »ein einziges Schönheitsideal« gebe. Das ist ein Missverständnis. Denn tatsächlich besagt die Theorie nicht mehr, als dass gewisse geometrische Proportionen von Gesicht und Körper sowie einige übertriebene Merkmale schön sind und dass gewisse Dinge universal als unattraktiv betrachtet werden. Dieses Modell kann zudem in einer überwältigenden Vielfalt physischer Typen Ausdruck finden und nicht nur in einer immer gleichen Form.

Als Nächstes werfen wir einen Blick auf Moden und Trends. Trotz ihrer Instabilität und unserer beständigen Sehnsüchte verändern sich Moden, ohne aber je schöner zu werden. Gerade die verrücktesten Trends können leicht lächerlich werden und enden dann rasch in Second-Hand-Läden. Wir werden die Triebfedern der Mode – Sex und Status – betrachten und auch, wie sie ästhetische, persönliche und gesellschaftliche Bestrebungen reflektieren.

Schließlich werden wir versuchen, die Schönheit in die richtige Perspektive zu rücken, zunächst, indem wir einen Blick auf andere Formen nonverbaler Kommunikation werfen, und dann, indem wir Schönheit innerhalb der größeren Lebenszusammenhänge betrachten.

Feministinnen wie nachdenkliche Frauen und Männer allgemein haben zur Schönheit ein sehr ambivalentes Verhältnis. Sie wird sowohl als Quelle der Stärke als auch von Schwäche und Versklavung gesehen und sogar als etwas, das andere für unser wahres, tieferes Wesen blind macht. Vor allem Frauen wollen als ganze Persönlichkeit gekannt und anerkannt werden. Schönheit mag ein »reiner Gewinn« sein, doch ihre sozialen Aspekte – von der Belästigung der Schönen bis hin zur Diskriminierung der nicht Schönen und der Vernachlässigung der weniger sichtbaren »inneren« Schönheit – können alles andere als positiv sein.

Die Frage, wie wir mit Schönheit leben und sie wieder in den Bereich der Freude integrieren können, ist eine Aufgabe für die Zivilisation des einundzwanzigsten Jahrhunderts. Die Probleme, mit denen die Frauen sich konfrontiert sehen, sind ein Zeichen des Missverhältnisses zwischen der fernen Vergangenheit, in der wir uns entwickelten, und unserer heutigen Zivilisation. Doch die Lösung kann nicht darin bestehen, dass wir einen Bereich von Freude und Kraft aufgeben, der den Menschen seit seinen Anfängen begleitet hat.

# 2

# Schönheit
# als Köder

Schönheit ist ein besserer Fürsprecher als jedes Empfehlungsschreiben.

ARISTOTELES

Ich kann gar nicht oft genug wiederholen, wie sehr ich die Schönheit
schätze als eine Eigenschaft, die Kraft gibt und Vorteile verschafft ...
In den menschlichen Beziehungen steht sie an erster Stelle; sie tritt in
den Vordergrund, verführt unsere Urteilskraft zur Voreingenommenheit,
übt große Autorität aus und ist überhaupt unglaublich imposant.

MICHEL DE MONTAIGNE

Leider konnte ich nicht umhin, ihm zuzuhören; er war schön wie
der neue Morgen.

KATHARINA DIE GROSSE

Viele Menschen haben eine idyllische Vorstellung von ihrer Kindheit als einer Zeit, in der Schönheit keine Rolle spielte. Aber Sie brauchen nur einmal Kindern zuzuhören, wie sie sich gegenseitig auf dem Schulhof hänseln und aufziehen – Knirps, Zwerg, Brillenschlange, Fettsack –, um rasch eines Besseren belehrt zu werden. Kinder fühlen sich zu Schönem hingezogen. Der Fotograf Richard Avedon bannte im Alter von neun Jahren mit einem seiner ersten Schnappschüsse seine um zwei Jahre jüngere Schwester Louise auf Zelluloid. Er war damals so entzückt von ihr gewesen, dass er sich das Negativ auf die Schulter klebte und es sich von der Sonne in die Haut einbrennen ließ. Ihr ovales Gesicht, das dunkle Haar, die großen Augen und ihr schlanker Hals wurden »zum Prototyp dessen, was ich als schön empfand. Sie war die echte, ursprüngliche Avedon-Schönheit.« Seine späteren Fotos der Models Dovima, Suzy Parker, Dorian Leigh und Carmen Dell'Orefice »waren alle nur Erinnerungen an Louise«.

Kinder sind schon sehr früh für Schönheit empfänglich, aber wann und wie entwickeln sie ihre Prioritäten? Gemeinhin geht man davon aus, dass dies durch den Prozess der Akkulturation geschieht. Vielleicht vermitteln ihnen die Eltern gewisse geschmackliche Präferenzen, deren Ästhetik dann von Gleichaltrigen mit rebellischer Attitüde umgekehrt und von unserer Alltagskultur schließlich verfeinert wird. Robin Lakoff und Raquel Scherr stellten in ihrem 1984 erschienenen Buch *Face Value* fest: »Schönheit lässt sich nicht unmittelbar und instinktiv erkennen; wir müssen von Kindesbeinen an lernen, die entsprechenden Unterscheidungen zu treffen.«

Die Psychologin Judith Langlois hingegen ist überzeugt, dass es dazu keines Unterrichts bedarf: Ihrer Meinung nach werden wir mit Prioritäten geboren, und selbst ein Baby erkennt Schönheit schon auf den ers-

39

ten Blick. Langlois sammelte Hunderte von Gesichtern auf Dias und bat Erwachsene, sie nach dem Grad der Schönheit zu beurteilen. Als sie die Gesichter dann drei und sechs Monate alten Babys vorführte, blickten diese auffallend länger auf jene, die auch die Erwachsenen als attraktiv eingestuft hatten. Die Babys taxierten die Schönheit außerdem unabhängig davon, ob es sich um Männer, Frauen, Babys, Menschen afrikanischer oder asiatischer Abstammung oder Weiße handelte: Sie blickten länger auf die attraktivsten Gesichter, was nicht nur nahe legt, dass Babys mit Detektoren für Schönheit »ausgestattet« sind, sondern auch, dass menschliche Schönheit womöglich über Rassen und Grenzen hinweg universale Gesichtszüge aufweist.

Langlois weist auch darauf hin, dass Säuglinge eine Präferenz für schöne unbekannte Gesichter zeigen. In Anbetracht der großen Bedeutung der Zuneigung für sein Überleben ist es unwahrscheinlich, dass das Verhalten eines Säuglings gegenüber seiner Pflegeperson von deren Gesicht bzw. Schönheit abhängig ist. Langlois behauptet auch nicht, dass Babys mit attraktiven Müttern für Schönheit ein besonderes Auge hätten; die Kinder blickten länger auf attraktive Gesichter, unabhängig davon, wie schön die Mütter waren.

Der Gedanke, dass Säuglinge bereits mit Schönheits-Detektoren geboren werden, war nicht die vorherrschende Theorie, als Judith Langlois vor zehn Jahren mit ihren Forschungen begann. Vielmehr ist die Vorstellung, dass ein Neugeborenes bereits mit einem Schönheit beurteilenden Blick auf die Welt schaut, gerade dazu angetan, einen aus der Fassung zu bringen: Sogar *ihnen* fällt Aussehen schon auf? Doch Langlois' Ergebnisse sind nur ein Beitrag zu einer wachsenden Anzahl von Beweisen dafür, dass gewisse sinnliche Präferenzen von Säuglingen universal sind. So blicken sie etwa lieber auf symmetrische Muster als auf asymmetrische und berühren lieber weiche Oberflächen als harte. Ab dem Alter von vier Monaten ziehen sie konsonante Musik dissonanten Tönen vor: Als Jerome Kagan und Marcel Zentner Babys dissonante Melodien vorspielten, rümpften sie angewidert die Näschen. Daraus schlossen die beiden Psychologen, dies müssten die ersten Anzeichen einer Präferenz von leichter Musik und »schmachtenden« Liedern sein. Wir können zwar lernen, Dissonanzen zu mögen, doch ist dies dann ein erworbener Geschmack.

Babys schenken dem menschlichen Gesicht große Aufmerksamkeit. Schon zehn Minuten nach der Geburt folgt ihr Blick einem skizzenhaft gezeichneten Gesicht. Am zweiten Tag können sie bereits das Gesicht der Mutter von einem anderen unterscheiden, das sie noch nie zuvor gesehen haben. Am nächsten Tag beginnen sie, Mienen nachzuahmen: Wenn man einem Baby die Zunge herausstreckt, wird es dasselbe tun. Jedes Neugeborene orientiert sich sofort an allem, was biologisch signifikant ist, und dabei stehen an vorderster Stelle Personen, die sein Überleben garantieren.

Auf die Augen blicken Babys fast genauso lange wie auf das ganze Gesicht eines Menschen, und sie erkennen darin vieles, was sie wissen müssen. Die Bewegungen der Augen und der sie umgebenden Muskeln, die Veränderungen der Pupillengröße und der Glanz oder die Trübung der Augen drücken Gefühlsnuancen aus. Die durch die Gesichtsknochen bedingten, winzigen individuellen Unterschiede in den Abmessungen um die Augen sind einer der beständigsten Teile unseres individuellen Aussehens und so einzigartig wie unsere Fingerabdrücke. Computergesteuerte automatische Erkennungssysteme erkennen Gesichter besser nur anhand der Augen als nur anhand von Mund und Nase. Computer, die lernen, Gesichter zu erkennen, kann man am besten »zum Narren halten«, wenn man die Augenpartie verändert. Deshalb hat es sich von Don Juan im vierzehnten Jahrhundert bis heute als effektive Maskierung erwiesen, nur die Augenpartie zu verdecken.

Wenn Babys bemerken, dass sie angeschaut werden, blicken sie zurück, und normalerweise lächeln sie dabei. Ist ihr Interesse angeregt, blicken sie bis zu dreimal so lange auf ein Gesicht, das sie anschaut, als auf eines, das wegsieht. Anders als Beutetiere wie etwa Kaninchen und Rotwild, die über ein panoramisches Gesichtsfeld verfügen, blicken Menschen – ebenso wie Raubvögel, Leoparden und andere Raubtiere – genau auf das, was sie gerade im Sinn haben. Deshalb sind Babys mit Mechanismen ausgestattet, mit denen sie Blickrichtungen erkennen können, und wohl auch aus diesem Grund hat das menschliche Auge sein einzigartiges Aussehen entwickelt. Im Unterschied zu den meisten Tieren, deren Lederhaut mit zunehmendem Alter dunkler wird, bleibt die des Menschen sein Leben lang weiß. Das Weiß der Augen hilft uns

41

festzustellen, wohin ein Auge blickt, und vermittelt uns eine Vorstellung davon, was die Aufmerksamkeit der anderen Menschen fesselt und woran sie vielleicht denken.

Ein Tier, an das sich Löwen anpirschen – die Beute auf anderthalb Kilometer Entfernung erkennen –, hätte keinen großen Vorteil davon, das Weiße in ihren Augen zu sehen. Bis es so weit ist, ist alles schon vorüber. Doch für uns Menschen, die nahe beieinander leben und zum Überleben aufeinander angewiesen sind, ist das Erkennen der Blickrichtung eine effektive Form der Kommunikation, ob es sich nun um den Blick eines Raubtieres, um einen flehentlichen oder einen liebevollen Blick handelt.

Das Neugeborene gibt solchen Formen den Vorzug, die sich an denen orientieren, welche von den Erwachsenen bevorzugt werden. Babys werden zu Erwachsenen, die Symmetrie und Harmonie und glatte Dinge mögen; der Anblick eines menschlichen Gesichts fesselt sie, und sie reagieren erregt, wenn ein Blick den ihren trifft. Ein drei Monate altes Kind, das auf schöne Gesichter starrt, entwickelt sich zu einem normalen Menschen, der angesichts von Schönheit den Blick ruhen lässt und sich verlieben kann, indem er hinsieht. Wenn Babys den Blick auf Gesichter fixieren, die von Erwachsenen als sehr attraktiv bezeichnet werden, widerlegen sie damit ohne Worte die Überzeugung, die Kultur müsse uns lehren, menschliche Schönheit zu erkennen.

## Niedlichkeit

Zwischenzeitlich wird das Baby von Erwachsenen beurteilt. Vor fünfzig Jahren meinte der Verhaltensforscher Konrad Lorenz, das Aussehen von Kleinkindern würde einen Ansturm zärtlicher Gefühle entfachen. In der Tat verfügen Säuglinge über zahlreiche gefühlsauslösende Eigenschaften: Ihre Haare und Haut sind weich, die Augen riesig mit großen Pupillen, ihre Wangen rundlich und die Nase klein; der Kopf ist groß und die Gliedmaßen klein und elastisch. Säuglinge würden ohne Pflege sterben, es ist daher von existenzieller Bedeutung für sie, dass sie unwiderstehlich aussehen.

Unsere Reaktion auf kindliche Gesichtszüge und Körpermerkmale verläuft unwillkürlich, und wir verhalten uns jeder Kreatur gegenüber, die sie nachahmt, liebevoll. Spielzeughersteller und Karikaturisten profitieren von dieser angeborenen Vorliebe für junges Aussehen. Micky Maus, in den dreißiger Jahren geboren, begann sein Leben so liebenswürdig, heiter und geschmeidig, dass der Schriftsteller Graham Greene Fred Astaire in dem Film *Ich tanze mich in dein Herz hinein* als »den menschlichen Micky« beschrieb. Doch im Verlauf der nächsten fünfzig Jahre verjüngte sich Micky Maus ständig: Hände und Kopf wurden immer größer, die Gliedmaßen zusehends kürzer und dicker. Der heutige Micky ahmt die grundlegende Geometrie des menschlichen Kleinkindes nach, und auch Disneys Bambi hat die sehr hohe Stirn eines Kleinkindes – und eben die »Rehaugen«.

Niedliches Aussehen ist durch die biologische Entwicklung bedingt. Gehirn und Nervensystem des Babys entwickeln sich früh, und seine Augen sind schon bei der Geburt fast so groß wie die des Erwachsenen, während die Hände und Füße winzige Miniaturen dessen sind, was sie einmal werden. Obwohl große Augen und kleine Hände nicht an und für sich schön sind, hat das grundlegende Aussehen eines Babys für uns eine tiefe Bedeutung und ruft zärtliche Gefühle hervor. So wie viele Jungtiere gestreift sind, Löwenjunge Flecken und Ringe auf dem Schwanz oder junge Schimpansen einen weißen Haarbüschel an ihrem Schwanzstummel haben, haben menschliche Babys einen großen Kopf und riesige Augen, Pausbäckchen und ein Stupsnäschen, die allesamt Hilflosigkeit signalisieren. Jane Goodall stellte fest, dass Schimpansenbabys nicht angegriffen werden, solange sie den weißen Schwanzstummel haben, was bedeuten dürfte, dass dieser ein biologisches Zeichen darstellt, das die erwachsenen Tiere von Übergriffen abhält. Die sichtbaren Attribute menschlicher Babys im ersten Lebensjahr dienen womöglich demselben Zweck, nämlich Aggressionen abzuwenden.

Königin Victoria, selbst Mutter von neun Kindern, sagte einmal: »Ein hässliches Baby ist ein widerliches Objekt.« Vielleicht tat sie damit nur ihre viktorianische Verachtung für unsaubere Kreaturen mit schlechten Manieren kund. Doch für die meisten Menschen gibt es ebenso wenig hässliche Babys wie hässliche Hündchen oder eine hässliche Braut. Alle Babys sind niedlich, und zumindest für die Eltern sind sie es vom Augenblick der Geburt an. Anna Quindlen bemerkte hierzu: »Wer war's noch mal, der das alte Sprichwort erfand, dass Gott sie so niedlich gemacht hat, damit wir sie nicht umbringen? Das gilt ganz besonders um vier Uhr früh.«

Jedoch gibt es im Verhalten von Müttern gegenüber ihren Kindern während der ersten Lebenstage geringe Unterschiede, die zum Teil auf das Aussehen des Babys zurückzuführen sind. Psychologen nahmen Mütter und ihr Neugeborenes während dessen ersten Lebenstagen und dann drei Monate später auf Video auf. Ferner legten sie anderen Beobachtern Farbfotos der Babys vor und ließen sie nach dem Grad der Attraktivität einstufen.

Es zeigte sich, dass die Mütter der attraktivsten Babys den größten Teil der Zeit damit zubrachten, ihre Kinder im Arm zu halten, ihnen in die Augen zu schauen und stimmlich mit ihnen zu kommunizieren. Sie mussten quasi mit Gewalt dazu gebracht werden, ihre Aufmerksamkeit anderen Dingen zuzuwenden. Die Mütter der weniger attraktiven Babys hingegen verbrachten mehr Zeit damit, sich um die Bedürfnisse ihrer Kinder (weinen, Bäuerchen machen, Sauberkeit überprüfen usw.) zu kümmern, und ließen sich leichter ablenken. Sie waren nicht etwa nachlässig, schienen jedoch in ihrer Zuneigung reservierter und etwas weniger hingerissen zu sein.

Die Forscher baten die Mütter nicht, das Aussehen ihrer Kinder zu bewerten; vielleicht dachten sie, das sei zu provokant. Doch stellten sie eine Reihe von Fragen zu den Kindern und zur Kinderpflege. Die Mütter der weniger attraktiven Babys tendierten eher dazu, über Stress, Zeit- oder Energiemangel zu klagen und sich Geldsorgen zu machen. Diese Unterschiede verschwanden jedoch größtenteils drei Monate nach der Geburt der Kinder; danach ließ sich nur noch feststellen, dass die Mütter attraktiver Jungen liebevoller und verspielter mit ihren Kindern umgingen.

Es fällt leicht zu beurteilen, welche Babys die niedlichsten sind (deshalb gibt es Schönheitswettbewerbe für Säuglinge und »Alete-Prachtkinder«). Schöne Babys sind typische Babys oder solche, deren Gesichtszüge die typische Baby-Geometrie leicht überzeichnen: sie ziehen sozusagen sämtliche Register. Als hässlich empfundene Babys verfügen nicht über alle »Register«, was sie älter aussehen lässt – als wäre auf das Aussehen des Neugeborenen eine Vision seines zukünftigen Gesichts projiziert worden. Vor allem Frühgeburten haben häufig solch irreführend »reife« Gesichter. Wenn man das Foto eines solchen Kindes unter Bilder von rechtzeitig geborenen mischt, werden diese Babys für schwierig und empfindlich gehalten, und es findet sich schwerer eine freiwillige Pflegeperson für sie. Tatsächlich können Babys, die nicht niedlich sind, sogar noch härtere Konsequenzen daraus erleiden. Bei Studien in Kalifornien und Massachusetts stellte sich heraus, dass von Kindern, die wegen (elterlichen) Missbrauchs unter gerichtlichem Schutz standen, relativ viele unattraktiv waren. Sie waren nicht schlechter gepflegt worden oder sahen unglücklicher aus als andere Kinder; vielmehr hatten diese Kinder Kopf- und Gesichtsproportionen, die sie weniger infantil und niedlich aussehen ließen. Solche Kinder werden womöglich deshalb leichter Opfer von Überforderung, weil ihre Gesichtszüge nicht die unwillkürliche Schutzreaktion hervorrufen, wie es bei infantiler aussehenden Kindern der Fall ist. Weil sie älter aussehen, als sie sind, können sie zu dem Glauben verleiten, sie hätten mehr Fähigkeiten, als tatsächlich der Fall ist, und sie können eher zum Subjekt unrealistischer Erwartungen werden. Es gibt Hinweise dafür, dass Eltern, die ihre Kinder überfordern, häufig unrealistische Erwartungen an diese stellen. Ihr außergewöhnliches Aussehen kann auch einen schlechteren Gesundheitszustand oder weniger Lebensfähigkeit signalisieren, wie es bei einer Frühgeburt der Fall sein kann.

Im Tierreich bekommen Neugeborene, die ihre Gesundheit und Lebensfähigkeit zur Schau stellen, mehr Aufmerksamkeit von den Müttern. Die Jungen des grauschwarzen amerikanischen Blässhuhns haben intensiv orangefarbene Federn und kahle Köpfe, die sich während des Fütterns leuchtend rot verfärben. Die Jungen betteln visuell um Futter, indem sie mit ihren orangenen und roten Merkmalen auf sich aufmerksam machen. Als Forscher die orangefarbenen Federn kürzten, bekamen die so behandelten Jungen weniger Zuwendung und Nahrung von den Müttern, die zuerst die farbenprächtigen, gesund erscheinenden Jungvögel fütterten: Offenbar ignorierten sie diejenigen, die ihnen nicht gesund genug erschienen, um ihre Farben zu zeigen.

45

Dieses Verhalten ähnelt jenem, das die Psychologin Janet Mann in amerikanischen Vororten bei Müttern von untergewichtigen Zwillingen mit Gesundheitsproblemen beobachtete. Sie stellte fest, dass die Mütter im achten Lebensmonat ihrer Kinder eindeutig eines bevorzugten und es öfter trösteten, im Arm hielten, mit ihm spielten und sprachen als mit dem anderen. Dabei schien es unerheblich zu sein, welches der Kinder sich mehr stimmlich äußerte, lächelte oder der Mutter mehr folgte; alle Mütter bevorzugten den gesünderen Zwilling. Die Mütter ließen zwar für gewöhnlich beiden Babys in etwa die gleiche Pflege und Fütterung angedeihen, doch in zwei Fällen von extrem armen Familien wurde das kränklichere Kind offenkundig ernstlich vernachlässigt. Daraus schloss Mann, dass die Mütter für das überlebensfähigere Kind eine (ihnen nicht bewusste) Präferenz entwickelt hatten – eine Bevorzugung, die auf einem Mechanismus beruht, welcher im Verlauf der Evolution ihre Reproduktionsfähigkeit maximierte.

Die schwierige Wahrheit ist, dass während der gesamten Menschheitsgeschichte Eltern mit ungewissen Ressourcen konfrontiert und die Überlebenschancen gefährdeter Babys geringer waren. Die Fortpflanzung einer Mutter mit einem Gespür für die Gesundheit und Lebensfähigkeit ihres Kindes verläuft erfolgreicher, wenn sie weiß, wie viel sie in ihr Neugeborenes investieren kann, ohne ihr und das Leben ihrer anderen Kinder zu gefährden. Das ist keine kalte Kalkulation, sondern eine realistische Konsequenz tragischer Umstände.

Doch solch herzzerreißende Notsituationen werden Eltern heutzutage kaum mehr erleben; in der Regel haben sie die nötigen Mittel und die Sicherheit, in ein ernstlich gefährdetes Kind Zeit und Energie zu investieren. Aber wie wir an eingehenden Beobachtungen von Müttern mit Neugeborenen erkennen, müssen sie sich dazu auch heute noch über uralte Mechanismen des Gehirns hinwegsetzen. Noch heute tendieren Eltern dazu, gesunde Babys zu bevorzugen und jene am liebevollsten zu behandeln, die am ehesten das typische Aussehen – große Augen, kleine Nasen, Pausbäckchen – aufweisen. Denn in der urgeschichtlichen Welt war das Aussehen eines Babys der beste frühdiagnostische Indikator dafür, ob es überleben würde.

46

# Ganz der Papa

Eltern mögen ihr Herz nur vorsichtig verschenken, doch sobald sie spüren, dass ihr Baby überlebensfähig ist, öffnen sie ihm Tür und Tor. (Man darf hierzu nicht vergessen, dass das Aussehen des Säuglings in den ersten Lebenstagen am wichtigsten ist.) Spätestens dann glauben sie auch, dass ihr Kind schöner ist als alle anderen. Eltern und Familienmitglieder schauen dem Baby auch ins Gesicht, um festzustellen, wem es ähnelt, und gleich nach der Geburt neigen Mütter dazu, zu sagen, ihr Kind ähnele dem Vater.

Die Psychologen Margo Wilson und Martin Daly verteilten Fragebogen an Hunderte junger Eltern und deren Verwandte und stellten fest, dass die Behauptung, das Kind ähnele dem Vater, sehr verbreitet und vor allem wesentlich häufiger war als die Behauptung, es würde der Mutter ähneln. In vielen Familien waren sich sogar alle Mitglieder einig, dass das Kind dem Vater ähnele.

Diese Feststellung interpretieren Daly und Wilson wie folgt: Bei der Mutter besteht kein Zweifel, dass das Baby ihres ist, doch der Vater geht immer ein gewisses Risiko ein, betrogen worden zu sein. Vor der Ära der DNA-Tests hatten Väter zwei Informationsquellen: ihr Wissen um die Treue der Mutter und das Aussehen des Babys, also seine physische Ähnlichkeit mit ihnen. Gesichtszüge sind in hohem Maße vererbbar. Die Betonung der Ähnlichkeit des Kindes mit dem Vater trägt dazu bei, Zweifel zu zerstreuen und die väterliche Zuneigung und Investitionsbereitschaft für das Neugeborene anzufachen. Mütter reagieren auf Gesundheit und Niedlichkeit; Väter wollen darüber hinaus noch wissen, ob das Neugeborene wie sie aussieht. Das Erkennen eigener Züge im Gesicht des Babys ist für sie ein wichtiger Auslöser väterlicher Gefühle.

Der Anthropologe Bronislaw Malinowski suchte in den zwanziger Jahren die südpazifischen Trobriand-Inseln auf. Die Trobriander glaubten, Frauen würden von Geistern geschwängert und nicht durch Sperma; dennoch war die Meinung verbreitet, Kinder würden dem »Vater« (dem Ehemann der Mutter) mehr ähneln als der Mutter oder Geschwistern. Ja, es galt sogar als ein Zeichen schlechter Manieren zu äußern, ein Kind würde der Mutter ähneln.

Daly und Wilson vertreten die Ansicht, dass Väter weltweit darauf achten, ob das Baby ihnen ähnelt, und Mütter überall den Vater in der Überzeugung bestärken, dass das Kind ihm ähnele. Diese Verhaltensmuster laufen offensichtlich unwillkürlich ab. Sie treten sogar dann auf, wenn der Mann keine Ahnung hat, wie es zur Empfängnis kommt, wie es bei den Trobriandern der Fall war. Daly und Wilson heben warnend hervor, dass es bei dem Wunsch des Vaters nach einem Baby, das ihm ähnelt, auch eine dunkle Seite geben kann. In Familien, in denen ein Kind missbraucht wird, kann es zum Beispiel jenes sein, das dem Vater am wenigsten ähnlich sieht. Adoptionen verlaufen erfolgreicher, wenn die Eltern der Meinung sind, das Kind würde ihnen ähneln. Daly und Wilson gehen davon aus, dass dieser Faktor Adoptivvätern wichtiger ist als Adoptivmüttern.

Natürlich erregt das Aussehen eines Babys immer Freude. Die Pupillen von Frauen und Kindern erweitern sich automatisch, wenn sie Bilder von Babys sehen. Niemand missgönnt Babys ihre Schönheit, und die meisten Menschen haben keinen Zweifel daran, dass diese Schönheit dem Zweck dient, ein Problem der Evolution zu lösen, nämlich das Überleben des Kindes sicherzustellen. Babys lehren uns, dass physische Schönheit unwiderstehlich ist, dass die Reaktionen darauf unwillkürlich sind und dass sie früh beginnen und tief greifen.

## Aussehen und Realität

Das Leben wäre bedeutend einfacher, wenn unser Aussehen die Kraft behalten würde, die es hat, solange wir Babys sind. Doch mit der frühen Kindheit verlieren wir auch den Schutz, den uns unser niedliches Aussehen gewährt. Sobald unser »weißer Schwanzstummel« verschwunden ist, sind wir schutzlos mit der Welt konfrontiert: die Schönheit des Erwachsenen ist zwar von großem Vorteil, doch schützt sie nur wenige, nicht die Vielen.

Wir leben in einer Welt, in der der »Look« eines der verbreitetsten und gleichzeitig am meisten verleugneten Vorurteile darstellt. Die Menschen neigen dazu, zu glauben, dass Aussehen keine Rolle spiele; doch jeder Marketing-Stratege weiß, dass Verpackung und Image eines Produkts mindestens so wichtig sind wie dieses selbst. Das Aussehen ist für uns nicht nur eine Quelle des Vergnügens oder der Scham, sondern auch eine Informationsquelle. Unser Geist ist nicht dazu geschaffen, Oberflächliches und Substanzielles leicht zu entwirren: In der Tiefe ihres Wesens glauben nur wenige Menschen, dass diese Beziehung willkürlich oder beliebig ist. Vor allem kleinen Kindern fällt es schwer, Äußerlichkeiten und die Realität voneinander zu unterscheiden. Würden Psychologen kleinen Kindern ein Eichhörnchen zeigen, dieses dann rasieren und schwarz anmalen, so dass es wie ein Waschbär aussieht, so würden die Kinder sagen, das Tier sei nun ein Waschbär. Sie sind so sehr vom Aussehen eingenommen, dass sie vergessen, dass sich unter dem rasierten und bemalten Äußeren noch immer ein Eichhörnchen verbirgt.

Dass wir dem Äußeren so viel Wert beimessen, hat einen guten, durch die Evolution bedingten Grund. Das Aussehen war (und ist) ein vernünftiger und manchmal der einzige Hinweis dafür, was gut und was schlecht für uns ist. Braune Flecken und Falten sagen uns, dass eine Frucht ihren maximalen Nährwert überschritten hat, und Grün kann bedeuten, dass sie noch nicht reif ist. Der Biologe George Orians meint, dass wir für bestimmte Landschaften eine universale Vorliebe besitzen, weil sie Sicherheit und Zuflucht suggerieren. Zusammen mit Judith Heerwagen beobachtete er Maler, Gärtner, Fotografen und andere mit dem Blickwinkel darauf, welche Landschaften sie als schön empfanden. Die Forscher stellten fest, dass sich alle von Landschaften mit großen Bäumen, Ausblicken auf den Horizont, Wasser, Bergen oder Hügeln und zahlreichen aus ihnen herausführenden Wegen angezogen fühlten. Der Geograf Jay Appleton meint, solche Umgebungen signalisierten positive Aussichten, Zuflucht und das Vermögen, die Außenwelt von einem sicheren Ort aus zu überblicken.

Wonach suchen wir in anderen Menschen? Jahrhundertelang haben wir geglaubt, das menschliche Gesicht gebe Aufschluss über Charakter und Persönlichkeit. Tolstoi klagte: »Es ist erstaunlich, wie vollkommen die Täuschung ist, dass Schönheit gleich Anstand sei.« Wie wir sehen werden, hat Anständigkeit, zumindest im moralischen Sinne, nichts mit Schönheit zu tun.

49

# Gutes Aussehen – guter Charakter?

Der Gedanke, körperliche Schönheit sei der sichtbare Beweis für geistige Schönheit, lässt sich zumindest bis zu Platon zurückverfolgen. Platon glaubte, sterbliche Schönheit sei ein Abbild der idealen Schönheit, und Sappho schrieb: »Was schön ist, ist auch gut.« Diese Vorstellungen blühten bei den Humanisten der Renaissance erneut auf. Marsilio Ficino sah die Schönheit als »sozusagen die Blüte der Güte. Durch die Verlockungen dieser Blüte zieht die latente innere Güte gleichsam wie ein Köder alle an, die sie sehen ... Wir könnten niemals die im inneren Wesen der Dinge verborgene Güte erkennen noch ersehen, würden wir nicht durch äußere Anzeichen darauf hingeführt.« Baldassare Castigliano schrieb 1561: »Schönheit ist etwas Heiliges ... nur selten wohnt eine böse Seele in einem schönen Körper, und so ist äußere Schönheit ein wahres Zeichen innerer Güte ... man kann sagen, dass das Gute und das Schöne in gewisser Weise identisch sind, vor allem im menschlichen Körper. Und die unmittelbare Ursache physischer Schönheit ist meiner Meinung nach die Schönheit der Seele.« Dazu bemerkt der Soziologe Anthony Synott, Castigliones Ideen stellten »eine hervorragende Synthese von Biologie und Theologie, Profanem und Heiligem, Geschlechtlichkeit und Göttlichem dar«; Castiglione würde der Schönheit des Körpers frönen und dies als Verehrung der Seele bezeichnen.

Hässlichkeit war ein Zeichen der Bösen, Verrückten oder Gefährlichen. Missbildungen, Hässlichkeit und Krankheit galten als Stigmata, die dem Körper durch Gottes Zorn auferlegt wurden. Hierzu noch einmal Castiglione: »Meistens sind die Hässlichen auch von Übel.« Und Francis Bacon schrieb im sechzehnten Jahrhundert: »Verunstaltete Menschen sind ... (wie die Schrift sagt) bar aller natürlichen Zuneigung.«

Versuche, Gesichtszüge zu bestimmen, die über den Charakter Aufschluss geben könnten, gehen bis auf Aristoteles zurück. 1586 verfasste der italienische Naturalist und Philosoph Giovanni Della Porta eine Abhandlung mit dem Titel *De humana physiognoma*, in der er versuchte, die Beziehung zwischen Körper und Seele des Menschen zu erhellen. Da die menschliche Persönlichkeit undurchsichtig und komplex sei, stellte er Analogien zu der einfacheren Psychologie von Tieren her. Dieses Vorgehen gründete sich auf den magischen Glauben, dass Dinge, die gleich aussehen, auch gleich sind. Jedes Tier verfügt über eine charakteristische Gefühlswelt, und analog dazu hat jeder Mensch, der ihm ähnelt, eine entsprechende Gemütsverfassung: Der Esel ist töricht, das Maultier störrisch, das Kaninchen scheu, der Ochse dumm und das Schwein schmutzig und gefräßig. Della Porta argumentierte, wenn ein Mensch einem bestimmten Tier ähnelc, »dann wird er sich auch in ähnlicher Weise benehmen«. Mit anderen Worten, wer wie ein Esel aussieht, wird sich auch wie ein solcher verhalten, und wessen Aussehen an einen Fuchs erinnert, der ist auch ein solcher.

Seit Platon wurde das strenge klassische Profil der griechischen Statue gewöhnlich für das ideale menschliche Gesicht gehalten. Eines seiner vielen Vorzüge war, dass es nicht den Gesichtern von Kaninchen, Ziegen, Affen, Fröschen oder sonst einem »unedlen« Tier ähnelte. Wenn Schönheit bedeutete, nicht wie ein wildes Tier auszusehen, dann war der Apollo Belvedere sozusagen das Maß aller Dinge. Die um 1496 in Rom entdeckte altgriechische Apollo-Statue (sie wird etwa auf das Jahr 320 vor Christus datiert) wurde von Kunstgeschichtlern als »die ideale Statue für die Kunst der Hochrenaissance in Italien« bezeichnet. (Der Apollo Belvedere erhielt seinen Namen von der Villa hinter dem alten Vatikanpalast, in der die Papstfamilien des sechzehnten und siebzehnten Jahrhunderts ihre Sammlung bedeutender Marmorstatuen aus Griechenland und Rom aufbewahrten.)

Für den im achtzehnten Jahrhundert wirkenden Philosophen Hegel war das griechische Profil »alles andere als eine äußerliche und zufällige Form, sondern die Inkarnation der Idee von Schönheit selbst ... Ihr verdanken wir die Darstellung eines Gesichtes, in dem der Ausdruck des Geistigen an erster Stelle steht.« Hegels Urteil basierte auf dem Umstand, dass die Griechen einen geraden Nasenrücken hatten, der im Profil eine kontinuierliche Linie vom Zentrum des Denkens (der Stirn) zum Gesicht bildete und dadurch die visuelle Aufmerksamkeit auf die oberen anstelle der unteren, sinnlichen Tcile des Gesichts lenkte.

Der niederländische Künstler und Anatom Petrus Camper, ein Zeitgenosse Hegels, erfand eine Vorrichtung zur Messung der Gesichtswinkel von Profilen. Er vermaß das Gesicht waagrecht vom Ohr zur Lippe und senkrecht vom vorstehendsten Punkt der Stirn bis zum prominentesten

Punkt des Oberkiefers (gewöhnlich an der Oberlippe). Im Schnittpunkt dieser Linien lag der so genannte Gesichtswinkel. Campers Gesichtswinkel wurde zum ersten geläufigen Maßsystem der Schädelmessung, doch seine eigentliche Intention war eine Quantifizierung der Schönheit. Er ging davon aus, dass die altgriechischen Statuen das Ideal menschlicher Schönheit darstellten. »Es findet sich kein Mensch«, schrieb er, »der den Kopf des Apollo oder der Venus nicht als von erhabener Schönheit und jenen der schönsten Männer und Frauen unendlich überlegen betrachten würde.« Camper stellte fest, dass die griechischen Statuen Gesichtswinkel von hundert Grad aufwiesen, während sie bei den meisten menschlichen Profilen zwischen siebzig und neunzig Grad liegen. Da Affen, Hunde und andere Tiere kleinere Gesichtswinkel haben als Menschen und die der griechischen Statuen etwas größer waren, dachte Camper, er habe den Winkel der Schönheit entdeckt. »Worin besteht ein schönes Gesicht?«, schrieb er. »Meine Antwort: eine Anordnung der Gesichtszüge so, dass die Gesichtslinie einen Winkel von hundert Grad mit der Horizontalen bildet.« Durch die Vermessung unterschiedlicher Schädel stellte er fest, dass die Gesichtswinkel von Orang Utan und anderen Affen über die der Afrikaner, Orientalen bis zum Europäer und schließlich zur griechischen Statue größer wurden, was die Europäer dem Schönheitsideal am nächsten stellte und die Afrikaner am weitesten davon entfernte. Auch der Schweizer Pastor Johann Caspar Lavater entwickelte eine Theorie zum Gesichtswinkel, und zwar beginnend mit dem Frosch und bis zum Apollo Belvedere aufsteigend, womit auch er die Europäer nächst dem Ideal absoluter Schönheit platzierte.

Mit solchen Analogien und Vergleichen untermauerten die Europäer die Vorstellung, sie seien die schönsten Menschen. Und da ihre Gesichtswinkel jenen der griechischen Götter ähnlich waren, galt dies auch für ihren Charakter und ihre Intelligenz. Ferner rechtfertigten solche Untersuchungen eine vermeintliche kulturelle oder rassische Überlegenheit der Weißen. Natürlich ist das Profil des Apollo Belvedere nicht schöner als das eines gut aussehenden Afrikaners; Aussehen ist nicht gleich Realität, Analogien beweisen nichts, und Rassismus ist ein klares Beispiel für einen oberflächlichen Trugschluss. Heute ist sich die Wissenschaft darüber einig, dass der Begriff Rasse kaum etwas zur Erklärung menschlicher Unterschiede beiträgt: Abgesehen von der Hautfarbe lassen sich weniger als sieben Prozent der genetischen Unterschiede durch Rassenzugehörigkeit erklären. Innerhalb der Rassen ist eine größere genetische Vielfalt anzutreffen als rassenübergreifend. Unterschiedliches Aussehen kann Menschen, die genetisch, »unter der Haut« Brüder und Schwestern sind, nicht als solche erkennbar werden lassen; andererseits können zwei ansonsten grundverschiedene Menschen ganz ähnlich aussehen. Rassismus ist real, Rasse nicht unbedingt.

Heute wissen wir, dass es schwer ist, nur durch das Aussehen eines Menschen Aufschluss über Charakter, Intelligenz oder die Seele zu bekommen. Würden die »Mütter Teresa« der Welt immer aussehen wie Miss Universe, dann wäre die Welt gerecht und das Aussehen leicht zu begreifen. Aber noch niemand hat die sichtbaren Zeichen für einen Heiligen oder einen Sünder enträtselt. Manchmal ist es praktisch, ein Merkmal menschlichen Aussehens mit einem ähnlichen und einprägsamen aus dem Tierreich zu vergleichen, wie etwa Rehaugen, doch beschreiben wir damit nur visuelle und nicht ethisch-moralische Charakteristika. Kenntnis über Persönlichkeit und Charakter einer Person erwerben wir nur allmählich aufgrund ihres Verhaltens uns und anderen gegenüber. Heute sagen wir, dass physische Schönheit nur »oberflächlich« ist und dass »schön ist, wer Schönes tut«.

Aber wir verhalten uns nicht immer entsprechend. Was die Schönen tun, wird häufig im Lichte der Vergebung gesehen. Andererseits neigen wir leicht zu negativen Urteilen über die nicht Schönen – wie etwa, dass korpulente Menschen faul oder gierig seien. Wir wissen zwar, dass die Verknüpfung von schön sein und gut sein falsch ist, doch unser Verhalten ist nicht immer von bewusster Überlegung geleitet.


## Die Ungerechtigkeit des Lebens

Ob das Schöne nun gut ist oder nicht, jedenfalls scheint Schönheit andere zum Guten anzustiften. In einer psychologischen Studie wurden fünfundsiebzig männlichen College-Studenten Fotos von Frauen unterschiedlicher Attraktivität vorgelegt. Dann wurden die Männer befragt, für welche der Frauen sie am wahrscheinlichsten folgende Aktivitäten

53

verrichten würden: Hilfe beim Umzug, Geld leihen, Blut spenden, eine Niere spenden, zu ihrer Rettung eine Meile schwimmen, sie aus einem brennenden Gebäude zu retten und sogar sie vor einer Handgranate von Terroristen zu retten. Alle Männer waren am ehesten dazu zu bewegen, diese so altruistischen wie riskanten Taten für eine schöne Frau auf sich zu nehmen; lediglich zum Verleihen von Geld waren sie nur widerstrebend bereit.

Man könnte einwenden, dass Antworten auf die Fragen von Psychologen zu hypothetischen Situationen womöglich stark von realem Verhalten abweichen. Doch die Probe aufs Exempel scheint die Angaben der oben zitierten Studenten zu bestätigen – zumindest auf einem relativ gefahrlosen Niveau. In einer Reihe von Experimenten wurden Ehrlichkeit und Altruismus gegenüber gut und weniger gut aussehenden Menschen getestet und festgestellt, dass die guten Taten nicht gleichmäßig verteilt waren. In einer Studie zum Beispiel gingen einmal eine hübsche, ein anderes Mal eine unattraktive Frau auf eine besetzte Telefonzelle zu und fragten, ob sie ihre Münze (die dort hinterlegt worden war) vergessen hätten: Siebenundachtzig Prozent der Testpersonen gaben der attraktiven Frau die Münze zurück, aber nur vierundsechzig Prozent der anderen. In einer weiteren Studie standen zwei Autofahrerinnen mit einem platten Reifen am Straßenrand: der besser aussehenden wurde zuerst geholfen.

Die Menschen sind eher bereit, einer attraktiven Person zu helfen, selbst wenn ihnen diese nicht sympathisch ist. In einem weiteren Experiment machten zwei unterschiedlich attraktive Frauen Männern Komplimente zu ihrer Arbeit oder kritisierten diese. Danach wurden die Männer gefragt, wie sehr sie die Frau mögen würden. Sie mochten am meisten die attraktive Frau, die sie gelobt hatte, und am wenigsten die attraktive Frau, die sie kritisiert hatte. Doch bei der Bitte, mehr Zeit zu opfern, zeigten die Männer bei der gut aussehenden Frau die größte Bereitschaft, selbst wenn sie sie nicht mochten. Die Psychologen bemerkten hierzu, dass die Attraktivität der Frau anziehend wirke. Dies scheint sogar in Situationen zu gelten, in denen keine Chance besteht, den Empfänger eines Gefallens, den man tut, kennen zu lernen: Bei einer weiteren Studie wurden ausgefüllte (unechte) Studienbewerbungen in einem Flughafen in Detroit liegen gelassen. Auf einem beigefügten Zettel wurde darum gebeten, sie an den Vater zurückzusenden. Die Bewerbung war jedes Mal dieselbe, doch das beigefügte Foto war jeweils ein anderes. Es wurde festgestellt, dass die Finder weit eher bereit waren, die Unterlagen der besser aussehenden Bewerber zurückzusenden.

Interessanterweise sind die meisten Menschen jedoch *weniger* gewillt, gut aussehende Zeitgenossen um Hilfe zu bitten. Das gilt vor allem für Männer in Bezug auf gut aussehende Frauen, doch auch für Männer und Frauen in Bezug auf Angehörige des jeweils eigenen Geschlechts (weniger hingegen für Frauen, die gut aussehende Männer um Hilfe bitten). Doch wie die Entwicklungspsychologen Leda Cosmides und John Tooby gezeigt haben, achten die Menschen sehr darauf, wer was für wen getan hat. Unsere Anstrengungen, gut aussehenden Menschen ohne die Erwartung einer sofortigen Belohnung oder einer Gegenleistung entgegenzukommen, sind ein Weg, der Schönheit den gleichen Status zu verleihen, wie ihn adelige Herkunft oder eine reiche Erbschaft mit sich bringen. Der Schriftsteller Jim Harrison nannte Schönheit »die Ungerechtigkeit des Lebens«.

Der hohe Status von Schönheit ist einer der Gründe, weshalb sie mit solch heftigen Emotionen befrachtet ist. Haben die Demokratien nicht die Aristokratie abgeschafft und allen den gleichen gesellschaftlichen Boden bereitet? Vielleicht ist eben dies auch der Grund dafür, weshalb wir uns so leicht zu dem Gedanken überreden lassen, Schönheit sei durch die üblichen demokratischen Mittel und Wege zu erlangen – harte Arbeit und Geld. Wenn sie einen hohen Status verleiht, dann müssen wir sie also zu etwas Elitärem machen, das auf Anstrengung und Leistung beruht und nicht auf einem A-priori-Vorteil. Die Historikerin Lois Banner zeichnete »die demokratische Rhetorik von Schönheitsexperten im frühen zwanzigsten Jahrhundert« auf und stellte fest, dass damals behauptet wurde, »jede Frau kann schön sein«. Derartige Werbekampagnen, so Banner, seien für die Frauen bedenklich gewesen, da sie ein unerreichbares Ideal aufrechterhielten. Zu Estée Lauders erfolgreicher Werbung gehörte die Mahnung: »Es gibt keine unscheinbaren Frauen, sondern nur nachlässige ... Sie müssen sie [die Schönheit] einfach nur sehr wollen und ihr dann mit ein paar gut gewählten Produkten auf die Sprünge helfen.« Paradoxerweise haben die Argumente von Schönheitsexperten unserer Zeit Schönheit oft unwissentlich mit Redlichkeit und

Güte verknüpft. Frauen, die mit ihrem Spiegelbild unzufrieden waren, fühlten sich plötzlich nicht mehr nur unattraktiv, sondern auch noch faul und »daneben«, und es fehlte ihnen vermeintlich die innere Schönheit, die angeblich durch gutes Benehmen und ein gutes Make-up nach außen gekehrt wurde.

## Schönheit als Status

Wenn wir die Straße entlanggehen, verhandeln wir ständig mit den anderen Passanten um Platz. Wir tragen ständig ein kleines Territorium mit uns herum, ein geschütztes Fleckchen Erde, das uns umgibt, ob wir nun sitzen, stehen oder gehen, und das andere nicht ohne Erlaubnis betreten dürfen: bei »Zuwiderhandlung« wird uns unbehaglich. Bei großen Menschen ist auch dieses Territorium größer: ihre Größe schüchtert uns ein. Werden wir gebeten, uns einem Fremden so weit zu nähern, bis wir uns unwohl fühlen, so bleiben wir bei einer großen Person in etwa sechzig Zentimeter Abstand stehen; bei einem kleinen Menschen jedoch nähern wir uns bis auf weniger als dreißig Zentimeter. Sehr attraktiven Menschen räumen wir unabhängig von ihrer Größe ein großes persönliches Territorium ein; sie tragen ihre Privilegien sozusagen mit sich herum.

Gut aussehende Menschen setzen sich in Diskussionen mit größerer Wahrscheinlichkeit durch und können andere leichter von ihrer Meinung überzeugen. Man gibt ihnen auch eher ein Geheimnis preis und vertraut ihnen leichter persönliche Informationen an. Grundsätzlich gilt, dass wir gut aussehenden Menschen gefallen wollen, ihnen gegenüber mehr versöhnliche Gesten anbringen, uns von ihnen leichter überreden lassen, eingehender mit ihnen plaudern und wortwörtlich vor ihnen zurückweichen, wenn wir ihnen auf der Straße begegnen.

Aber vielleicht lassen wir uns mehr von ihrem Selbstvertrauen und Selbstbewusstsein einschüchtern als von ihrem Aussehen. Vielleicht überzeugen sie durch Intelligenz oder ihre starke Persönlichkeit? In der Tat neigen attraktive Menschen mehr zu Selbstsicherheit und dazu, sich in Gesellschaft leichter wohl zu fühlen, und weniger dazu, sich vor negativen Meinungen zu fürchten, als unattraktive. Sie denken eher, sie hätten ihr Leben im Griff, anstatt sich als Opfer von Schicksal oder Umständen zu fühlen, und neigen zu einer besseren Selbstbehauptung. In einer besonders interessanten Studie wurden Personen gebeten, an einem Gespräch mit einer Psychologin teilzunehmen. Im Verlauf des Interviews wurde die Psychologin von einem Kollegen unterbrochen und entschuldigte sich. Wenn die Testperson geduldig wartete, dauerte die Unterbrechung zehn Minuten. Attraktive Menschen warteten durchschnittlich drei Minuten und zwanzig Sekunden, bevor sie Aufmerksamkeit forderten; weniger attraktive warteten im Durchschnitt neun Minuten. Beide Gruppen beurteilten ihre Selbstbehauptung gleich, doch die attraktiven Testpersonen hatten das Gefühl, eine bessere Behandlung zu verdienen.

Es ist bekannt, dass Verhalten häufig zur sich selbst erfüllenden Prophezeiung führt. Demnach wäre es nicht überraschend, wenn Schönheiten, denen man tendenziell unterwürfig und mit dem Wunsch nach Übereinstimmung begegnet und denen man Gefälligkeiten erweist, automatisch mit Macht verbundene Privilegien für sich in Anspruch nähmen. Schon zehn Minuten, in denen wir behandelt werden wie schöne Menschen, können Veränderungen im Verhalten hervorrufen: In einer Studie ließen Psychologen Männer und Frauen zehn Minuten lang miteinander telefonieren; während dieser Zeit sollten die Männer versuchen, ihre Gesprächspartnerin kennen zu lernen. Jeder der Männer hatte ein Polaroid-Foto der Frau erhalten, mit der er sich angeblich unterhielt. Vor ihrem geistigen Auge war die Frau also (je nach Foto) schön oder hässlich; de facto jedoch sprachen die Männer alle mit derselben Frau. Der wirklich interessante Teil dieser Studie aber ist, dass sich die Frau angeregter und selbstbewusster mit jenen Männern unterhielt, die sie für gut aussehend hielten. Diese Männer zeigten mehr Einsatz und waren mutiger, aufreizender und unterhaltsamer, und sie provozierten die Frau, ebenfalls mehr Mut und Sexappeal zu zeigen. Sie klang attraktiv, wenn ihr Gesprächspartner davon ausging, dass sie attraktiv sei.

Status ist eine teure Ware, die wir den Schönen zusprechen. Wie wir sehen werden, haben die Schönen vieles, was wir uns wünschen, aber möglicherweise können sie uns auch helfen, diese Dinge ebenfalls zu bekommen.

57

# Wem vieles gegeben wurde, von dem wird vieles erwartet

Von schönen Menschen erwarten wir, dass sie alles besser können – vom Steuern eines Flugzeugs bis zu ihren Fähigkeiten im Bett. Wir vermuten, dass sie in der Ehe glücklicher sind, bessere Jobs haben und geistig gesünder und stabiler sind. Bei praktisch allem Positiven gehen die Menschen davon aus, dass gut Aussehende es in erhöhtem Maße besitzen, es besser bewerkstelligen und besser genießen können.

Diese Erwartungen beginnen bereits in der Kindheit. Lehrer in vierhundert Klassenzimmern in Missouri erhielten ein Zeugnis eines Schülers der fünften Klasse, auf dem Noten, Betragen, die Einstellung zur Arbeit und die Anwesenheit vermerkt waren. Die einzige Variable war das beigefügte Foto – ein attraktives oder ein unattraktives Kind. Doch trotz der großen Informationsmenge bezüglich Verhalten und Leistung beeinflusste das Aussehen die Meinungen der Lehrer. Sie erwarteten von einem gut aussehenden Kind mehr Intelligenz, ein besseres Sozialverhalten und größere Beliebtheit bei den Mitschülern. Noch beunruhigender ist jedoch, dass gut aussehende Schüler häufig auch bessere Noten bekommen. Dieser Vorteil verschwindet erst, wenn bei der Notengebung die subjektiven Aspekte ausgeklammert und die Noten ausschließlich auf der Basis standardisierter Tests vergeben werden.

Interessant ist auch, dass die meisten dem Stereotyp von der »dummen Blondine« zum Trotz davon ausgehen, dass attraktive Menschen beiderlei Geschlechts mehr und nicht weniger intelligent sind als unattraktive. Das trifft in erster Linie für die Männer zu, aber auch für die Frauen, und es trägt bei zur Erklärung des Ergebnisses mehrerer unterschiedlicher Studien, welches besagt, dass das Werk einer Testperson (Maler, Essayist, Student), die einen Fragebogen ausfüllt, desto besser beurteilt wird, je besser sie aussieht. Bei diesen Studien hilft gutes Aussehen dann am meisten, wenn die Arbeit nicht von hoher Qualität ist, doch es kann sogar guten Arbeiten zu einem zusätzlichen Bonus verhelfen. Sozialpsychologen sprechen hier von einem Haloeffekt in Analogie zu der leuchtenden Aura, die verehrte Gestalten umgibt.

Der Ehrlichkeit halber müssen wir zugeben, dass es uns nach wie vor schwer fällt zu glauben, in diesen Tempeln könne etwas Schlechtes

58

wohnen. Karen Dion, eine der wissenschaftlichen Wegbereiterinnen zum Thema Attraktivität, bat Erwachsene, sich ein siebenjähriges Kind vorzustellen, das einem Hund auf den Schwanz tritt oder andere Kinder mit harten Schneebällen bewirft. Wenn sich die Testpersonen ein gut aussehendes Kind vorstellten, das diese Dinge tat, entschieden sie im Zweifelsfall zugunsten des Kindes und gingen davon aus, dass es einen schlechten Tag habe oder das Opfer von Umständen sei. Sie glaubten nicht, dass es dergleichen zuvor schon getan hatte oder künftig wieder tun würde. Unattraktive Kinder hingegen wurden eher argwöhnisch als mögliche zukünftige jugendliche Straftäter betrachtet.

Gut aussehende Erwachsene kommen leichter ungestraft davon, gleichgültig, ob es sich um Ladendiebstahl, Prüfungsbetrug oder sogar ernsthafte Verbrechen handelt. Sie werden nicht so schnell angezeigt (man betrachtet sie nicht mit Argwohn), und wenn, dann werden sie nicht so schnell beschuldigt oder bestraft. Polizeibeamte, Jurys und Richter beurteilen nicht nur die gegebenen Umstände und den früheren Lebenswandel einer Person, sondern sie sehen sie an und denken: Könnte sie das getan haben? Ebenso wie Lehrer bei ein und demselben Zeugnis aufgrund des Aussehens zu unterschiedlichen Aussagen gelangen, kann dies auch bei Richtern und Jurymitgliedern der Fall sein. Dieser Effekt ist vor allem bei attraktiven Frauen besonders stark.

Gelegentlich aber kann gutes Aussehen auch »ins Auge gehen«, und dann erfahren wir etwas über die Erwartungen, die wir in attraktive Menschen setzen. Das Verbrechen, eine Person um ihr Geld oder ihren Besitz zu bringen, wird als Betrug bezeichnet. Der typische männliche Betrüger kann gut mit Worten umgehen und bietet Möglichkeiten, schnell reich zu werden, während seine »Kollegin« häufig die Femme fatale mimt, deren gewinnsüchtige Motive ihrem törichten, in sie vernarrten Opfer undurchsichtig (oder irrelevant) bleiben. Attraktiven Menschen, die dieses Verbrechens beschuldigt werden, ergeht es schlechter als anderen. Da sie gut genug aussehen, um Derartiges zuwege zu bringen, werden sie für den Missbrauch ihrer Schönheit bestraft.

Schönheit ist in allen Lebensbereichen von Vorteil, doch es ist wichtig, die Größe dieses Vorteils zu erkennen. In den meisten Studien haben attraktive Menschen einen Vorteil, doch ist dieser eher klein bis mittelgroß als beträchtlich. Die meisten Studien vergleichen sehr attraktive Personen mit sehr unattraktiven, doch die Mehrzahl der Menschen ist diesbezüglich eher durchschnittlich. Die Studien sagen ebenso viel aus über die Nachteile von Menschen, die im Aussehen unter dem Durchschnitt liegen, wie über die Vorteile der Schönheit. In der Tat könnte die Bestrafung für Hässlichkeit sogar größer sein als die Belohnung für Schönheit.

## Sex als Waffe

Im sexuellen Bereich jedoch kann man die Bedeutung des Aussehens gar nicht überschätzen. Wir gehen davon aus, dass gut aussehende Menschen sehr beliebt sind, ein sicheres Auftreten haben und sich in Gesellschaft wohl fühlen. Wir halten sie für sexuell aufregend, aufgeschlossen, erfahren und abenteuerlustig. Die Männer glauben, schöne Frauen hätten einen starken Sexualtrieb und würden beim Sex Abwechslung bevorzugen. Beide Geschlechter meinen, dass schöne Männer und schöne Frauen mehr Rendezvous haben und sich öfter verlieben und dass ihr Sexleben früher beginnt.

Wie wir gesehen haben, entsprechen die Erwartungen bezüglich sicheren Auftretens und des Sich-wohl-Fühlens in Gesellschaft der Realität, auch wenn es sich lediglich um sich selbst erfüllende Prophezeiungen handelt. Sogar Vier- oder Zehnjährige wünschen sich lieber gut aussehende Kinder als Freunde, und sobald wir alt genug sind, um auszugehen, sind sowohl gut aussehende Männer als auch solche Frauen beim jeweils anderen Geschlecht beliebter. Sic haben mehr Verabredungen, mehr Gelegenheiten für Liebeleien, und sie bekommen mehr Aufmerksamkeit. Anders ist es mit Freundschaften bestellt – vor allem gut aussehende Frauen haben leichter Probleme mit anderen Frauen. Sie werden von anderen Frauen weniger gemocht, sogar von anderen gut aussehenden Frauen.

Stellen Sie sich vor, Sie sprechen mit einem attraktiven Fremden, und ein zweiter, noch wesentlich besser aussehender Fremder betritt den Raum. Aller Wahrscheinlichkleit nach wird Ihnen die Person, mit der Sie sich unterhalten, plötzlich etwas weniger attraktiv vorkommen. Die

Psychologie spricht hier vom so genannten Kontrasteffekt, und Männer scheinen für ihn anfälliger zu sein als Frauen. Nachdem Männer Fotos von Gesichtern sehr attraktiver Frauen betrachtet haben, zeigen sie weniger Interesse, eine durchschnittlich aussehende Frau zu treffen. Bei manchen Männern kann sich das Ansehen extrem schöner, erotischer Körper gravierend auf ihre Ansichten auswirken. So bezeichneten in einer Studie Männer eine attraktive Nackte als gar nicht mehr so aufregend, nachdem man ihnen Bilder sehr schöner, erotischer Frauenkörper gezeigt hatte. Einige behaupteten sogar, ihre Frau jetzt weniger zu lieben! Obwohl es unwahrscheinlich ist, dass die Liebe eines Menschen durch einen Blick auf ein Foto ins Wanken gerät, legen diese Reaktionen nahe, dass die temporäre Wirkung des Bildes eines »umwerfenden« Körpers sehr stark sein kann. Allerdings können wir Gesichter auf Fotos ständig an wirklichen Gesichtern messen; jeder Mensch sieht täglich Hunderte oder gar Tausende von Gesichtern, doch die meisten Leute haben noch nicht Hunderte nackter Körper gesehen. Angesichts dieser wesentlich kleineren »Datenbank« bekommen nackte oder spärlich bekleidete Körper in den Medien womöglich einen unverhältnismäßig hohen Stellenwert in unserem Denken und verfälschen so unsere Vorstellung dessen, was möglich oder sogar durchschnittlich ist.

Dies mag ein Grund dafür sein, dass Frauen es in der Regel nicht mögen, wenn ihre Männer Gefallen an Pornografie finden. Mit hoher Wahrscheinlichkeit ist es ein Grund dafür, dass schöne Frauen sich schwerer tun, Freundschaften mit Frauen aufrechtzuerhalten. Wir versuchen, unser soziales Umfeld zu kontrollieren, um selbst gut – oder wenigstens besser als die anderen zur Wahl stehenden – auszusehen, und keine Frau möchte, dass ihr eigenes Licht durch einen neben ihr strahlenden Leuchtturm getrübt wird.

In der Welt der Guppys* sind die Männchen das farbenprächtige und geschmückte Geschlecht. Männliche Guppys ziehen die Gesellschaft anderer Männchen vor, die sie nicht in den Schatten stellen. Wissen-

---

* Guppys sind Zierfische; im Englischen steht das Wort – mit dem Plural Guppies – aber auch für »Gay, upwardly mobile professionals«, zu deutsch also: der »bekennende schwule Yuppie«. Die Autorin spricht zwar vordergründig von dem Zierfisch, doch dahinter scheint bei ihr – im Deutschen nicht wiedergebbar – die Anspielung auf die menschlichen männlichen Guppies durch.

schaftler richteten ein Experiment so ein, dass männliche Guppys entweder da schwimmen konnten, wo sie wollten (nämlich in der Nähe von Weibchen), oder von diesen durch eine unsichtbare Barriere fern gehalten wurden. Andere Männchen beobachteten dies und schlossen daraus, dass die weit weg schwimmenden Männchen von dem Weibchen abgewiesen worden seien. Später durften sich die beobachtenden Männchen ungehindert im Wasser bewegen. Sie verbrachten mehr Zeit in der Nähe des »abgewiesenen« Männchens, vermutlich in der Hoffnung, beim Vergleich mit diesem zu profitieren – sie hofften, einen Kontrasteffekt zu erzielen.

Wie ist es nun um die sexuelle Aura der Schönheit bestellt? Wie sich zeigt, sind gut aussehende Männer wie Frauen tatsächlich sexuell erfahrener und erleben bei ihren sexuellen Aktivitäten mehr Abwechslung. Sie beginnen früher, sexuelle Erfahrungen zu sammeln, wenngleich dies bei den Frauen nicht unbedingt bedeutet, dass sie mehr Partner haben als ihre weniger attraktiven Geschlechtsgenossinnen. Studien der Psychologen Randy Thornhill und Steven Gangestad zufolge ist die Wahrscheinlichkeit, dass gut aussehende Männer ihre Partnerinnen zum Orgasmus und zum gleichzeitigen Orgasmus bringen, höher. Das ist in der Tat interessant, aber leider müssen wir dieses Thema für den Moment beenden – wir werden in Kapitel 6 wieder darauf zurückkommen, in dem wir uns mit den vielen Vorteilen des symmetrischen Körpers beschäftigen. All dies lässt jedoch tatsächlich vermuten, dass die gut Aussehenden mehr Spaß haben, zumindest im Bett.

Gut aussehende Menschen haben kein Monopol auf besonders gute sexuelle Techniken, aber sie haben in der Tat mehr Gelegenheiten, und sie können auch ohne große Anstrengungen die Fantasie ihrer Partner beflügeln. Wie wir aus dem Verhalten der Frau bei den zehnminütigen Telefongesprächen ersehen konnten, die plötzlich verführerischer auftrat, kann ein (gut aussehender) Partner leicht zu höheren Leistungen anspornen. Wahrscheinlich ist es genau aus diesem Grund gar nichts Ungewöhnliches, sich beim Sex mit dem Partner einen attraktiveren Fremden vorzustellen.

Eines der interessanten Ergebnisse der Arbeit über Stereotypen der Attraktivität ist, dass diese für beide Geschlechter existieren. Schönheit ist für Frauen wie für Männer von Vorteil, wenngleich er für Erstere

62

noch größer ist. Es heißt, die Frauen seien die Leidtragenden ihres Aussehens, doch de facto gilt dies auch für die Männer. Allerdings bestehen hier einige nicht unerhebliche Unterschiede – zum Beispiel, dass die Männer aufgrund des Aussehens weitaus mehr sexuelle Schlüsse über Frauen ziehen als diese. Männer sind viel eher geneigt zu glauben, dass attraktive Frauen sexuell freizügig sind, einen starken Sexualtrieb haben und sexuell selbstsicher sind. Die Frauen verlassen sich in diesem Punkt nicht so ausschließlich auf das Aussehen.

Diese Überzeugung der Männer mag letztlich strategischer Natur sein: Eine sexuell freizügige Frau mit starkem Sexualtrieb könnte für Avancen empfänglich sein, und dieser Gedanke könnte es den Männern erleichtern, auf sie zuzugehen. Männer haben auch noch andere derartige Strategien. Beispielsweise interpretieren sie freundliche Gesten wesentlich leichter als Zeichen sexuellen Interesses oder eines Verführungsversuches, als Frauen dies tun. Männer wollen promiskuitiver sein als Frauen und wünschen sich häufig unterschiedliche Partnerinnen. Wenn sie glauben, bei einer Frau Anzeichen von Interesse zu erkennen, gehen sie eher auf sie zu. Und selbst wenn dies nur kurzzeitig Gelegenheiten für sexuellen Kontakt eröffnet, würde eine solche Überzeugung dem entsprechenden Mann einen Fortpflanzungsvorteil verschaffen.

Wir setzen also in schöne Erwachsene und Kinder beiderlei Geschlechts hohe Erwartungen. Doch wie wir sehen, spielt Schönheit beim Sex und in der Liebe eine besonders wichtige Rolle. Wir werden diesen Vorteil noch genauer betrachten. Und nach dieser Aufzählung der Privilegien der Schönheit mag die Frage, ob sie uns glücklicher macht, zwar dumm erscheinen; ich werde sie aber dennoch stellen.

# 3

## Schönheit kommt an

Warum darf ich nicht von Eurer Schönheit sprechen, ohne die ich Euch
doch nie hätte lieben können?

JOHN KEATS AN FANNY BROWNE, 8.JULI 1819

Wollte jemand ein Wesen erschaffen, das für Schönheit sehr empfänglich ist,
so könnte er für dieses Objekt kein Instrument erfinden, das besser
geeignet wäre als Sex ... Sex verleiht dem Individuum einen so stummen wie
machtvollen Instinkt, der Körper und Seele fortwährend auf einen anderen
Menschen zutreibt, es zu einer der angenehmsten Beschäftigungen des Lebens
macht, einen Gefährten zu suchen und ihm zu folgen, und Besitz mit dem
größten Vergnügen verbindet, Rivalität mit der wildesten Raserei und
Einsamkeit mit ewiger Melancholie.

GEORGE SANTAYANA

Wenn man so hart gearbeitet hat wie ich und etwas erreicht hat, und dann
kommt so ein Idiot daher und sagt, »nimm mal die Sonnenbrille ab, damit ich
deine schönen blauen Augen sehen kann«, das ist wirklich entmutigend.

PAUL NEWMAN

Wenn Tiere die Geschlechtsreife erlangt haben, bekommen sie buntes Gefieder oder andere auffällig sichtbare, schmückende Körpermerkmale, doch ihre leuchtendsten Farben halten sie bis zum Werbungsritual zurück. Zur Zeit der Fortpflanzung verwandeln sich Raupen in Schmetterlinge, und junge Pfauenmännchen entwickeln ihre prachtvollen Schwanzfedern. Blumen werden zu verlockenden Landeplätzen für bestäubende Insekten: sie sind die Sexobjekte der Pflanzenwelt. Überall in der Natur ist Schönheit der Vorläufer und das erste Anzeichen für die sexuelle Reproduktion.

Bei uns Menschen verliert in der Pubertät der männliche wie der weibliche Körper seine »Bohnenstangen«-Gestalt und entwickelt neue Formen, Kurven und Kanten. Die Stimme der Jungen wird tiefer, ihre Haut dunkler, ihre Muskeln schwellen an, und sie bekommen ein kräftiges Kinn und Augenbrauenwülste. Die Haut der Mädchen wird heller und ihre Lippen dicker; der Körper setzt das zusätzliche Fett an, das er zur Fortpflanzung braucht: Hüften und Brüste entwickeln sich; der einst röhrenförmige Körper nimmt die Gestalt einer Sanduhr an.

Während des größten Teils ihrer Geschichte paarten sich die Menschen als Teenager und empfingen das erste Kind im Alter von etwa zwanzig Jahren: Die Teenagerzeit waren die Jahre des Werbens und der Freierwahl. In vielen Teilen der Welt ist dies noch heute so. Die Anthropologin Suzanne Frayser untersuchte 454 traditionelle Kulturen und stellte fest, dass die meisten Bräute in der Altersklasse der Zwölf- bis Fünfzehnjährigen anzutreffen waren und die Mehrzahl der Bräutigame achtzehn Jahre alt war.

In diesem Alter sind Mädchen außergewöhnlich schön. Das Supermodel Christy Turlington wurde mit dreizehn entdeckt, Kate Moss mit vierzehn Jahren. 1937 wurde Lana Turner fünfzehnjährig als das »Sweater

67

Girl«, das Mädchen mit dem eng sitzenden Pullover, bekannt. Truman Capote schrieb über die achtzehn Jahre alte Holly Golightly, ihr Gesicht sei »nicht mehr das eines Kindes, aber noch nicht das einer Frau« – ein Gesicht, mit dem man sich auf dem schmalen Grat zwischen Unschuld und Erfahrung bewegt. In der Zeit des Heranwachsens lernen wir, wie potenzielle Partner auf uns reagieren. Es ist nicht überraschend, dass, so die Psychologin Mary Pipher, »die Beschäftigung mit dem Körper in diesem Alter nicht übertrieben werden kann« und dass Heranwachsende gegenüber ihrem Körper überkritisch sind und ihrer Schönheit größte Aufmerksamkeit widmen.

Doch diese Beschäftigung endet nicht mit der Adoleszenz; wir werden vielmehr unser ganzes Leben lang als potenzieller Partner begutachtet. Als Dustin Hoffman die Rolle der Tootsie im gleichnamigen Film spielte, wollte er sie mehr und mehr nicht nur zu einer glaubwürdigen, sondern zu einer attraktiven Frau machen. Er war damit nicht ganz und gar erfolgreich; Bill Murray sagte im Film zu ihm: »Tu nicht so, als ob du nicht zu haben wärst.« Hoffman erkannte: »Wenn ich mich auf einer Party getroffen hätte, wäre ich nie auf mich zugegangen. Ich hätte mich nie zum Abendessen eingeladen. Und das hat mich geärgert, denn ich dachte, dass mir viele gute, wirklich interessante Frauen im Leben entgangen waren ...«

In der Fantasie hat jeder einen idealen Partner. Reales Verhalten erfordert entsprechende Gelegenheiten, doch in unserer Vorstellung können wir tun und haben, was wir wollen. Fantasieanreger wie *Playboy* und *Playgirl* sind voll mit Bildern gesunder, junger, gut aussehender Menschen. Die Käufer solcher Publikationen sind zu mehr als neunzig Prozent Männer. Liebesromane sind ähnlich populär – sie machen vierzig Prozent des Taschenbuchmarkts der USA aus –, doch ihre Geschichten von ewiger Liebe wollen Frauen ansprechen. Ein Blick auf ihre Aufmachung lässt jedoch vermuten, dass auch sie Brutstätten visueller Fantasien sind. Auf über fünfzig Millionen Einbänden von Liebesromanen prangt Fabio, ein ein Meter neunzig großes, hundert Kilo schweres Model aus Mailand mit langen, blonden Haaren, braun gebrannter Haut und einem breiten, muskulösen Oberkörper. Fabio tauchte 1986 erstmals auf und reitet seither barbrüstig über die Cover ungezählter Liebesromane. Inzwischen hat er einen Werbekalender,

68

dessen Verkaufszahlen mit jenen von Cindy Crawford mithalten können, und eine spezielle Telefonnummer, über die er Rat in Liebesangelegenheiten gibt.

Im wirklichen Leben muss man kein Fürst der Mitternacht und kein Playmate des Monats sein, um auf einen Partner attraktiv zu wirken; dennoch hängt die anfängliche Erregung zwischen potenziellen Partnern in hohem Maße vom Aussehen ab. Die Sozialpsychologinnen Elaine Hatfield und Susan Sprecher behaupten, dass »am Beginn einer Liebschaft wahrscheinlich nichts mehr zählt«. Hatfield begann ihre Forschungen zum Thema Attraktivität in den sechziger Jahren, nachdem sie eine Schul-Tanzveranstaltung organisiert hatte, bei der sie eine Hälfte der Paare nach »gesellschaftlicher Erwünschtheit« (Intelligenz und Persönlichkeit) zusammenbrachte, während die andere Hälfte per Zufall zusammenkam. Dabei entging ihr eindeutig etwas, denn die sorgfältig füreinander ausgewählten Paare waren nicht glücklicher als die zufällig entstandenen. Dann beschäftigte sie sich mit dem Aussehen der Personen. Jeder, der mit einem gut aussehenden Partner zusammengekommen war, war nicht nur glücklich, sondern nahm eine Telefonnummer mit nach Hause. Zwanzig Jahre später luden Psychologen hundert Homosexuelle zu einem Tanztee. Sie stellten fest, dass praktisch alle Männer unabhängig vom eigenen Aussehen die attraktivsten Partner vorzogen und sie wieder sehen wollten.

Präferenzen hinsichtlich des Aussehens lassen sich überall auf der Welt feststellen. 1990 befragte der Psychologe David Buss über zehntausend Menschen aus siebenunddreißig Kulturen und im Alter von vierzehn bis siebzig Jahren zu ihren Partnerwünschen. Weltweit wurde Freundlichkeit als hoch geschätzte Eigenschaft für einen Lebensgefährten genannt, doch körperliche Attraktivität und gutes Aussehen rangierten bei sämtlichen Befragten ganz weit oben in der Wunschliste.

Der westlichen Zivilisation wurde vorgeworfen, sie würde physischer Schönheit einen extrem hohen Stellenwert einräumen. Doch in Buss' Studie maßen die Menschen in mehr als einem Drittel der nicht-westlichen und nicht- nordamerikanischen Länder dem guten Aussehen ihrer Partner *mehr Bedeutung* bei als College-Studenten in den USA. Buss und sein Kollege Steven Gangestad stellten fest, dass das Vorherrschen para-

69

sitärer Krankheiten und nicht etwa das Vorhandensein von Supermodels der Schlüsselfaktor dafür war, inwieweit in einer Kultur physische Schönheit des Partners wertgeschätzt wird. Kulturen, in denen solche Krankheiten verbreitet sind, legen sogar noch mehr Wert auf physische Schönheit, weil kräftiges Haar, reine Haut und ein schlanker, muskulöser Körper sichtbare Zeichen guter Gesundheit sind.

Im Tierreich sind auffallende Signale für Gesundheit in krankheitsanfälligen Populationen gut dokumentiert. Die Biologen William Hamilton und Marlene Zuk studierten Hunderte von Singvögeln und stellten fest, dass die farbenprächtigsten Tiere von den am stärksten von Parasiten befallenen Populationen kamen. Wem dies paradox erscheint, der möge sich daran erinnern, dass der Logik der Evolution zufolge die am meisten für Parasiten anfälligen Arten die augenfälligsten sein sollten, weil sie unter dem evolutionären Druck stehen, ihre vererbte Resistenz anzupreisen. Die prächtige Farbgebung macht es visuell einfach, die farbenfrohen und gesunden Tiere von den weniger farbigen, von Parasiten befallenen zu unterscheiden. Ein stark befallener Pfau schafft es nicht, sein im Hinblick auf den Stoffwechsel kostspieliges Rad aufzuschlagen, ebenso wie ein Mensch, dem es an Proteinen oder Eisen mangelt, nicht genügend »Brennstoff« hat, um dickes, gesund aussehendes Haar zu bekommen. Die extreme Zurschaustellung in kranken Populationen hilft den Tieren, die gesündesten Paarungsgenossen zu finden. Dieser Zusammenhang zwischen Gesundheit, kräftigen Farben und prächtiger Zurschaustellung ist bei Hunderten neotropischer Vögel feststellbar.

Doch die meisten Menschen finden schließlich nicht aus allen möglichen Partnern den mit dem schönsten Haar oder der reinsten Haut heraus. Stattdessen tendieren Paare dazu, im Hinblick auf das Aussehen zusammenzupassen. Dazu stellte die Umfrage *Sex in America* fest: »Es ist nicht so, dass Sie nie einen Fremden am anderen Ende eines überfüllten Raumes sehen und sich auf der Stelle verlieben. Es ist eher so, dass dieser Fremde, der Ihnen auffällt, ganz ähnlich wie Sie aussehen wird.« In anderen Worten, der/die Betreffende wird in etwa ebenso schön sein wie Sie selbst. Je besser Sie aussehen, desto besser sieht aller Wahrscheinlichkeit nach auch Ihr Partner aus; dies ist ein weiterer Anreiz, so gut wie möglich auszusehen.

70

# Das schöne, zarte Geschlecht?

Mehr Frauen als Männer halten Diät, und neunmal so viele Frauen als Männer haben mit Essstörungen zu kämpfen. 1996 waren neunundachtzig Prozent der Patienten für »ästhetische Eingriffe« der amerikanischen Gesellschaft für plastische und rekonstruktive Chirurgie Frauen. Frauen tendieren eher als Männer dazu, ihre Haare zu färben, Kleidung einzukaufen, Schmuck, Parfum und Make-up zu tragen und um der Schönheit willen ihre Füße in zu enge Schuhe zu zwängen.

Dies ist aus zwei Gründen so: Der erste sind die Männer. Männer legen mehr Wert auf das Aussehen ihrer Partner als Frauen – zumindest sagen und denken sie das schon seit langem. 1939 wurden Frauen und Männer befragt, wie wichtig gutes Aussehen beim Ehepartner sei. Auf einer Skala von 0 bis 3 stuften die Männer das Aussehen mit 1,5 ein, die Frauen mit 0,94. Als die gleiche Befragung 1989 wiederholt wurde, hatte sich die Bedeutung des Aussehens bei beiden Geschlechtern erhöht, doch der Unterschied zwischen der Ansicht der Männer und jener der Frauen war gleich geblieben: die Männer bewerteten das Aussehen mit dem Faktor 2,1, die Frauen mit 1,67.

Praktisch in allen Kulturen, in denen diese Frage gestellt wird, legen die Männer mehr Wert auf das Aussehen als die Frauen. Die Biologen Clelland Ford und Frank Beach stellten in den fünfziger Jahren in nahezu zweihundert so genannten Stammeskulturen fest, dass die körperliche Attraktivität der Frauen mehr »explizite Berücksichtigung« fand als die der Männer. Und 1990 kam David Buss zu dem Ergebnis, dass in vierunddreißig der siebenunddreißig von ihm untersuchten Kulturen die Männer mehr Wert auf körperliche Attraktivität und gutes Aussehen des Partners legten als die Frauen. In Indien, Polen und Schweden ergab sich bezüglich der Frage des guten Aussehens kein Unterschied zwischen den Geschlechtern. Aber in keiner Kultur kam Buss zu dem Ergebnis, dass die Frauen dem Aussehen des Partners mehr Wert beimaßen als die Männer.

Männer, nicht Frauen, sind die Hauptkonsumenten des acht Milliarden Dollar umsetzenden amerikanischen Pornografie-Geschäfts. Einem Bericht der *U.S. Commission on Obscenity and Pornography* zufolge sind die Inhaber von Sexläden und -kinos »überwiegend weiße, der Mittelschicht angehörende, verheiratete Männer mittleren Alters«. Natürlich existiert auch ein Markt für Bilder nackter Männer, hier sind die Konsumenten jedoch hauptsächlich homosexuelle Männer, nicht Frauen. Die Frauenzeitschrift *Viva* präsentierte in den siebziger Jahren großformatige Fotos nackter Männer, stellte diese Praxis jedoch wieder ein. *Playgirl* veranstaltete eine eigene Umfrage, um festzustellen, wie gut Nacktfotos von Männern bei den weiblichen Lesern des Blattes ankamen; nur ein Viertel der Leserinnen gab an, die Centerfolds sehr zu schätzen. Gerüchten zufolge spricht *Playgirl* hauptsächlich Homosexuelle an, was die Zeitschrift jedoch ableugnet.

Die Pornografie-Industrie konnte die Fantasie der meisten Frauen nie so sehr anregen, wie sie es bei den Männern tut. Der Grund dafür ist, dass Pornografie sich mehr und direkter an männliche Wünsche richtet – Wünsche nach anonymem Sex, schnellem Sex und visuell erzeugter Erregung. Bei Männern kommt es weit eher vor, dass sie sich in Fantasien mit unbekannten Partnerinnen ergehen oder sich unterschiedliche Partnerinnen vorstellen. Für einen Mann ist es typisch, sich im Verlauf seines Lebens Sex mit Tausenden imaginierter Partnerinnen vorzustellen, während sich die Fantasien der Frauen viel mehr mit Menschen beschäftigen, die sie kennen. Sämtliche Studien sexueller Präferenz zeigen, dass Männer nicht nur die Vorstellung, sondern die potenzielle Realität, mit einer fremden Person Sex zu haben, aufregender finden als Frauen.

Das Fazit ist, dass Männer viel Zeit damit verbringen, Frauen zu betrachten, während umgekehrt die Frauen Männer nicht annähernd so viel ansehen. Tatsächlich sind die meisten Bilder, die Frauen sich in Frauenzeitschriften ansehen, solche von attraktiven Frauen: sie interessieren sich für die Konkurrenz. Donald Symons meint sogar, im Bereich der Pornografie würden Frauen lieber Frauen beobachten als Männer; er vergleicht dieses Verhalten mit dem Lernen, »wie jemand anderer geschickt mit Werkzeugen umzugehen versteht«.

Menschen, die Kontaktanzeigen aufgeben, versuchen bewusst oder unbewusst, die Paarungswünsche des erhofften Partners anzusprechen. Bei Anzeigen der Rubrik »Frauen suchen Männer« ist die Wahrscheinlichkeit, dass Schönheit erwähnt wird, am größten; an zweiter Stelle steht diesbezüglich die Rubrik »Männer suchen Männer« und an letzter

»Frauen suchen Frauen«. Praktisch jeder, der einen Mann sucht, sei es eine Frau oder ein schwuler Mann, wirbt mit seinem guten Aussehen. Wer eine Frau sucht, spricht hingegen mehr von Aufrichtigkeit, Freundschaft und materieller Sicherheit. Der Leiter eines Instituts für Kontaktaufnahme kommentierte: »Männer sehen sich nur die Bilder an, Frauen lesen den Text.«

Donald Symons vertritt die Ansicht, dass wir aus gleichgeschlechtlichen Verbindungen vieles über die Psychologie von Mann und Frau lernen können. Sie repräsentieren die unverfälschte männliche und weibliche Sexualität ohne die Kompromisse und Anpassungen, die heterosexuelle Partner eingehen, um das andere Geschlecht zu befriedigen. Gleichgeschlechtliche Paare legen nahe, dass das männliche Interesse an einem schönen Partner nicht nur daher rührt, dass Männer Frauen zum Objekt machen und verunglimpfen wollen. Auch homosexuelle Männer sind sehr daran interessiert, dass ihr Partner jung und schön ist. Frauen, seien sie nun lesbisch oder nicht, wünschen sich zwar auch einen schönen Partner, doch für sie ist das Aussehen nicht von so großer Bedeutung.

Für beide Geschlechter ist das Aussehen wichtiger bei kurzzeitigen, gelegentlichen Beziehungen als bei ernsteren. Da Männer dazu tendieren, mehr gelegentliche Partner zu haben als die meisten Frauen, ist der Aspekt des Aussehens bei ihnen zwangsläufig mehr ein Teil der psychologischen Landschaft. Der Wunsch der Männer nach gutem Aussehen bei einem Kurzzeitpartner ist übertrieben, doch in diesem Punkt stehen ihnen die Frauen nur wenig nach. Aber wie sieht es bei ernsteren Beziehungen aus? Auf einer Skala von 3 (unerlässlich) bis 0 (irrelevant oder unwichtig) geben US-amerikanische Männer der Bedeutung guten Aussehens in einer langfristigen Partnerschaft den Wert 2,11 – die Frauen 1,67. Bei einem Querschnitt durch sechsunddreißig Kulturen bleibt der Geschlechtsunterschied in diesem Punkt gleich: Männer bewerten die Bedeutung guten Aussehens mit dem Faktor 1,86; Frauen geben den Wert 1,47 an. Dieser Unterschied scheint nicht gravierend zu sein, doch er ist statistisch, und wie wir sehen werden auch psychologisch, von Bedeutung. Für beide Geschlechter ist Attraktivität beim Partner keine indifferente oder unwichtige Eigenschaft, und für beide ist sie unerlässlich. Beide Geschlechter wollen sie, doch die Männer wollen sie mehr als die Frauen.

# Junge Liebe

Mit der physischen Schönheit verhält es sich wie mit einem athletischen Körper: beide erreichen ihren Höhepunkt bereits in jungen Jahren. Außergewöhnliche Schönheit ist selten und findet sich fast nur bei Menschen, die jünger als fünfunddreißig Jahre sind. Man sagt, die Zeit beraube uns der Schönheit, doch der Körper bleibt einfach nicht an dem idealen Punkt, an dem er seine höchste Zeugungskraft und Leistungsfähigkeit erreicht hat, stehen, sondern er büßt in der weiteren Entwicklung zunehmend Gesundheit und Fruchtbarkeit ein. Viele Qualen mit dem Ziel, die Schönheit zu erhalten, sind lediglich Anstrengungen, diese wenigen Jahre endlos auszudehnen, das Aussehen ehefähiger Adoleszenz für immer zu bewahren. So schrieb William Butler Yeats: »Die Altersschwäche ... hängt an mir wie der Schwanz an einem Hund.« Könnten wir nur die Fülle der Jugend einfangen und in Flaschen abfüllen! Nicht nur im Herzen und im Geiste möchten wir auf ewig jung bleiben, sondern auch im Körper.

Obwohl für beide Geschlechter gilt, dass »raue Winde die entzückenden Frühlingsknospen schütteln«, sind es die Frauen, die verzweifelter versuchen, sich an der Jugend festzuklammern. Der Grund dafür ist, dass sie den Männern gefallen wollen und diese häufig junge Partnerinnen suchen. Homosexuelle wie heterosexuelle Männer bewerten Fotos jüngerer potenzieller »Sexobjekte« als attraktiver als die älterer. Heterosexuelle Frauen geben tendenziell etwas älteren Männern den Vorzug, während lesbische Frauen in diesem Punkt keine Präferenz zeigen. Für die erste Ehe ist ein Altersunterschied von zwei bis drei Jahren typisch, wobei die Braut der jüngere Partner ist. 1996 lag das Durchschnittsalter der Frauen, die zum ersten Mal heirateten, in den Vereinigten Staaten bei 24,8 Jahren, das der Männer bei 27,1 Jahren.

Wenn Männer die Dreißig überschritten haben, beginnen sie allmählich, jüngere Frauen zum Fetisch zu erheben. Bei einer eventuellen zweiten Eheschließung des Mannes ist die Frau im Durchschnitt um fünf Jahre jünger als er, und kommt es zu einer dritten Ehe, so beträgt der Altersunterschied durchschnittlich acht Jahre. Ein Mann mag aus vielen Gründen eine jüngere Frau bevorzugen – er kann sich nach seiner eigenen, verlorenen Jugend sehnen, den Wunsch verspüren, eine

Vaterrolle zu übernehmen oder auch das Bedürfnis haben, zu dominieren und zu kontrollieren, doch die Statistik legt nahe, dass die Ehe mit einer jüngeren Frau womöglich einfach bedeutet, dass er sich mit einer möglichst fruchtbaren Frau paaren will, oder zumindest mit einer, die so aussieht.

Die Medien führen uns männliche Paarungspräferenzen vor, die keinen Realitätszwang zu kennen scheinen, zum Beispiel den 53-jährigen Nick Nolte und die 27-jährige Julia Roberts in dem Film *Nichts als Ärger* oder Warren Beatty, 61 Jahre, und Halle Berry, 29, in *Bulworth*. Hollywood scheint zu denken, dass Männer in jedem Alter glaubwürdige Film-Liebhaber abgeben und dass sie auch dann glaubwürdig sind, wenn sie jüngere Männer darstellen (in anderen Worten, dass niemand besonders auf Anzeichen von Alter an männlichen Gesichtern oder Körpern achtet). Obwohl Frauen sich weit mehr Mühe geben als Männer, jünger auszusehen, lassen sich Hollywoods Filmemacher nichts weismachen, wenn es um das Alter weiblicher Stars geht. Hat eine Frau Mitte dreißig erreicht, so wird sie zwar noch für ältere Rollen herangezogen, aber es ist unwahrscheinlich, dass sie den Part einer jüngeren Frau oder auch nur den einer Frau ihres Alters bekommt. In dem Streifen *Die Reifeprüfung* traf der stotternde und unschuldige zwanzigjährige Benjamin Braddock die kühle, Martini trinkende, ältere Verführerin Mrs. Robinson. Anne Bancroft war damals 36, Dustin Hoffman 31 Jahre alt. *Brücken am Fluss* schilderte die Affäre eines Mannes mittleren Alters mit einer etwa gleichaltrigen Frau. Es gab beträchtlichen Widerstand dagegen, dass die 45-jährige Meryl Streep die Rolle der Farmersfrau eben dieses Alters übernahm; sie bekam sie erst, nachdem auch jüngere Schauspielerinnen vorgesprochen hatten. Mit Clint Eastwood als männlichem Hauptdarsteller jedoch gab es keine Probleme, obwohl er mit 65 dreizehn Jahre älter war als die Figur, die er porträtierte. Bei einem Mann können also Talent und Berühmtheit eventuelle Bedenken wegen seines Alters nichtig machen; bei einer Frau ist das nicht möglich. Hollywoods Filmemacher und ihr Publikum scheinen für weibliche Hauptrollen sehr spezifische visuelle Anforderungen zu stellen, zu denen offenkundig Jugend zählt.

Bei der Diskussion um die häufigen Filmpaare mit älteren männlichen und beträchtlich jüngeren weiblichen Stars wurde David Buss wie

75

folgt in der *New York Times* zitiert: »Es gibt einen Punkt, an dem Männer aufhören, die von Frauen erwünschten Eigenschaften zu verkörpern, aber er liegt in ziemlicher Nähe des Rollstuhls und dem Bedürfnis nach medizinischer Versorgung rund um die Uhr.« Vielleicht dachte er dabei an Paare wie das ehemalige Playmate und Model Anna Nicole Smith und ihren Ehemann, den neunundachtzigjährigen, im Rollstuhl sitzenden texanischen Millionär J. Howard Marshall II. Im Normalfall beträgt der Altersunterschied von Ehepartnern jedoch nicht mehr als acht Jahre. Beide Geschlechter fühlen sich durch Anzeichen guter Gesundheit zu einem Partner hingezogen. Frauen bevorzugen nicht ältere Männer an sich, sondern solche, die signalisieren, dass sie über Wohlstand verfügen und gewillt sind, in sie und eventuelle Nachkommen zu investieren. Ein solches Verhalten, ein solches Vermögen hat nicht unmittelbar mit dem Alter zu tun. Nur die Männer ziehen mit Entschiedenheit ein gewisses Alter vor: sie suchen sich jugendliche Partnerinnen.

## Aufstieg durch Heirat?

Der Vorzug der Schönheit wäre nicht von Bedeutung, wenn er nicht Konsequenzen in der realen Welt hätte. Wir können nach einem Traumschiff suchen und unser Geld für Fantasien ausgeben – letztlich kommt es immer darauf an, wofür wir uns angesichts der uns gegebenen Möglichkeiten entscheiden. Und alles weist darauf hin, dass die Entscheidungen der Männer im realen Leben stark vom Aussehen beeinflusst sind. Bei den am besten aussehenden Mädchen in der Highschool ist die Wahrscheinlichkeit, geheiratet zu werden, mehr als zehnmal so hoch als bei den unattraktivsten. Besser aussehende Mädchen tendieren zu einer Ehe »nach oben«, das heißt, sie heiraten Männer, die über mehr Bildung und Einkommen verfügen als sie selbst. Das Aussehen eines Mannes im Schul- oder jedem anderen Alter hingegen sagt nichts darüber aus, ob er heiraten oder welchen finanziellen Status seine zukünftige Partnerin haben wird. Darwinistisch ausgedrückt bedeutet dies: Die weniger attraktiven Frauen kommen, was die Fortpflanzung betrifft, schlechter weg. Frauen, die nicht heiraten, und solche, die weniger begüterte Männer heiraten, verringern ihre Chancen, lebensfähige Nachkommen zu gebären und durchzubringen. Wenn die Erinnerung an die Flure der Highschool den Frauen die Ruhe raubt, dann deshalb, weil sie die Äußerungen, die dort fielen, im späteren Leben nie mehr ganz vergessen können.

Nur wenig weist darauf hin, dass Frauen mit größerer Intelligenz auf dem Heiratsmarkt über einen Vorteil verfügen. Vielmehr stellte sich bei einer kürzlich in Wisconsin mit über zehntausend Männern und Frauen durchgeführten Studie heraus, dass Frauen, die ehelos geblieben waren, eindeutig intelligenter waren als jene, die geheiratet hatten.

Mit einer gut aussehenden Frau zusammen zu sein, erhöht den Status eines Mannes. Zeigt man das Bild eines Mannes mit einer sehr attraktiven Frau, die als seine Freundin bezeichnet wird, so wird er für selbstbewusster, intelligenter und liebenswerter gehalten, als wenn man sagt, die Frau sei eine Fremde. Milan Kundera schrieb: »Frauen suchen nicht nach schönen Männern, Frauen suchen nach Männern, die schöne Frauen gehabt haben.« Was geschieht aber, wenn eine Frau in Gesellschaft eines gut aussehenden Mannes ist? Nichts. Man hält sie dadurch nicht für gescheiter oder liebenswürdiger.

Der höhere Status weiblicher Schönheit in der Paarungswelt spiegelt sich auf dem Bildermarkt der Wunschobjekte wider. In sämtlichen Berufen verdienen Frauen für dieselbe Arbeit etwa dreißig Prozent weniger als Männer, doch wenn es um die Zurschaustellung des Körpers geht, kehrt sich die Diskriminierung aufgrund des Geschlechts um. Die Zeitschrift *Forbes* schätzte, dass die drei weiblichen Topmodels des Jahres 1994 6,5 Millionen (Cindy Crawford), 5,3 Millionen (Claudia Schiffer) und 4,8 Millionen (Christy Turlington) Dollar verdienten. Die höchsten Gagen männlicher Topmodels dagegen rangieren gewöhnlich im unteren sechsstelligen Bereich; sie bekommen also bestenfalls etwa zehn Prozent dessen, was ihre Kolleginnen verdienen. Bei weniger berühmten Models, deren Einkommen im unteren fünfstelligen Bereich liegt, erhalten die Frauen etwa doppelt so viel Gage wie die Männer.

Gutes Aussehen ist für eine Frau der vielseitigste Vermögenswert: Er kann gegen gesellschaftliche Stellung, Geld, ja sogar Liebe eingetauscht werden. Doch da er von einem dem Alterungsprozess unterworfenen Körper abhängig ist, muss er beizeiten genutzt werden, oder er geht verloren. Er ist so vergänglich wie hervorragendes Gleichgewicht und ein rasches Reaktionsvermögen. Obwohl Schönheit am leichtesten männliche Aufmerksamkeit erregt – das ist selbstverständlich und hat den offensichtlichen Grund, dass die Männer hoffen, mit der betreffenden Frau Sex haben zu können –, ist es interessant, dass sie auch auf das Interesse von Frauen und sogar Kindern stoßen kann (dies trifft in geringerem Maße auch für gut aussehende Männer zu). Der Grund hierfür ist, dass sich Schönheit auch für andere Dinge eintauschen lässt, die die Menschen begehren, zum Beispiel Reichtum, Kontakte, eine größere Partnerauswahl und so weiter.

## Schönheit macht beneidenswert

Wie bereits gesagt, gibt es zwei Gründe dafür, dass die Frauen sich so sehr um Schönheit bemühen. Der erste sind die Männer, der zweite die Frauen. Der Blick einer Frau kann so prüfend sein wie der eines Mannes, aber noch weitaus kritischer. Das liegt am Wettbewerb der Frauen um die Männer, ebenso wie der Grund für männliche Aggressivität und Konkurrenz das Buhlen der Männer um die Frauen ist. Der Wissenschaftsjournalist Matt Ridley vertritt die Ansicht, dass Männer und Frauen sich sowohl gegenseitig formen als auch die Statushierarchie innerhalb der Geschlechter: »Pamela Anderson Lee wurde von den Männern gemacht, Mike Tyson von den Frauen.« Generationen von Männern wollten sinnliche Frauen und Generationen von Frauen erstklassige Männer, und so hat der Selektionsdruck uns gegeben, was wir uns gewünscht haben.

Die Frauen quälen sich wegen kleinster Schönheitsfehler und können nicht umhin, ihr Aussehen mit dem anderer Frauen zu vergleichen. Wenn eine andere schöner ist, werden sie neidisch und versuchen unter Umständen unbewusst, das empfundene Defizit auszugleichen (sie muss dumm oder oberflächlich sein, eine Hure oder eine Langweilerin). Bei einem Vortrag im Massachusetts Institute of Technology versuchte Camille Paglia, diese Haltung ins Lächerliche zu ziehen. »Ich fühle mich nicht weniger wert, wenn ich mit einem schönen Menschen zusammen bin. Ich denke mir nicht: Oh Gott, so schön werde ich nie sein! Was für eine lächerliche Haltung! ... Wenn Männer sich Sport ansehen, Football zum Beispiel, denken sie doch auch nicht, oh, ich werde nie so schnell oder so stark sein! Und wenn die Leute Michelangelos David betrachten, begehen sie dann etwa Selbstmord? Nein. Verstehen Sie jetzt, was ich meine?« Das ist ein interessanter Standpunkt. Einerseits bewundern Frauen schöne Frauen, ahmen sie nach und gestehen ihnen in der weiblichen Hierarchie Spitzenplätze zu. Aber gleichzeitig beneiden sie diese Frauen, und der Neid vergiftet die Freude. Neid ist Feindseligkeit gegen das begehrte Objekt.

Das Maß an Selbst-Verunglimpfung und Neid auf diesem Gebiet ist so hoch, weil sich jede Frau irgendwie und ohne es zu wollen mit jeder anderen Frau in einem Wettbewerb um die Schönheit befindet. Es spielt keine Rolle, wie irrelevant es für ihre Ziele ist, wie unangemessen für ihre Talente oder wie lächerlich der Vergleich selbst – Frauen vergleichen sich immer miteinander und stellen fest, dass sie Mängel haben. Hillary Clintons Frisuren und Marcia Clarks Rocklänge werden so ausführlich in der Presse behandelt wie das, was sie sagen und tun. Oksana Baiul gewann die Goldmedaille im Eiskunstlauf, doch das machte sie in ihren Augen nicht akzeptabel für die Kameras. Sie unterbrach die Feier und bat um zusätzliches Make-up, und ihre wütende Konkurrentin, die Silbermedaillengewinnerin Nancy Kerrigan, kicherte. Die Szene warf Licht auf einen kleinen, bösen Gedanken, den so manche hegten: Oksana hatte zwar die bessere Leistung gebracht, aber Nancy sah besser aus.

Die Männer haben auf vielen Gebieten mehr Wettbewerbsfreiheit. Sportler, Politiker und Wirtschaftsasse kämpfen nicht um den Titel des Mr. Universum. Doch befragt man einen Politiker oder einen Sportler über seinen Gegner, so kann man Neid erleben, der nicht weniger gehässig ist als der einer Frau, die das gute Aussehen einer anderen preist. Neid konzentriert sich immer auf den Wettbewerb um wesentliche Ressourcen, und für Frauen spielt das Aussehen eine wesentliche Rolle im Leben. Aristoteles Onassis sagte einmal: »Alles Geld der Welt wäre bedeutungslos, wenn es keine Frauen gäbe.« Der Lohn des Erfolgs ist sexueller Erfolg, und für die Frauen dreht sich hier noch immer alles um ihr Aussehen.

Das auf dem Aussehen beruhende Konkurrenzdenken der Frauen ist verletzend. Dazu bemerkte Fran Lebowitz, die meisten Frauen würden auf Neid reagieren, »indem sie sich aufregen, indem sie sich schuldig fühlen, indem sie das Gefühl bekommen, die Gefühle anderer verletzt zu haben. Männer sehen im Neid das, was er ist – ein Zeichen des Erfolgs. Und er spornt sie an.« Die Konsumgesellschaft hat das Konkurrenzverhalten der Frauen um Schönheit auf Schwindel erregende Höhen getrieben. Wir vergleichen uns zwar nicht mit Menschen, deren Errungenschaften unerreichbar sind, doch der Gedanke der Chancengleichheit besagt, dass alles und jeder erreichbar ist. Bertrand Russell schrieb: »Neid ist die Basis der Demokratie.« Indem sie alles erreichbar erscheinen lässt, versetzt die Demokratie viele Menschen in einen Zustand des Verlangens, der letztlich nicht befriedigt werden kann. »Wer sich Ruhm erhofft«, so Russell, »der mag Napoleon beneiden. Aber Napoleon beneidete Cäsar, Cäsar beneidete Alexander, und Alexander, wage ich zu behaupten, beneidete Herkules, der nie existiert hat. Man kann vom Neid deshalb nicht nur durch Erfolg loskommen, denn in Geschichte oder Legende wird es immer eine Gestalt geben, die noch erfolgreicher war.«

Die durchschnittliche Frau von heute vergleicht ihre genetischen physischen Gegebenheiten mit einigen wenigen ausgesuchten Models. Trotz deren traumhafter, surrealer Schönheit behaupten die Medien ständig, jede Frau könne ebenso aussehen, wenn sie nur hart arbeite und das richtige Produkt kaufe. Einst beneideten wir nur unsere Nachbarn, denn mehr kannten wir nicht von der Welt. Das muss etwas tröstlicher gewesen sein – denn den Nachbarschafts-Schönheitswettbewerb zu gewinnen ist schließlich eine andere Herausforderung, als ständig mit den Schönsten der Welt verglichen zu werden.


## Die Biologie der Schönheit

Weshalb liegt beiden Geschlechtern so viel am Aussehen ihrer Liebhaber, und wieso scheint den Männern noch mehr daran zu liegen als den Frauen? Die Antwort ist: Sex. Der biologische Zweck des Sex ist die Fortpflanzung, nicht etwa Spaß, Freundschaft oder der Austausch zweier Seelen. Nahezu im Verlauf der gesamten Menschheitsgeschichte hatte die Paarung mit einem fruchtbaren Partner des anderen Geschlechts mit einiger Wahrscheinlichkeit Nachkommenschaft zur Folge. Sex konnte die Welt permanent verändern und ein neues menschliches Wesen hervorbringen, das die Gene beider Eltern in sich trug.

Die Körper unserer Vorfahren lösten das Problem, wie sie ihre Eignung als potenzielle Paarungspartner signalisieren konnten. Diese biologischen Signale unterscheiden sich von den Gesten der Werbung und des Flirtens, mit denen wir unser Interesse an den Aktivitäten bekunden, die die Schönheit unseres Körpers auslöst. Die biologischen Signale sind leicht erkennbar, die psychologischen hingegen sind komplexer. Doch hätten unsere Vorfahren nicht ein Erkennungssystem für gesunde, fruchtbare Körper gehabt, dann wären wir schon vor langer Zeit ausgestorben. Charles Darwin sagte über Liebe und Attraktion, ihr letztliches Ziel sei »von größerer Bedeutung als alle anderen Ziele im Leben des Menschen«. Er meinte damit die Entstehung der nächsten Generation, das Überleben der Spezies oder, wie ein heutiger Evolutionist sagen würde, das Überleben der Gene.

Ebenso wie Blumen oder Tiere hat auch der Mensch eine Gestalt, die gleichzeitig funktional und ästhetisch ist. Eine bestimmte Orchidee ahmt die Gestalt einer weiblichen Wespe nach, so dass die verwirrte männliche Wespe versucht, sich mit ihr zu paaren. Weiße Blumen riechen oft sehr stark (man denke an Parfum aus Jasmin oder Gardenien), und zwar vor allem nachts, weil sie von nachtaktiven Insekten bestäubt werden. Jede Spezies richtet sich nach den Bedürfnissen ihrer Besucher. Einige Theologen des neunzehnten Jahrhunderts glaubten, Blumen seien schön, damit der Mensch Gefallen an ihnen finde; heute erkennen wir, dass dieser Gedanke absurd ist. Tropische Fische stellen ihre Schönheit voreinander zur Schau, nicht vor den Menschen, die in ihren Gewässern schnorcheln.

Menschliches Zurschaustellen von Sexualität zielt speziell darauf ab, unser Begehren zu entfachen, und darin liegt das Geheimnis ihrer Kraft. Schöne menschliche Züge sind eine Sprache, die dem Adaptionsziel dient, sowohl den eigenen Wert als potenzieller Paarungspartner als auch den Paarungswert anderer visuell, durch das Aussehen, zu signalisieren. Es mag absurd erscheinen, dass die Beschäftigung mit der menschlichen Schönheit letztendlich eine entwicklungsgeschichtliche Anpassung darstellt, mit deren Hilfe wir potenzielle Erzeuger unserer

Kinder beurteilen. Doch wir blicken auf das Wesen des Menschen, wie es im späten zwanzigsten Jahrhundert gestaltet wurde, in einer Zeit, in der Sex und Fortpflanzung zum Teil getrennte Wege gehen.

Die Schriftstellerin Joyce Winer stellt fest, dass nach Jahren der Geburtenkontrolle nun eine Zeit der Eingriffe zur (Wieder-)Erlangung der Fruchtbarkeit folgt: »Ging es in den Sechzigern darum, Sex zu haben, ohne Babys zu bekommen, dann geht es in den Neunzigern darum, Babys ohne Sex zu bekommen.« Sex ist heute mehr ein Vergnügen als ein Mittel zu dem Zweck, ein Kind zu zeugen, und Babys werden heutzutage in Labors empfangen – oder zu Hause von einer Frau mit ihrer Bratenspritze. Aber selbst wenn Sex immer und nur Babys hervorbringen würde, würden wir mit der großen Mehrheit der Menschen, denen wir im Verlauf unseres Lebens begegnen, dennoch nicht sexuell verkehren oder dies auch nur wollen. Doch unser Verstand ist das Produkt einer Welt, die nicht global, sondern auf den eigenen Stamm bezogen war, in der es keine Geburtenkontrolle gab, die Menschen im Durchschnitt nicht siebzig, sondern vierzig Jahre alt wurden und in der Kinder oft schon vor Erreichen der Pubertät starben. Ein biologisches System, das automatisch die sexuelle Überlebensfähigkeit jedes Stammesmitglieds überprüfte, war anpassungsfähig. Was uns heute bleibt, sind heimliche Gefühle für Fremde und sexuelle Reaktionen auf Gesichter und Körper, von denen wir vielleicht wünschen, wir könnten sie mit mehr Gleichgültigkeit betrachten.

Alle Menschen spiegeln in unendlichen Variationen dieselbe Gestalt wider. Unsere Haut hat verschieden große Poren, sie ist mehr oder weniger behaart, gefleckt oder nicht, straff oder schlaff. Unser Haar ist fein oder dick, füllig oder licht. Unser Körper verfügt über eine gewisse Größe, eine gewisse Verteilung von Körperfett, symmetrische oder asymmetrische Merkmale und geringfügige Unterschiede in der Größe und dem Aussehen unserer Gesichtszüge. Männer und Frauen unterscheiden sich in Bezug auf Körpergröße und -gestalt sowie auf Knochenstruktur des Gesichts und natürlich in den Sexualorganen. Dies ist im Grunde das »Rohmaterial«, mit dem die Selektion arbeiten kann. Wir schließen keine Freundschaften aufgrund der Lippenform oder der schlanken Taille eines Menschen, aber wir könnten uns wegen eines solchen physischen Details zu jemandem hingezogen fühlen. Wir bemerken im Aussehen eines Menschen auch die kleinsten Details und stellen uns mit großem Interesse auf sie ein, wenn wir auf einen potenziellen Partner abzielen.

## Fruchtbarkeitsgöttin

Der männliche Blick ist als zielgerichtet bezeichnet worden. Der Psychiater Robert Stoller beschrieb »die meisten Männer in den meisten Kulturen« als »ein ganzes Geschlecht erotischer Minifetischisten«. Männer sprechen davon, »auf Beine zu stehen«, große Brüste oder einen großen Po zu bevorzugen und können bei ihren Vorlieben für bestimmte Körperteile bis in kleinste Details gehen. Evolutionspsychologen behaupten, Männer würden von den Signalen einer Frau, die fruchtbar und gesund ist und noch nicht schwanger war, unwillkürlich erregt.

Weshalb sollte ein Mann darauf reagieren, ob eine Frau bereits ein Kind geboren hat oder nicht? Donald Symons glaubt, dass es dafür zwei Gründe gibt. Der erste ist das Besitzinteresse des Mannes an der weiblichen Fertilität – er will der Vater aller ihrer Kinder werden bzw. sein. Der zweite hat etwas mit dem Zusammenhang zwischen Fruchtbarkeit und erster Geburt zu tun. Während der neunundneunzig Prozent der Menschheitsgeschichte, in denen es keine Geburtenkontrolle gab, waren die Frauen nach der ersten Geburt praktisch ständig schwanger oder stillten. Donald Symons und Margie Profet errechneten, dies würde bedeuten, dass eine Frau wahrscheinlich neunundneunzig Prozent ihrer Lebenszeit nach der Geburt des ersten Kindes unfruchtbar war. Zu diesem Resultat kamen sie auf folgende Weise: Hätte diese hypothetische Frau ein durchschnittliches Leben geführt und von ihrem sechzehnten bis zum zweiundvierzigsten Jahr Kinder geboren, dann hätte sie sechs Lebensjahre als Schwangere verbracht und achtzehn Jahre lang gestillt. Da das Stillen den Eisprung verhindert, hätte sie demnach nur sechsundzwanzig Ovularzyklen mit je drei fruchtbaren Tagen gehabt – sie hätte also nur an 78 von 8030 Tagen, also etwa einem Prozent dieser Zeit, empfangen können. Das mag zwar übertrieben sein, da das Stillen den Eisprung bei jüngeren Frauen nicht um Jahre, sondern eher um Monate verhindert. Doch es ändert nichts daran, so Symons, dass bis zum Aufkommen der Geburtenkontrolle im zwanzigsten Jahrhundert der beste Weg, eine fruchtbare Frau zu finden, war, sie sich zu nehmen, solange sie jung war und noch nicht mit dem Gebären begonnen hatte. Vielleicht ist dies auch der Grund dafür, weshalb Männer häufig die physischen Anzeichen einer Frau vor der höchsten Fruchtbarkeit (das heißt unter zwanzig Jahren) vorziehen – es ist wie das Unterzeichnen eines Vertrages, ein Jahr bevor man die Arbeitsstelle antreten möchte.

Im Tierreich bleiben die Weibchen fruchtbar, bis sie sterben; bei den Menschen ist das nicht so, und deshalb sind Anzeichen für das Alter wichtige Hinweise auf die Gebärfähigkeit. Am fruchtbarsten ist eine Frau zwischen zwanzig und vierundzwanzig Jahren, doch bis etwa dreißig bleibt die Fertilität noch sehr hoch. Bis Ende dreißig geht sie um einunddreißig Prozent zurück, danach noch wesentlich rapider; Anfang fünfzig erreicht eine Frau normalerweise die Wechseljahre. Beim Mann liegen die Dinge wesentlich anders – er kann noch mit vierundneunzig Jahren auf natürliche Weise Vater werden. Für einen Träger guten Spermas gibt es kein sichtbares Zeichen, oder zumindest wurde noch keines festgestellt; anders als bei den Frauen steht den Männern die Fruchtbarkeit nicht auf den Leib geschrieben. Dieser Unterschied ist die einzige Grundlage für die erotische visuelle Präferenz der Männer für junge Frauen.

Die Menopause ist eine grausame biologische Grenze für eine Frau, die nicht schon mit sechzehn, sondern erst mit vierzig Jahren ein Kind bekommen möchte. Und sie ist mehr als ein kleines Ärgernis für die Frau, die nicht empfangen, sondern den Männern gefallen möchte, so wie sie es als Zwanzigjährige oder Anfang dreißig getan hat. Frauen unterziehen sich nicht gern dem, was Susan Sontag »die kleine Folter« genannt hat: Männern oder sogar anderen Frauen, die »eine doppelte Moral des Alterns« haben, ihr Alter zu sagen, denn sie bekommen dadurch das Gefühl, dass ihre Jahre auf Erden eine Quelle der Demütigung anstatt des Stolzes sind. Das Model Lauren Hutton fasste den Karriereverlauf in ihrem Geschäft so zusammen: »Sobald die Frauen keine Eier mehr hatten, waren sie draußen.«

Doch wenn Elefanten und Schildkröten Eier haben, die sechzig Jahre und länger befruchtbar sind, hätte auch der Mensch solche haben können. Eine Mutation hätte das Alter, in dem sie absterben, verändern können; doch dies ist nicht geschehen. Der Physiologe Jared Diamond sieht den Grund dafür in einer biologischen Strategie und dem Umstand, dass die Fruchtbarkeit der Frau nach dem Prinzip »Weniger ist mehr« funktioniert. Babys durchleben eine lange Zeit der Hilflosigkeit und Abhängigkeit, und auch größere Kinder sind noch Jahre lang zwar nicht mehr hilflos, aber abhängig. An einem gewissen Punkt geht eine Frau ein größeres Risiko ein, wenn sie noch weitere Babys bekommt, als wenn sie keine mehr gebiert. Durch das Einstellen der Fortpflanzung trägt ihr Körper mit dazu bei, dass ihre derzeitige Investition, nämlich ihre Kinder, eine Mutter haben werden, die lebt und für sie sorgen kann, und dass sie ihre Mittel nicht zu dürftig verteilt oder bei der Geburt eines weiteren Kindes stirbt.

Heute ermöglicht die Medizin den Frauen, bis ins Alter von mehr als sechzig Jahren Babys zu bekommen. Wenn eine Frau selbst kein Ei mehr produziert, kann sie sich eines implantieren lassen; wenn ihr Hormonstatus das Austragen eines Kindes nicht unterstützt, kann er künstlich verändert werden. Eine Genetikerin berichtete mir kürzlich, innerhalb der nächsten zehn Jahre werde es sich zur Routine entwickeln, dass junge Frauen sich einige ihrer jungen, gesunden Eier herausnehmen und einfrieren lassen, um sie in einem späteren Lebensabschnitt befruchten zu lassen und auszutragen.

Haben all diese Veränderungen unseren Geschmack, unseren Gefallen an Schönheit verändert und Anhaltspunkte für Alter und Fertilität der Frau gegenstandslos gemacht? In einer Welt, die ausschließlich vom Denken und nicht von Instinkten gesteuert würde, müsste man diese Frage mit einem Ja beantworten. Doch wir sind Produkte der Evolution, und als solche können wir unsere Instinkte nicht so rasch verändern, wie wir unseren Geschmack modifizieren oder unser Wissen auf den neuesten Stand bringen können. Der ganze Wirbel um die Schönheit und das Riesengeschäft mit jugendlichem Aussehen zeigen, dass wir nach wie vor an den gleichen Formen und Anzeichen Gefallen finden. Vielleicht ist es schwierig, die Natur des Menschen zu verändern, und für den Anfang leichter, sie einfach nur zum Narren zu halten. Mit dem Aufkommen des Fitness-Kults, der plastischen Chirurgie und den technischen Fortschritten bei der Erhaltung der Schönheit kann eine Frau in den Dreißigern, Vierzigern und sogar Fünfzigern das Aussehen eines Teenagers oder Twens von früher nachahmen. Man könnte sogar sagen, dass das Ziel der milliardenschweren Schönheitsindustrie nichts anderes ist als eben diese Imitation – und sie ist damit sehr erfolgreich: Die höchstbezahlte amerikanische Schauspielerin des Jahres 1996 war Demi Moore, deren praktisch nackter Körper der Star in dem Streifen *Striptease* war. Demi Moore ist die Mutter von drei Kindern, doch ihr Körper ist der einer jungen Frau, die noch nicht geboren hat.

Ein Mann mag kein Interesse daran haben, eine Frau zu schwängern, und sogar vieles tun, um es zu verhindern, doch seine Partner-Detektoren funktionieren so, wie sie es immer getan haben – er fühlt sich am meisten von der Frau angezogen, die die deutlichsten Zeichen von Fruchtbarkeit signalisiert. Und die Frauen imitieren nach wie vor das Aussehen dieser visuell bevorzugten Altersgruppe, selbst wenn sie nie im Leben schwanger werden wollen.

## Wie wichtig es ist, sich helfen zu können

Einige Körpermerkmale locken das andere Geschlecht an wie der Honig den Bären. Diesen ausgesprochen sexuellen Vorteil nannte Darwin die »sexuelle Selektion«. Doch schöner Schmuck entwickelt sich nicht nur, um das andere Geschlecht mit leuchtenden Farben und lieblichen Liedern zu bezaubern, sondern auch, um Rivalen einzuschüchtern und den Wettbewerb innerhalb des eigenen Gechlechts zu gewinnen – man denke nur an große Geweihe bei Hirschen. Wenn Evolutionisten über männliche Schönheit sprechen, beziehen sie sich häufig mehr auf deren Waffen als auf ihre Fähigkeit, zu bezaubern – auf ihre Geweihe statt der leuchtenden Farben. In anderen Worten, sie gehen davon aus, dass sich männliche Schönheit zumindest zum Teil als Reaktion auf die Einschätzung durch andere Männer entwickelt hat.

Das Aussehen ist wichtig bei der Festlegung von Machthierarchien innerhalb der Männerwelt. Schon im Jugendalter bilden Männer rasch Ränge aus. In Ferienlagern für Jungen bildet sich innerhalb einer Stunde eine Rangordnung heraus. Der Inhaber des Spitzenplatzes ist nicht unbedingt der größte Junge, aber oft der am besten aussehende, athletischste mit dem ausgereiftesten Körper. Er ist der Initiator und Organisator, und die Jungen der niedrigeren Ränge gehorchen ihm und stellen ihm Fragen. Ihre Unterwürfigkeit wird belohnt mit dem Schutz und der Führerschaft des dominanten Jungen.

Auch im späteren Leben sind die gut aussehenden Männer die Rudelführer. Bei einer von dem Soziologen Allan Mazur durchgeführten Studie von Kadetten der Militärakademie West Point zeigte sich, dass sich dominante Gesichtszüge stark auf den militärischen Rang auswirkten. Dominant aussehende Männer waren schön und hatten ein kräftig ausgebildetes Kinn, kräftige Augenbrauenwülste, tief liegende Augen und eng anliegende Ohren. Das Gesicht war breit oder rechteckig. Unterwürfig aussehende Männer hatten ein schmales oder rundes Gesicht, ihre Ohren waren mehr abstehend und das Kinn fliehend. Ein Bild allein konnte Aufschluss geben über den Rang und das, was der Betreffende bislang an der Akademie erreicht hatte sowie über den Verlauf seiner späteren Karriere. Am schlechtesten schnitten jedoch jene Männer ab, die dominant aussahen, es in der Akademie aber nicht weit gebracht hatten. Sie wurden dafür bestraft, dass sie Schafe im Wolfspelz waren. Wenn sie es nicht schafften, die Führungsqualitäten zu demonstrieren, die ihre Gesichtszüge erwarten ließen, wurden sie bestraft, als hätten sie bezüglich ihrer Fähigkeiten oder Potenziale gelogen oder einen falschen Lebenslauf eingereicht.

Doch es reicht starken Männern nicht, sich um die Herzen (und Körper) von Frauen zu bekriegen: Sie müssen der Frau direkt gefallen. Ein Weg, dies zu erreichen, ist, den eigenen Status und Wohlstand zu demonstrieren. Über dieses Phänomen schrieb Ovid schon vor zweitausend Jahren: »Mädchen preisen ein Gedicht, aber sie entscheiden sich für teure Geschenke. Jeder noch so ungebildete Hornochse kann ihren Blick auf sich lenken, wenn er nur reich ist.« In der von David Buss durchgeführten Studie legten die Frauen in sechsunddreißig von siebenunddreißig Kulturen mehr Wert auf gute finanzielle Aussichten als die Männer (in Spanien war der diesbezügliche Unterschied zwischen den Geschlechtern nicht signifikant); in vierunddreißig Ländern legten sie Wert auf Eigenschaften, die zu finanziellem Erfolg führen, zum Beispiel Ehrgeiz. Und der Promoter Don King bemerkte über Mike

Tyson: »Jeder Mann mit zweiundvierzig Millionen sieht genauso aus wie Clark Gable.«

Männer mit hohem beruflichem Status und festem Einkommen werden eher geheiratet als solche mit weniger Einkommen und niedrigerem Status. Für die Verheirateten erhöht sich die Möglichkeit einer Trennung oder Scheidung, wenn das relative Einkommen sinkt (relativ zum Einkommen in der Vergangenheit oder zu dem gleichrangiger Männer). Die Anthropologin Suzanne Frayser untersuchte Trennungen und Scheidungen in achtundvierzig traditionellen Kulturen und stellte fest, dass »Unvereinbarkeit« einer der beiden von Männern wie Frauen angegebenen Hauptgründe für das Scheitern der Beziehung war. Der zweite Grund für die Frauen war, dass der Mann seinen wirtschaftlichen und häuslichen Verantwortlichkeiten nicht nachgekommen war. Die Männer nannten als wichtigsten Grund dafür, eine Frau zu verlassen, Probleme, Nachkommen zu gebären.

Die Geschlechtsunterschiede gehen auf biologische Unterschiede zurück. Die Rolle des Mannes bei der Fortpflanzung kann sich auf einige Minuten Sex mit einer fruchtbaren Frau beschränken. Eine Frau hingegen riskiert Schwangerschaft, Geburt und eine potenziell lebenslängliche Hingabe an das Kind. Ein Mann kann so viele Frauen befruchten, wie sich dazu bereit erklären, denn sein Körper erzeugt ständig Samen. Eine Frau hingegen kann lediglich nur ein Baby auf einmal bekommen, und nur von einem Mann. Auch wenn sie noch so viele Geliebte hat, begrenzt ihr Körper ihre Fortpflanzungsrate. Männer können keinen oder Hunderte, ja sogar Tausende von Erben hinterlassen. Die durchschnittliche Frau kann nicht mehr als elf Kinder gebären, ob sie nun einen Liebhaber hat oder tausend. Für eine Frau sind die Qualitäten der Partner wichtiger als die Quantität, und es zahlt sich für sie aus, sowohl langfristig zu denken (wenn ich ein Kind bekomme, wird er ihm ein guter Vater sein?) als auch an ihr unmittelbares Vergnügen.

Diese so ungleichen Rollen von Mann und Frau bei der Fortpflanzung und die schwierige Beurteilung, welcher Mann die Mittel und den Wunsch hat, in Nachkommen zu investieren, veranlassen beide Geschlechter von Anfang an zu unterschiedlichen Paarungsstrategien. Die Männer reagieren sehr spontan auf Bilder von Frauen, und ihre Einschätzungen gleichen sich bemerkenswert. Sie lenken ihr Augenmerk mehr auf das Aussehen, da dieses viele Hinweise gibt über Gesundheit und Fruchtbarkeit einer Frau, ob sie ein Kind erfolgreich austragen kann und ob sie für ihn empfängnisbereit ist.

Eine Frau lässt sich bei der Beurteilung eines Mannes mehr Zeit, und wenn eine andere Frau eine unterschiedliche Meinung anbietet, kann dies ihre Ansicht verändern. Je länger sie ungestört das Foto eines Mannes betrachten kann, den sie als schön eingestuft hat, desto weniger gut aussehend wird er in ihren Augen. Wenn eine Frau genauer hinsieht, sich mit anderen Frauen austauscht oder nach einigem Überlegen ihre Meinung ändert, dann geschieht dies nicht aus Unentschlossenheit, sondern aus Weisheit. Die Wahl des Paarungspartners wird nicht im Hinblick auf dessen Fruchtbarkeit getroffen – die meisten Männer sind ihr Leben lang fruchtbar –, sondern mit dem Blick auf einen Partner, der bei der Aufzucht des Kindes mithilft.

Jahrtausendelang wurden Ressourcen durch körperliche Stärke und Jagdgeschick erkämpft. Es sollte also nicht weiter überraschen, dass das Aussehen der Männer für die Frauen zwar nicht sehr wichtig ist, dass es aber dennoch in ihre Überlegungen mit einbezogen wird. Über Jahrtausende hinweg waren die Frauen abhängig von der Fähigkeit der Männer, fleischliches Protein heranzuschaffen, mit dem die von ihnen gesammelte Kost aus Früchten und Nüssen ergänzt werden konnte. Die Männer verteidigten die Frauen gegen Raubtiere und andere Männer, so dass sie sich auf den Schutz der Kinder konzentrieren konnten. Frühe Waffen, etwa Steine und Keulen, wurden ausschließlich mit der Hand geführt, was die überlegene Oberkörper-Kraft der Männer zu einem noch größeren Vorzug machte. Männer sind größer als Frauen und haben stärkere Muskeln, weniger Fett und einen kräftigeren Oberkörper; die Kapazität ihrer Lungen ist größer, und ihr Blut hat mehr Hämoglobin.

Der Mann von heute mag zwar nicht mehr stemmen als einen Bleistift oder einen Laptop, doch gut aussehende Männer werden nach wie vor in Begriffen beschrieben, die ihre Größe betonen. Das *Oxford English Dictionary* definiert »handsome« (in Zusammenhang mit dem menschlichen Aussehen) als »von schöner Form oder Gestalt, gewöhnlich in Verbindung mit voller Größe oder Stattlichkeit«. Hoyt Richards, ein männli-

89

ches Model, bezeichnet seine Kollegen als »hunky chunks«. Das Wörterbuch gibt für »hunk« die Bedeutung »großes Stück« – oder ein »sexuell attraktiver Mann mit einem gut entwickelten Äußeren« (Langenscheidt, Der Kleine Muret-Sanders).

Als der Reporter David Remnick über die National Basketball Association der USA berichtete, fiel ihm auf, dass »die Lobby jedes Hotels, in dem die Spieler wohnten, dem Wartezimmer einer Model-Agentur glich. Und die Frauen sprachen die Spieler offen an.« Dazu bemerkte der Basketball-Spieler Dennis Rodman: »In der NBA dreht sich das halbe Leben um Sex, die andere Hälfte um Geld«, und Remnick kommentiert: »Damit dürfte Rodman nicht übertreiben.« Profisportler und Rockmusiker ziehen Frauen an, die sich aktiv dafür einsetzen, sie als Partner zu gewinnen. Anstatt Frauen durch Lieder voller Lust, Zärtlichkeit und Leidenschaft anzusprechen, stellen Sportler ihren Körper und ihre physischen Qualitäten zur Schau, erkämpfen sich Macht über andere Männer und verdienen, ebenso wie berühmte Musiker, sehr viel Geld. Basketballspieler haben noch einen zusätzlichen Vorteil: Sie sind sehr groß, und Frauen finden große Männer attraktiv.

Im Gegensatz zu der Behauptung, männliche Schönheit habe nichts mit dem Alter zu tun, scheint es aber dennoch eine Altersspanne zu geben, in der sie einen Höhepunkt erreicht. Donald Symons vermutet, dass Männer ihre größtmögliche physische Schönheit gegen Ende zwanzig erlangen. Die natürliche (nicht antrainierte) Körperkraft eines Mannes steigt bis zum Alter von etwa fünfundzwanzig bis dreißig Jahren gleichmäßig an. Männliche Models und Stripper sind meist Ende zwanzig. In der traditionellen mittelalterlichen Einteilung des Lebens, wie sie zum Beispiel in den Schriften Isidors von Sevilla zum Ausdruck kommt, erreicht ein Mann mit achtundzwanzig Jahren die größte Kraft, Intelligenz, Tugend und körperliche Schönheit. Im Jahr 1500 schuf Albrecht Dürer achtundzwanzigjährig sein berühmtestes Selbstporträt, in dem er sich in reiner Frontalität – das bedeutet, in der Pose Christi – darstellte. Als einer der bedeutendsten Urheber der Kunstregeln der Renaissance porträtierte er sich zu dem Zeitpunkt, an dem er seiner Meinung nach den Höhepunkt physischer Vollkommenheit erreicht hatte.

Doch die physische Schönheit eines Mannes kann durch den Status eines anderen herausgefordert werden. Henry Kissinger sagte: »Macht ist ein Aphrodisiakum.« Der kleinwüchsige, untersetzte Kissinger mit der dicken Brille neben seiner größeren, jüngeren, attraktiveren Frau legte Zeugnis ab für den Zusammenhang zwischen männlicher Kraft bzw. Macht und weiblicher Schönheit und erinnerte daran, dass ein Mann jede Frau haben kann, wenn er nur genügend Macht anhäuft. Selbst in der Tierwelt lassen sich Weibchen durch große Geschenke und gute Territorien verführen. Weibliche Skorpionsfliegen sehen sich ein Männchen nicht einmal an, wenn sein Geschenk, ein schmackhaftes Stückchen Insektenprotein, nicht mindestens sechzehn Quadratmillimeter groß ist. Akzeptiert das Weibchen sein Geschenk, so kommt es zur Paarung, die so lange dauert wie das Mahl. Bessere Geschenke führen zu längeren Paarungen, welche wiederum von doppeltem Vorteil sind, da sie die Wahrscheinlichkeit der Empfängnis erhöhen, weil das Weibchen durch die größere Proteinmenge bessere Eier produziert. Natürlich spielt das Aussehen selbst hier mit eine Rolle, da die Größe des Geschenks mit dem Jagdkönnen des Männchens – und das heißt mit seinen physischen Fähigkeiten – in Zusammenhang steht.

Der Anthropologe John Marshall Townsend zeigte Testpersonen Fotos von Männern und Frauen, deren Aussehen herausragend bis unterdurchschnittlich war und die als in Berufen der niedrigen, mittleren und hohen Einkommensklasse (Kellner, Lehrer oder Arzt) arbeitend beschrieben wurden. Dann wurden die Testpersonen gefragt, ob sie mit der betreffenden Person gerne einen Kaffee trinken, ein Rendezvous haben, schlafen oder sie sogar heiraten würden. Wie zu erwarten, entschieden sich die meisten Frauen für den am besten aussehenden Mann mit dem meisten Geld. Doch nach diesem erhielten durchschnittlich oder sogar noch schlechter aussehende Ärzte dieselben Bewertungen wie sehr attraktive Lehrer: Ihr Status kompensierte das Aussehen. Wenn Männer Frauen bewerteten, war die Situation jedoch anders: Unabhängig von ihrem Status wurden unattraktive Frauen nicht vorgezogen.

Als Townsend und sein Kollege Gary Levy die Statusunterschiede der Männer noch extremer gestalteten, zeigten sich auch die Präferenzen der Frauen noch deutlicher. Die Forscher zeigten Frauen Fotos von Männern, die entweder eine Uniform von Burger King und eine Baseballmütze trugen oder Anzug, Krawatte und eine Rolex-Armbanduhr. Einige Frauen sahen Tom und Harry in der Arbeitskleidung von Burger

King und Jim und Dan mit Anzug und Rolex, andere sahen Tom und Harry mit Anzug und Rolex und Jim und Dan im Burger-King-Look. Die Frauen wollten kein Rendezvous, keinen Sex und keine Ehe mit den Männern im Burger-King-Outfit; doch mit den anderen zogen sie alle diese Möglichkeiten in Betracht – eine interessante Demonstration des Spruchs »Kleider machen Leute« bzw. der Wirkung von Symbolen für Einkommen und Status.

Frauen leben nicht für sich allein, sondern in Familien und eingebettet in eine Kultur. Heiratet eine Frau einen Mann mit weniger Einkommen, so werden die anderen sagen, sie habe »nach unten« geheiratet, unabhängig davon, was der Mann sonst noch aufzuweisen hat. Eine Geschäftsführerin eines der fünfhundert größten Unternehmen der Vereinigten Staaten mag sich sehr zu ihrem Fitness-Trainer oder dem Kellner hingezogen fühlen, der sie mittags bedient, aber sie wird sich mit dem Problem konfrontiert sehen, ihn in ihrer Welt vorzustellen und mit seinen Gefühlen fertig zu werden. Wie wir sehen werden, finden manche Männer Frauen, die mehr verdienen als sie selbst, weniger attraktiv. Einfach ausgedrückt lässt sich sagen, es gibt soziale Kräfte, die in einer solchen Situation bei beiden Geschlechtern ein Gefühl des Unwohlseins auslösen. Männer werden durch Einkommen und beruflichen Status ebenso unbarmherzig eingestuft wie Frauen durch ihr Aussehen. Dazu schrieb die feministische Autorin Letty Cottin Pogrebin: »Der soziale Rang ist das große, unergründliche Geheimnis der Gesellschaft, und soziale Klasse plus Geschlecht ist so das Unbeständigste, was man bekommen kann.«


# Krise der Kategorien

Wären die beiden Geschlechter sich ähnlicher in ihren Paarungspräferenzen und Prioritäten, wenn die Frauen denselben Zugang zu Geld und Macht hätten wie die Männer? Wenn die wirtschaftlichen und politischen Kräfte auf der Welt gleichmäßiger verteilt wären, würden wir womöglich eine radikale Veränderung der sexuellen Präferenzen erleben. Aber wir leben noch immer in einer Welt, in der, so die Feststellung des Humphrey Institute of Public Affairs, »Frauen fünfzig Prozent

92

der Weltbevölkerung repräsentieren, fast zwei Drittel aller Arbeitsstunden leisten, nur ein Zehntel des Welteinkommens erhalten und weniger als ein Prozent des Eigentums der Welt besitzen«. Eine Welt der Gleichberechtigung existiert größtenteils nur in unserer Fantasie und unserem Sehnen. Fran Lebowitz witzelte: »Die Hütte gehört immer noch den Männern.«

Doch vieles weist bisher darauf hin, dass Frauen mit hohem Einkommen oder guter finanzieller Sicherheit Männer wollen, die diesbezüglich sogar noch besser sind. Als Jacqueline Bouvier Kennedy zum zweiten Mal heiratete, schloss sie die Ehe mit dem Milliardär Aristoteles Onassis, und Prinzessin Diana angelte sich nach ihrer Zeit mit Charles Dodi al-Fayed, den Sprössling des milliardenschweren Besitzers von Harrods in London. Medizinstudentinnen, die große Einkommen erwarten, wollen Männer heiraten, die ebenso viel oder mehr verdienen – nicht eine einzige gab zu Protokoll, sie wolle einen Mann heiraten, der weniger Einkünfte habe als sie. Bei Befragungen von College-Studentinnen geben jene, die die höchsten Einkommen erwarten, an, mehr Wert auf die finanziellen Aussichten ihres künftigen Ehemannes zu legen als Frauen, die mit weniger Einkommen rechnen.

Der Reichtum der Frauen hat einen weniger klaren Einfluss auf die Ehe. In derselben Studie, die zeigte, dass Medizinstudentinnen Partner wollen, die ebenso viel oder mehr verdienen als sie selbst, sagten sechzig Prozent ihrer männlichen Kollegen, sie würden eine Partnerin vorziehen, die *weniger* verdient, und vierzig Prozent gaben an, einer Frau den Vorzug zu geben, deren beruflicher Status *niedriger* sei als der ihre. Wer will schon von irgendetwas weniger?

Nennen wir es sexuelle Erpressung. Sogar die gescheitesten Männer haben die Frauen davor gewarnt, Betätigungen nachzugehen, bei denen sie mit ihnen in Konkurrenz treten könnten. Im achtzehnten Jahrhundert schrieb Immanuel Kant, dass »fleißiges Lernen oder quälendes Nachdenken, selbst wenn eine Frau darin Erfolg hat, die ihrem Geschlecht ziemenden Vorzüge zerstört ... sie machen sie zu einem Objekt kalter Bewunderung und schwächen gleichzeitig den Zauber, mit dem sie ihre große Macht über das andere Geschlecht ausübt.«

Männer horten Ressourcen. Sie bekämpfen andere Männer und ebenso hart auch Frauen. Einen Grund dafür nennt die Anthropologin Helen

93

Fisher; sie zeigte auf, dass die Scheidungsraten nach oben schnellen, wenn Frauen wirtschaftlich unabhängig werden. Dies gilt für Stammeskulturen ebenso wie für kapitalistische Gesellschaften und für arme Länder nicht minder wie für reiche. Dafür gibt es mehrere Interpretationsmöglichkeiten, unter anderem die, dass Frauen mit besserem Einkommen durch eine Scheidung weniger zu verlieren haben und sich dadurch zu diesem Schritt ermutigt fühlen.

Der Ökonom Gary Becker versucht, das Abwandern der Frauen mit der Logik des »Gewinns durch Handel« zu erklären. Wenn Japan bessere Fernseher baut und die Vereinigten Staaten bessere Flugzeuge, werden beide durch einen Handel profitieren. Wenn Japan beginnt, selbst gute Flugzeuge zu bauen, werden sich die Gewinne aus dem Handel verringern. Frauen verrichten nach wie vor den Großteil der Haus- und Erziehungsarbeit, selbst wenn sie ganztägig arbeiten. Die Frau, die jagt *und* sammelt, verspürt unter Umständen ein geringeres Bedürfnis nach einem Jägerkollegen, für den sie immer noch mitsammeln muss.

Doch die neuesten Daten zum Thema Frau und Arbeit belegen, dass Geld, auch wenn es den Frauen Unabhängigkeit verschafft, eine Heirat nicht notwendigerweise unerwünscht werden lässt. Die Soziologin Megan Sweeney schreibt, Geld »verändert lediglich das Wesen der ehelichen Abmachung«. Hier hat sich in den vergangenen Jahrzehnten ein bemerkenswerter Wandel vollzogen. In den sechziger und siebziger Jahren war die Wahrscheinlichkeit, dass Frauen mit hohem beruflichem Status und hohem Einkommen (wieder) heirateten, geringer als bei Frauen, die nicht arbeiteten oder schlechter bezahlte oder weniger angesehene Tätigkeiten ausführten. In den achtziger Jahren war jedoch das Gegenteil der Fall. Die Titelgeschichte der Zeitschrift *New York* vom 15. Juni 1998 belegt, dass ein Wallstreet-Millionär, der seine Frau verlässt, um wieder zu heiraten, als neue »Trophäen«-Frau eine mächtige Kollegin aus seinen Kreisen ehelichen wird. Wahrscheinlich wird das Einkommen einer Frau im Laufe der Zeit als Statussymbol betrachtet werden. Damit soll nicht gesagt sein, dass die Männer nicht noch *mehr* Geld verdienen wollen als ihre Gattin oder dass die Frauen sich nicht auch dann noch Männer suchen werden, die mehr verdienen als sie.

Marjorie Garber, Englisch-Professorin in Harvard, meint, wir befänden uns derzeit in einer »Kategorienkrise«, einem Verwischen kultureller, sozialer und ästhetischer Unterschiede, die einen gesellschaftlichen Wandel reflektiere. Frauen seien umherstolzierende Körper, die straff und angespannt seien und nicht mehr weich und rund. Noch vor etwa einem Jahrzehnt habe man einen großen, muskulösen Frauenkörper als ungewöhnlich oder gar verrückt betrachtet. Der weibliche Körper sei groß und drall oder klein und zierlich gewesen, aber er habe weich ausgesehen und eine kräftige Mischung aus Sexualität und Verletzlichkeit ausgestrahlt. Heute hingegen hätten die Frauen, die von anderen Frauen für am schönsten gehalten werden, so wenig Fett und seien ebenso groß (1,78 Meter) wie der durchschnittliche Mann. MAC, eine führende Kosmetikfirma, beschäftigte zwei ungewöhnliche Wortführerinnen: die Drag Queen RuPaul und die lesbische Sängerin K. D. Lang. Lippenstift, ein Symbol weiblichen Sichschmückens um der männlichen Gunst willen, wird nun vermarktet von einem Mann in Frauenkleidern und einer Frau, die sich kleidet wie ein Mann.

Die amerikanischen Männer geben inzwischen neuneinhalb Milliarden Dollar pro Jahr für plastische Chirurgie, Kosmetik, Fitnessgeräte und Haarpflege aus, einschließlich färben, Wellen legen und Transplantaten. Manche Stimmen behaupten, sie würden versuchen, jung auszusehen, um am Arbeitsplatz konkurrenzfähig zu bleiben, doch wahrscheinlich kommt als Motivation die sexuelle Wettbewerbsfähigkeit hinzu. Da die Frauen heute mehr Zeit außer Haus verbringen, somit für die Konkurrenten ihrer Partner leichter erreichbar sind, haben die Männer womöglich das Gefühl, sie müssten ihrem Arsenal noch eine Waffe hinzufügen – ihre eigene körperliche Attraktivität.

Ohne Zweifel sind die Beziehungen zwischen den Geschlechtern heute von Verwirrung, Gereiztheit und Unzufriedenheit geprägt. Die Scheidungsrate ist hoch, die Anzahl allein Erziehender ebenfalls, und die Kinderlosigkeit ist so hoch wie seit der Weltwirtschaftskrise nicht mehr. Doch die Evolutionspsychologie würde dazu sagen, dass Instinkte, die jahrtausendelang funktioniert haben, nur sehr schwer auslöschbar sind. Der unwillkürliche Wunsch, junge, weibliche Schönheit zu betrachten und zu begehren, und die sexuelle Anziehungskraft eines hoch gewachsenen Mannes mit breiter Brust, markantem Profil und Geld in der

95

Brieftasche werden so bald nicht der Vergangenheit angehören. Es ist nicht einmal klar, ob wir das möchten: Was wir wollen, ist vielmehr, dass wir uns unserer Entscheidungen und der Kräfte, die uns bewegen, bewusster werden, damit wir uns für unsere eigenen Interessen einsetzen können und nicht nur für die unserer Gene. Gene interessieren sich nicht für menschliches Glück, Menschen aber durchaus, und der Mensch, der unsere Gene am besten weitertragen kann, könnte auch der sein, mit dem wir am liebsten unsere Zeit verbringen.

# Geld

Schönheit ist nicht nur im Bett von großem Vorteil, sondern auch im Konferenzraum. Wenngleich man den Effekt guten Aussehens nicht mit dem von Rassismus oder Sexismus vergleichen kann, scheint es am Arbeitsplatz doch eine Form von Diskriminierung darzustellen, und eine verschwiegene dazu. Kein Mensch glaubt, er habe ein geringeres Gehaltsangebot bekommen, bloß weil er klein ist! Aber gut aussehende Männer haben bessere Einstellungschancen, und bei ihnen ist die Wahrscheinlichkeit, ein höheres Gehalt zu bekommen und rascher befördert zu werden, größer als bei unattraktiven Männern.

Bei Frauen ist die Beziehung zwischen Aussehen und Erfolg im Beruf weniger geradlinig. Wie bei attraktiven Männern sind auch bei gut aussehenden Frauen die Chancen, eingestellt und besser bezahlt zu werden, höher. Doch dies trifft nicht immer zu. Einige Studien belegen, dass gut aussehende Frauen tatsächlich schlechter wegkommen als weniger attraktive, dass sich gutes Aussehen für Frauen also unter Umständen negativ auswirken kann. In einem Fall war für gut aussehende Frauen die Wahrscheinlichkeit, Partner in einer Anwaltskanzlei zu werden, geringer; in einem anderen galt dasselbe für höhere Unternehmenspositionen. Eine mögliche Erklärung hierfür ist, dass gut aussehende Menschen beiderlei Geschlechts mehr »sexuell typifiziert« werden. Attraktive Männer sehen maskulin aus, attraktive Frauen sehr feminin (das betrifft Gesicht und Körper, aber nicht notwendigerweise Kleidung und Auftreten). Das hilft einem Mann, von dem erwartet wird, dass er mächtig, kenntnisreich und unabhängig ist, aber es ist von

Nachteil für Frauen, deren Aussehen die ungerechtfertigte Annahme mit sich bringt, sie seien womöglich unterwürfig und übermäßig »sexbetont« anstatt zäh und entscheidungsfreudig. Wie immer das Aussehen von Frauen auch gedeutet wird, es lässt nicht automatisch auf Fähigkeiten schließen, die im Allgemeinen von Managementteams gesucht werden.

In einer bekannten, 1979 durchgeführten Studie der Columbia University Business School stellten Madeline Heilman und Lois Saruwatari fest, dass gutes Aussehen einer Frau half, eine Angestelltenstelle (und besseres Gehalt) zu bekommen, jedoch das Gegenteil bewirkte, wenn sie sich für einen leitenden Posten bewarb. Späteren Studien zufolge werden Frauen in solchen Positionen für ihr gutes Aussehen belohnt, in denen sie visuell in Erscheinung treten und die Geschick im zwischenmenschlichen Umgang erfordern; in Stellen, die effektives Arbeiten unter Druck, rasche Entscheidungen und die Motivierung anderer verlangen, wird gutes Aussehen jedoch nicht belohnt, sondern unter Umständen sogar bestraft. Daraus schließen Heilman und Saruwatari: »Leider legt dieses Ergebnis nahe, dass Frauen, die in verantwortliche Unternehmenspositionen aufsteigen wollen, sich bemühen sollten, so unattraktiv und maskulin wie möglich aufzutreten. Jedoch sollte das Aufgeben der Weiblichkeit sicherlich keine Vorbedingung für Erfolg in leitenden Positionen sein.«

Diese Studie erschien im selben Jahrzehnt, in dem John Molloy seine Bestseller-Leitfäden *Dress for Success* (Durch richtige Kleidung zum Erfolg) veröffentlichte, in denen er postulierte, beruflicher Erfolg und sexuelle Attraktivität würden sich praktisch ausschließen. Die *Dress for Success*-Ausgabe für Frauen stand fünf Monate lang auf der Bestsellerliste. Doch schon 1987 berichtete die Zeitschrift *Mademoiselle*, der Einfluss des Buches gehe zurück. Allerdings haben in dem Maße, in dem die Frauen sich das Recht zurückeroberten, am Arbeitsplatz nicht mehr wie schlechte Männerimitationen auszusehen, sondern wie Frauen, die sexuellen Spannungen zugenommen. Gut aussehende Frauen werden am ehesten von männlichen Kollegen belästigt, die häufig unterschätzen, wie unerwünscht sexuell aggressives Verhalten bei Frauen ist. Ein Beispiel: Befragt, wie es für sie wäre, wenn sie wüssten, dass ein Kollege/eine Kollegin Sex mit ihnen haben wolle, erwiderten vierundsechzig

97

Prozent der Frauen »beleidigend«, während siebenundsechzig Prozent der Männer mit »geschmeichelt« antworteten. Wie wir im letzten Kapitel sahen, interpretieren Männer eher als Frauen freundliche Gesten als sexuelle Aufforderungen, vor allem, wenn diese von attraktiven Frauen kommen.

Weiblich zu sein ist nie ein besonderer wirtschaftlicher Vorteil. Eine gut aussehende Frau mit ehrgeizigen Karriereplänen kann für ihre Attraktivität bestraft werden, weil man annimmt, sie sei für einen Job mit hohen Leistungsanforderungen »zu feminin«. Unter Umständen wird sie von Männern sexuell belästigt und von anderen Frauen beneidet und geschnitten. Doch unscheinbare Frauen werden erst recht wirtschaftlich benachteiligt – für sie ist schon die Wahrscheinlichkeit, angestellt und leistungsgerecht bezahlt zu werden, geringer. Auch eine Heirat ist für sie weniger wahrscheinlich, und wenn sie heiraten, dann eher einen relativ wenig wohlhabenden Mann. Schon diese Tatsachen allein führen zu einem hohen Verbrauch an Schönheitsprodukten. Es mag sich nicht immer lohnen, eine Schönheit zu sein, aber es macht sich bezahlt, durchschnittlich auszusehen.

## Glück(lich sein)

Nach allem, was wir in den beiden vergangenen Kapiteln diskutierten, müsste man eigentlich glauben, dass schöne Menschen glücklicher sind als andere. Benjamin Franklin sagte: »Menschliches Glück entsteht weniger durch große Glücksfälle, die sich nur selten ereignen, als vielmehr durch die kleinen Vorteile, die sich tagtäglich ergeben.« Wie wir gesehen haben, werden gut aussehenden Menschen diese kleinen Vorteile ihr Leben lang zuteil, also *müssen* sie glücklicher sein.

Tatsache ist jedoch, dass Schönheit nicht viel zum Glücklichsein beiträgt. Die Psychologen Ed Diener und David Myers haben viel Zeit darauf verwandt, zu verstehen, was Menschen glücklich macht. Sie beschreiben »subjektives Wohlbefinden« als einen Geisteszustand, in dem eine Person sich sehr positiv und nur selten negativ fühlt und insgesamt mit dem Leben zufrieden ist. Ed Diener meint, gut aussehende Männer würden mehr Wohlbefinden verspüren und sich etwas glücklicher füh-

98

len als andere. Eine Frau mache Schönheit manchmal etwas glücklicher als andere Frauen, aber sie könne dadurch auch unglücklicher werden. Insgesamt ist der Effekt bei beiden Geschlechtern jedoch eher marginal. Nur im Liebesleben führt Schönheit zu größerer Zufriedenheit; in diesem Punkt sind die gut Aussehenden glücklicher. Doch irgendwie führt dies nicht insgesamt zu größerer Zufriedenheit.

Weshalb verschafft Schönheit, die so viele Vorteile mit sich bringt, nicht auch mehr Glück? Diener und Myers meinen, Glück(lichsein) habe mehr zu tun mit individuellen Eigenschaften wie Optimismus, Selbstbestimmtheit, Selbstwert, der Fähigkeit, Frustration tolerieren zu können, und dem Gefühl, sich mit anderen Menschen wohl zu fühlen und sie zu mögen, als mit Aussehen und Geld. Sie bemerken, es würde dem menschlichen Wesen entsprechen, Erwartungen an Umstände anzupassen – je mehr wir bekommen, desto mehr wollen wir, da wir uns immer mit Leuten vergleichen, die mehr haben. Dazu stellt der Psychologe Timothy Miller fest: »Kein Instinkt sagt uns, dass wir *genug* Status, Reichtum, Liebe angehäuft haben ... Im Gegenteil – ein solcher instinktiver Mechanismus würde den grundlegenden Prinzipien der Evolution widersprechen.« Die gut Aussehenden vergleichen sich mit den besser Aussehenden, die Reichen mit den noch Reicheren. Das unwillkürliche Streben nach dem, was wir (noch) nicht haben, verschafft uns womöglich einen Wettbewerbsvorteil, doch wenn man übertreibt, kann es zu einem Mangel an Selbstakzeptanz und Freude führen. Der Schlüssel zum Glück ist die Fähigkeit, sich gelegentlich über die Einstellung »Mehr ist besser« hinwegzusetzen und das, was man hat, anzuerkennen und dafür dankbar zu sein.

Begierde ist etwas Unstillbares. Die Psychoanalytikerin Edith Jacobson hat von Patientinnen berichtet, die durch ihre Schönheit in die Isolation getrieben wurden. Da sie ihr Leben lang bedient wurden, wuchs bei ihnen die Überzeugung, alles zu bekommen, was sie wollten – eine Haltung, die bei jeder Zurückweisung, jedem Rückschlag zwangsläufig zu Frustration führt. Bertrand Russell bemerkte hierzu: »Mancher vergisst, dass es ein unerlässlicher Teil des Glücks ist, ohne einige der Dinge zu sein, die man sich wünscht.«

Studien von Zwillingen lassen vermuten, dass Glück womöglich zum Teil von Genen kontrolliert wird. Der Genetiker und Behaviorist David

99

Lykken studierte tausendfünfhundert Zwillingspaare und verglich eineiige Zwillinge, deren Gene vollständig übereinstimmen, mit zweieiigen, die genetisch so unterschiedlich sind wie andere Geschwister. Lykken und sein Mitarbeiter Auke Tellegen kamen zu dem Schluss, dass die Menschen mit einem »Sollwert« für Glück geboren werden, zu dem ihre Stimmung nach kurzen Schwankungen zurückkehrt. In anderen Worten, manche Menschen haben eine natürliche Tendenz, sich Sorgen und Gedanken zu machen, während andere einfach zuversichtlich und optimistisch sind. Im amerikanischen Fernsehen tadelte kürzlich der Gastgeber der *Charlie Rose Show* den Schauspieler Liam Neeson dafür, dass er »sich nicht als König der Welt« fühle. »Wie kann es sein«, so fragte er, »dass Sie nicht überglücklich sind, wenn man Ihre Karriere betrachtet, Ihr Eheglück, Ihr ganzes Leben?« Neeson erwiderte nicht, dass er unglücklich sei, sondern nur, dass er eben jemand sei, der sich Sorgen mache. Die vielen glücklichen Fügungen in seinem Leben hatten das nicht verändern können.

Die Selbstachtung ist derjenige Bestandteil des Glücks, der mehr daran gebunden ist, wie wir uns selbst sehen als daran, was andere von uns halten. Eleanor Roosevelt bemerkte: »Ohne deine Zustimmung kann dir niemand das Gefühl geben, minderwertig zu sein.« Wie andere unsere Schönheit beurteilen, hängt mehr von unserer Ungezwungenheit und Natürlichkeit im Umgang mit anderen ab, weniger von unserer Selbstachtung. Selbst wenn andere uns für schön halten, können wir uns anders sehen, wenn wir uns ständig mit noch schöneren Menschen vergleichen. Doch unsere Schönheit, so wie *wir* sie sehen, *ist* mit unserer Selbstachtung gekoppelt. Ed Diener vermutet: »Es erscheint plausibel, dass glücklichere Menschen dazu tendieren, sich selbst als etwas attraktiver wahrzunehmen, als eine objektive Einschätzung es ergeben würde.« Glücklichere Menschen bringen ihr Aussehen ferner mehr durch Kleidung, Make-up, Schmuck und so weiter zur Geltung als unglückliche und steigern so noch ihre Vorzüge.

Allerdings hat Schönheit auch eine negative Seite. Es besteht allgemein der Glaube, dass schöne Menschen weniger treue Partner finden und eher zu einer Scheidung neigen. Schöne Frauen werden leicht als weniger gute Mütter angesehen, und bei schönen Männern wird unter Umständen die Frage nach ihrer sexuellen Neigung gestellt. Außerdem

100

kann Schönheit äußerst ablenkend wirken. William Butler Yeats entschuldigte sich bei Anne Gregory: »Nur Gott, meine Liebe, könnte dich um deiner selbst willen lieben und nicht deiner blonden Haare wegen.«

Auch bei einer Beurteilung von Integrität, Sensibilität und dem Einsatz für die Belange anderer nützt ein schönes Gesicht wenig. Ein Gesicht, das Freundlichkeit und Sympathie ausstrahlt, muss nicht unbedingt schön sein, und ein schönes Gesicht kann distanziert, ausdruckslos, arrogant oder mit sich selbst beschäftigt wirken, ohne dadurch seine Schönheit einzubüßen. Montaigne schrieb: »Gutes Aussehen kann von Vorteil sein; und in einer Menge unbekannter Feinde wird man sofort einen bestimmten auswählen, dem man sich ergibt und dem man sein Leben anvertraut, auch wenn er nicht unbedingt der schönste ist.« Aber selbst er kommt zu dem Schluss: »Ein Gesicht ist eine schlechte Garantie; nichtsdestoweniger verdient es etwas Betrachtung.« Selbst in einer solchen Situation kann Schönheit also kleine Vorteile mit sich bringen.

Doch ihre Nachteile sind nicht unbedeutend, besonders für eine Frau. Sie mag in tausend Kleinigkeiten begünstigt sein – wenn es wichtig für sie ist, als eine gute Mutter gesehen zu werden, in verantwortlicher beruflicher Stellung Erfolg zu haben und für ihre Freundlichkeit und Integrität respektiert zu werden, ist Schönheit entweder irrelevant, oder sie kann sogar ihre Chancen, gesehen zu werden, wie sie ist und wie sie sein möchte, untergraben. Schönheit ist kein sicherer Weg zum Glück.

Trotz alledem würde niemand eine Chance, schöner zu werden, ausschlagen. Wie einst Vaudeville-Star Sophie Tucker sagte: »Ich war arm, und ich war reich, und reich ist besser.«

# 4

# Schmücke
mich

Und ich kenne die Arme schon, kenne sie alle –
Geschmückt mit Reifen und bleich und bloß
(Im Licht der Lampe jedoch bedeckt von hellbraunem Flaum!)

T. S. ELIOT


Kleider sind eine gesellschaftliche Aussage; Make-up ist unseren
geheimen Hoffnungen und Befürchtungen näher.

KENNEDY FRASER


Im Waschsalon konnte man Frauen sehen ohne Make-up,
mit einem Hauskleid, Hausschuhen – und einer Frisur, die für
die Amtseinführung des Präsidenten gepasst hätte.

JOHN WATERS

Sigmund Freud sagte, das Sehen sei »letztlich auf Fühlen zurückzuführen«. Nirgendwo lässt sich dies besser beobachten als an der Grenze des Körpers – der Haut. Die Journalistin Kennedy Fraser beschrieb die langen Handschuhe einer Dame bei einer festlichen Abendveranstaltung als »glatte Seidenarme« – Oberflächen, die so sanft und glatt sind, dass sie perfekte Haut imitieren. Doch derlei Freuden verblassen im Vergleich mit der Realität. Makellose Haut, so der Zoologe Desmond Morris, ist das begehrteste Körpermerkmal des Menschen, knapp gefolgt von weich fließendem, gesundem Haar.

Die Haut mag unser ästhetischstes Organ sein; mit Sicherheit ist sie jenes, das unseren Körper vollständig umgibt. Sie ist am dicksten an den Sohlen und am dünnsten auf den Lidern, wiegt im Durchschnitt fünfeinhalb Pfund und misst knapp zwei Quadratmeter. Jeder Quadratzentimeter Haut enthält Schweiß- und Fettdrüsen, Haare, Blutgefäße und Nervenenden, die uns zittern, schaudern, schwitzen, erröten und erbeben lassen. Die Oberfläche der Haut besteht aus Keratin, dem Protein, aus dem das Horn der Nashörner, die Krallen der Tiere und auch die menschlichen Haare bestehen, die nichts anderes sind als eine spezielle Form der Haut.

Haut und Haar sind herrlich und sexy, wenn sie gesund sind, aber abstoßend im anderen Fall. In seinem Werk zum Thema Ekel schreibt William Miller: »Nichts ist schlimmer als verdorbene Haut; in der Tat sind es Entstellungen der Haut, die größtenteils für das Wesen des Hässlichen und Monströsen verantwortlich sind. ... Eiter, offene Wunden, Hautverletzungen, deren Anblick im Mittelalter zum Alltag gehörte und die Leprakranke und Syphilitiker zu Ausgestoßenen machten, sind erst in jüngster Zeit im Westen nur mehr selten zu sehen.«

Haare sind verführerisch, aber nur auf dem Kopf. Wir empfinden es als unangenehm bis Ekel erregend, auch nur ein einziges Haar auf einem Muttermal, am Kinn einer Frau oder in einem Glas Wasser zu finden. Es heißt, John Ruskin habe nie die Ehe vollzogen, weil er feststellen musste, dass seine Frau nicht wie die griechische Statue aussah, die er sich vorgestellt hatte, sondern zwischen den Beinen behaart war. Manche Menschen nehmen an behaarten Achselhöhlen oder mit Geruch behafteten Schamhaaren Anstoß, andere finden sie erregend: Caroline Lamb, die Frau des britischen Premierministers Lord Melbourne, sandte ihrem Liebhaber Lord Byron im Verlauf ihrer hitzigen Affaire Locken ihres Schamhaars.

Freud glaubte, dass wir Haare nicht nur wegen ihres Aussehens und der Art, wie sie sich anfühlen, zum Fetisch machen, sondern auch wegen ihres Geruchs. »Füße und Haare sind Objekte mit starkem Geruch, die zum Fetisch erhoben wurden, nachdem Geruch unangenehm und verwerflich geworden war.« Was seiner Meinung nach verworfen wurde, ist das »koprophile Vergnügen«. In anderen Worten, unsere Liebe für die Gerüche des Körpers wurde vom Klosett zur Toilette und Coiffure transferiert. Haut und Haare rühren an visuelle sowie den Tast- und den Geruchssinn betreffende Empfindungen, Wahrnehmungen und Erinnerungen: sie sind polymorph, das heißt auf vielfältige Weise erregend und ursprünglich in ihrer Wirkung.


# Nackt

Desmond Morris hat den Menschen den »nackten Affen« genannt; die einzige von »hundertdreiundneunzig lebenden Affenarten«, die nicht behaart ist. Es stellt sich also die Frage: Weshalb zeigen wir nackte Haut anstatt eines Fells? Tatsächlich sind wir aber gar nicht so nackt. Der Erwachsene hat fünf Millionen Haare auf seinem Körper und ebenso viele Haarfollikel wie ein Menschenaffe, doch der größte Teil unserer Körperbehaarung ist so fein, dass es aussieht, als hätten wir bloße Haut. Um uns warm zu halten, haben wir die Wolle anderer Tiere geschoren, ihre Haut gegerbt und ihren Pelz erbeutet – mit anderen Worten, wir haben die Kleidung erfunden. Außerdem haben wir unter der Haut eine dicke Schicht Fett, die uns, wie der Tran den Wal, vor Kälte schützt.

Auch unser Kühlsystem ist einzigartig. Wenn ihnen heiß wird, beginnen die meisten Tiere zu keuchen, an unbehaarten Körperstellen wie etwa den Fußballen schwitzen sie leicht, und sie plustern das Fell auf. Beim Menschen hingegen bedeckt sich der ganze Körper mit Schweiß. Millionen von Schweißdrüsen in der Haut scheiden Flüssigkeit aus, wenn die Temperatur zu hoch wird. Wenn trockene Luft über nasse Haut streicht, verdunstet das Wasser, und die Temperatur des Blutes in den Kapillargefäßen sinkt. Dieses auf Verdunstung basierende Kühlsystem wurde in der afrikanischen Savanne entwickelt, wo die Temperatur hoch, die Luft trocken und die Landschaft mit zahlreichen Wasserstellen übersät ist.

Durch unsere im Gegensatz zu den Tieren spärliche Behaarung haben wir unseren Körper für Flöhe, Läuse, Milben und andere Parasiten schwer bewohnbar gemacht. Unsere Hunde und Katzen brauchen bei großer Hitze Floh- und Zeckenkragen, wir jedoch nicht. Aber unsere Nacktheit hält uns nicht nur frei von Parasiten, sondern sie hat außerdem erotische Vorteile. Haare sind Schutz und Polster; entfernt man sie, so ist die Haut sensibler und empfänglicher. An Körperstellen mit besonders vielen Nervenendungen, zum Beispiel Lippen, Handflächen, Sohlen, Brustwarzen und Teilen der Genitalien, haben wir überhaupt keine Haare.

Der Anthropologe Marvin Harris meint, unsere Nacktheit begann, als unsere Vorfahren sich auf zwei Beine aufrichteten und laufend große Entfernungen bewältigten. Menschen können nicht durch Geschwindigkeit allein überleben; sie brauchen auch Ausdauer. Unsere besten Athleten schaffen in kurzen Sprints gerade die Geschwindigkeit eines wilden Truthahns (knapp über vierzig Kilometer pro Stunde). Das ist wenig im Vergleich zur Geschwindigkeit von Rennpferden oder Windhunden, die über sechzig Kilometer pro Stunde schaffen, oder Geparden, die es sogar auf mehr als hundert Stundenkilometer bringen. Doch was dem Menschen an Geschwindigkeit fehlt, das macht er durch Ausdauer wett. Unsere Vorfahren waren erfolgreiche Jäger, weil sie länger laufen konnten als ihre Beute und diese bis zur Erschöpfung jagten. Durch ihre nackte, von Millionen Schweißdrüsen gekühlte Haut konnten sie auch bei großer Hitze lange durchhalten.

107

Unsere Haut legt Zeugnis ab für die Tatsache, dass wir uns in einem heißen Klima als Läufer entwickelten. Wie viel Haut wir in Relation zu unserer Körpergröße haben, zeigt, wie weit wir uns von unserem geografischen Ursprung entfernt haben. In manchen Teilen der Erde sind die Menschen überwiegend klein und rundlich, in anderen hoch gewachsen und schlank. Je mehr Haut wir in Relation zur Körpergröße haben, desto rascher kühlen wir ab. Dies ist auch der Grund dafür, dass wir uns, unabhängig von der Körpergröße, bei Kälte zusammenrollen und uns der Länge nach ausstrecken, wenn uns zu heiß ist. Menschen, die in heißen, trockenen Regionen leben, beispielsweise die Dinka im Sudan, sind schlank, mit schmalem Oberkörper und sehr langen Gliedmaßen. Dadurch haben sie viel (Haut-)Oberfläche im Verhältnis zur (Körper-)Masse, so dass ihr Körper gut Hitze ableitet. Die einen Meter achtzig große, schlanke Alek Wek mit ihren endlos langen Beinen ist eine typische Dinka; derzeit ist das Topmodel weltweit auf zahlreichen Zeitschriften als Covergirl zu bewundern, denn ihre Figur entspricht genau den Proportionen des heutigen großen und schlanken Schönheitsideals.

Die gedrungene, mit kurzen Gliedmaßen ausgestattete Gestalt einiger nördlicher Völker, etwa der Inuit Grönlands, scheint eine neuere Entwicklung der menschlichen Gestalt darzustellen, die erst in den letzten Jahrzehntausenden als Anpassung an sehr kaltes Klima entstand. Solche Körper, die mehr Masse als Oberfläche aufweisen, konservieren Wärme. Auf der ganzen Welt ist ein Zusammenhang zwischen durchschnittlicher Jahrestemperatur und Länge der Gliedmaßen anzutreffen – je heißer und trockener, desto weniger Körpervolumen und desto länger sind Arme und Beine.

# Geschniegelt

Primaten lausen und säubern einander mit großer Sorgfalt und Hingabe. Seit Jahrmillionen ist die gegenseitige Fellpflege eine effektive Gesundheitsfürsorge und soziale Bindung. Wenn rivalisierende Schimpansenmännchen sich aussöhnen, umkreisen sie sich gespannt, kreischen und umarmen sich, und dann besiegeln sie den Frieden durch gegenseitige Fellpflege. Rhesusaffen, die man in einen engen Käfig sperrt, pflegen einander mehr als gewöhnlich. Der Verhaltensforscher Franz de Waal beobachtete eine junge Rhesusäffin, die er Azalea nannte; sie war mit einer chromosomalen Abnormität ähnlich dem Down-Syndrom beim Menschen geboren worden. Azalea, die allein nicht hätte überleben können, wurde von ihrer Schwester länger herumgetragen und von ihren Gleichaltrigen doppelt so oft gepflegt als normal üblich.

Die Mütter vieler Arten pflegen und lecken ihr Baby sofort nach der Geburt, und diese Stimulierung scheint Konsequenzen für das ganze Leben zu haben. Der Neurologe Saul Schanberg nahm einer Rattenmutter nur für kurze Zeit ihre Neugeborenen weg; daraufhin produzierten diese weniger Wachstumshormon und weniger ODC-Enzyme, die für die zeitliche Abfolge und das Entstehen wichtiger chemischer Veränderungen im Körper eine Rolle spielen. Die scheinbar von der Mutter vernachlässigten Jungen entwickelten sich erst dann normal, als die Wissenschaftler sie mit einem Pinsel streichelten. Tiere, die während der ersten zehn Lebenstage von der Mutter mehr gepflegt und geleckt werden, haben weniger Stresshormone im Körper als andere. Die Wissenschaftler glauben, dass diese Fürsorge der Mutter die biologischen Reaktionen ihres Jungen auf Bedrohung programmiert sowie seine Physiologie und das zentrale Nervensystem reguliert.

Menschliche Frühgeburten haben in den ersten Lebenstagen oft weniger Hautkontakt als andere Neugeborene. Die Psychologin Tiffany Field und ihre Kollegen am Touch Research Institute der medizinischen Fakultät der University of Miami haben festgestellt, dass tägliche Massagen das Wachstum und die Entwicklung von Frühgeborenen stark beeinflussen. Die massierten Babys nehmen bis zu fünfzig Prozent schneller zu, und sie sind lebhafter und gesünder als Kinder, die nicht massiert werden. Frühzeitige Berührung und Einwirken auf die Haut durch Streicheln, Baden und so weiter kann also auch für menschliche Babys wichtige biologische Konsequenzen nach sich ziehen.

Unser ganzes Leben lang machen wir aus der täglichen Körperpflege ein Ritual, und wir haben eine ganze Industrie entwickelt, die uns dabei hilft – Friseure, Maniküre, Pediküre etc. Eltern pflegen ihre Kinder, kleine Mädchen ihre Puppen. Mary Catherine Bateson schrieb in ihren Memoiren, die »intimsten Minuten des Tages« mit ihrer Mutter Margaret

Mead seien gewesen, wenn diese sich »auf einen besonderen Stuhl am Fuß meines Bettes« setzte und das hüftlange Haar ihrer Tochter frisierte. Puppen verkaufen sich nicht gut, wenn sie dem Kind nicht die Möglichkeit geben, sie hingebungsvoll zu frisieren und mit dem Haar zu spielen. Die Hersteller der beliebtesten Puppe aller Zeiten, Barbie, produzierten 1992 eine spezielle »Haar«-Version. Das Haar dieser Puppe reichte bis zu den Fersen – sie wurde die meistverkaufte Barbie überhaupt.

Ihr Leben lang verwenden die Menschen große Aufmerksamkeit auf Haut und Haare. In den Vereinigten Staaten wird für Produkte und Dienstleistungen der persönlichen Pflege mehr als das Doppelte ausgegeben als für Lektüre. Die Industrie für Kosmetik- und Toilettenartikel setzt jährlich weltweit 45 Milliarden Dollar um, 30 Prozent davon in Nordamerika, 34,9 Prozent in Europa, 18,9 Prozent in Japan, in der gesamten restlichen Welt 16,2 Prozent. 1996 gaben 88 Prozent der Frauen über 18 Jahren in den USA an, in den letzten sechs Monaten Farbkosmetika verwendet zu haben.

Die Food and Drug Administration, die US-Behörde zur Überwachung von Arznei- und Nahrungsmitteln, definiert als Kosmetik(artikel) alles, was »zum Zwecke der Reinigung, Verschönerung, Steigerung der Attraktivität oder Veränderung des Aussehens auf den menschlichen Körper gerieben, gegossen, gesprenkelt oder gesprüht, eingeführt oder auf sonstige Art und Weise angewendet wird, ohne die Struktur oder Funktionsweise des Körpers zu beeinträchtigen«. Ist die Tatsache, dass wir für solche Produkte so viel Geld ausgeben, ein Zeichen dafür, dass wir zu viel Zeit und Geld haben, oder für die Ausbeutung unserer Unsicherheit durch die Werbung? Letzteres ist unwahrscheinlich: diese Praxis ist mindestens vierzigtausend Jahre alt.


## Gerieben, gegossen, gesprenkelt, gesprüht

Im Gebiet der Mündung des Klasies River und der Border Cave in Südafrika fanden Archäologen etwa vierzigtausend Jahre alte Stöcke aus rotem Ocker. Sie entstanden, indem Eisenoxide zermahlen, mit Tierfett oder Pflanzenöl vermischt und dann zur Intensivierung der Farbe erhitzt wurden. Es ist nicht geklärt, was die damaligen Menschen mit dem roten Ocker machten, doch der Anthropologe Steven Mithen glaubt, die Stifte wurden zur Bemalung von Gesicht und Körper verwendet, da in Südafrika bislang keine Kunst entdeckt wurde, die älter als dreißigtausend Jahre ist.

Im alten Ägypten war Make-up bereits eine weit fortgeschrittene Kunst. Im Grab des Königs Tut-ench-Amun fanden Archäologen einen Topf mit dreitausend Jahre alter Feuchtigkeitscreme aus Tierfett und parfümiertem Harz. Im British Museum in London wird der Kosmetikbehälter einer Frau aufbewahrt; auch er stammt aus Ägypten und wurde auf etwa 1400 vor Christus datiert. Sein Inhalt: ein Elfenbeinkamm, Bimssteine, Make-up-Dosen, Vasen für Hautsalben, ein Paar Sandalen aus feinem Gazellenleder und kleine rote Kissen. Ferner wurde Rasierzeug aus der Zeit um 2000 vor Christus mit Rasierern und Pinzetten aus Bronze gefunden. Die alten Ägypter bewahrten Feuchtigkeitscremes aus Tierfett, Olivenöl, Nussölen, Samen und Blumen in Gefäßen aus Alabaster und Onyx auf. Papyrustexte medizinischen Inhalts mit Formeln und Rezepturen gegen Falten und andere Schönheitsfehler wurden entdeckt. Männer wie Frauen benutzten Bimsstein und rasierten sich am ganzen Körper, sie trugen Perücken, manchmal in Kombination mit ihrem eigenen Haar (ein Look, den später Andy Warhol übernahm). In anderen Worten, die alten Ägypter hatten bereits die meisten Kosmetika, die wir heute kennen – die Kosmetik ist also kaum eine moderne Erfindung oder eine Reaktion auf kulturelle Zwänge unserer Zeit.

## Heute Haare, morgen ...?

Die größte Aufmerksamkeit widmen wir unserem Gesicht; auf die Haut richten wir in Relation dazu wenig Augenmerk. Wir entfernen jedoch Haare von unserem Körper. Frauen haben weniger Körperbehaarung als Männer, und in vielen Kulturen entfernen sie diese, um so den Unterschied zwischen dem weiblichen und dem männlichen Körper hervorzuheben und ihre Attraktivität für die Männer zu steigern. Schon der römische Dichter Ovid riet den Frauen: »Lasst den trotzigen Bock unter eure Achseln nicht kommen; das Bein sei nicht von Borstenhaar rau.«

111

Supermodels gehen nicht mit haarigen Beinen auf den Laufsteg; ihre Haut ist so zart und wohlgestaltet wie die von Plastikpuppen.

Obwohl das Bildnis des weiblichen Körpers heute sowohl in der hohen Kunst als auch in niedrigeren Gefilden von mehr Natürlichkeit geprägt ist, ist Körperbehaarung bestenfalls gelegentlich zu sehen. Die Models von *Playboy* pflegten ihre Scham zu verbergen oder die Haare zu entfernen; erst in neueren Ausgaben wird unter Umständen ein wenig Flaum gezeigt. Botticelli porträtierte die Frauen ohne Körperbehaarung, und dasselbe taten Jahrhunderte später auch Degas, Matisse und Picasso. Im modisch eleganten Salon von Frederic Fekkai in New York lassen sich Hunderte von Frauen jeden behaarten Körperteil epilieren; bei der Vagina reichen die Wünsche vom schön »zurechtgestutzten« Dreieck über einen senkrechten Streifen auf dem Venushügel (»Irokese« genannt) bis zum Rasieren des gesamten Schamhaars. Dieser Trend begann eigentlich mit der bloßen Entfernung von Haaren, die aus dem Badeanzug hervorschauten, doch er hat sich bis zur Mode entwickelt.

Jeder neu entblößte Teil des weiblichen Körpers wird zu einer potenziellen Stelle für das Entfernen von Haaren. Im vierzehnten und fünfzehnten Jahrhundert versteckten manche europäischen Frauen ihre Haare und Ohren unter einer Rise, einem Kopfschleier. Die schmale Stelle an der Stirn, wo der Haaransatz sichtbar blieb, wurde bald mehr und mehr ausgezupft; aus dieser Entwicklung resultierte die Mode der hohen, breiten Stirn, des zurückweichenden Haaransatzes und der gezupften Augenbrauen, die in den Porträts von Renaissancekünstlern wie Jan Van Eyck und Rogier van der Weyden zu sehen ist.

Die Männer in der westlichen Zivilisation tendieren eher dazu, sämtliche Teile ihres Körpers unter Kleidung zu verbergen. Doch wenn sie die Brust entblößen, achten sie darauf, wie sie aussieht und sich anfühlt. Bodybuilder greifen gerne zu künstlicher Bräune (Färbung) und Körperöl. Zudem wird der Oberkörper rasiert, damit keine Haare den Blick auf bestimmte Muskeln verdecken. Clive James beschrieb den Körper eines Bodybuilders als ein »mit Walnüssen gefülltes Kondom«. Unter allen Leinwand-Tarzans gab es nur einen mit behaarter Brust: Mike Henry. Die muskulöse, braun gebrannte, unbehaarte Brust des männlichen Supermodels Marcus Schenkenberg prangt überall auf der Welt von Anzeigen für Männerbekleidung. Manche Homosexuelle gehen beim Entfernen der Haare so weit, dass Michelangelo Signorile von der »Ästhetik der rasierten Knabenmuskeln« sprach, und Blanche DuBois schmachtete in *Endstation Sehnsucht*: »Ich mag meine Männer glatt und unbehaart.«

Das Ziel all dieser Bemühungen ist jedoch nicht, die Haarlosigkeit einer Frau zu imitieren; Männer mögen ihren Körper noch so sehr rasieren oder epilieren, das Gesicht epilieren sie nicht. Oft tragen sie auf Titelblättern oder gestellten Fotos sogar Bartstoppeln. Wenn sie mit nacktem Oberkörper posieren, ziehen sie häufig die Hose etwas über den Nabel herunter oder tragen weite, tief sitzende Hosen. Die Haut unterhalb des Nabels ist ebenso wie Arme und Beine nie rasiert; die Brustbehaarung jedoch wird entfernt, um dem Körper das Aussehen einer Rüstung zu verleihen. Die »Kleidung« des Gladiators ist die nackte Haut, und die Brust wird zum bronzenen Schild. Haare würden diesen Effekt schlichtweg ruinieren.

## Der verzierte Körper

Derzeit sind Körperverzierungen in Mode, doch bis vor nicht allzu langer Zeit war Kunst am Körper im Westen nur selten zu sehen. 1990 ergab eine Umfrage, dass nur drei Prozent der Amerikaner damals Tätowierungen trugen, die meisten davon Männer. Doch Kleider werden abgelegt, die Werbung zeigt aufdringlich die nackte Männerbrust, und überall sind mehr und mehr enge Kleider zu sehen, die immer mehr Haut zeigen. Je mehr der Schockeffekt nackter Haut verblasst, desto mehr erfreut sich verzierte Haut, die von der prüden westlichen Zivilisation in vielen Teilen der Welt praktisch ausgerottet war, einer Renaissance.

Man glaubt, dass das Tätowieren um 400 vor Christus in Nubien seinen Anfang nahm. Der Ausdruck ist von einem tahitianischen Wort abgeleitet, das »schlagen« bedeutet. Beim Tätowieren wurde mit den Hauern von Ebern, Panzern von Meeresschildkröten oder feinen Nadeln in die Haut eingestochen und Farbe injiziert. Darwin fand auf seinen Reisen im neunzehnten Jahrhundert tätowierte Eingeborene »von den polaren Regionen im Norden bis in Neuseeland im Süden«.

Das Schmücken des Körpers mit Narben ist bei Menschen dunkler Hautfarbe anzutreffen, bei denen Tätowierungen nur schwer zu sehen wären. Dabei werden mit einem Messer oder einem anderen Instrument Muster in die Haut geritzt, die erhöht werden. Piercing wird überall auf der Welt praktiziert. Es wurden Mumien gefunden, deren Ohrläppchen durch schwere Ohrringe verlängert waren und die an einem Ohr zweimal gepierced waren. Während ihrer gesamten Geschichte haben die Menschen Muschelschalen, Knochen, Federn und metallische Objekte durch Nase und Ohren gezogen. Praktisch jeder Teil des Gesichts wurde gepierced und mit Schmuck dekoriert – Ohren, Nase, Lippen, Augenbrauen und Zunge – und alle erogenen Zonen ebenfalls – Nabel, Brustwarzen, Penis und Schamlippen. Piercings in nervenreichen Zonen stimulieren permanent, und der Betrachter kann nicht umhin, sich diese Stimulierung beim Anblick der betreffenden Körperzone vorzustellen. So gesehen ist Piercing weniger eine Angelegenheit des Sehens als des Fühlens.

Als europäische Missionare, Händler und Forscher im achtzehnten und neunzehnten Jahrhundert die Welt erkundeten, stellten sie schockiert fest, dass ihre Art, sich zu kleiden, nicht überall verbreitet war. Sie trafen auf Menschen, die nicht nur nackt waren, sondern bemalt, tätowiert und mit Narben geschmückt. Aber trotz des auffallend anderen Aussehens dieses Schmucks dienten die Farben und Narben letztlich mehr oder weniger demselben Zweck wie die Kleider und Uniformen der Europäer. Dazu bemerkte die Kunsthistorikerin Anne Hollander: »Die Bedeutung von ›bekleidet‹ kann so dehnbar sein, dass damit unter Umständen etwas ganz anderes gemeint ist, als was wir uns darunter vorstellen ... Menschen, die keine Kleidung in unserem Sinne tragen, entwickeln dennoch Gewohnheiten, sich zu schmücken, die ebenso wie ›westliche‹ Kleidung ein unabdingbares Zeichen ganzen Menschseins zu sein scheinen: es sind Wege, den menschlichen Körper in eine Art vollständige Vorstellung von sich selbst zu kleiden ...«

Wie Kleider werden auch Tätowierungen, Narben und Piercings vom jeweiligen Träger als schön betrachtet, doch unter Umständen ist Schönheit gar nicht ihr erster Zweck. Es kann sich ebenso um Symbole handeln, die Rang, Status, Geschlecht, Alter oder Leistungen des Betreffenden zeigen und ihn von anderen unterscheiden; damit können sie in

114

der Tat die Funktion etwa einer Uniform übernehmen. In vielen Kulturen zeigt eine Tätowierung oder Narbe das Erreichen der Pubertät, die Ehe, die erste erfolgreiche Jagd und so weiter an.

Wie Kleidung können auch Tätowierungen und Narben typische Bedeutungen annehmen, vor allem in der westlichen Zivilisation. Liebespaare lassen sich den Namen des Partners auf den Arm tätowieren, ebenso wie sie ihn in die Rinde eines Baumes schnitzen. Doch Tätowierungen, Narben und Piercings haben eine zusätzliche wichtige Botschaft. In vielen Teilen der Welt gehört das Anbringen von Tätowierungen und Narben für die Jugendlichen zu den Initiationsriten. Wie Rauchen, Trinken und andere Formen gespielter Tapferkeit können Tätowierungen, Narben und Piercings auch bei westlichen Jugendlichen eine ähnliche Funktion erfüllen. Es ist nicht nur schmerzhaft, sie zu bekommen, sondern man geht dabei auch das Risiko einer Infektion ein und zeigt so seine Stärke und Widerstandskraft. Wie Jäger und Krieger, die ihre Narben mit Stolz trugen, zeigen die Tätowierten, mit Narben oder Piercings Versehenen, dass sie einer körperlichen Herausforderung trotzten: Die »Body arts« sind nichts für »Weicheier«.

# Schminke

Die »Körperkünste« werden zwar von beiden Geschlechtern praktiziert, zumindest im Westen aber sind sie mehr die Domäne der Männer. Schminke hingegen ist hauptsächlich Sache der Frauen. Gelegentlich mag sich etwas Rouge oder Puder auf männlichen Wangen finden, Lippenstift oder Eyeliner aber sind und waren für Männer immer nur eine Beschäftigung ganz am Rande. Der Jahrmarkt der männlichen Eitelkeiten hat sich in den letzten Jahren erweitert, doch der einzige Bereich, der nicht expandierte, ist Make-up für Männer.

Frauen verbergen, bleichen und (er)röten. Sie haben ihre Haut mit giftigem Blei und Quecksilber, vermischt mit Eiweiß, Zitronensaft, Milch und Essig, behandelt. Sie haben Blutegel an sich angesetzt und Arsenikwaffeln geschluckt. Um durchsichtige Haut vorzutäuschen, malten Griechinnen und Römerinnen und sogar noch die englische Königin Elizabeth I. die Adern auf Stirn und Brüsten blau nach. Zweitausend

115

Jahre lang wurde das Gesichts-Make-up der Europäerinnen aus Bleiweiß hergestellt, das mit Kalk vermengt oder mit Essig und Eiweiß zu einer Paste verrührt und so dick aufgetragen wurde, dass es die Oberfläche und Farbe der Haut vollständig verdeckte. Andreas de Laguna, der spanische Arzt von Papst Julius III., klagte, dass er »von jeder Wange einen Klumpen Quark abschneiden« könne, so dick war das Make-up der Frauen aufgetragen.

In China und Japan benutzten die Frauen eine ähnliche Palette weißer Gesichtsfarbe mit Rouge und Nagelfärbung. In der Heian-Periode im Japan des neunten bis zwölften Jahrhunderts trugen die Frauen einen Oshiroi genannten, dicken Kalkpuder auf, der aus Reismehl (und später Bleiweiß) hergestellt wurde, sowie ein als Beni bezeichnetes Rouge aus dem Extrakt der Färberdistel. Noch heute legen die japanischen Frauen Wert auf sehr helle Haut. Am Clinique-Verkaufstisch in Japan wird ein Hautaufheller angeboten, der so oft verkauft wird wie Lippenstift oder Hautreiniger. Dazu erklärte der Verkaufsmanager des Unternehmens für Japan: »Japanische Frauen glauben, gute Haut müsse absolut hell und einheitlich sein. Sie hassen Sommersprossen.«

Weißlich blassrotes Gesichts-Make-up wurde in den Vereinigten Staaten bis vor nicht allzu langer Zeit verwendet. Der Maskenbildner Kevyn Aucoin erinnert sich, wie er 1967 als Erstklässler das Gesichts-Make-up einer Verkäuferin mit einer Lotion gegen Mückenstiche verwechselte. Als er mitleidsvoll zu ihr sagte, er habe ebenfalls mit Mückenstichen zu kämpfen, begegnete sie ihm mit verlegenem Schweigen. Auf dem Heimweg erklärte ihm seine Mutter, die helle Paste sei Gesichts-Makeup gewesen.

Auf diese bleiche Hülle tragen die Frauen Rouge auf Lippen und Wangen auf. Rot, die Farbe des Blutes, des Er-rötens und der Gefühlswallungen, der Brustwarzen, der Lippen und der Genitalien im Zustand sexueller Erregung, ist von weitem sichtbar und spricht die Sinne an. Aus eben diesem Grund ist Rot auch die Farbe von Haltesignalen und den Fahrzeugen der Feuerwehr. Schon 5000 vor Christus wurden die Lippen mit rotem Pigment gefärbt; im Paris des Jahres 1910 wurde es in Patronenhülsen gesteckt, danach als Lippenstift verpackt und in solch großer Zahl verkauft, dass man schon 1930 die Strecke von Chicago bis San Francisco damit hätte abmessen können. Heute werden in den Vereinig-

116

ten Staaten in jeder Minute 1484 Lippenstifte verkauft, und vielen Frauen geht es wie der Designerin Betsey Johnson: »Wenn ich sterben müsste, ich würde selbst im Krankenhaus noch Lippenstift tragen.« In alten sumerischen und ägyptischen Gräbern wurden Töpfe mit rotem Eisenoxid gefunden – offenbar ist dies also eine letzte Bitte, die die Zeiten überdauert.

## Geheimnisse und Lügen

Historisch gesehen hat der Umstand, dass Frauen Gesichts-Make-up verwenden, die Männer zwar immer beunruhigt, doch die Frauen weigern sich hartnäckig, darauf zu verzichten. Der altrömische Dichter Martial schrieb: »Du bist nichts als ein Haufen Lügen. Während du in Rom warst, wuchs dein Haar an den Ufern des Rheins; nachts, wenn du deine seidenen Gewänder ablegst, legst du mit ihnen auch deine Zähne beiseite; und zwei Drittel deiner Person sind nachts in Schachteln verstaut ... Kein Mann kann also sagen, er liebte dich, denn du bist nicht, was er liebt, und niemand liebt, was du bist.« Sein Kollege Ovid warnte: »Deine Verschlagenheit ist ungeahnt. Wer könnte etwas anderes fühlen als Ekel angesichts der dicken Farbe auf deinem Gesicht, die zerläuft und dir bis auf die Brüste hinabrinnt? Weshalb muss ich wissen, was deine Haut so weiß macht?«

Die Kirchenväter brachten ihren Unwillen zum Ausdruck. Hieronymus schrieb: »Was tut dieses rote und weiße Zeug im Gesicht einer christlichen Frau, diese Entflammer der Jugend, Nährer der Lust und Merkmale einer unkeuschen Seele?« Clemens von Alexandria erklärte, Träger von Perücken könnten den Segen des Herrn nicht empfangen, weil dieser auf der Perücke bleibe und nicht zu der Person vordringen könne. »Denn wem legt der Kirchenälteste die Hand auf? Wen segnet er? Nicht die herausgeputzte Frau, sondern die Haare eines anderen und durch sie einen anderen Kopf.«

Das englische Parlament verabschiedete im späten achtzehnten Jahrhundert ein Gesetz, mit dem versucht wurde, Frauen, die sich schminkten, dieselbe Strafe wie für Hexerei aufzuerlegen, und den Männern, die sie unter solch falschen Vorwänden geheiratet hatten, die Freiheit zu-

117

rückzugeben. »Alle Frauen ... die von nun an sich einem Untertan Seiner Majestät durch den Gebrauch von Düften, Farben, Kosmetika, Waschungen, künstlichen Zähnen, falschem Haar, spanischem Moos, eisernem Korsett, Reifrock, Schuhen mit hohen Absätzen oder gepolsterten Hüften aufdrängen, ihn verführen oder zum Eheversprechen verleiten, ziehen die gleiche Strafe auf sich, die bereits für Hexerei und ähnliches Fehlverhalten in Kraft ist, und eine so entstandene Ehe soll durch die Verurteilung für null und nichtig erklärt werden.« Das Gesetz konnte nicht zur Anwendung gebracht werden.

1711 veröffentlichte die britische Zeitung *The Spectator* den Brief eines beunruhigten Ehemannes. Daraus ein Auszug: »Sir, ... Ich habe große Lust, meine Frau loszuwerden, und hoffe, dass Sie, wenn Sie meinen Fall bedenken, zu der Ansicht kommen, dass ich einen sehr gerechten Anspruch auf eine Scheidung habe ... Nie war ein Mann so verliebt wie ich in ihre hübsche Stirn, ihren Nacken und ihre Arme, wie auch in dies hübsche, helle Haar, aber zu meinem großen Erstaunen musste ich feststellen, dass dies alles nur die Wirkung der Kunst war: Ihre Haut ist von diesem Tun so voller Makel, dass sie morgens beim Aufwachen kaum jung genug scheint, die Mutter von jener zu sein, die ich am Abend zuvor zu Bett trug. Ich werde mir die Freiheit nehmen, mich bei der ersten Gelegenheit von ihr zu trennen, es sei denn, ihr Vater passt ihre Mitgift ihrem wirklichen statt ihrem angenommenen Aussehen an.«

Könige ließen ihre künftigen Gattinen von Malern aufsuchen und Porträts zurückbringen. Obwohl diese Ehen mit dem Ziel einer Statusverbesserung »arrangiert« wurden (Vereinigung von Territorien oder Vergrößerung der Macht der Familie), wurde das Aussehen der Braut als wichtig betrachtet. Heinrich VII. von England lässt uns erahnen, was diese Könige suchten. Zusätzlich zum offiziellen Porträt wollte er von seiner Reisegruppe einen umfangreichen Fragenkatalog über seine »Zukünftige« beantwortet haben, der unter anderem Anweisungen enthielt wie »die Vorzüge ihres Antlitzes« zu beschreiben, darauf zu achten, »ob sie sich schminkt oder nicht« und »ob sie um die Lippen herum Haare hat oder nicht«.

Von weiblichen Angehörigen von Königshäusern oder adeligen Familien wurde nicht erwartet, dass sie großen Wert auf das Aussehen ihrer Gatten legten, aber oft verlangten auch sie ein Porträt. Elizabeth I. weigerte sich, einen Mann zu heiraten, den sie noch nicht gesehen hatte. Letzten Endes wies sie jedoch alle Bewerber ab und starb als die »jungfräuliche« Königin. Bis zum Ende fand sie Gefallen daran, mit Männern zu flirten, das Gesicht weiß, die Wangen mit roten Kreisen geschminkt, und auf dem Kopf eine Perücke aus goldenem und rotem Haar. Vielleicht war sie sich nicht sicher, wie wirkungsvoll diese Aufmachung war – jedenfalls weigerte sie sich die letzten zwanzig Jahre ihres Lebens, in einen Spiegel zu blicken.

## Warum aus Marilyn eine Blondine wurde und Elvis sich die Haare schwarz färbte

Helle, errötende Haut ist die Haut der Jugend, des Weiblichen, der Frau, die noch kein Kind geboren hat. Deshalb haben die Frauen zu allen Zeiten so sehr darum gekämpft, sie ihr Leben lang zu behalten. Sie versuchen, die Schönheit der ehemündigen Heranwachsenden nachzuahmen, und damit reihen sie sich ein in die universale Obsession mit reiner Haut und der verschiedenen Tricks, sie vorzutäuschen. Bei der Gesichtsschminke, und in zunehmendem Maße auch bei der plastischen Gesichtschirurgie, dreht sich letztlich alles nur um Jugend und Fruchtbarkeit.

In unserer multikulturellen Gesellschaft setzen wir Hautfarbe mit Rasse gleich. Doch die Hautfarbe ist nicht nur von Rasse zu Rasse unterschiedlich, sondern auch nach Geschlecht und Alter. Tatsächlich war in den kleinen, homogenen Bevölkerungsgruppen, von denen wir alle herkommen, das Geschlecht die hauptsächliche Ursache von Unterschieden der Hautfarbe. Das hat nichts damit zu tun, wie viel man an der Sonne ist – es trifft auch auf Körperteile zu, die nicht dem Sonnenlicht ausgesetzt sind, und auf Kulturen, in denen sich die Frauen ebenso viel außer Haus aufhalten wie die Männer. Frauen sind tendenziell heller als Männer derselben Rasse, denn sie haben weniger Hämoglobin im Blut und weniger Melanin in der Haut. Die Künstler des alten Ägyptens, Kretas und Japans hoben in vielen Werken die Unterschiede zwischen Männern und Frauen hervor, indem sie unterschiedliche Farbtöne verwendeten – Weiß, Gelb oder Gold für Frauen, Orange, Rot oder Braun für Männer. Jahrtausende später färbte Elvis Presley, dessen Haare ursprünglich sandfarben waren, seine Tolle schwarzblau, und damit es jeder merkte, fuhr er sich ständig mit der Hand durch die Frisur; und die brünette Marilyn Monroe deckte ihre Sommersprossen mit Aufheller ab und färbte sich die Haare platinblond. Um ihren Sexappeal zu steigern, überhöhten beide ihre Männlichkeit respektive Weiblichkeit durch die Farbe von Haut und Haar.

Babys haben eine hellere und zartere Haut und Haare als ihre Eltern. Haare werden mit zunehmendem Alter einer Person niemals blonder und ebenso wenig die Haut heller, und wirklich hellblondes Haar ist bei Erwachsenen selten – ausgenommen bei den Skandinaviern. Der Anthropologe Peter Frost meint, die helle Haut von Frauen diene womöglich ähnlichen Intentionen wie die der Kinder: sie soll Aggressionen abhalten und ein Signal für Jugendlichkeit sein.

Frost weist aber auch darauf hin, dass Unterschiede in der Hautfarbe von Mann und Frau aus Sexualhormonen resultieren und unmittelbar die Fruchtbarkeit einer Frau indizieren. Knaben und Mädchen unterscheiden sich nicht wesentlich in der Hauttönung; der Unterschied wird erst ab der Pubertät deutlich, wenn die Jungen dunkler und die Mädchen heller werden. Danach sind die Frauen an den fruchtbaren Tagen heller als während der unfruchtbaren Zeiten ihres Zyklus. Auch wenn sie die Pille nehmen und wenn sie schwanger sind, wird die Haut dunkler. Schwangerschaft wird nicht nur durch eine veränderte Figur angezeigt, sondern auch durch Hautveränderungen von dunklen Flecken im Gesicht (»die Maske der Schwangerschaft«) über sich dunkler färbende Brustwarzen bis zu Krampfadern und Schwangerschaftsstreifen. Die meisten dieser Merkmale verschwinden zwar nach der Geburt des Kindes wieder, doch Haut und Haare der Mutter bleiben in der Regel nach der ersten Schwangerschaft dunkler und verändern so für immer das mädchenhafte Aussehen der Jugend. An der relativen Helligkeit der Haut einer Frau lässt sich also direkt ihr hormoneller Zustand ablesen.

Der Neurologe V. S. Ramachandran hat noch einen weiteren möglichen Grund dafür genannt, dass Selektionszwänge unter Umständen eine hellere Haut bei Frauen begünstigt haben. Helle Haut lässt leichter auf Gesundheit, Alter und sexuelles Interesse schließen als dunkle. In seinem Artikel »Why Do Gentlemen Prefer Blondes?« (Warum ziehen Männer Blondinen vor?) erklärt er, Blondinen würden gar nicht so sehr wegen ihrer hellen Haare bevorzugt, sondern wegen der damit meist einhergehenden helleren Haut. Ramachandran zufolge lassen sich bei heller Haut leichter Anzeichen von Krankheiten (Anämie, Blausucht, Gelbsucht und Infektionen) sowie für sexuelles Interesse, sexuelle Erregung (Erröten und Gefühlswallungen) und des Alterns erkennen. Zwar sind beide Geschlechter an einem gesunden Partner intcressiert, doch Anzeichen für Jugendlichkeit sind den Männern wichtiger als den Frauen, und Anzeichen sexuellen Interesses sind bei Frauen schwerer festzustellen, da diese sie häufig weniger offenkundig signalisieren als die Männer. Ramachandran meint, evolutionistisch betrachtet hätten die Männer heller Haut den Vorzug gegeben, weil hellhäutige Frauen sie am wenigsten täuschen konnten. Was biologisch von Vorteil war, wurde zur ästhetischen Präferenz.

Der Anthropologe Douglas Jones hält die männliche Präferenz für überdurchschnittlich helle Haut bei Partnerinnen nahezu für eine kulturelle Universalie. Das im ersten und vierten vorchristlichen Jahrhundert entstandene Kama Sutra sagt, die ideale Frau, Padmini oder Lotus-Frau, habe eine Haut »so fein, zart und hell wie der gelbe Lotus«. Der Soziologe Hiroshi Wagatsuma stellte fest, dass japanische Männer auf »weiße Haut als Komponente der Schönheit der japanischen Frau« Wert legen, während die japanischen Frauen »Männer mit hellbrauner Haut« bevorzugten. »... Viele Frauen unterschieden zwischen einem schönen und einem attraktiven Mann. Ein schöner Mann hat helle Haut und die feinen Gesichtszüge eines Kabuki-Schauspielers. Obwohl er bewundert und ästhetisch geschätzt wird, halten ihn die Frauen aber gleichzeitig für etwas ›zu feminin‹, um von ihm abhängig zu sein ... Andererseits ist ein attraktiver Mann dunkelhäutig, energisch, maskulin und zuverlässig.« Bei einer Umfrage unter weißen College-Studenten in Wyoming gaben die Männer an, Frauen mit hellen Augen und Haaren und relativ heller Haut für Rendezvous oder eine Partnerschaft vorzuziehen, während die Frauen Männern mit dunklen Augen und Haaren den Vorzug gaben und sehr helle Haut bei Männern ihnen missfiel.

Solche Studien zeigen relative, nicht aber absolute Präferenzen auf. In gemischtrassischen Gesellschaften ist eine Bevorzugung von Frau-

121

en hellerer Hautfarbe als »Fruchtbarkeitsanzeiger« ohnehin zwecklos. Bei Frauen sind Rassenunterschiede wichtiger als jegliche subtilen Unterschiede, die auf Alter, Fruchtbarkeit oder Stand zurückzuführen wären. Und natürlich hat in einer gemischtrassischen Gesellschaft der Wunsch eines Mannes nach einer hellhäutigeren Frau unter Umständen nur wenig mit seinen Schönheitsdetektoren zu tun, dafür aber umso mehr mit Statusbestrebungen oder Rassismus. In den siebziger Jahren zogen sich viele südafrikanische Frauen durch exzessives Bleichen der Haut eine Ochronosis genannte Hautkrankheit zu; der Grund dafür war jedoch nicht in der Tatsache zu suchen, dass sie jugendlich aussehen wollten, sondern der Wunsch, hellere Haut zu haben in einer Gesellschaft, in der Rechte und Privilegien an die Hautfarbe gebunden waren.

## Errötende Bräute

»Die Schamröte ist die eigenartigste und menschlichste aller Ausdrucksformen«, beobachtete Charles Darwin. »Affen werden rot aus Leidenschaft, aber es bedürfte einer überwältigenden Beweismenge, uns glauben zu machen, dass ein Tier [aus Scham] erröten könnte.« Wie das Kitzligsein ist auch das Erröten ein Attribut der Jugend, das meist mit der Reife verschwindet. Kinder und Heranwachsende erröten mehr als Erwachsene und Mädchen mehr als Jungen. Das Erröten beschränkt sich auf die gut sichtbaren Teile von Gesicht, Hals und manchmal der Brust. Der Wissenschaftsjournalist Roger Bingham meint, Erröten sei eine ehrliche Ankündigung der Heiratsfähigkeit – ein Zeichen befangener Jugend mit sexueller Vorstellungskraft und einer sexuellen Zukunft, aber wenig sexueller Vergangenheit. Obwohl das Erröten schmerzvolle Befangenheit signalisieren kann, ist es ein häufiger Begleiter junger Liebe. Darwin schrieb hierzu: »Wahrscheinlich hat noch niemals ein glückliches junges Paar, das seine Bewunderung und Liebe füreinander mehr schätzte als alles andere auf der Welt, ohne so manches Erröten um einander geworben.«

V. S. Ramachandran weist darauf hin, dass Erröten und Gefühlswallungen sexuelle Erregung andeuten. Wenn die Färbung intensiv wird, ist die Haut feucht, die Lippen schwellen an und die Haut signalisiert allgemein »die Wahrscheinlichkeit, dass Werbungsgesten erwidert und zum Vollzug gebracht werden«. Auch weisen rote Lippen und Wangen im Gegensatz zu farbloseren auf Gesundheit hin. Blutarmut aufgrund von Eisenmangel ist eine in den meisten Ländern verbreitete Krankheit, und ihr verräterisches Kennzeichen ist Blässe. Heute bekommen viele Frauen Anämie nach Jahren des Blutverlusts durch die Menstruation, doch in der Welt unserer Vorfahren war dies selten. Damals waren die Frauen entweder schwanger oder sie produzierten Milch; eine Menstruation hatten sie deshalb selten. In der damaligen Welt war Anämie ein Anzeichen für eisenarme Ernährung oder eine Reaktion auf eine Infektion mit Parasiten (bei einer Infektion bindet der Körper Eisen als eine Strategie der Anpassung).

Die meisten Frauen verwenden täglich Rouge und Lippenstift, ohne viel darüber nachzudenken, und viele tragen Grundierungen und Puder auf, die einen Ton heller sind als ihre natürliche Hautfarbe. Die helle Grundierung und das Rot der Wangen und der Lippen sind sexuelle Signale, die Jugend, Kinderlosigkeit, die Blüte der Jugend und kraftvolle Gesundheit vortäuschen.

Frauen sprechen oft davon, ihr Gesicht »aufzusetzen«, und sie decken ihre natürliche Hauttönung täglich mit Farbschattierungen ab, die die Kosmetikindustrie produziert. Dazu bemerkt die Anthropologin Marilyn Strathern: »Die Haut, die Außenfläche, ist in diesem Zusammenhang in der Tat oberflächlich und im Hinblick auf die persönliche Identität belanglos.« Durch das Auftragen von Schminke gleichen Frauen ihr Gesicht einem gemeinsamen Ideal an, ja, sie ersetzen ihr individuelles Aussehen (die einzigartigen Merkmale ihrer Haut) durch ein idealisiertes Aussehen, das sich von ihrem eigenen unterscheidet. Der Philosoph Stanley Cavell vergleicht Schauspielerinnen von heute mit »Gesichtsformen, die auf einer Friseurskala unterschiedliche Frisuren durchlaufen ... die neuen Schauspielerinnen tendieren dazu, Kosmetika zu sein.« Der Kompromiss zwischen dem einzigartigen Aussehen einer Person und der »Schönheit«, die Bereitwilligkeit, einen Teil des Ersteren zu Gunsten der Letzteren aufzugeben, erreicht neue Extreme, wenn die Frauen das Reich der Farben und Puder verlassen und sich in die Domäne chirurgischer Veränderungen begeben.

123

# Straffe Haut

Die frische, helle Haut der Jugend zu imitieren ist nicht einfach, doch das hat noch niemanden davon abgehalten, es zu versuchen. Die Haut eines jungen Menschen sieht frisch aus, und sie ist es auch: alle zwei Wochen schieben sich neue Zellen an die Oberfläche; die Haut der Jugend ist sozusagen in ewiger Blüte. Doch mit zunehmendem Alter verlangsamt sich dieser Prozess. Die Zellen an der Oberfläche versuchen, den Zeitpunkt ihres Absterbens immer weiter hinauszuzögern; sie sehen fahl und blass aus. Die Aktivität der Öldrüsen lässt nach, Kollagen und Elastin zerfallen – die Haut wird trockener und weniger geschmeidig. Fältchen, die bislang mit wechselnder Mimik kamen und gingen, graben sich in das Gesicht ein. Die vollen Wangen der Jugend werden flacher und eckiger, denn das Fett unterhalb des Gesichts dünnt aus; die Haut beginnt herabzuhängen.

Wer das Glück hat, alt zu werden, macht die Erfahrung, dass auch die Haut altert. Doch wenn die Anzeichen des Alters auftreten, zeigen die Menschen bemerkenswerte Unterschiede. Hellhäutige Kaukasier bekommen etwa zehn bis zwanzig Jahre früher Falten als Afro-Amerikaner; Frauen in der Regel früher als Männer. Doch das Altern der Haut ist mehr als der bloße Ablauf eines genetischen Zeitplans. Auch Gesundheit und Gewohnheiten spielen dabei eine wichtige Rolle. Die hellhäutigen Schönen des neunzehnten Jahrhunderts verbargen ihre Haut unter Sonnenschirmen und kultivierten ihre Blässe; ihre Kolleginnen des zwanzigsten Jahrhunderts mockierten sich über diese blassen Damen und betrachteten sie als Symbole für Schwäche und Unterdrückung. Seit den zwanziger Jahren gilt sonnengebräunte Haut als ein Zeichen von Gesundheit und Wohlstand und eines Lebens draußen in der Welt anstelle der schattigen Enge der heimischen vier Wände. Aber sie alle wären besser damit gefahren, wenn sie erkannt hätten, dass Hautfarbe nur etwas Oberflächliches ist.

Die Künstlerin Nancy Burson und der Computerspezialist David Kramlich haben eine von ihnen so genannte »Altersmaschine« konstruiert. Sie macht eine Aufnahme von einem Gesicht und »altert« dieses dann mit Methoden der Computertechnik. Ich konnte das Gerät 1990 begutachten, als es auf der MIT List Art Gallery gezeigt wurde. Es hat zwei jeweils alternative Versionen der Zukunft – eine für Menschen, die ihre Haut pflegen, und eine für Leute, die sonnenbaden und rauchen. Die Kosmetikfirma Johnson and Johnson stellte das Gerät 1990 in Einkaufszentren auf, um damit Werbung für eine neue Sonnenschutz- und Feuchtigkeitscreme zu machen. Wenn etwas helfen wird, das Produkt zu verkaufen, dann womöglich diese Maschine.

1995 veröffentlichten Deborah Grady und Virginia Ernster im *American Journal of Epidemiology* den provokativ betitelten Artikel »Does Cigarette Smoking Make You Old and Ugly?« (Macht Rauchen alt und hässlich?). Im Verlauf ihrer Argumentation bejahten sie diese Frage. Schwere Raucher bekommen mehr Falten als Nichtraucher, allerdings erst nach dem vierzigsten Lebensjahr. Ferner tendieren sie eher dazu, vorzeitig graue Haare – und die Männer eine Glatze – zu bekommen. Für die Haut ist Zigarettenrauch aus vielen Gründen Gift. Das Nikotin verengt die Blutgefäße und erschwert so die Durchblutung der Haut. Dadurch kann ein Gesicht so fahl werden wie die Asche einer Zigarette. Auch das ständige mit dem Rauchen einhergehende Blinzeln, Inhalieren und Paffen kann bleibende Spuren auf der Haut hinterlassen. Bekannt ist, dass Zigaretten das Kollagen und Elastin in den Lungen schädigen, und es ist möglich, dass sie diese Stoffe auch in der Haut in Mitleidenschaft ziehen.

Wenn gebräunte Haut Gesundheit verheißen soll, dann könnte man das auch von fiebriger oder verbrannter Haut behaupten. Hautbräunungen und Sonnenbrand sind jedoch Zeichen einer Hautschädigung. Es sind Reaktionen auf ultraviolettes Licht, wobei sich die Haut verdickt und zu ihrem Schutz mehr Melanin produziert. Erst später wird die Schädigung sichtbar in Form von Falten, braunen Flecken oder gar Hautkrebs. Nur die natürliche Melaninmenge der Haut (die Farbe der Haut vor dem Sonnenbad) kann die Haut vor einer Schädigung schützen; aus diesem Grunde bekommen Afro-Amerikaner nur ein Vierzehntel so häufig Hautkrebs wie Weiße.

Aber da die Schädigungen erst nach Jahren sichtbar werden, genießen viele Gesundheit suchende und Schönheit liebende Menschen weiterhin Sonnenbäder und Zigaretten. Die Belohnungen hierfür folgen auf dem Fuße – Nikotin wirkt direkt auf die Genusszentren des Gehirns ein, und sonnengebräunte Haut lässt auf Abenteuer am Strand und Jugendlichkeit schließen und entlockt Bewunderung. Einige der allgemein bekannten »Gesichter« – Schauspieler/innen und Supermodels etwa –, die nach wie vor rauchen und sonnenbaden, geben vielleicht gerade dadurch mit ihrer Gesundheit an, dass sie sie wissentlich schädigen. Wie Piercings und Tätowierungen drücken ihre Bräune und ihre Zigaretten aus: »Ich bin so gesund, dass ich diese gefährlichen Dinge tun kann, und trotzdem habe ich keine Falten, sondern bin makellos und schön.« In zwanzig Jahren könnten sie für ihre Prahlerei bestraft werden; doch jetzt, in ihrer Jugend, sind sie unwiderstehlich und unbekümmert.

Um dem »Zahn der Zeit« und den Resultaten schlechter Gewohnheiten entgegenzuwirken, verbergen sich Frauen hinter Gesichts-Make-up. Aber schon seit vorgeschichtlichen Zeiten haben sie auch versucht, dem Altern einen Riegel vorzuschieben, anstatt es lediglich zu kaschieren. Es mag die Härte unserer Zeit reflektieren, doch wir geben uns heute nicht mehr damit zufrieden, die Haut nur zu pflegen, zu befeuchten und zu hydrieren. Vielmehr behandeln wir sie mit Säuren aus Früchten oder Zuckerrohr (Alpha-Hydroxy-Säuren), um die oberen Hautschichten abzuschälen; oder wir benutzen lokal anwendbare Präparate aus Vitamin-A-Derivativen (zum Beispiel Retin-A oder Renova), die die Reproduktionsfähigkeit der Haut beschleunigen. Und jene, die zehn Jahre einfach ausradieren möchten, rufen nach Skalpell oder Laserstrahl, anstatt zu Säuren zu greifen.

Fast die Hälfte aller kosmetischen Chirurgen der Welt praktiziert in Amerika, und von diesen ein Drittel in Kalifornien. Doch mehr und mehr wird die plastische Chirurgie zu einem Schönheits-»Mittel« für die breite Masse. Siebzig Prozent der Patienten [in den USA] verdienen weniger als fünfzigtausend Dollar pro Jahr, dreißig Prozent sogar weniger als fünfundzwanzigtausend Dollar. Über die Hälfte der 1993 bei einer statistischen Erhebung der Zeitschrift *Health* (Gesundheit) Befragten gab an, dass kosmetische Chirurgie »eines Tages eine Routine sein wird wie etwa Haare färben«. Nachdem der Schriftsteller Jay McInerny mehrmals eine attraktive junge Schauspielerin erwähnte, ließ sich seine Frau, Helen Bransford, das Gesicht liften. Sie vertritt die Ansicht, dass »kosmetische Chirurgie im Jahr 2000 vielleicht nur mehr als eine technische Erweiterung von Make-up betrachtet« wird. Und um ihrer Meinung eine historische Perspektive zu geben, fügt sie hinzu: »Wenn

126

es zu Kleopatras Zeiten schön Anästhesie gegeben hätte, dann wäre sie die Cher ihres Jahrtausends geworden.«

Nach Angaben der American Society of Plastic and Reconstructive Surgeons wurden 1996 mehr als sechshunderttausend Schönheitsoperationen durchgeführt, die meisten davon bei weißen Frauen im Alter zwischen dreißig und Ende fünfzig. Nur etwa zwanzig Prozent der Patienten sind Farbige. Männer wie Frauen lassen sich abstehende Ohren korrigieren, und viele Männer lassen sich die Nase verändern (vierundzwanzig Prozent der Nasenoperationen werden an Männern durchgeführt), doch wenn es um die Behandlung alternder Haut geht, schlagen die Frauen die Männer geradezu vernichtend.

Vierundsiebzig Prozent der 1993 von der American Academy of Facial Plastic and Reconstructive Surgery angegebenen kosmetischen Eingriffe wurden an Frauen vorgenommen, ebenso neunundachtzig Prozent der 1996 von der American Society of Plastic and Reconstructive Surgeons gemeldeten Operationen. Zwar gehören Augen- und Gesichtsliftings zu den fünf bei den Männern beliebtesten Eingriffen, doch fünfundachtzig Prozent der Lidliftings und einundneunzig Prozent der Gesichtsliftings werden an Frauen vorgenommen. Wie bereits erwähnt, spielt das Altern bei der Partnerwahl der Männer eine größere Rolle. Die meisten Menschen glauben, dass sich das Aussehen mit zunehmendem Alter bei Männern und Frauen verschlechtert, und Studien scheinen dies zu belegen. Doch diese Verschlechterung fällt bei der Bewertung von Frauen schwerer ins Gewicht, und am schwersten dann, wenn Männer Fotos von Frauen beurteilen. Es ist also kein Wunder, wenn Frauen so viel tun, um ihr Alter zu verschleiern.

Östrogenmangel scheint beim Altern der Haut ein wichtiger Faktor zu sein, und wohl deshalb sind Frauen für seine Anzeichen besonders sensibel. Ein Verlust an Östrogen in den Wechseljahren ist gewöhnlich begleitet von einem Verlust an Kollagen, wodurch die Haut dünner, trockener und faltenanfälliger wird. Der Gynäkologe Rodolphe Maheux verabreichte sechzig Nonnen des Klosters der Good Shepherd Sisters in Quebec City – Frauen, die wenig der Sonne ausgesetzt waren und nie geraucht hatten – Östrogen und stellte fest, dass die Dicke der Haut innerhalb eines Jahres um bis zu zwölf Prozent zunahm. Andere Studien ergaben, dass bei Frauen jenseits des Klimakteriums durch eine Hor-

127

mon-Ersatz-Therapie die Faltentiefe und Porengröße verringert und die Hautfeuchtigkeit und Anzahl der Kollagenfasern erhöht wurden. Niemand würde eine Hormon-Ersatz-Therapie als Schönheitsmaßnahme vorschlagen (vor allem, da sie auch zu Hautausschlägen und Melasmen führen kann), doch diese Studien belegen, dass Östrogen mit dazu beiträgt, die Haut jung und frisch zu erhalten.

Es könnte sein, dass wir in der Zukunft gar nicht mehr richtig wissen, wie es aussieht zu altern. Schon heute lassen viele Menschen bei den ersten Anzeichen des Alterungsprozesses kleine »Prozeduren« vornehmen, anstatt ihr Gesicht altern zu lassen. Der neueste Trend heißt »age dropping«, zu Deutsch etwa »das Weglassen des Alters«, was bedeuten soll, dass die Menschen schon in ihren Dreißigern mit plastischer Chirurgie beginnen und nicht erst ab fünfzig. Der Gedanke dahinter ist, nie sichtlich zu altern. Anders als bei Oscar Wildes Dorian Gray jedoch wird es kein verstecktes Gemälde geben, das den Verfall zeigt; vielmehr wird man das Beweisstück entfernen (oder aufheben, damit es bei künftigen »Prozeduren« zum Einsatz kommen kann).

# Makellos

Wenn man die Werbung für Cremes gegen Pickel und die Wartezimmer von Dermatologen betrachtet, könnte man zu dem Ergebnis kommen, Akne sei ein Problem der Frauen. Tatsächlich ist die Tendenz, wegen Hautproblemen einen Dermatologen aufzusuchen, bei Frauen wesentlich mehr gegeben als bei Männern, und dasselbe gilt auch für den Gebrauch von Abdeckstiften. Tatsache ist allerdings auch, dass Männer tendenziell mehr Hautunreinheiten aufweisen als Frauen, und zwar aus einem einfachen Grund: die übermäßige Talgbildung, durch die es zur Entstehung von Pickeln kommt, wird durch Androgene hervorgerufen. Androgene werden zwar als die männlichen Hormone bezeichnet, doch werden sie in den Nebennieren beider Geschlechter gebildet. Die Frauen produzieren überdies kleine Mengen davon in den Eierstöcken, die Männer die zehnfache Menge in den Hoden.

Alle Heranwachsenden bekommen Pickel, und alle hoffen, dass sie diese ebenso wie unvorhersehbare Wachstumsschübe, den Stimmbruch

128

und extreme Stimmungsschwankungen möglichst bald hinter sich lassen können. Pickel können jedoch über das Teenageralter hinaus weiter bestehen. Bei jungen erwachsenen Frauen kann Akne eine anomale Zunahme von oder Überempfindlichkeit auf zirkulierende männliche Hormone anzeigen. In einer Studie hatten neunzig Prozent der jungen Frauen, die sich wegen Akne behandeln ließen, überdurchschnittlich hohe Testosteronwerte, und mehr als die Hälfte von ihnen litt an einer Funktionsstörung der Eierstöcke. Viele der an Akne Leidenden zeigten ferner eine Tendenz, im Gesicht und anderen Körperregionen ungewöhnlich viele Haare zu entwickeln. Bei Frauen, die sich dem Klimakterium nähern, kann Akne anzeigen, dass der Östrogenspiegel zu niedrig ist, um gegen die Wirkung der Androgene anzukämpfen.

Wenn die Frauen auch weniger unreine Haut haben als die Männer, so sorgen sie sich doch mehr über jede einzelne unreine Stelle. Vielleicht sind Hautunreinheiten für sie beunruhigender und werden sorgfältiger versteckt, weil sie mit den Androgenen des Körpers in Zusammenhang gebracht werden, und alles, was bei Frauen mit Androgenen (oder Maskulinität) zu tun hat, ist ein Signal, das mit dem Vorzeigen fruchtbarer Schönheit unvereinbar ist. Damit soll nicht etwa gesagt sein, dass Männer Pickel willkommen heißen würden. Pickel sind in jedem Fall Anzeichen einer Infektion (selbst Akne wird von Bakterien verursacht) und können ein Hinweis auf schwerere Krankheiten (Masern und so weiter) oder Hautparasiten sein.

## Leere Verlockung

Die unmittelbar unter der Haut liegenden Gesichtsmuskeln dienen einem wichtigen evolutionären Zweck: mit ihnen lassen sich zahlreiche feine Gefühlsnuancen ausdrücken. Deshalb sind Muskeln im Gesicht anders als im restlichen Körper direkt mit der Haut verbunden. Doch nach Jahren wiederholten Ziehens und Faltenwerfens können diese Gefühle länger sichtbar bleiben als beabsichtigt. Die Gesichter von Frauen tendieren mehr als die der Männer zu lebhaftem Ausdruck, und ihre Haut ist zarter, so dass diese Expressivität eine unwillkommene Dauerhaftigkeit bekommen kann. Viele Frauen klagen darüber, dass sie mit zunehmendem Alter nicht nur müde, sondern auch ärgerlich aussehen. Eine Frau sagte, sie könne es nicht mehr hören, dass man ständig zu ihr sage: »Nun lach doch mal, so schlimm ist es doch gar nicht.« Weshalb sieht ein älteres Gesicht ärgerlich aus, wenn die betreffende Person gar nicht ärgerlich ist? Mit zunehmendem Alter werden die Lippen dünner, und die Augenbrauen sinken ab. Beides imitiert das, was wir mit unseren Gesichtsmuskeln tun, wenn wir uns ärgern: Wir ziehen die Brauen nach unten, und der Mund wird zu einer dünnen, straffen Linie. Wenn wir uns Sorgen machen oder sehr anstrengen, können wir die Brauen auch zusammenziehen und die Stirn runzeln. Mit dem Älterwerden lassen die vertikalen Linien zwischen den Augenbrauen und die horizontalen auf der Stirn einen schwachen Anschein vergangener Gefühle zurück.

Bei einer der neueren Methoden der kosmetischen Chirurgie wird eine kleine Menge des Nervengases, das Botulismus (eine bakterielle Lebensmittelvergiftung) erzeugt, zwischen die Augenbrauen in die Stirn injiziert. Dadurch wird vorübergehend der Muskel gelähmt, der die Brauen zusammenzieht. Nach dieser »Botox«-Behandlung verschwinden die senkrechten Falten zwischen den Brauen, unabhängig davon, ob die Person sich ärgert oder verwirrt ist. Eine dauerhaftere Methode ist, den betreffenden Muskel zu durchtrennen. Aber wie soll man mit gelähmten Gesichtsmuskeln Gefühle ausdrücken? Normalerweise zieht sich der erwähnte Muskel zusammen, wenn wir unangenehme Laute oder Geräusche hören, Dinge sehen, die wir verabscheuen oder fürchten, oder wenn wir einen anderen Menschen sehen, der die Brauen zusammengezogen hat. Ein Weg, wie wir Emotionen mitteilen, ist das Nachahmen von Mimik, das unbewusste Übernehmen des Gesichtsausdrucks von anderen. Die Aktivität der Gesichtsmuskeln hängt eng mit unserer Erfahrung von Emotionen zusammen und lässt unsere Reaktionen erkennen.

Botox-Injektionen und andere Lähmungen sind jedoch nicht die einzigen Prozeduren, mit denen der Gesichtsausdruck manipuliert werden kann. Ein Lifting der Brauen etwa kann dem Gesicht ungewollt den Ausdruck permanenter Überraschung verleihen. In einer Studie wurde die tatsächliche Stellung von Brauen nach Liftings mit den Meinungen von kosmetischen Chirurgen und Kosmetologen über die ideale Platzierung von Augenbrauen verglichen. Bei durch Computergrafik veränderten Gesichtern, die sich nur in der Höhe und Form der Brauen unterschieden, favorisierten beide Gruppen Brauen auf oder unterhalb des Augenhöhlenrands und sprachen sich gegen eine Platzierung darüber aus. Aber hundert nach einem operativen Eingriff aufgenommene Fotos aus sechzehn häufig zitierten Artikeln über Brauenliftings belegen, dass die Brauen über den Augenhöhlenrändern platziert sind, was den Frauen den Ausdruck permanenter Überraschung verleiht.

Wir werden in Kapitel 5 noch einmal auf das Thema Gesichtskorrekturen zurückkommen. Chirurgische Eingriffe an der Haut dienen in der Regel dem Zweck, Jugendlichkeit wieder herzustellen und die Folgen schlechter Gewohnheiten zu tilgen. Doch für viele Frauen, die sich für einen solchen Eingriff entscheiden, kann die Manipulation des oberen Gesichtsdrittels eine Veränderung hin zu einem naiveren Aussehen mit großen Augen bedeuten, die gleichzeitig keinerlei Anzeichen von Sorge oder Ärger mehr zulässt. Hinzu kommt, dass ein geliftetes Gesicht zwar munterer wirkt, aber unvermeidlicherweise ist es auch weniger eindrucksvoll. Der derzeitige Modetrend verlangt Models mit ausdruckslosen, leeren Gesichtern. Diderot sagte, Schönheit bei einer Frau sei ein offenes, leeres Gesicht, »das Gesicht einer jungen Frau ... unschuldig, naiv, noch ohne Ausdruck«. Ist dies das Gesicht, das die Frauen mit zunehmendem Alter zur Geltung bringen möchten?

Paul Ekman, der weltbeste Experte zum Thema Gesichtausdruck, geht davon aus, dass die Nuancen im Ausdruck womöglich ebenso sehr von Genen bestimmt werden wie die Form unserer Nase oder Lippen. Es kann sein, dass wir mit einer künstlichen Veränderung des Gesichtsausdrucks auch ähnliches Aussehen innerhalb der Familie verändern, typische Dinge, die ebenso vererbt werden wie der Klang unserer Stimme oder die Art und Weise, wie wir lachen.

## Schönheit und Hautfarbe

Schönheit und Rasse sind eine explosive Kombination, eine Mischung zweier erregender Themen. Aber da auf der ganzen Welt weiße Models von den Titelblättern lächeln, stellt sich die unvermeidliche Frage: weshalb? Die in China und Tibet erhältliche Version der Zeitschrift *Elle* (sie hat acht Abonnenten!) zeigt innen asiatische Models, auf dem Cover je-

131

doch weiße. Jemand, der versuchen würde, Brasilien durch seine Zeitschriften kennen zu lernen, würde, so stellte ein kürzlicher Artikel in der *New York Times* fest, »dieses Land mit seinem kunterbunten Durcheinander an Rassen als einen nordischen Außenposten missdeuten ... Schlanke Blondinen lächeln von den Titelblättern, und überall dominieren weiße Gesichter, abgesehen von den Sportzeitschriften.«

Niemand weiß, was die ursprüngliche Farbe der menschlichen Haut war, doch die meisten Menschen auf der Welt sind braun, und es ist wahrscheinlich, dass noch vor zehntausend Jahren alle Menschen braun waren. Die Menge an Pigment oder Melanin in der Haut trägt zu deren Schutz vor einer Schädigung durch die Sonne bei. Bei den dunkelhäutigen Bewohnern von Zaire, einem Land am Äquator, ist Hautkrebs eine Seltenheit, während er bei den von Engländern und Iren abstammenden hellhäutigen Einwohnern Australiens häufiger ist als irgendwo sonst auf der Welt.

Helle Haut ist eine Anpassung an wenig Licht. Da der Körper Sonnenlicht auf der Haut zu Vitamin D und dann zu Calcium umwandelt, ist sehr helle Haut bei wenig Sonnenlicht ein Überlebensvorteil, weil sie eine maximale Lichtmenge durchlässt. In Teilen der Erde, in denen die Nahrung viel Vitamin D enthält, zum Beispiel bei den Inuit der Arktis, die sich hauptsächlich von Fisch und Fischfetten ernähren, ist die Haut nicht weiß.

Nichts macht die Haut der Kaukasier an und für sich schöner als dunklere; tatsächlich hat sie gegenüber anderen Hauttypen sogar viele Nachteile. Sie bekommt früher Falten, hat mehr Sommersprossen und ist anfälliger für Akne und Hautkrebs als afrikanische oder asiatische Haut. Ferner ergraut das Kopfhaar der Weißen früher und intensiver als das von Afrikanern und Asiaten. Kaukasische Männer haben von allen Rassen die größten Chancen, eine Glatze zu bekommen, und sie haben mehr Körperbehaarung als alle anderen rassischen Gruppen mit Ausnahme der Ainu, einem alten Volk im nördlichen Japan.

Jared Diamond und viele andere Wissenschaftler glauben, dass geografische Unterschiede in der Hauttönung und andere körperliche Merkmale nicht nur eine natürliche Selektion (als Anpassung an Klima und Umwelt) widerspiegeln, sondern auch eine sexuelle. Unsere Vorfahren entwickelten sich isoliert voneinander, und ihre regionalen, willkürlichen Präferenzen könnten künftige Generationen gezeitigt haben, die sich im Aussehen stärker unterschieden, als es nur aufgrund von Reaktionen auf klimatische Gegebenheiten geschehen wäre.

Aber ob sexuelle Selektion bei der Entstehung der unterschiedlichen Hautfarben eine Schlüsselrolle gespielt hat oder nicht – eines ist klar: Die Farbe der Haut sagt kaum etwas aus über das, was darunter vorgeht. Der Genetiker Luigi Luca Cavalli Sforza schreibt: »Die rassischen Unterschiede wirken deshalb so stark auf uns, weil sie rein äußerlich sind; wir aber nehmen automatisch an, dass ebenso große Unterschiede auch unter der Oberfläche, in der genetischen Zusammensetzung, bestehen. Doch das ist nicht der Fall: unsere restliche genetische Ausstattung ist fast identisch.« Der Anthropologe Alan Goodman unterscheidet zwischen wissenschaftlichen Fakten und menschlichen Vorurteilen: »Rasse als schlechte Biologie hat nichts zu tun mit Rasse als gelebter Erfahrung ... Echte Rassen existieren womöglich gar nicht, Rassismus aber durchaus.«

Urteile über Schönheit sind empfindliche Barometer des gesellschaftlichen Status. In allen Ländern hat die wirtschaftlich dominierende Gruppe ihre ethnischen Merkmale als Schönheitsideal durchgesetzt, und in weit verbreiteter Nachahmung der Dominierenden tendieren andere Gruppen dazu, der vorangehenden Gruppe zu folgen. Die universalen Präferenzen – reine Haut, glänzendes Haar, volle Lippen und so weiter – bleiben die gleichen, doch wie sie genau verwirklicht werden, kann je nach der Machtlage eines Landes unterschiedlich sein. Der Soziologe Harry Hoetink beobachtete in den sechziger Jahren in Westindien, dass die Maßstäbe für physische Schönheit immer am Aussehen der gesellschaftlich dominierenden Gruppe ausgerichtet waren. Wer als Angehöriger der an der Macht befindlichen Gruppe »durchgeht«, hat mehr Chancen, seinen sozialen Status zu verbessern und als »attraktiv« zu gelten.

Weshalb sind auf den Titelseiten brasilianischer Zeitschriften hellhäutige Models abgebildet? Ähnlich wie in den Vereinigten Staaten kann dieses Phänomen zurückgeführt werden auf die gravierende Ungleichheit zwischen den Portugiesen, die 1500 in Südamerika eintrafen, der einheimischen indianischen Bevölkerung, die sie eroberten und den Afrikanern, von denen sie die meisten als Sklaven für die Zuckerrohrplantagen verschleppten. Heute, Jahrhunderte später, sind nur vierzig Prozent der brasilianischen Bevölkerung Weiße, doch sie sind weiterhin die Reichen und Mächtigen des Landes. 1996 wurde für die »unsichtbaren 90 Millionen« – die nicht Weißen, die nur selten in den Medien zu sehen sind – eine Zeitschrift mit dem Titel *Brazil Race* ins Leben gerufen. Die erste Auflage mit 200 000 Exemplaren war innerhalb einer Woche ausverkauft. Das veranlasste den Herausgeber Aroldo Macedo zu der Bemerkung, das Blatt habe durch seinen Erfolg den Mythos, eine Zeitschrift mit Schwarzen auf dem Titelblatt verkaufe sich nicht, ein für alle Mal zerstört.

Der Maßstab der Schönheit in den Vereinigten Staaten ist auch heute noch nicht nur weiß, sondern der von der ersten Welle der Einwanderer, den Nord- und Westeuropäern, vorgegebene. Europäische Siedler dezimierten die indianische Urbevölkerung, brachten Afrikaner als Sklaven und etablierten eine auf Rassenzugehörigkeit basierende Elite. Die späteren Immigranten am Anfang des zwanzigsten Jahrhunderts kamen meist aus süd- oder osteuropäischen Ländern wie Italien, Polen und Russland; die heutigen stammen überwiegend aus Asien, Mittel- und Südamerika. Amerikanische Schönheiten spiegeln die Tatsache wider, dass die Nord- und Westeuropäer die ersten Einwanderer waren und sich als Elite etablierten. Das Schönheitsideal war und ist deshalb nicht nur weiß, sondern WASP – Weiß, Angel-Sächsisch und Protestantisch. 1921 wurde Margaret Gorman zur ersten Miss America gekürt, eine fünfzehnjährige, blonde, blauäugige Schülerin. Die erste und bisher einzige jüdische Miss America war 1945 Bess Myerson, und erst 1984 ging die Krone an eine Afro-Amerikanerin, wenngleich an eine mit heller Haut und Haselnussaugen: Vanessa Williams.

Der Kulturkritiker M. G. Lord hat die Barbiepuppe »ein Fruchtbarkeitssymbol des Raumzeitalters« genannt, das »nicht nur die amerikanische Frau oder die Frau des Verbraucherkapitalismus repräsentiert, sondern ein weibliches Prinzip, das sich über nationale, ethnische und regionale Grenzen hinwegsetzt«. Von 1959 bis 1980 war dieses weibliche Prinzip allerdings blond und blauäugig. Mattel brauchte zwanzig Jahre, um Black Barbie und Hispanic Barbie auf dem Markt zu etablieren. Zufällig geschah dies im selben Jahr, in dem *Playboy* das erste afroamerikanische Playmate des Monats kürte.

1969 präsentierte eine New Yorker Model-Agentur mit Naomi Sims eines der ersten schwarzen Models, das auf dem Titelblatt einer Zeitschrift gezeigt wurde. Als Wilhelmina, die Leiterin des Unternehmens, daraufhin gefragt wurde, ob afroamerikanische Models jetzt »im Trend« seien, antwortete sie ärgerlich: »Nein, Neger sind nichts Vorübergehendes!« Doch noch mehr als zwanzig Jahre später bekamen farbige Frauen nach wie vor nur wenige Models zu sehen, deren Gesichtszüge ihren eigenen ähnelten. In einem 1991 vom New Yorker Department of Consumer Affairs veröffentlichten Bericht mit dem Titel »Unsichtbare Menschen« wurden mehr als elftausend Anzeigen in siebenundzwanzig Zeitschriften und 157 Modekatalogen begutachtet und festgestellt, dass 96 Prozent der Models weiß waren. Obwohl elf Prozent der Leser der Zeitschriften Afroamerikaner/innen waren, waren nur drei Prozent der Models in Anzeigen und fünf Prozent in den Artikeln afroamerikanisch und lediglich ein Prozent asiatisch.

1994 überprüfte die Gruppe Women in Media (Frauen in den Medien), gegründet von Betty Friedan und Nancy Woodhull zur Aufdeckung geschlechtsspezifischer Probleme in den Medien, die Fotos in neun Frauenzeitschriften. Nach Durchsicht der Oktoberausgaben von *Allure, Cosmopolitan, Elle, Essence, Glamour, Harper's Bazaar, Mirabella, Vogue* und *Ladies' Home Journal* hatte die Gruppe genug von dünnen weißen Frauen: sie hatte 205 gezählt, aber nur zehn afroamerikanische und sechs »asiatische und andere« Frauen.

Doch es ist unwahrscheinlich, dass die Europäer und ihre Nachfahren ihre Dominanz langfristig aufrechterhalten können. In den Vereinigten Staaten werden sie schon bald in der Minderzahl sein und vielleicht auch beim Geldausgeben den ersten Rang verlieren. In einem kürzlich in der Zeitschrift *Newsweek* erschienenen Artikel wurde behauptet, dass der Prozentsatz der weißen, nicht hispanischen Bevölkerung der USA von 74 Prozent im Jahr 1995 bis auf 53 Prozent im Jahr 2050 fallen wird. Außerdem werde die Zahl der über Rassenschranken hinweg geschlossenen Ehen zunehmen. 1990 heirateten 67 Prozent der über zwanzig Jahre alten und in den USA geborenen Nachkommen asiatischer Einwanderer einen Partner anderer Rasse. Das Gesamteinkommen der Afroamerikaner betrug 1996 367 Millionen Dollar, und sie gaben pro Kopf dreimal mehr für Kosmetika, Toilettenarti-

135

kel und Pflege aus als andere Verbrauchergruppen. 1992 kauften Afroamerikaner 34 Prozent aller in den Vereinigten Staaten umgesetzten Haarpflegeprodukte. Und obwohl sie 175 Millionen Dollar für Zeitschriften ausgaben, behaupten die Werbefachleute noch immer, eine schwarze Frau auf dem Titelblatt würde die Verkaufszahlen nach unten drücken, und Blätter wie *Ebony Jet* und *Ebony Man*, deren Zielgruppe die afroamerikanische Bevölkerung ist, bekommen von der Haute Couture bzw. den großen Namen der Modebranche nach wie vor keine Werbung.

Der Anthropologe Douglas Jones schreibt: »Solange die Gesellschaften geschichtet sind und ein Zusammenhang zwischen körperlichen Merkmalen und sozialem Status besteht, werden physische Normen auf die Vorstellungen von Schönheit einwirken. Die gesellschaftlichen Positionen der Individuen und Gruppen – vor allem ihre Kaufkraft auf dem Partner- und Heiratsmarkt – hängen womöglich nicht nur von ökonomischen und politischen Faktoren ab, sondern auch von ihrer jeweiligen somatischen Distanz von der dominierenden Gruppe.« Es ist wahrscheinlich, dass die »All-American beauty«, die gesamtamerikanische Schönheit, auf dem Weg ins nächste Jahrhundert anders aussehen wird, und dass die Dominanz der nord- und westeuropäischen Blondine einer größeren Vielfalt weichen muss.

# Haare

Auf dem Kopf eines Menschen befinden sich im Durchschnitt etwa hunderttausend Haare, die pro Jahr etwa fünfzehn Zentimeter wachsen und bis zu einem Meter lang werden können. Unser Kopfhaar polstert und schützt den Schädel, aber weshalb brauchen wir es bis zu einem Meter lang? Im Vergleich dazu sind die Wimpern ein bescheidener Fransenbesatz, der grelles Licht und Sand von den Augen fern hält. Die Brauen schützen die Augen vor Schweiß und Sonne, und zum Teil dürften sie sich auch aufgrund ihrer kommunikativen Funktion entwickelt haben, die sie bei der Mimik einnehmen. Körperbehaarung ist ein Zeichen sexueller Reife. Kopfhaar hingegen erfüllt überhaupt keinen Zweck – außer dass es Partner anzieht.

Wenn eine Frau mit ihrem Haar spielt und es mit einer Kopfbewegung schüttelt, signalisiert sie sexuelles Interesse. Sozialwissenschaftler haben festgestellt, dass Mädchen auf Männerfang immer drei Gesten zum Besten geben – sie lecken sich die Lippen, werfen den Kopf zurück und schütteln die Haare. Das Haar verfügt über das gesamte sinnliche Arsenal, das beim Männerfang nötig ist: es hat Farbe, es glänzt, es hat Struktur und Geruch, und es bewegt sich.

1548 schrieb der italienische Mönch Agnolo Firenzuola, Autor des Buches *Dialogo delle Bellezze delle Donne (Dialog über die Schönheit der Frauen)*: »Eine Frau mag noch so gut aussehen, wenn sie nicht schönes Haar hat, ist ihre Schönheit allen Charmes und Glanzes beraubt.« Reine Haut ist zwar auf der ganzen Welt das am meisten erwünschte Attribut für gutes Aussehen, doch die Haare folgen dicht auf. Mehr als die Hälfte der Frauen, die 1993 eine Umfrage der Zeitschrift *Glamour* beantworteten, stimmten folgenden beiden Aussagen zu: »Wenn meine Haare gut aussehen, fühle ich mich attraktiv, unabhängig davon, was ich anhabe oder wie ich ansonsten aussehe« und »Wenn meine Haare nicht in Ordnung sind, kann mir nichts das Gefühl geben, gut auszusehen.«

Das Haar der Frauen wird als derart sexuell provokativ betrachtet, dass es in vielen Kulturen nach der Ehe aus Angst, es könne unkontrollierbare Wünsche auslösen, versteckt wird. Eine verheiratete Frau im Rom des ersten Jahrhunderts konnte geschieden werden, wenn sie das Haupt entblößte. Der Talmud sagt, dass eine Frau geschieden werden kann, ohne ausbezahlt werden zu müssen, wenn sie mit teilweise oder ganz unbedecktem Haar auf die Straße geht. Noch heute tragen verheiratete orthodoxe Jüdinnen ein Kopf- oder Halstuch oder eine Perücke. Nonnen sind den Bund mit Jesus eingegangen; auch sie bedecken das Haar und verstecken es unter ihrer Haube. Die griechischen Frauen der dorischen Zeit schnitten sich das Haar am Tag der Hochzeit. Im Italien des sechzehnten Jahrhunderts trugen die Frauen ihr Haar bis zur Hochzeit offen, danach legten sie einen Schleier, ein Halstuch oder ein Netz an oder rollten es ein.

Auch die Männer haben eine komplexe Beziehung zu ihrem Haar. Der biblische Samson, der alle Kraft verlor, als man ihn seines Haars beraubte, wirft einen langen Schatten. 1990 befasste sich der Psychologe Thomas Cash mit der Frage, wie Männer mit vollem Haar und solche mit angehender Glatze wahrgenommen werden. Er stellte bei beiden Geschlechtern die Annahme fest, dass die zur Glatze neigenden Männer schwächer seien und als weniger attraktiv gesehen wurden. Eine andere Studie desselben Autors erbrachte das Ergebnis, dass 75 Prozent der von ihm interviewten Männer wegen ihrer Glatze Hemmungen hatten und vierzig Prozent sie durch Tragen eines Hutes verbargen. Napoleons Kammerdiener erzählte, als sein Herr sich mit Zar Alexander von Russland traf, um die europäische Politik zu diskutieren, beendeten die beiden Potentaten ihr Gespräch mit einer Unterhaltung über Kuren gegen Haarausfall.

# Haarsträubend

Die Menschen verwenden viel Zeit und Energie darauf, die Fülle ihres natürlichen Haars noch zu steigern. Vom Hochland Neuguineas bis zu den Einkaufszentren der Vereinigten Staaten gilt ein imposanter Kopfputz als Wettbewerbsvorteil. Die Eingeborenen Neuguineas glauben, in den Haaren wohnten die Geister der Verstorbenen, und Kahlköpfigkeit sei ein Zeichen dafür, dass ein Mann von den Ahnen verlassen worden sei. Wenn sie um eine Frau werben, bauen sie sich große Perücken aus Haar, das mit Ton vermischt und dann auf einem Rahmen aus Rohr befestigt wird; dieser wird mit Wachs gehärtet, bemalt und mit Ranken, Käfern, Fell und Ähnlichem geschmückt.

Der englische Ausdruck »bigwig« – er bedeutet wörtlich »große Perücke«, gemeint ist jedoch ein »großes« oder »hohes Tier«, insbesondere ein »Parteibonze« – geht zurück auf die Gewohnheit der männlichen europäischen Adeligen, riesige Falschhaarperücken zu tragen. Im ausgehenden siebzehnten und im achtzehnten Jahrhundert waren die Perücken der Männer in der Mitte geteilt und hatten auf jeder Seite zwei Höcker, von denen die falschen Locken bis über die Schultern hinabfielen. Ein Satiriker beschrieb das daraus resultierende Aussehen des Gesichts als »ein kleiner Pickel inmitten eines wahren Meers von Haaren«.

Als sich John Travolta im Film *Saturday Night Fever* für die Disco zurechtmacht, warnt er seinen Vater: »Fass die Haare nicht an.« Die Helden des Rock & Roll scheinen ohne auffallende Frisuren nicht weit zu kommen. Befragt, warum er seine Haare so hoch auffrisiere, erklärte James Brown: »Damit die Leute nicht fragen, wo ist er, sondern sagen können: DA ist er!« Das visuelle Markenzeichen der Beatles war ihre »Pilzkopffrisur«; später signalisierten lange Haare bei Männern Rebellion, Gegenkultur und Kraft wie bei Samson.

In *Hairspray*, John Waters' Parodie von Frisuren der sechziger Jahre, trägt Debbie Harry eine Perücke, die so groß ist, dass man eine Bombe darunter verstecken kann. Im Verlauf der Geschichte haben die Frauen ihre Frisuren auf jede mögliche Weise vergrößert. Als um die Mitte des siebzehnten Jahrhunderts die Infantin Maria Theresa in Frankreich eintraf, um Ludwig XIV. zu heiraten, trug sie ihr halblanges Haar oben flach, aber extrem breit an den Seiten, wie es auf Gemälden von Diego Velazquez zu sehen ist. Drei Jahrhunderte später soll es in den Vereinigten Staaten der Nachkriegsära toupierte Frisuren gegeben haben, die bis zu vierzig Zentimeter breit gewesen waren. Doch in die Breite gehende Frisuren sind weniger beliebt als langes, nach unten fließendes oder hoch aufgetürmtes Haar. Die letztere Mode erreichte ihren Höhepunkt bei der europäischen Aristokratie gegen Ende des achtzehnten Jahrhunderts. Damals war die Frisur bei den höfischen Damen zum Kunstwerk geworden, und die Haare wurden mit Wolle, Kissen aus Pferdehaar oder Drähten ausgestopft, mit Pomade und Mehl befestigt und mit kleinen Ornamenten geschmückt, die Landschaften oder Schlachtszenen darstellten. 1780 musste der Eingang der Londoner St. Paul's-Kathedrale um vier Fuß erhöht werden, damit die Damen mit ihren Frisuren durchkamen. In Kutschen mussten sie sich bücken, weil sie anders nicht sitzen konnten, und schlafen konnten sie nur auf dem Rücken, weil die gewaltige Frisur sonst zerstört worden wäre.

## Lass dein Haar herunter

Unser Kopfhaar wächst im Monat etwa 2,5 Zentimeter. Am schnellsten wächst es bei jungen Erwachsenen, vor allem bei Frauen zwischen sechzehn und 24 Jahren; danach verlangsamt sich das Wachstum. Wenn sie nicht geschnitten werden, wachsen Haare bis zu einer Länge von etwa einem Meter und fallen dann aus. Das längste Haar hatte einem Bericht in der Zeitung *Toronto Star* aus dem Jahr 1949 zufolge ein indischer Mönch namens Swami Pandarassannadhi: achteinhalb Meter – das entspräche der Haarlänge eines 53-jährigen Mannes, wenn er die Haare nie geschnitten hätte und wenn sie nie ausgefallen wären.

Die meisten Männer bevorzugen Frauen mit langen Haaren, und auch viele der männlichen romantischen Helden wie Fabio, Yanni, der kürzlich »geschorene« Michael Bolton sowie die Helden aus Liebesromanen und so weiter haben langes Haar. Zu Beginn des neunzehnten Jahrhunderts sagte der Pariser Friseur Croisat: »Eva, die Venus oder die Grazien wurden niemals mit kurzen Haaren gemalt.« Milton porträtierte die Eva in *Das verlorene Paradies* mit goldenen Ringellöckchen; auch die Akte von Botticelli und Tizian haben offenes, fließendes Haar. Die Legende besagt, dass Loreley auf einem Felsen am Rheinufer saß und das flüssige Gold ihres Haares die Schiffer in den Tod lockte, wenn sie hinaufschauten, um sie zu betrachten.

Einer der Gründe, weshalb wir langes Haar lieben, ist, dass es einer der informativsten Aspekte einer Person ist. Mit Sicherheit verrät das Haar vieles über Einstellungen, Zugehörigkeiten, Selbstachtung, Geschmack, Geschlecht, Alter und so weiter. Aber für einen gewissen Zeitraum ist es auch ein lebendiges Protokoll über unseren Körper. Mag sich die äußere Haut innerhalb eines Monats abstreifen – wenn das Haar bis über die Schultern fällt, ist es bereits seit einigen Jahren auf dem Kopf. Und wenn wir die Haare nicht kürzen oder uns den Schädel rasieren, verrät es, was wir gegessen und welche Drogen wir genommen haben, und es liefert einen Bericht über unseren Gesundheitszustand für die Zeit, in der es gewachsen ist. Das ist einerseits ein wenig beunruhigend, aber andererseits mag die Schönheit langen Haars auch damit zusammenhängen, dass es eine Geschichte, unsere Geschichte, in sich trägt.

Und je länger es wächst, desto mehr gibt es preis. Hundertsechzig Jahre nach John Keats' Tod analysierte Dr. Werner Baumgartner eine Locke des Dichters und fand Spuren des Opiats Laudanum. Jedes Haar hat seine eigene Blutversorgung und zeigt, was durch uns strömt; deshalb können Medikamente von Aspirin über Blutgerinnungshemmer bis

140

zu Schilddrüsenmitteln die Gesundheit des Haars angreifen, und aus demselben Grund experimentieren Firmen, die Drogen testen, heute mit Haaranalysen anstelle von Urinanalysen.

## Vergängliche Pracht

Wir denken nicht daran, dass Frauen eine Glatze bekommen, und für die meisten trifft dies auch nicht zu. Doch das Haar jedes Menschen wird mit zunehmendem Alter dünner, und zwar sowohl, was den Durchmesser des einzelnen Haars betrifft, als auch die Anzahl der Haare insgesamt. Die Männer bekommen zwar sichtbarer eine Glatze, aber auch die meisten Frauen erleiden einen gewissen Verlust an Haaren. Einer der Gründe hierfür ist Stress; er erhöht den Adrenalinausstoß, der wiederum zur Produktion von Cholesterol und dem männlichen Hormon Testosteron führen kann. Der Verlust von Kopfhaar wird bei Frauen deutlicher nach der Menopause.

Doch in jedem Alter ist das Haar beeinflusst vom Gesundheitszustand und der Ernährung seines Trägers. In einem Jahr mit schlechtem Gras wird das Fell des Weideviehs dünner. Bei Merinoschafen kann das Gewicht des Fells je nach Weidesaison um bis zu vierhundert Prozent variieren. Das Potenzial wird durch die Gene bestimmt – auch durch die beste Ernährung kann das genetisch vorgegebene Maximum nicht überschritten werden, doch unterhalb dieser Grenze gibt es Raum genug für beträchtliche Unterschiede. Magersüchtige stellen häufig fest, dass durch das Hungern Haare ausfallen. Ein Mangel an Kupfer, Zink, Eisen, den Vitaminen A und E und anderen Nährstoffen dünnt das Haar aus und schädigt es. Bei Krankheit kann es vorkommen, dass der Körper Nährstoffe »beschlagnahmt«. Da Haare – etwa im Vergleich zu Knochenmark - nicht unbedingt notwendig sind, wird ein Mangel an Eisen oder Protein in den Haaren sichtbar. Ferner wird der Haarwuchs von den Hormonen geregelt, weshalb Männer Bärte und Brustbehaarung haben und zur Kahlköpfigkeit neigen können, während dies bei Frauen gewöhnlich nicht der Fall ist. Paradoxerweise lassen sich sowohl Glatzen als auch starke Körperbehaarung auf die Wirkung von Androgenen zurückführen; Eunuchen, die vor der Pubertät kastriert wurden, bekommen nie eine Glatze. Für einen glatzköpfigen Mann mag das allerdings nur ein schwacher Trost sein.

Wie hoch der Androgenspiegel eines Menschen auch sein mag, er wird nicht kahlköpfig, wenn er nicht genetisch dazu veranlagt ist. Etwa ein Fünftel der Männer bekommen ab dreißig Jahren eine Glatze, doch ein weiteres Fünftel hat auch nach dem sechzigsten Lebensjahr noch volles Haar; bei den restlichen wird das Haar allmählich dünner. Gegen Kahlköpfigkeit gibt es zwar kein Wundermittel, doch wird auf diesem Gebiet intensiv geforscht. 1988 hat die Food and Drug Administration, die US-Behörde zur Überwachung von Arznei- und Nahrungsmitteln, das Präparat Minoxidil als Mittel gegen Haarausfall anerkannt, doch eigentlich war dabei etwas völlig anderes beabsichtigt gewesen. Das Mittel wurde gegen hohen Blutdruck eingesetzt, verursachte jedoch Haarwuchs auf der Stirn und der Nasenwurzel. Bei etwa 25 Prozent der Männer, die Rogaine (das Minoxidil enthält) anwenden, wachsen in bescheidenem Maße wieder Haare nach (die aber wieder ausfallen, sobald das Mittel abgesetzt wird). Ein neues Medikament namens Propecia, das direkt auf die Hormone einwirkt, wird als erstes wirksames Mittel gegen Haarausfall angepriesen.

Die Hersteller von Rogaine sorgten sich wegen Berichten von Herzinfarkten bei Minoxidil-Patienten und finanzierten eine Studie mit über sechshundert Männern unter 55 Jahren, die in Massachusetts und Rhode Island mit der Diagnose Herzinfarkt ins Krankenhaus eingeliefert worden waren. Es wurde festgestellt, dass gewisse Formen von Kahlköpfigkeit mit einem erhöhten Risiko für Herzkrankheiten in Zusammenhang stehen (unabhängig von der Minoxidil-Einnahme). Ein Haarausfall direkt über der Stirn mag zwar für die betroffenen Männer ästhetisch am schlimmsten sein, doch nur schwerer Haarausfall am oberen Schädel konnte mit einem erhöhten Infarktrisiko in Zusammenhang gebracht werden. Die Autoren der Studie spekulieren, dass das männliche Hormon Dihydrotestosteron eine gemeinsame Ursache für die Kahlheit und das Infarktrisiko sein könnte. Männer sollten eine Glatze also als Warnung verstehen, bevor sie sie verdecken.

Bislang gibt es gegen Haarausfall kein Mittel. 4 000 Jahre vor Christus rieb man den Kopf kräftig mit einem Gebräu aus Hundepfoten, Datteln und zermahlenen, in Öl gekochten Eselshufen ein. Heute nehmen die

Männer Rogaine oder lassen sich Haarverwebungen oder »Haarersatz-systeme« machen, sie kämmen das Haar über die kahlen Stellen oder wenden eine andere Methode an, um sie zu verbergen. In den Vereinigten Staaten gibt es 40 Millionen glatzköpfige Männer, so dass es nicht überraschen dürfte, dass Haartransplantationen die häufigste Maßnahme der plastischen Chirurgie bei Männern darstellt.

Ein derzeitiger Trend bei den Männern ist, das Haar sehr kurz zu schneiden oder den Schädel zu rasieren. Der Basketballstar Michael Jordan hat sich für Letzteres entschieden, wie auch zahlreiche andere Sportler und einige Schauspieler. Dadurch lässt sich nicht mehr erkennen, wo sich der Haaransatz tatsächlich befindet und wie das Haar ausgesehen hat – ob es dick oder dünn, grau oder gefärbt war. Statt behaarter oder kahler Stellen hat der Kopf nur mehr eine einheitliche, glatte Oberfläche. Ein Problem bei stellenweisem Haarausfall ist, dass die Glatze oft an der Stirn beginnt und der Haaransatz im Laufe der Zeit nach hinten wandert. Dadurch erinnert er sozusagen ständig daran, dass dort einst Haare waren, die sich aber immer weiter zurückziehen. Der Betrachter versucht unwillkürlich, das Gesicht so zu sehen, wie es war, als die Haare noch vollständig vorhanden waren. Durch das Kahlscheren des Schädels aber passt sich der Blick radikal dem Kopf als einem Ganzen an. Weiß etwa noch jemand, wie Michael Jordan mit Haaren aussah? Oder Yul Brunner?

Das Rasieren des Schädels ist eine Präventivmaßnahme, ein kühner Schritt, ein Zeichen des Alterns auszulöschen. Fehlendes Haupthaar dient aber auch dazu, Zeichen von Strenge deutlicher zu machen. Je kleiner der Kopf, desto größer wirken Hals und Körper. Viele Bodybuilder tragen extrem kurzes Haar oder rasieren sich den Schädel, weil der Größenkontrast zwischen Kopf und Hals und den Schultern die mächtige Brust hervorhebt.

## Verrückt nach Blond

Die Hersteller von Haarfärbemitteln bringen es auf insgesamt fünfhundert unterschiedliche Blondtöne – die Palette reicht von Erdbeerblond bis Platinblond. Diese Unternehmen schätzen, dass in den Vereinigten

Staaten bis zu vierzig Prozent der Frauen ihre Haarfarbe durch Blondtöne aufhellen. Der Soziologe Grant McCracken schrieb, dass »diese Kultur das Blondsein zu einem Leitstern erhoben und an das Navigationssystem jedes männlichen Wesens angeschlossen hat«. Blond als natürliche Haarfarbe kommt relativ selten vor und ist am häufigsten bei Kindern. Der durchschnittliche blonde Mensch hat mehr Haare und feineres Haar als eine brünette oder rothaarige Person – etwa 140 000, verglichen mit 108 000 des brünetten oder 90 000 des rothaarigen Menschen.

Miltons Eva und Dantes Beatrice waren beide blond. Die alten Ägypter trugen Perücken aus Gold. Die griechischen und römischen Frauen entflammten in Leidenschaft für das helle Haar der Gallierinnen aus dem Norden und ließen sich daraus Perücken anfertigen. Goldenes Haar wurde zeitweilig zum Haar des Aristokraten, zu anderen Zeiten zum Symbol der Prostituierten. Die Heldin aus dem Märchen, die Braut auf der Hochzeitstorte und das Abbild der Jungfrau Maria – sie alle sind mit großer Wahrscheinlichkeit blond.

Das Blondsein uferte aus, als es möglich wurde, das dazu nötige Verfahren massenhaft an die Frau zu bringen. Die ersten allgemein käuflichen Färbemittel kamen 1930 auf den Markt. 1931 trat Jean Harlow platinblond in Hollywood auf die Bühne. Daraufhin brachte die dortige Filmindustrie eine Reihe von Filmen über blondes Haar heraus: *Die blonde Venus, Vor Blondinen wird gewarnt, Blonde Fever, Blonde Crazy* und *Blonde Trouble*. 1953 erschien der berühmteste aller Blondinenfilme: *Blondinen bevorzugt*. Mit Beginn der fünfziger Jahre konnte man sich zu Hause selbst blond färben. Die Industrie setzte alles daran, den »Blond-Appeal« auszunutzen, unter anderem mit Slogans wie: »Wenn ich nur ein Leben habe, dann möchte ich es als Blondine leben« oder »Blondinen haben mehr Spaß«. Clairol machte den affektierten Spruch »Tut sie's oder tut sie's nicht?« berühmt, der sowohl auf die Haarfarbe der Frau als auch auf ihre sexuelle Verfügbarkeit anspielte.

V. S. Ramanchandran glaubt, dass blondes Haar zufällig mit heller Haut einhergehe, und da die Männer helle Haut favorisierten, würden sie auch blonde Frauen bevorzugen. Andere meinen, diese Bevorzugung habe mit der Haarfarbe an und für sich zu tun. Wie helle Haut erinnere auch die helle Farbe des Haars an Unschuld und Jugend. Bis

Hollywood blondes Haar sexy und gefährlich machte, tendierten blonde Heldinnen übrigens eher dazu, das Süße und Helle zu verkörpern; es war die dunkelhaarige Frau, die wissend und gefährlich war. In den Archie-Comicstrips ist die süße Betty blond, die schlaue Veronica hat dunkles Haar. Scarlett O'Hara aus *Vom Winde verweht* ist rabenschwarz, ihre Gegenspielerin Melanie eine sanfte Blondine. Im Disney-Film *Aschenputtel* ist die gute Hauptfigur blond und blauäugig im Gegensatz zu ihren bösen Stiefschwestern und der Stiefmutter, die dunkel- oder rothaarig sind. Auch Rapunzel, Goldlöckchen und eine Reihe anderer weiblicher Märchenfiguren haben blondes Haar. Die einzige unschuldige Mädchenfigur, die dunkel ist, ist Schneewittchen, deren Mutter sich ein Kind gewünscht hatte »so weiß wie Schnee, so rot wie Blut und so schwarz wie Ebenholz«.

Wenn man Menschen bittet, anhand von Fotos unterschiedliche Persönlichkeitsmerkmale zu bewerten, neigen sie dazu, Blondinen als schwächer, unterwürfiger und weniger gescheit zu beurteilen. Ist dies ein Resultat des von den Medien aufgestellten Stereotyps der typischen Blondine? Der Psychologe Jerome Kagan hat in einer interessanten Studienreihe über Temperamentsunterschiede festgestellt, dass Kinder mit hellem Pigment, und vor allem Kinder mit blauen Augen, weit mehr dazu neigen, schüchtern und gehemmt zu sein, als solche mit dunklen Augen. Sie neigen am ehesten dazu, in neuen Situationen furchtsam zu sein, beim Zugehen auf andere zu zögern und sich in Gegenwart einer unbekannten Person still zu verhalten, und sie tendieren am meisten dazu, in der Nähe der Mutter zu bleiben. Kinder mit braunen Augen sind wagemutiger. Kagan vermutet, dass die Angst vor Neuem, die Melaninproduktion und die Kortikosteroidmenge im Körper mit den gleichen Genen zu tun haben.

Seine durchaus spekulative Theorie besagt, die Menschen seien bei ihrer Ausbreitung nach Nordeuropa mit dem Problem konfrontiert worden, trotz des dort kälteren Klimas ihre Körpertemperatur gleich warm halten zu müssen. Eine Mutation, die die Effizienz des sympathischen Nervensystems und den Norepinephrinspiegel (Norepinephrin ist einer der wichtigsten Transmitter) erhöht hätte, hätte auch die Körpertemperatur der Menschen gesteigert und somit einen Überlebensvorteil geboten. Unglücklicherweise hätte sie ihnen aber auch ein reaktiviertes Nervensystem und ein furchtsameres Temperament beschert. Wo spielt nun die Pigmentierung mit herein? Ein hoher Norepinephrinspiegel kann die Produktion von Melanin in der Iris hemmen und zu einer Zunahme der zirkulierenden Glukosteroide führen, die ebenfalls die Melaninproduktion beeinträchtigen können. Blondes Haar, blaue Augen und Schüchternheit könnten also sozusagen ein biologisches Paket darstellen. Dies könnte zu einer Erklärung der herkömmlichen Sichtweise der Blondine als reines und unschuldiges Wesen beitragen. Ob es allerdings erklärt, weshalb Männer so sehr auf sie ansprechen, bleibt spekulativ.

## Gutes Haar, schlechtes Haar

Wenn afroamerikanische Models wie Naomi Campbell oder Stars wie Tina Turner blondes Haar tragen, bekommen sie ab und zu zu hören, sie würden versuchen, um des Erfolgs willen wie Weiße auszusehen, oder man wirft ihnen vor, sie würden sich dem Schönheitsideal der Weißen anpassen. Drag Queen RuPaul entkräftet diese Kritik: »Wenn ich eine blonde Perücke aufsetze, gebe ich doch damit nicht mein Schwarzsein auf. Eine blonde Perücke macht mich doch nicht zu einem Weißen. Ich gehe auch mit Perücke nicht als Weiße durch, und das versuche ich auch gar nicht. Die Wahrheit über die blonde Perücke ist absolut simpel: Sie fällt einfach auf. Ich will einen unglaublichen Eindruck machen, und blondes Haar mit brauner Haut, das ist einfach eine sagenhafte, unglaubliche Kombination!« Auch der Basketballstar Dennis Rodman versucht nicht, wie ein Weißer auszusehen, wenn er seine Haare bleicht – ebenso wenig wie seine frühere Geliebte Madonna durch blond gefärbte Locken ihre italienische Herkunft auszulöschen versucht.

Aber Haare sind für die afroamerikanische Frau ein Politikum, und die Entscheidung, sie natürlich zu lassen und einen Afro zu tragen, sich Dreadlocks oder Cornrows (eng auf den Kopf geflochtene Zöpfchen) zu machen oder sie zu glätten, ist ein häufig diskutierter Punkt. Bis in die sechziger Jahre glätteten die meisten Afroamerikaner, Männer wie Frauen, das Haar, und noch heute behandeln 75 Prozent der Afroamerikanerinnen es mit speziellen Kämmen oder Chemikalien.

146

Erst seit kurzem steht der afroamerikanischen Frau eine Auswahl an natürlichen Frisuren zur Verfügung, falls sie ihr Haar lang tragen will. Bis vor nicht allzu langer Zeit waren Cornrows und Dreadlocks nur wenig verbreitet. Inzwischen sind sie so gut akzeptiert, dass sogar weiße, blonde Frauen sich solche Frisuren machen, und selbst junge weiße Männer mit Treuhandvermögen (englisch »trust funds«) tragen Dreadlocks; in den Skiorten Colorados, wo sie ihre Zeit verbringen, sind sie in Anspielung an die jamaikanischen Rastafarians als »Trustafarians« bekannt.

Der Psychologin Shanette Harris zufolge sind es von den Afroamerikanerinnen mit langen Haaren vor allem die der oberen Mittelklasse, die Dreadlocks, Twists und Afros tragen. Das legt den Schluss nahe, dass die Frauen mit zunehmender wirtschaftlicher Macht mehr zu natürlichen Frisuren neigen und dass zumindest ein Teil derer, die sich die Haare glätten, dies tun, um sich anzupassen, verbunden mit der Hoffnung auf einen Aufstieg in die Mittelklasse. Die große Haar-Debatte wütet geradezu in der afroamerikanischen Welt, und die Frage akzeptabler Frisuren hat nicht wenig Ähnlichkeit mit der Frage nach dem akzeptablen Gewicht in der Welt der Weißen. Mit anderen Worten, das Thema Haare ist schwer mit Bedeutungen befrachtet.

# 5

# Gesicht
# zeigen

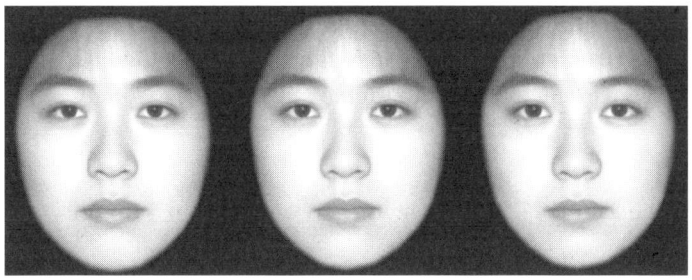

Es freut mich, dass mich die Menschen attraktiv finden,
aber eigentlich ist es nur eine Sache der Mathematik – die Anzahl
von Millimetern zwischen Augen und Kinn.

PAULINA PORIZKOVA

Das menschliche Antlitz gleicht einem dieser orientalischen Götter:
eine ganze Gruppe von Gesichtern auf verschiedenen Ebenen
nebeneinandergestellt; es ist unmöglich, sie alle gleichzeitig zu sehen.

MARCEL PROUST

Im Jahre 1574 erhielt Hortensia Borromeo ein Porträt ihres Gatten, der fern der Heimat auf Reisen war. In ihrer Antwort schrieb sie: »Ich empfand so viel Liebe, als ich dieses Bild sah ... Staunend betrachtete ich immer wieder das wunderschöne Gesicht und ... verlor dabei die Erinnerung an alles andere auf dieser Welt.« Von der britischen Königin Victoria ist bekannt, dass sie einen Siegelring mit fünf winzigen Fotos ihrer Familienangehörigen trug, die durch eine Linse aus einem Edelstein vergrößert wurden. Nichts zieht uns so sehr in den Bann wie ein menschliches Gesicht, und nichts kommt ihm an Kraft des kommunikativen Ausdrucks nahe.

Unsere Gesichtszüge werden vererbt; wir tragen also die Nase, die Form der Augen und den Kinnwinkel unserer Vorfahren. Der Anthropologe Melvin Konner meint, dass unser Bestreben, in einem fremden Gesicht bekannte Züge zu entdecken, darauf hinausläuft, etwaige Verwandtschaftsbeziehungen aufschlüsseln zu können; er spricht in diesem Zusammenhang von einem »Bist-du-mit-so-und-so-verwandt-Effekt«. Doch unsere »zusammengeborgten« Gesichtszüge setzen sich zu neuen Gesichtern zusammen, von denen jedes einzigartig ist. Alter, Gesundheitszustand und Gewohnheiten hinterlassen darin Spuren, und vorübergehende Freuden oder Schrecken kräuseln seine Oberfläche. Wir werden Experten darin, die Kurven und Winkel auszumachen, die ein Gesicht von einem anderen unterscheiden, und die millimeterkleinen Bewegungen von Brauen oder Lippen zu beurteilen, die Veränderungen von einer Stimmung zur nächsten signalisieren. 1883 bemerkte der Wissenschaftler Francis Galton: »Man muss die Unterschiede in den menschlichen Gesichtszügen insofern als sehr groß betrachten, als sie uns ermöglichen, ein bekanntes Gesicht von Tausenden fremden zu unterscheiden, obwohl sie meist zu minutiös sind, um messbar zu sein.

151

Der Gesamteindruck eines Gesichts ist die Summe einer Vielzahl kleiner Details, die in so schneller Abfolge gesehen werden, dass wir sie alle mit einem einzigen Blick wahrzunehmen scheinen.«

Wir bemerken die Schönheit eines Gesichts rasch und unmittelbar. Donald Giddon, ein Lehrbeauftragter an der Harvard School of Dental Medicine, schrieb ein Computerprogramm, das ein Gesicht im Profil zeigt und dem Benutzer erlaubt, seine Teile zu verändern. Wenn er mit der Computeranimation beginnt, kann er etwa ein fliehendes Kinn nach vorne bewegen. Per Mausklick zeigt er dem Computer an, wann das Kinn akzeptabel aussieht oder wann es den »am besten aussehenden Punkt« erreicht hat, und er lässt die Maus los, wenn das Bild inakzeptabel ist. Giddon stellte fest, dass die Wahrnehmung der Attraktivität eines Gesichts sich schon mit kleinsten Variierungen von Gesichtszügen drastisch veränderte. Eine Veränderung von nur einem Millimeter konnte einen Bewertungsumschwung von angenehm zu nicht akzeptabel ausmachen.

Die Eigenheiten, die unsere Identität und Herkunft andeuten, entstanden ebenso wie Körpergestalt und Hautfarbe zum Teil als Anpassungen an klimatische Gegebenheiten. Durch die Nase gelangt Luft in die Lunge. Sie entwickelte sich zu einem langen, schmalen Gebilde in Klimazonen, wo die Luft kalt oder trocken war und erwärmt oder angefeuchtet werden musste, bevor sie die Lunge erreichte. Menschen mit Vorfahren aus Nordeuropa oder dem Nahen Osten haben häufig lange Nasen mit engen Nasenlöchern, die den Luftstrom optimal einschränken. In feuchten Regionen hingegen ist die kurze, breite Nase von Vorteil, wie wir sie von Afrikanern und Asiaten kennen.

Die Augen brauchen einen besonderen Schutz in kalten, sonnigen Klimata, wo das Licht vom Schnee reflektiert wird. Schmale Augen, die von einer zusätzlichen Fettschicht umringt sind, haben dadurch einen eigenen Sonnenschutz und sind häufig bei Menschen anzutreffen, deren Vorfahren in Nordasien beheimatet waren. Andere Aspekte des Aussehens, die je nach Rasse oder geografischer Lage variieren, zum Beispiel die Augenfarbe, scheinen keine biologische Funktion zu haben und reflektieren wahrscheinlich die willkürlichen Vorlieben unserer Vorfahren bei der Partnerwahl, oder sie gehen auf historische Gegebenheiten beziehungsweise Ereignisse zurück. So dominieren in kleinen, isolierten Gemeinschaften die Gesichtszüge der wenigen Individuen, die sie gründeten, auch bei späteren Generationen. Biologen nennen dies den »Gründereffekt«.

Als die Europäer mit Menschen in Asien, Afrika und dem Südpazifik in Kontakt kamen, waren alle erstaunt über die Unterschiede im Aussehen, und die daraus resultierenden Reaktionen waren im Allgemeinen nicht positiv. Der Anthropologe Edward Westermarck zitierte einen Bewohner von Tahiti: »Wie schade, dass die englischen Mütter sich so oft an der Nase ziehen und sie so schrecklich lang machen.« Darwins Kollegen erzählten ihm, dass die Chinesen die »vorstehenden« Nasen der Menschen aus dem Westen »scheußlich« fanden. Die Europäer hingegen fanden die Nasen der Chinesen »sehr breit«, und Darwins Kollegen berichteten, die Hottentotten, Malaien, Brasilianer und Tahitianer würden »die Nase und Stirn ihrer Kinder zusammendrücken, damit sie schöner aussehen«.

Auch die Augen wurden sehr kontrovers beurteilt. Als Japan sich nach über 250-jähriger Isolation öffnete, berichtete die 1860 in die Vereinigten Staaten gesandte Delegation von Samurais, die Augen der Frauen dort würden aussehen »wie Hundeaugen«, was »entmutigend« sei. Die Amerikaner ihrerseits waren entsetzt darüber, dass etwa die Hälfte der Asiaten keine Falte auf den Augenlidern hatten, während einige die Mongolenfalte hatten, die die inneren Lidwinkel teilweise verdeckte. Das machte die asiatischen Augen für die Amerikaner ausdruckslos, da sie an Lider gewöhnt waren, die je nach Emotion ihr Aussehen verändern; zudem ließ die schmalere Augenform für sie die Augen schläfrig und klein erscheinen.

Doch der womöglich am meisten ins Auge springende Unterschied war die Hautfarbe. In vielen Teilen der nichtkaukasischen Welt wurden Europäer beim ersten Kontakt für Geister oder von den Toten auferstandene Ahnen gehalten. Als der Australier Michael Leahy 1930 die Bergregionen Neuguineas erforschte, traf er auf Stammesangehörige, die »durch unser Aussehen wie vom Donner gerührt waren ... Ein alter Mann trat behutsam, mit offenem Mund, vor und berührte mich vorsichtig, um festzustellen, ob ich real sei. Dann kniete er nieder und rieb mit den Händen über meine nackten Beine, als wollte er nachsehen, ob sie angemalt seien.« Noch immer nicht überzeugt, dass die bleichen

Eindringlinge Menschen waren, spionierten die Eingeborenen ihnen nach, um zu sehen, ob sie Stuhlgang hatten. Als sie dies festgestellt hatten, kehrte der Kundschafter zurück mit der Nachricht: »Ihre Haut mag anders sein, aber ihr Kot riecht genauso übel wie der unsere.« Und Darwin berichtete: »Die afrikanischen Mohren ... runzelten die Stirn und schienen zu erschaudern«, als sie weiße Haut sahen; auch sie hatten geglaubt, dass nur Dämonen oder Geister weiße Haut hätten.

Die Europäer und ihre amerikanischen Nachfahren des achtzehnten und frühen neunzehnten Jahrhunderts waren sehr von der Schönheit und der Überlegenheit ihrer Rasse überzeugt. Darwin fand es sogar notwendig, seinen Lesern zu erklären, dass die »Wilden« die Schönheit ihrer Frauen bewunderten: »Ich habe gehört, die Wilden sollen bezüglich der Schönheit ihrer Frauen sehr indifferent sein. ... Diese Schlussfolgerung stimmt überhaupt nicht überein mit der Tatsache, dass die Frauen sehr eitel sind und große Mühe darauf verwenden, sich zu schmücken.« Ferner erklärte er, die Menschen jeder anderen Kultur würden ihr Aussehen dem der Europäer vorziehen. Ein Informant sagte ihm, er würde »es nicht für wahrscheinlich halten, dass ein Neger selbst die schönste europäische Frau nur aufgrund dessen, dass er ihren Körper bewundert, einer gut aussehenden Negerin vorzieht«. Ein anderer sagte, in Thailand »haben die Frauen kleine Nasen mit auseinander laufenden Nasenlöchern, einen breiten Mund, ziemlich dicke Lippen und ein bemerkenswert großes Gesicht. ... Aber sie halten ihre eigenen Frauen für viel schöner als jene aus Europa.«

Es gibt viele Gründe dafür, weshalb die Menschen den Merkmalen der eigenen Rasse den Vorzug geben. Einer ist Rassismus; ein anderer, dass Züge, die für eine Rasse typisch sind, in einer anderen Krankheit oder Hässlichkeit bedeuten können. Eine weiße Haut bei einem Afrikaner oder eine Mongolenfalte bei einem Weißen sind äußerst selten und werden mit genetischen Besonderheiten wie etwa Albinismus in Zusammenhang gebracht. Züge, die für eine Rasse typisch sind, können im Vergleich mit der Größe oder Form, die man in der eigenen Rasse antrifft, Extreme darstellen, und damit erscheinen sie als abnorm. Wenn wir daran gewöhnt sind, immer nur Gesichter mit kurzen, breiten Nasen zu sehen, werden lange, schmale Nasen wegen ihrer Seltenheit für uns auffallend wirken. Dies ist einer der Gründe dafür, weshalb

Menschen einer anderen Rasse für uns »alle gleich aussehen«, wenn wir sie zum ersten Mal treffen – nicht, weil sie anders aussehen, sondern, weil sie alle auf die gleiche Art und Weise anders aussehen. Die Londoner National Portrait Gallery hat einen Raum, in dem nur Gemälde von Angehörigen des Kitkat-Clubs aus dem achtzehnten Jahrhundert hängen, die alle eine der typischen weißen Perücken der Zeit tragen. Es ist unmöglich, ein Bild vom anderen zu unterscheiden; doch wenn man sich lange genug in dem Raum aufhält, nimmt man anstelle von weißen Perücken zunehmend Individuen wahr. Das Auge stellt sich auf die Gegebenheiten ein und beginnt, seine normalen Unterscheidungen zu treffen – wahrscheinlich nicht viel anders als bei der Erfahrung, erstmals ein Gesicht einer nicht vertrauten Rasse zu sehen.

Den meisten Menschen fällt es leichter, Angehörige ihrer eigenen Rasse zu erkennen als solche anderer Rassen. Dies hat sich anhand von Untersuchungen mit Augenzeugen klar erwiesen. Wir neigen dazu, Menschen anderer Rasse fälschlich zu identifizieren, da wir annehmen, jemand, der uns eigentlich fremd ist, sei uns bekannt. Wir haben sogar noch etwas größere Schwierigkeiten, in anderen Rassen männliche von weiblichen Gesichtern zu unterscheiden. Dies scheint nicht auf unsere Einstellung anderen Rassen gegenüber zurückzuführen zu sein, sondern auf die Häufigkeit des Kontakts mit ihnen. Es entspringt einem Lernprozess, in dessen Verlauf wir immer besser Gesichter erkennen können, die sich in ihrer Struktur sowie der Farbe von Haut und Haaren nur gering voneinander unterscheiden.

## Universale Schönheit

Rassismus, falschen Wahrnehmungen und Missverständnissen zum Trotz haben wir uns immer zu Menschen anderer Rassen hingezogen gefühlt. Heute ist die Welt eine globale Gemeinschaft, und internationale Schönheitswettbewerbe ziehen Massen von Publikum an (wenngleich viele beklagen, dass diese Wettbewerbe westliche Schönheitsideale bevorzugen). Es muss also beim Thema beziehungsweise beim Verständnis von Schönheit wohl eine wenn auch noch so vage definierte allgemeine Übereinstimmung geben, denn sogar erst drei Monate alte

155

Babys blicken lieber auf Gesichter, die auch Erwachsene attraktiv finden – auch Gesichter von Menschen anderer Rassen, mit denen sie noch keinen Kontakt gehabt haben. In den letzten Jahren hat die Wissenschaft großes Interesse an der Universalität der Schönheit entwickelt.

Wie sich zeigt, herrscht innerhalb einer Kultur große Übereinstimmung darüber, wer schön ist und wer nicht. 1960 veröffentlichte eine Londoner Zeitung Fotos von zwölf jungen Frauen und bat die Leser, ihre Schönheit zu beurteilen. Aus ganz Großbritannien trafen mehr als viertausend Zuschriften ein; es hatten Menschen sämtlicher Gesellschaftsschichten und im Alter von acht bis achtzig Jahren geantwortet. Trotzdem waren die Beurteilungen bemerkenswert einheitlich. Eine fünf Jahre später in den Vereinigten Staaten durchgeführte vergleichbare Studie mit zehntausend Teilnehmern erbrachte ein ähnliches Resultat, und auch unter besser kontrollierten Bedingungen in psychologischen Labors wurden entsprechende Ergebnisse erzielt. Die Menschen glauben fest daran, dass Schönheit im Auge des Betrachters liegt, und bringen dann sehr ähnliche Urteile zu Papier.

Alter und Geschlecht haben auf die Beurteilung von Schönheit wenig Einfluss. Siebenjährige, Zwölfjährige, Siebzehnjährige und Erwachsene unterscheiden sich nur wenig in ihren Beurteilungen der Attraktivität der Gesichter von Kindern und Erwachsenen. Frauen und Männer sind sich einig in der Frage, welche Frauen schön sind. Und obwohl die Männer glauben, sie könnten die Schönheit eines anderen Mannes nicht beurteilen, sind sie sich untereinander und auch mit den Frauen einig darüber, welche Männer am besten aussehen.

Es ist zwar möglich, dass die große interkulturelle Übereinstimmung lediglich den Erfolg der westlichen Medien bei der Verbreitung gewisser Schönheitsideale widerspiegelt, doch Forschungsergebnisse belegen, dass solche gemeinsamen Ideale nicht auf dem Einfluss der Medien beruhen. Die wohl weitreichendste Studie zum Einfluss von Rasse und Kultur auf die Beurteilung von Schönheit wurde von den Anthropologen Douglas Jones und Kim Hill durchgeführt. Sie suchten zwei relativ isoliert lebende Indianerstämme auf, die Hiwi in Venezuela und die Ache in Paraguay, und bezogen Menschen dreier westlicher Kulturen in ihre Arbeit mit ein. Die Ache und Hiwi lebten bis in die sechziger Jahre als Jäger und Sammler und haben bislang nur wenige Missionare

156

und Anthropologen angetroffen. Beide Stämme haben kein Fernsehen, und sie haben keinen Kontakt miteinander: die beiden Kulturen haben sich seit Jahrtausenden unabhängig entwickelt. Jones und Hill stellten fest, dass alle fünf Kulturen Normen bezüglich Schönheit gemeinsam hatten. Die Wahrscheinlichkeit, dass ein Hiwi-Mann beim Thema Schönheit mit einem anderen Stammesangehörigen übereinstimmte, war ebenso groß wie die Übereinstimmung zweier College-Studenten. Welcher Prozess auch immer zu einem Konsens innerhalb einer Kultur führt – er hängt nicht von einer Verbreitung von Vorstellungen durch die Medien ab.

Interkulturelle Studien wurden in Australien, China, England, Indien, Japan, Korea, Österreich, Schottland und den Vereinigten Staaten durchgeführt. Sie alle zeigen, dass zwischen Menschen unterschiedlicher Rassen und Kulturen eine wesentliche Übereinstimmung darüber besteht, welche Gesichter als schön gelten, wenngleich die Übereinstimmung bei Gesichtern der eigenen Rasse größer ist.

In der Studie von Jones und Hill wurden den Hiwi und Ache sowie Personen in Brasilien, den USA und Russland Gesichter unterschiedlicher Rassen und Kulturen vorgelegt (Indianer, Afroamerikaner, Amerikaner asiatischer Abstammung, Weiße, gemischtrassische Brasilianer und andere). Alle fünf Kulturen stimmten in ihren Beurteilungen von Schönheit weitgehend überein, zeigten aber auch einige Unterschiede. Zum Beispiel stimmten die Hiwi und Ache mehr miteinander überein als mit den Angehörigen der westlichen Kulturen. Der Grund dafür ist nicht etwa, dass sie eine gemeinsame Kultur besäßen – das ist nicht der Fall –, sondern weil ihre Gesichtszüge sich ähneln und weil sie für den Grad der Ähnlichkeit zwischen ihren Gesichtern und denen der Menschen auf den Fotos sensibel sind. Obwohl die Ache beispielsweise noch nie einen Asiaten getroffen hatten, interessierten sie sich besonders für die Gesichter der Amerikaner asiatischer Herkunft und waren sich der Ähnlichkeit zwischen deren und ihren eigenen Gesichtern bewusst. Insgesamt bewerteten sie die afroamerikanischen Gesichter am negativsten, und die weißen Anthropologen nannten sie hinter deren Rücken »Langnasen«; einem gaben sie sogar den Spitznamen »Ameisenesser«.

Da die Hiwi und die Ache noch nie einen Asiaten oder Afrikaner und nur wenige Weiße getroffen hatten und auch an den Umgang mit wis-

157

senschaftlichen Fragebogen nicht gewöhnt waren, ist jegliche Übereinstimmung mit den westlichen Kulturen interessant. Jones fand mehrere übereinstimmende Punkte. Die Menschen aller fünf Kulturen fanden ähnliche geometrische Proportionen attraktiv. Frauengesichter mit kleinen unteren Partien (feine Kiefer und relativ kleine Kinnpartie) und Augen, die im Verhältnis zur Länge des Gesichts groß waren, gefielen ihnen. Jones spricht hier von »übertriebenen Kennzeichen von Jugendlichkeit«, und sie ähneln den Gesichtszügen, die in anderen interkulturellen Studien von Schönheit erwähnt werden. So stellte etwa der Psychologe Michael Cunningham fest, dass schöne asiatische, lateinamerikanische, afro-karibische und kaukasische Frauen große Augen, einen großen Augenabstand, hohe Wangenknochen, ein kleines Kinn und volle Lippen hatten.

Die Menschen tendieren zu einer Übereinstimmung darüber, welche Gesichter schön und welche Gesichtszüge attraktiv sind, und zwar über ethnische Grenzen hinweg. Die Rolle des individuellen Geschmacks ist weit weniger bedeutend, als der so genannte gesunde Menschenverstand wahrhaben möchte. Die Evolutionspsychologie konnte das exakte schöne Gesicht zwar bislang noch nicht bestimmen, doch die Forschungsarbeiten, auf die wir als Nächstes eingehen werden, legen nahe, dass die Schönheit im Anpassungsvermögen des Betrachters liegen könnte, wie der Anthropologe Donald Symons es ausdrückt.


## Schönheit in Zahlen

Jahrtausendelang wäre die Antwort auf die Frage, was Schönheit ausmacht, gewesen: Zahlen. Wie wir gesehen haben, gehen mathematisch begründete Schönheitsideale zurück bis auf Pythagoras und Platon, auf Dürer, da Vinci und andere Künstler der Renaissance. Der Kernpunkt der klassischen Vorstellung von Schönheit waren Einheit bzw. Einheitlichkeit und Ordnung. Vitruvius Pollio beschreibt in seinem Werk *De architectura* den »wohlgestalteten Menschen« und gibt ihm ein gleichmäßig in Drittel aufgeteiltes Gesicht und einen Kopf, dessen Höhe einem Achtel der gesamten Körpergröße entspricht. Im sechzehnten Jahrhundert stellte der Franziskanerpater Luca Pacioli in seinem Buch *De divi-*

*na proportione* fest, der menschliche Körper enthalte als Welt im Kleinen die Formel für die Schönheit aller Dinge: »Alle Maße und ihre Bezeichnungen leiten sich vom menschlichen Körper ab, und in ihm finden sich alle und jegliche Verhältnisse und Proportionen, durch die Gott die innersten Geheimnisse der Natur offenbart.« Dieses Werk wurde von Leonardo da Vinci illustriert; es enthält seine berühmte Zeichnung des vitruvianischen Menschen als der idealen Gestalt; der Körper ist mit ausgestreckten Armen und Beinen in einen Kreis und ein Quadrat eingepasst.

Dass kosmetische Chirurgen da Vincis und Dürers Schönheitsformeln kennen, ist so wahrscheinlich wie die Tatsache, dass sie Nähte perfektioniert haben. Sie waren es, die diese Vorstellungen schließlich einer Prüfung unterzogen und sich der beängstigenden Aufgabe stellten, Gesichter zu rekonstruieren und zu verschönern. Woran sollten sie sich orientieren? Ein plastischer Chirurg sagte einmal: »Ich habe oft genug eine Gesichtskorrektur entworfen ... und mich dann tagelang damit gequält, weil ich nicht sicher wusste, ob die Person danach besser aussehen würde oder nicht.«

Doch wie wir in Kapitel 1 sahen, erwiesen sich dem Anthropometristen Leslie Farkas zufolge die Maßregeln der Renaissance als »nicht ganz realistisch«. Farkas vermaß Hunderte von Frauengesichtern, um festzustellen, ob sie sich anhand bestimmter markanter Punkte in gleiche Drittel oder Viertel einteilen ließen. Er berechnete die Relationen der Gesichtzüge untereinander, um zu sehen, ob die Nasenbreite dem Augenabstand gleich war und ob dieser der Länge eines Auges entsprach. Er prüfte, ob der Mund eineinhalbmal so breit war wie die Nase und diese einem Viertel der Breite des Gesichts entsprach. Der Kanon besagte auch, dass die Länge und der Neigungswinkel von Ohren und Nase gleich sein sollten.

Einige dieser Proportionen konnten an keiner oder kaum einer Person festgestellt werden. Einige waren nicht schön, und andere unterschieden nicht zwischen weiblichen Gesichtern, die attraktiv waren, und solchen, die es nicht waren. Farkas vermaß nur Gesichter weißer Frauen. Als der kosmetische Chirurg W. Earle Matory Jr. die Gesichter von vierhundert attraktiven Menschen unterschiedlicher Rasse und ethnischer Zugehörigkeit vermaß, stellte er fest, dass nur einige wenige

Weiße mit schmalen Gesichtszügen dem entsprachen, was der klassische Kanon für die Form der Nase vorgibt (Nasenbreite gleich Augenabstand). Bei attraktiven asiatischen, afroamerikanischen oder lateinamerikanischen Gesichtern waren derart schmale Nasen überhaupt nicht anzutreffen. Die Nasen von Asiaten und Afrikanern sind für gewöhnlich breiter und haben eine flachere Spitze als die typische kaukasische Nase, und auch der Nasenwinkel ist etwas anders. Kosmetische Chirurgen gingen in ihrem Bemühen, Nasen zu verschmälern, so weit, dass dabei eine Stupsnase in Form eines Dreiecks herauskam.

Dennoch, das Bedürfnis, die Schönheit zu quantifizieren, lässt sich nicht einfach unterdrücken. Inzwischen konzentriert sich das Interesse auf ein bestimmtes mathematisches Verhältnis, genannt Phi oder der Goldene Schnitt. Die Bezeichnung Phi ist vom Namen des griechischen Bildhauers Phidias abgeleitet; es ist die Teilung einer Linie oder Figur so, dass das Verhältnis des kleineren Teils zum größeren dasselbe ist wie das Verhältnis des größeren Teils zur Gesamtlinie (1:1,618). Dies ist offenbar der Teilungspunkt, der als am ästhetischsten empfunden wird. Ein Rechteck mit Seitenlängen, die diesem Verhältnis entsprechen, wird als goldenes Rechteck bezeichnet und gilt als das Viereck mit der ansprechendsten Form.

Viele biologische Formen weisen dieses Verhältnis auf. Wir brauchen nur unsere Hände zu betrachten: die Längen der drei Glieder eines jeden Fingers stehen im Verhältnis des Goldenen Schnitts zueinander (von der Handfläche nach außen gehend ist jedes Glied ungefähr 1,6-mal länger als das nächste). Sobald Enthusiasten zu Zirkel und Winkelmesser greifen, scheinen sie dieses Verhältnis überall zu finden, in Muscheln und Blütenblättern ebenso wie in der Architektur oder in menschlichen Gesichtern. Das Pentagramm, das Symbol der pythagoreischen Bruderschaft, besteht aus Liniensegmenten, die alle im Verhältnis des Goldenen Schnitts zu den Segmenten der nächstkleineren Länge stehen. Er findet sich ferner in schöner Musik und Poesie, zum Beispiel in den sieben Interludien-Paaren der Fuge in d-Moll von Bach und im Refrain von Voznesenskijs Gedicht »Goya«.

Durch Gustav Fechner wurde das goldene Rechteck zu einem der ersten Objekte des neuen Gebiets der wissenschaftlichen Psychologie. 1876 legte er zehn weiße Rechtecke auf einem schwarzen Tisch aus und frag-

160

te, welches davon am schönsten oder ästhetischsten sei. 35 Prozent der Versuchsteilnehmer wählten Rechtecke mit dem Goldenen Schnitt aus, 40 weitere Prozent solche, deren Proportion diesem Verhältnis nahe kam; niemand stufte den Goldenen Schnitt als das am wenigsten geschätzte Verhältnis ein. Daraufhin sammelte Fechner in 22 Museen und Kunstgalerien Daten über die Dimensionen von 20 000 Gemälden, um festzustellen, ob große Kunstwerke häufig in der Proportion des Goldenen Schnitts gerahmt seien. Es stellte sich heraus, dass das Verhältnis von Höhe zu Breite bei herausragenden Gemälden nicht durch den Goldenen Schnitt charakterisiert war. In den seit Fechners Experimenten vergangenen hundertdreißig Jahren konnte man sich nicht darauf einigen, ob Rechtecke mit dem Goldenen Schnitt schön sind, und wenn ja, weshalb. Viele tun die ästhetischen Ansprüche oder Behauptungen bezüglich des Goldenen Schnitts als »nummerologische Fantasien« ab; andere meinen, dass es sich dabei zwar um schwache, aber nichtsdestotrotz reale Phänomene handle.

Angesichts der Schwierigkeit, Rechtecke zu prüfen, kann man sich vorstellen, wie schwer es wäre zu bestimmen, ob der Goldene Schnitt auch die komplexe Gestalt des menschlichen Körpers charakterisiert. Der Kunsthistoriker Kenneth Clark klagte, die Proportionen des vitruvianischen Menschen seien »keine Garantie für einen schön anzusehenden Körper«. Wenn es um Gliedmaßen ginge, die sich gut in einen Kreis und ein Quadrat einpassen ließen, dann könne, »vom streng geometrischen Standpunkt betrachtet, ein Gorilla besser passen als ein Mensch«.

Es wurde bereits mehrfach versucht festzustellen, ob ein schönes menschliches Gesicht durch den Goldenen Schnitt charakterisiert wird. Die umfangreichsten Messreihen hierzu hat der Kieferorthopäde Robert Ricketts angelegt, der die Gesichter von zehn attraktiven Models untersuchte. Dabei stellte er Goldene Schnitte bei vertikalen, horizontalen und Tiefenmassen fest sowie bei der Vermessung des Schädels mit Hilfe von Röntgenstrahlen. Sogar in der Größe und Form von Zähnen fand er entsprechende Relationen. So betrachtet hat das Gesicht eine eigenartig abstrakte Schönheit, so ebenmäßig und harmonisch wie eine Honigwabe. Auch der kosmetische Chirurg W. Earle Matory Jr. fand Beispiele für den Goldenen Schnitt in den Gesichtern attraktiver Asiatinnen, Afroamerikanerinnen und von Frauen und Männern aus dem Nahen Osten.

Bislang haben sich Studien zum Goldenen Schnitt jedoch nur mit Models befasst. Die Maße attraktiver Gesichter wurden noch nicht mit jenen unattraktiver Gesichter verglichen. Es kann sein, dass das Verhältnis 1:1,6 Gegebenheiten des normalen menschlichen Gesichts wiedergibt, ohne aber die Unterscheidung eines schönen Gesichts von einem durchschnittlichen oder gewöhnlichen zu ermöglichen. Es gibt in einem Gesicht vieles zu vermessen, angefangen vom Haaransatz über Brauen, Augen, Wangenknochen, Nasenlöcher, Lippen, Kinn und so weiter. Einige Maße stimmen mit dem Goldenen Schnitt überein, doch wenn man den Zirkel andersherum dreht, stimmen sie nicht mehr. Man kann Hunderte von Indizes des Gesichts erstellen, und es ist nur natürlich, dass einige davon diesem Verhältnis entsprechen und andere nicht, vor allem, da oft nur ungefähr gemessen wird. Niemand hat bislang ein System für das Gesicht als Ganzes erstellt.

In gewissem Umfang mögen Verhältnisse, die dem Goldenen Schnitt entsprechen, für Chirurgen als Anhaltspunkte für einige gefällige Gesichtsproportionen von Nutzen sein (obwohl dies unklar bleibt, solange nicht attraktive mit unattraktiven Gesichtern verglichen werden). Doch gibt es bislang keine mathematische Formel, die die Schönheit des menschlichen Gesichts insgesamt beinhaltet. Für die Wissenschaftler dieses Jahrhunderts liegt der Schlüssel zum Verständnis der menschlichen Schönheit in unserer Biologie, nicht in der Mathematik.

## Koinophilie:
## der Hang zum Durchschnittlichen

Die biologischen Studien zum Thema Schönheit begannen mit den Arbeiten von Charles Darwins Cousin Sir Francis Galton. Galton entdeckte die Einzigartigkeit des menschlichen Fingerabdrucks, er erfand die statistische Korrelation und eine Ultraschallpfeife für Hunde, die Galtonpfeife, und er war Naturforscher und Eugeniker. Ende der siebziger Jahre des achtzehnten Jahrhunderts, als Gustav Fechner in Deutschland seine Rechtecke auf Tischen ausbreitete, erstellte Francis Galton in England Komposita, Fotos von Menschen, die aus mehreren Bildern zusammengesetzt waren. Sein Tun hatte nur wenig mit Fechners Suche

162

nach der ästhetisch angenehmsten Form gemeinsam, doch es sollte einen größeren Einfluss auf das Studium der menschlichen Schönheit ausüben als das seines deutschen Kollegen, was niemanden mehr überraschte als Galton selbst.

Galton machte Aufnahmen von Mördern, Totschlägern und Räubern, legte sie so aufeinander, dass die Pupillen auf gleicher Höhe waren, und machte eine, wenn auch etwas unscharfe, zusammengesetzte Aufnahme der Gesichter. Für Galton repräsentierten die einzelnen Gesichter Variationen eines einzigen Themas, Exemplare eines einzigen visuellen Typs. Ausgehend von der Annahme, der Verstand forme allgemeine, »auf miteinander vermischten Erinnerungen basierende« Eindrücke, dachte er, seine zusammengesetzten Fotos seien Repliken des Geistes.

Doch es erwartete ihn eine Überraschung: Die zusammengesetzten Bilder sahen besser aus als die individuellen Gesichter, ja, sie waren sogar ausnahmslos attraktiv. Als er seinen »typischen Kriminellen« und die Gesichter der individuellen Verbrecher untersuchte, stellte er fest, dass »die besonderen, auf einen Schurken hindeutenden Unebenmäßigkeiten bei Ersterem verschwunden waren ... das aus vielen Personen zusammengesetzte Porträt ist frei von den Unebenmäßigkeiten, die das Aussehen individueller Gesichter entstellen.«

Galton verfolgte seine Entdeckung der Schönheit solcher Mischporträts nicht weiter; wahrscheinlich passten attraktive Kriminelle nicht zu dem, was er aussagen wollte. Er ging mit einer Landkarte in der Tasche auf Reisen und erstellte eine »Schönheitenkarte« von Großbritannien. Jedes Mal, wenn er eine gut aussehende Person sah, steckte er eine Nadel in seine Karte; auf diese Weise machte er London zu einem Nadelkissen, während das schottische Aberdeen nicht eine einzige Nadel abbekam. Die Karte führte zu keinen weiteren wissenschaftlichen Entdeckungen.

Doch das zusammengesetzte Foto, das er eingeführt hatte, lebte weiter. Im ausgehenden neunzehnten und frühen zwanzigsten Jahrhundert war es beliebt bei höheren Schulklassen, Familien und Freundesgruppen, die Gefallen daran fanden, sich zu einer einzigen Person vermengen zu lassen. Eine Frau, die ein solches Foto betrachtete, sagte: »Es ist reizend, in Gesellschaft von jemandem zu sein, der alle guten Freunde auf einmal verkörpert.« Wir mögen solche zusammengesetzten Fotos, um Ähnlichkeiten zu analysieren, Gesichtszüge herauszuarbeiten und andere Identitäten zu pflegen. Wenn Galton Recht hatte, faszinieren sie uns auch deshalb, weil sie Szenen darstellen, die aus dem geistigen Leben gestohlen sind, Einblicke in ansonsten unsichtbare geistige Welten.

Heute können Wissenschaftler Hunderte digitalisierter Bilder auf dem Computer miteinander vermengen, und in Labors in Europa, den Vereinigten Staaten und Japan werden digitalisierte Komposita verwendet, um die Schönheit von Durchschnitten zu testen. Die vielen Menschen, die an diesen Studien teilnehmen, stimmen mit Galton überein: gewöhnlich sind »Durchschnittsgesichter«, also Komposita, attraktiver als individuelle Gesichter. Eine Kombination von zwei oder vier Gesichtern schafft bereits kleine Verbesserungen, eine von 32 Gesichtern macht das zusammengesetzte Bild wesentlich attraktiver als die individuellen Gesichter. Nur sehr wenige Individuen sind attraktiver als die Komposita; auf diese interessanten Minderheit werden wir später noch einmal zurückkommen.

Den meisten Menschen kommt nicht das Wort »Durchschnitt« in den Sinn, wenn sie ein attraktives Gesicht sehen. Doch Durchschnitt in diesem Kontext meint durchschnittliche Gestalt, nicht durchschnittliche Schönheit. In einer Welt der langen und der kurzen Nasen, der Mandelaugen und der runden Augen, ovaler und runder Gesichter, dicker und dünner Lippen und der Über- und Unterbisse erstellt das Auge seine eigene Statistik, addiert und dividiert und errechnet sich schließlich einen Durchschnittswert. Die Schönheit solcher Durchschnitte spiegelt womöglich unsere Sensibilität für die optimale Gestaltung der Natur wider.

In der Natur sind durchschnittliche Proportionen oft ein Hinweis auf gute Gesundheit und gute Gestalt(ung). Bei Vermessungen von Vögeln, die durch einen Sturm zu Tode kamen, werden häufig ungewöhnlich lange oder kurze Flügel festgestellt, während überlebende Tiere durchschnittliche Spannweiten haben, die zum Abheben und für die Kontrolle des Fluges optimal sind. Menschliche Babys, die überdurchschnittlich groß oder klein sind (Durchschnittsgewicht circa sieben Pfund), haben weniger Überlebenschancen. Die Gleichsetzung von Durchschnittlichkeit und Gesundheit geht in der Natur so weit, dass der Physiologe Johan Koeslag glaubt, paarenden Tieren sei eine Bevorzugung des Durchschnittlichen eingeprägt. Er nennt dieses Phänomen »Koinophilie«, die Liebe für das Gewöhnliche.

1979 formulierte der Anthropologe Donald Symons einen radikalen Gedanken: Die Schönheit des menschlichen Gesichts *ist* Durchschnittlichkeit. Da der Durchschnitt einer Bevölkerung mit hoher Wahrscheinlichkeit die optimale Gestaltung körperlicher Merkmale aufweist, wurde unser Gehirn durch den Selektionsdruck so »verdrahtet«, dass es Durchschnittswerte errechnet und diesen den Vorzug gibt. Symons spricht in diesem Zusammenhang von einem »Mechanismus des Gehirns zur Durchschnittsbestimmung von Gesichtern« und geht davon aus, dass dieser ebenso funktioniert wie die Herstellung zusammengesetzter Porträtfotos. Er sammelt Eindrücke von Gesichtern und erstellt daraus Komposita, die zu unserer Norm für Attraktivität werden. Mit diesem internalisierten Kompositum vergleichen wir das Aussehen jeder Person, die wir zum ersten Mal sehen. Da wir uns in kleinen, isolierten Gruppen entwickelten, war wahrscheinlich das zusammengesetzte, internalisierte Gesicht jedes Gruppenmitglieds dem der anderen Mitglieder sehr ähnlich. Es kann sein, dass diese internalisierten Gesichter heute größere Unterschiede aufweisen, was zu weniger Übereinstimmung in Bezug auf Schönheit führen würde.

Symons' Aussage beruht auf der Evolutionsbiologie und dem Prinzip, dass in den meisten Perioden der Evolutionsdruck gegen Extreme in der Bevölkerung arbeitet. Wenn dieses stabilisierende Selektionsprinzip wirkt und Menschen mit durchschnittlichen körperlichen Merkmalen die besten Überlebenschancen haben, würde das Individuum seine Paarungseignung dadurch maximieren, dass es sich zu Partnern hingezogen fühlt, die solche Merkmale aufweisen.

Wenn Schönheit also in der Tat Durchschnittlichkeit bedeutet, dann kann sie nicht ein vorherbestimmtes, in uns eingepflanztes Ideal sein, mit dem Gesichter übereinstimmen oder nicht. Der Mechanismus, der Gesichter speichert und den Durchschnitt ermittelt, ist angeboren und universal, doch das Kompositum, das er bildet, hängt von den Gesichtern ab, die ein Mensch sieht. Das bedeutet, dass in einer multikulturellen Welt die inneren Durchschnittswerte der Menschen mit der Zeit das universale Gesicht wiedergeben würden; ein Kompositum der Gesichtszüge aller Rassen.

Interessanterweise hat die American Academy of Facial Plastic and Reconstructive Surgery die Entwicklung von Veränderungen in der plastischen Chirurgie in Amerika seit den fünfziger Jahren verfolgt. Festzustellen ist eine allmähliche Verschmälerung des Lides von extrem hohen Lidern in den fünfziger Jahren (man könnte sagen, hyperverwestlicht) zu zunehmend kleineren Lidern in den siebziger und neunziger Jahren. Die Nase der fünfziger Jahre war eine Stupsnase mit geformter Spitze; 1990 wurden Nasen mit breiterem Rücken und einer breiteren Spitze bevorzugt. Auch die Make-up-Stile spiegeln diese Veränderungen wider. Die enorm großen, faltigen Lider von Greta Garbo und anderen Stars der dreißiger Jahre sind heute kaum mehr zu sehen, und die beliebtesten Hautfarben sind heute nicht mehr möglichst blasse Töne. Die Lippen wurden schon immer voll bevorzugt und werden immer noch voller. Alle diese Veränderungen spiegeln ein verinnerlichtes Durchschnittsbild wider, in dem asiatische, afrikanische und lateinamerikanische Gesichtsmerkmale zusammmenwirken, um Normen und Schönheit neu zu definieren.

## Ähnlichkeit innerhalb der Familie oder: Warum wir Menschen mögen, die aussehen wie wir

Gesichter, die dem Durchschnitt nahe kommen, signalisieren gesunde und lebensfähige potenzielle Partner. Doch bestimmte Gesichter spielen in unserem Leben eine wichtigere Rolle als alle anderen, und für gewöhnlich sind dies die Gesichter von Familienangehörigen. Dies könnte zu der Erklärung beitragen, weshalb Menschen sich oft zu Gesichtern hingezogen fühlen, die dem eigenen verblüffend ähnlich sind. Wir kommen hier noch einmal auf Francis Galton zurück. Beim genauen Betrachten von Verlobungsfotos in Lokalzeitungen fiel ihm auf, dass die Paare sich häufig physisch ähnelten, und zwar nicht nur, was die allgemeine körperliche Attraktivität anbelangte, sondern auch in der Haarfarbe und den Gesichtszügen. Spätere Studien verlobter und verheirateter Paare bestätigten Galtons Beobachtung: Paare sehen sich tatsächlich häufig ähnlich. Sie werden sich im Lauf ihres Zusammenseins ähnlicher, da sie ähnliche Gewohnheiten bezüglich Gesundheit und Ernährung entwickeln, die Mimik des anderen imitieren und sich geschmacklich an den Partner angleichen. Doch die Ähnlichkeit in körperlichen Details ist von Anfang an gegeben.

Die meisten Eheleute sind sich in vieler Hinsicht ähnlich: Sie haben häufig denselben religiösen und ethnischen Hintergrund, ein ähnliches Intelligenzniveau und viele ähnliche Persönlichkeitsmerkmale wie zum Beispiel Extravertiertheit. Doch viele Paare ähneln sich auch in der Körpergröße, im Gewicht und in der Haarfarbe, ja sogar in subtilen Dingen wie der Länge der Ohrläppchen und dem Augenabstand. Natürlich trifft dies nicht für alle Paare zu, und für die meisten gelten nicht alle genannten Punkte.

Die Tatsache, dass man sich zu anderen hingezogen fühlt, die so sind, wie man selbst, wird als »Gattenwahl« bezeichnet, und Parallelen dazu finden sich auch in der Tierwelt. Die klassischen Studien auf diesem Gebiet wurden von Patrick Bateson mit japanischen Wachteln erstellt. Wachtelküken wurden einen Monat lang mit ihren Geschwistern aufgezogen und dann bis zur Geschlechtsreife von ihnen getrennt. Bateson testete ihre Paarungspräferenzen, indem er sie auf eine Bühne brachte, auf der Reihen von Käfigen aufgestellt waren, zwischen denen ein Gang hindurchführte. In den Käfigen befanden sich unbekannte (entweder Cousins bzw. Cousinen ersten Grades oder nicht verwandte Tiere) oder bekannte Vögel (die Geschwister, mit denen sie aufgewachsen waren). Die Wachteln durften den Gang auf und ab laufen und in die Käfige schauen (Bateson nannte seinen Versuch das »Amsterdamprojekt« in Anlehnung an das Vergnügungsviertel dieser Stadt). Sowohl die männlichen als auch die weiblichen Wachteln schauten länger auf ihre Cousins bzw. Cousinen ersten Grades als auf die anderen Vögel.

Als Bateson die Tiere paarte, produzierten die Cousins/Cousinen ersten Grades drei bis fünf Tage früher Eier als jene, die sich nicht kannten oder die Geschwister waren (die anderen Paare zogen schließlich nach). Bateson interpretierte die Wahl ihrer Partner als eine sehr feine Präferenz des einigermaßen Neuen, und er glaubte, dieses Verhalten treffe auch auf den Menschen zu. Er schrieb: »Die Menschen suchen womöglich einen Ausgleich zwischen den Nachteilen der Inzucht und jenen der Paarung außerhalb der Verwandtschaft und vertrauen dabei möglicherweise ähnlich wie die Wachteln auf ihre frühen Erfahrungen.

Natürlich werden die Paarungspräferenzen des Menschen auch durch viele Faktoren beeinflusst, die sich aus Kultur und individueller Erfahrung ableiten lassen, doch ein Einfluss dürfte ein Hingezogensein zu einem Angehörigen des anderen Geschlechts sein, der sich nur unwesentlich von gut bekannten, eng verwandten Familienangehörigen unterscheidet.«

Natürlich können sich Menschen zu anderen, die Angehörigen ähnlich sind, hingezogen fühlen, auch wenn sie kein optimales »biologisches Programm« haben, sich außerhalb der Verwandtschaft zu paaren. Die Hervorhebung solcher Gesichter in ihrem internalisierten Durchschnitt wird ihre Präferenzen in diese Richtung lenken. Familienangehörige können als Vorbilder für gutes Aussehen dienen. Ihre Gesichter sind untilgbar mit unserem Überleben verbunden, und sie sind die vordringlichsten Objekte unserer Zuneigung. Aus irgendeinem Grund spüren wir bei einem Gesicht, das dem unseren ähnelt, einfach den berühmten »Funken«. In dem Hitchcock-Film *Spellbound* (*Ich kämpfe um dich*, 1945) spielt Ingrid Bergman eine Psychiaterin, die all dies Gregory Peck erklärt. Sie klagt: »Sie (die Dichter) erwecken in den Menschen ganz falsche Vorstellungen über die Liebe. Sie schreiben darüber, als wäre sie ein Symphoniekonzert oder ein Engelschor.«

»Was sie gar nicht ist.«

»Natürlich nicht. Wie man weiß, verlieben sich die Leute, weil sie von dem Haar, den Augen oder auch von der Stimme eines Menschen fasziniert werden.«

»Und manchmal haben sie dafür gar keine Erklärung.«

»Aber darum geht es nicht, entscheidend ist, dass die Menschen die Liebe anders erleben, als sie darüber gelesen haben.«

»Mhm.«

Man hat festgestellt, dass Porträts manchmal eine gewisse Ähnlichkeit mit dem Maler aufweisen. Vielleicht kann dieser nicht anders – das vertraute Gesicht der Familie ist ein Teil seiner Vorstellung von Schönheit. Dürers Porträt von Kaiser Maximilian I. aus dem Jahre 1518 soll seinem 1498 gemalten Selbstporträt ähnlich sein. Es wurde auch behauptet, dass die Mona Lisa, die ursprünglich ein Porträt der Herzogin Isabella von Aragon werden sollte, am Ende Leonardo da Vincis eigenen Gesichtszügen ähnlich wurde. Damit ein gutes Porträt optimal realitätsgetreu wird, muss es auch die charakteristischen Züge des Modells hervorheben. Leider kann es sein, dass weder persönliche Einmischung noch die Hervorhebung charakteristischer Züge bewirken, dass sich das Modell als schöner dargestellt empfindet. Vielleicht ist dies der Grund, weshalb der Maler oft glücklicher mit seinem Porträt ist als sein Modell.

## Hyperfeminine Frauen

Bisher haben wir ein schönes Gesicht beschrieben, das zwar im Aussehen dem Bevölkerungsdurchschnitt gleichkommt, in dem jedoch unsere Familienangehörigen überrepräsentiert sind. Doch wenn das Schöne durchschnittlich ist, dann ist Schönheit erklärtermaßen nicht unverkennbar. Um unverkennbar zu sein, muss ein Gesicht Züge aufweisen, die entweder selten oder ihrer Gestalt oder Größe nach weit vom Durchschnitt entfernt sind. Solche Züge machen ein Gesicht wenn nicht schön, so doch einprägsam und auffallend. Man denke daran, wie ein Karikaturist die wesentlichen Züge eines Gesichts übertreibt, und dennoch werden Karikaturen oft schneller und genauer erkannt als ein realitätsgetreues Bild und sehen oft mehr aus wie die dargestellte Person als diese selbst. Doch in der Regel lässt eine Karikatur ein Gesicht weniger attraktiv aussehen.

Wem es unwahrscheinlich erscheint, dass ein attraktives Gesicht leicht in einer Menge aufgehen würde, der denke an ein durchschnittliches Model – also nicht an eines der bekannten Supermodels, sondern an eines, das etwa in einer Tageszeitung für Produkte wirbt. Es ist unwahrscheinlich, dass man das Gesicht einer solchen Person auf der Straße wieder erkennen würde, selbst wenn man die entsprechende Reklame schon oft in der Zeitung gesehen hat. In ähnlicher Weise sehen auch Siegerinnen von Schönheitswettbewerben oft eher gleich aus – alle sind extrem attraktiv, aber nicht unverkennbar. Das Gesicht kommt einem bekannt vor, eine besser aussehende, ebenmäßigere Variante von Gesichtern, die wir kennen. Dies ist ein Grund, weshalb sie uns gefallen. Eine angeborene Vorliebe für das Durchschnittliche könnte ein Weg der Evolution sein, sicherzustellen, dass menschliche Gesichter und nicht andere, ähnlich aussehende Objekte unsere Aufmerksamkeit auf sich lenken. Durchschnittliche Gesichter sind die, die am ehesten wie Gesichter aussehen, und vielleicht ist dies der Grund dafür, dass es für Babys eine Anpassungsleistung darstellt, sich zu ihnen besonders hingezogen zu fühlen.

Aber hier ist der Haken: Ein schönes Gesicht ragt aus der Menge hervor. Manche unverwechselbaren Gesichter sind schön. Die Gesichtszüge von Supermodels sind nirgendwo die Norm, außer auf dem Laufsteg und auf der Filmleinwand. Die Lippen von Naomi Campbell und Christy Turlington entsprechen dem Durchschnitt der Bevölkerung ebenso wenig wie Kate Moss' Wangenknochen und ihr zartes Kinnprofil. Wie man sich vorstellen kann, zählen durchschnittliche Gesichter nicht zu den außergewöhnlichen Schönheiten. Auf einer fünfstufigen Skala rangieren durchschnittliche Gesichter auf den Plätzen drei und vier, nicht aber auf dem Spitzenplatz fünf. Durchschnittliche Gesichter sind attraktiv, aber normalerweise gehören sie nicht zu den schönsten.

Doch Durchschnittlichkeit muss nicht das einzige Kriterium für Schönheit sein, das von der natürlichen Auslese begünstigt wurde. Bei einem Wettbewerb um Partner, die Vorbedingung für Darwins sexuelle Auslese, können Tiere mit gewissen extremen Merkmalen häufig bevorzugt werden. Diese extremen Merkmale – das bekannteste Beispiel ist das Rad des Pfaus – können ein Zeichen angeborener Resistenz gegen Krankheiten und Parasiten sein oder auch ein Signal ihres Trägers, dass er über genügend Mittel verfügt, um sich ein solch extravagantes Merkmal »leisten« zu können. Jeglicher sich aus dem extremen Merkmal ergebende Nachteil könnte durch den Vorteil der daraus resultierenden Attraktivität für potenzielle Partner(innen) ausgeglichen werden.

Haben schöne Gesichter extreme Merkmale? Der Psychologe David Perrett ließ eine große Anzahl von Porträtfotos nach der Attraktivität der gezeigten Personen einstufen. Dann kombinierte er die Bilder der am besten aussehenden Männer mit denen der entsprechenden Frauen und verglich sie mit dem Durchschnitt der ganzen Gruppe. Er stellte fest, dass die Komposita der am besten aussehenden Männer und Frauen attraktiver waren als das Kompositum der Gruppe. Wenn er die Merkmale, durch die sich die attraktiven Gesichter vom Durchschnitt unterschieden, zudem noch übertrieb, indem er sie karikierte, sahen sie sogar noch besser aus. Das funktionierte allerdings nur für die Gesichter der Frauen, nicht für die der Männer.

Doch eine Übertreibung irgendeines Merkmals, in welcher Form auch immer, macht ein Gesicht nicht schöner. In Perretts Studie unterschieden sich die attraktivsten Frauen von den anderen nur in wenigen Punkten. Sie hatten dünnere Kieferknochen, in Relation zur Gesichtsgröße größere Augen, und der Abstand zwischen Mund und Kinn war kleiner. Alle diese Merkmale sind Übertreibungen der Punkte, in denen sich die Gesichter erwachsener Frauen von jenen erwachsener Männer unterscheiden. Außerdem übertreiben sie die Jugendlichkeit des Gesichts. Einige weitere Studien, bei denen ganz andere Methoden angewandt wurden, kamen zu ähnlichen Resultaten.

Der Psychologe Victor Johnston hat ein Computerprogramm entwickelt, das genetischer Algorithmus genannt wird und von seiner Website abrufbar ist: http//www.psych.nmsu.edu/~vic/faceprints//.

Dort kann der User schönen Web-Nachwuchs züchten. Er beginnt damit, dass er dreißig per Zufall ausgewählte Gesichter beurteilt. Dann »kreuzt« das Programm das als schönstes eingestufte Gesicht mit einem anderen und kreiert so neue Gesichter, die die als am wenigsten attraktiv eingestuften ersetzen. Durch die Beurteilung von immer mehr Gesichtern schafft der User eine immer schöner werdende Population. Johnston zufolge repräsentieren die dreißig Ausgangsgesichter siebzehn Milliarden Punkte im »Gesichtsraum« (die hypothetischen Punkte, durch die Gesichter sich unterscheiden können). Wenn Tausende Menschen mit diesen siebzehn Milliarden Punkten herumspielen, schaffen sie schließlich ein weibliches Gesicht, das vollere Lippen, zartere Kieferknochen, eine kleinere Nase und ein kleineres Kinn hat als der Bevölkerungsdurchschnitt. In einer Studie war das geschätzte Alter der Person auf dem entstandenen Bild 24 Jahre, das heißt, zwei Jahre jünger als die Population, von der sie abgeleitet war. Doch die untere Gesichtspartie wies sogar noch jüngere Proportionen auf. Sie hatte die Lippen einer Vierzehnjährigen und den Abstand zwischen Augen und Kinn einer Elfjährigen.

Auch die Covergirls von *Vogue* und *Cosmopolitan* haben größere Augen, kleinere Nasen und vollere Lippen als die durchschnittliche »attraktive« junge Frau, und wenn man ihre Gesichtsproportionen in einen

171

Computer eingibt, kommt dieser zu dem Schätzergebnis, dass das Alter dieser Frauen zwischen sechs und sieben Jahren liegt. Das bedeutet jedoch nicht, dass diese Models in Wirklichkeit aussehen wie Erwachsene mit den Gesichtern von sechs- oder siebenjährigen Kindern. Es bedeutet vielmehr, dass die Geometrie ihrer Gesichtszüge so jugendlich ist, dass der Computer ihr Alter weit unterschätzt. Douglas Jones, der Autor dieser Studie, nennt sie »supernormale Stimuli«, Frauen, deren Attraktivität über die Proportionen, die sich normalerweise in der Natur finden (zumindest bei Erwachsenen), hinausgeht.

Auch der Biologe Richard Dawkins kreierte eine Version eines supernormalen Stimulus, und zwar mit Stichlingen; er nennt sie seine »Sexbomben«. Wenn die Stichlingsweibchen befruchtungsfähige Eier haben, schwillt ihr Bauch an. Eine grobe, silberne Attrappe mit einem »runden Bauch« löst bei den Männchen das Paarungsverhalten aus. Als Dawkins die Attrappe noch runder und birnenförmiger machte, löste sie noch mehr Lust aus. Mit anderen Worten, die Übertreibung des einschlägigen Signals funktionierte sogar besser als eine realistischere Darstellung. Dem entsprechend lassen sich durch plastische Chirurgie, die die Lippen von Frauen vergrößert, ihre Augenbrauen erhöht und die Nasen verkleinert, menschliche Sexbomben kreieren.

Babys haben fast geschlechtslose Gesichter. Es ist schwierig, Jungen und Mädchen in diesem Alter zu unterscheiden, und schon so mancher gut meinende Fremde hat sich dabei geirrt. Doch ab der Pubertät sind die Geschlechtsunterschiede ganz offenbar. Im Verlauf des weiteren Heranwachsens werden bei den Jungen durch das Testosteron die Kieferknochen und die Augenbrauenwülste gebildet. Männliche Gesichter sind in der Regel größer als weibliche, vor allem die untere Partie. Die Gesichter der Männer werden kantiger, verlieren weiche Rundungen und entwickeln vorspringende Brauenwülste und breitere Kiefer. Die überhängenden Brauen lassen die Augen tiefer liegend und kleiner erscheinen als die von Frauen. Da die Nasen der Männer in der Regel weiter vorstehen als die der Frauen, kann der Eindruck entstehen, dass ihr Augenabstand kleiner ist als der von Frauen (eine kleine Nase, vor allem eine mit einem flachen Rücken, erweckt den Eindruck eines größeren Augenabstands). Nase und Mund sind bei Männern breiter als bei Frauen. Manche Wissenschaftler glauben, der Grund dafür sei ein effizienterer Transfer von Luft in die Lunge, der notwendig ist, um die Sauerstoffzufuhr für die höhere männliche Stoffwechselrate sowie den höheren Hämoglobinspiegel der Männer zu unterstützen.

Die Frauen behalten die glattere Stirn und die kleinere Nase der Kindheit. Deshalb erscheinen ihre Augen größer und weiter; die Wimpern sind länger und dicker und die Brauen dünner und weiter von den Augen entfernt. Die Wangenknochen der Frau scheinen mehr vorzustehen, weil das weibliche Gesicht flacher ist, die Nase kleiner und das Kinn weniger kräftig, so dass sich das Gesicht nach unten verjüngt. Bei einer jungen Frau sind die Ränder der Lippen und die Zone darum herum mit Fett angefüllt. Da sich das Körperfett am Beginn der Pubertät neu verteilt, sind die Lippen junger Mädchen im Alter von vierzehn Jahren am vollsten. Im Vergleich zu den Männern ist ihre Oberlippe im Profil zart nach außen geschwungen.

Gesichter mit großen Augen, hohen Wangenknochen, vollen Lippen, einer kleinen Kinnpartie und grazilen Kieferknochen überbetonen jedes Zeichen von Femininität. Victor Johnston meint, dass die charakteristische untere Gesichtshälfte schöner Frauen mit ihren vollen Lippen, den zarten Kiefern und dem kleinen Kinn Kennzeichen eines weiblichen Wesens mit niedrigem Androgen- und hohem Östrogenspiegel ist. Solche Frauen haben die Pubertät mit einer minimalen Menge männlicher Hormone (daher die kleine untere Gesichtspartie) und einer maximalen Menge weiblicher Hormone wie etwa Östrogen (volle Lippen) durchlaufen.

Wenn Frauen Make-up verwenden, um sich schöner zu machen, übersteigern sie damit ebenfalls diese Signale. Sie zupfen und erhöhen die Brauen, um sie dünner und den Abstand vom Auge größer zu machen (Brauen werden immer von unten ausgezupft, denn das Ziel sind nicht nur dünne Brauen, sondern solche, die möglichst weit vom Auge entfernt sind). Zu Greta Garbos Zeiten wurden die Brauen vollständig neu gezogen. Der Make-up-Künstler Kevyn Aucoin sagt: »Durch das richtige Zupfen der Brauen können die Augen wesentlich größer erscheinen, und das ganze Gesicht kann offener wirken.« Die langen, kräftigen weiblichen Wimpern werden mit Mascara gefärbt, und die gesamte Augenregion kann durch Konturlinien und Kolorierung der Lider hervorgehoben werden.

Die Wangenknochen der Frau werden durch Rouge betont. Die entsprechende Anweisung lautet, es auf den »Apfel« der Wange aufzutragen (die Stelle, an der sich die Wange beim Lächeln verdickt), was nicht der Stelle entspricht, die sich von Natur aus röten würde, sondern wo es die Wangenknochen am besten akzentuiert. Die Lippen werden mit (gewöhnlich rotem) Lippenstift nachgezeichnet, manchmal wird damit auch ihre Form variiert. Heute gibt es ein ganzes Arsenal an kosmetischen Prozeduren, um die Größe der Lippen zu verändern; dazu gehören Lippen-Liftings, Injektionen von Fett oder Kollagen und das Einsetzen von Goretex-Streifen. Zu Beginn des zwanzigsten Jahrhunderts, vor den Zeiten von Kollagen, wiederholten viele Frauen Wortfolgen, die mit dem Buchstaben »p« begannen, um den Mund rund zu machen und die Lippen zu schürzen. Elizabeth Cady Stanton sagte einmal, sie würde Frauen, »die aussehen, als hätten sie eine affektierte Redeweise«, keine feministische Literatur geben. In ihrem 1963 veröffentlichten *Beach Book* gab die junge Gloria Steinem zu, am Handballen gesaugt zu haben: »Das macht dünne Lippen voll, volle Lippen kräftig und dicke Wangen schmal.«

Eine kleine untere Gesichtspartie wirkt noch kleiner durch einen großen Kragen und eine hohe Frisur. Hoch toupierte Frisuren sind bei Frauen wesentlich beliebter (Männer lassen ihre langen Haare herunterhängen), denn dadurch werden die Gesichtsproportionen in der Regel femininer – der Schwerpunkt wird nach oben verlagert. Auch ein hoher Kragen verkürzt die untere Gesichtspartie. Frauen übertreiben ihre Gesichtsproportionen zudem durch ihre Kopfhaltung. Prinzessin Dianas berühmtes scheues Lächeln, bei dem sie mit gesenktem Kinn nach oben blickte, betonte und vergrößerte ihre Augen; gleichzeitig ließ es ihre Kinnpartie so klein wie möglich erscheinen. Ein Kollege teilte mir mit, es sei praktisch unmöglich, in Japan eine Frau zu fotografieren, die nicht automatisch diese Pose einnimmt.

Weibliche Gesichter sehen mehr wie Kindergesichter aus, weil sie deren weiche Konturen und grundlegende Geometrie beibehalten. Die Psychologin Masami Yamaguchi bat Menschen, mit einer von ihr entwickelten Software in Grundzügen ein Kind, einen Erwachsenen, einen Mann und eine Frau zu zeichnen; bei den so entstandenen Bildern waren die Frau und das Kind sowie der Mann und der Erwachsene ähnlich.

174

Manche Stimmen behaupten, Menschen, vor allem Männer, würden auf »neotenische«, das heißt infantile Gesichtsmerkmale bei Frauen ansprechen. Es mag sein, dass infantile Gesichtszüge unwillkürlich den Pflegeinstinkt stimulieren, und vermutlich gefallen Männern hilflose und abhängige Geschöpfe. Doch so sehr Männer feminine und jugendliche Gesichter erwachsener Frauen bevorzugen – für wirkliche »Baby«-Gesichter trifft dies nicht zu. Der Psychologe Leslie Zebrowitz befasste sich mit »babyfaced« Kindern und Erwachsenen mit einer ungewöhnlich hohen Stirn, hohen, dünnen Augenbrauen, großen Augen und einer kleinen Nase. Sie werden in der Regel für naiv und schwach gehalten – kurz gesagt, für kindlich. Obwohl Frauen mit Babygesicht gewöhnlich für attraktiver gehalten werden als Männer mit Babygesicht, besteht ein deutlicher Zusammenhang zwischen Kindlichkeit und Attraktivität nur im Kleinkindalter. Die Gesichter attraktiver Frauen mögen kindlicher sein, doch sie sind nicht annähernd so extrem wie Babygesichter, und sie haben zumeist auch attraktive Anzeichen von Reife wie zum Beispiel hohe Wangenknochen. Als die Wissenschaftler Klaus Atzwanger und Karl Grammer Männer baten, Fotos von Frauen zu beurteilen, waren die als am attraktivsten eingestuften nicht dieselben wie jene, die als am kindlichsten eingestuft wurden.

Mit zunehmendem Alter werden alle Gesichter maskuliner. Die untere Gesichtspartie verlängert sich, und die Brauen senken sich zu den Augen hin ab. Knorpelmasse lagert sich an Ohren und Nase ab, die dadurch länger werden. Die Oberlippe verliert einen Teil ihres unter der Haut angesammelten Fetts und wird deshalb dünner. Die geschwungenen Lippen der Jugend werden gerade und verlängern sich. Da bei den Männern der Abstand zwischen Brauen und Augen kürzer ist, ihre Nase größer, die Lippen dünner und die untere Gesichtspartie länger als bei den Frauen, sieht das alternde Gesicht zunehmend maskuliner aus. Eine Frau jeglichen Alters mit kleinen Augen, einer relativ großen Nase und langen, dünnen Lippen sieht älter und maskuliner aus und wird als weniger attraktiv betrachtet. Feminin auszusehen bedeutet, jung auszusehen. Manche Wissenschaftler meinen, dass unsere Schönheitsdetektoren in Wirklichkeit Detektoren für die Kombination von Jugendlichkeit und Femininität sind.

175

# Der geheimnisvolle Mann

Es ist wesentlich einfacher, über das weibliche Gesicht zu sprechen als über das männliche, weil wir eine klarere Vorstellung davon haben, was es mit der weiblichen Schönheit auf sich hat. Ein gut aussehender Mann ist etwas schwieriger zu beschreiben, obwohl die Menschen, wenn sie ihn sehen, sich darüber fast ebenso rasch einig werden wie bei einer Frau.

Der Soziologe Allan Mazur beschäftigt sich weniger mit der Frage, was einen Mann per se attraktiv macht, sondern was ihn dominant aussehen lässt. Er beschreibt ein dominantes Gesicht als das eines Menschen, der offenbar »das Sagen hat«, im Gegensatz zum unterwürfigen Gesicht eines Menschen, der leicht kontrollierbar ist. Mazur bat Personen zu entscheiden, ob die Gesichter des Abschlussjahrgangs 1950 der Militärakademie Westpoint unterwürfig oder dominant aussähen, ohne ihnen Hinweise zu geben, wie solche Gesichter aussehen könnten. Die Testpersonen fanden diese Aufgabe leicht und waren sich in ihren Beurteilungen einig. Die dominanten Gesichter waren oval oder rechteckig und hatten dicke Augenbrauenwülste, tief liegende Augen und ein kräftiges Kinn; Mazur bezeichnete solche Gesichtszüge als »reif«. Gewöhnlich wurden sie auch als gut aussehend beschrieben. Die unterwürfigen Gesichter hingegen tendierten dazu, rund oder schmal zu sein und abstehende Ohren zu haben. Mazur stellte fest, dass die dominant aussehenden Kadetten schon im Verlauf ihrer Ausbildung und auch später als Berufssoldaten einen höheren Rang erreichten.

Dominant aussehende Männer sind nicht nur in der Schlacht erfolgreich, sondern auch im Bett. Eine Studie mit Schülern einer Highschool ergab, dass die Jungen sexuell umso aktiver waren, je dominanter sie aussahen. Eine andere Studie belegte, dass Frauen die sexuelle Attraktivität eines Mannes – wenngleich nicht die Sympathie für ihn – umso höher einschätzten, je dominanter sein Verhalten war (zum Beispiel Haltung und Körperstellung oder aktives im Gegensatz zu passivem Verhalten).

Maskulinität zeigt sich in der Knochenstruktur des Gesichts, aber auch in den Muskeln. Vor allem eine kräftige Kaumuskulatur scheint die männliche Attraktivität zu erhöhen – man denke an die muskulösen

Kinnbacken von Brad Pitt und Robert Redford. Der Kaumuskel ist ein kurzer, kräftiger Muskel in der Wange, den wir benutzen, wenn wir die Zähne zusammenbeißen oder mit den Zähnen knirschen. Er lässt die Kinnbacke eckig aussehen. Eine Überbeanspruchung des Kaumuskels kann zur Hypertrophie führen, einer klinischen Störung, die meist bei fast ausgewachsenen männlichen Jugendlichen vorkommt, die häufig die Zähne zusammenbeißen und viel Kaugummi konsumieren. Zwei Zahnärzte sprechen in diesem Zusammenhang von »erworbenem masseterischem Aussehen« und bemerkten, es erhöhe die Attraktivität ihrer Patienten (natürlich nur, wenn sie nicht Gummi kauten).

Bärte aller Art sowie lange Koteletten betonen die Reife und Maskulinität eines Gesichts, da Gesichtsbehaarung erst ab der Pubertät und in großem Umfang nur bei Männern auftritt. Bärte lassen einen Mann auch deshalb maskuliner aussehen, weil sie die Größe der unteren Gesichtspartie akzentuieren. Der Psychologe Michael Cunningham schlägt vor, Männer mit einem »Babyface« sollten ihre Attraktivität und ihr kraftvoll-männliches Aussehen durch Tragen eines Barts steigern. Männer mit Haarausfall werden häufig zu Opfern des »Babyface-Effekts«, weil sie wegen ihres zurückweichenden Haaransatzes das kindliche Aussehen mit hoher Stirn und weit darunter liegenden Gesichtszügen bekommen.

In diesem Jahrhundert war Gesichtsbehaarung weniger häufig als in früheren Zeiten (ausgenommen in den sechziger Jahren), zum Teil deshalb, weil sich die Medizin dagegen aussprach. Je mehr die Rolle von Keimen und Bakterien bei der Verbreitung von Krankheiten deutlich wurde, desto mehr betrachtete man Bärte als Refugien von Krankheitserregern. Davor hatten die Ärzte zu Bärten geraten mit dem Hinweis, sie würden die Kehle schützen und die von den Lungen aufgenommene Luft filtern. 1907 spazierte ein Pariser Wissenschaftler mit zwei Männern durch die Stadt – der eine mit Schnurrbart, der andere ohne – um eventuelle Gesundheitsrisiken des Ersteren zu testen. Nachdem sie den Louvre und andere Sehenswürdigkeiten aufgesucht hatten, küssten beide eine Frau, deren Lippen sterilisiert worden waren. Der an ihren Lippen verbleibende Rückstand beider Küsse wurde abgewischt, in eine sterile Lösung gegeben und vier Tage lang stehen gelassen. Der Rückstand des rasierten Mannes enthielt nichts außer harmloser Hefe, doch

177

der des Bärtigen »wimmelte von bösartigen Mikroben ... Diphterie, Fäulnisbakterien; minuziöse Essensreste, ein Haar von einem Spinnenbein und anderer Unrat.«

Davon haben sich die Bärte nie mehr ganz erholt. In einem Artikel der Zeitschrift *Harper's Weekly* aus dem Jahr 1904 klagte der Autor über die ästhetischen Effekte, die aus glatt rasierten Männergesichtern resultierten: »Diese Offenbarungen sind manchmal erschreckend: fliehende Kinne, wulstige Lippen, dumm aussehende Münder, brutale Kiefer, fette, schlaffe Hälse, die bislang unerkannt unter ihrem haarigen Schutz verborgen waren, treten nun in Erscheinung ... Guter Gott, fragt er sich, hat Meier denn immer so ausgesehen?« 1982 nahm der Kolumnist Otto Frederick seinen Schnurrbart ab. »Zu meinem Entsetzen sah ich im Spiegel ein Gesicht, das ich mehr als zehn Jahre lang nicht gesehen hatte, und ich erkannte es kaum. Wie war ich zu diesen tiefen, senkrechten Unzufriedenheitsfalten zu beiden Seiten meines Mundes gekommen?« Männer benutzen Bärte in ganz ähnlicher Weise wie Frauen Make-up – um unattraktive Stellen und Anzeichen des Alterns zu verbergen. Ein gut platzierter Schnurrbart kann eine asymmetrische Nase oder einen »schiefen« Mund symmetrischer aussehen lassen, und ein Bart kann das Aussehen eines Kinns oder Kiefers verändern. Psychologische Studien belegen ferner, dass Bärte wesentlich zum Erkennen eines Gesichts beitragen.

Man sollte meinen, durch eine Betonung aller charakteristischen männlichen Merkmale würde ein Mann besser aussehen. Wenn man Zeitschriften betrachtet, sieht man auf Anzeigen Gesichter wie gemeißelt, mit markanten Brauen und Kiefern und durchdringenden, verengten Augen. Botticelli überbetonte in seinem in den 1480er Jahren geschaffenen Gemälde *Junger Mann* die männlichen Charakteristika des Gesichts, indem er dessen Flächen so malte, als würde man sie aus unterschiedlichen Winkeln sehen. Der Künstler scheint gerade in die Augen und auf die Unterlippe zu schauen, Kinn, Nase und Augenbrauenwulst jedoch von unten zu sehen.

Einige Psychologen haben darauf hingewiesen, dass es dafür, wie männlich wir uns das Aussehen eines Mannes wünschen, Grenzen geben kann. Michael Cunningham meint, Frauen hätten bei der Suche nach einem Partner »mehrere Motive«. Eine Frau wolle nicht nur Be-

178

weise für Tüchtigkeit und Vermögen eines Mannes, sondern auch dafür, dass er seine Ressourcen auch tatsächlich in sie und ein potenzielles Kind investiert. Ein Gesicht, das Dominanz vermittelt, lässt nicht unbedingt auf Verlässlichkeit oder den Wunsch, in Nachkommen zu investieren, schließen. Cunninghams Studien zufolge finden Frauen typisch maskuline Gesichter attraktiv, die zugleich einige atypische Merkmale aufweisen. Zum Beispiel mögen sie Männer mit großen Augen und solche mit einem breiten Lächeln (Lächeln per se erhöht nicht die Attraktivität, doch gewisse Arten des Lächelns wirken sehr attraktiv). Cunningham meint, große Augen seien ein »neotenischer Wink«, ein Hinweis, den wir mit Babys assoziieren, und einer, der den weiblichen Pflegeinstinkt anspricht. Doch generell stellte er fest, dass Frauen einen Mann desto mehr als wünschenswerten und körperlich attraktiven Mann oder Partner einstuften, je maskuliner sein Gesicht wahrgenommen wurde. Männer mit »Babygesichtern« wurden als weniger wünschenswert für eine Ehe, weniger maskulin und weniger attraktiv eingestuft.

Wie wir sahen, macht eine Überbetonung der Femininität ein weibliches Gesicht attraktiver; eine Überbetonung der Maskulinität männlicher Gesichter kann diese jedoch weniger attraktiv machen. Die Psychologen Tatsu Hirukawa und Masami Yamaguchi kreierten »hyper«-maskuline und »hyper«-feminine Gesichter, bei denen die Unterschiede zwischen männlichem und weiblichem Gesicht übertrieben dargestellt wurden. Sie stellten fest, dass Frauen die Gesichter anderer Frauen als am attraktivsten beurteilten, wenn deren Form durchschnittlich war, während die Männer hyperfeminine Gesichter vorzogen. Beide Geschlechter fanden die hypermaskulinen Männer wesentlich weniger attraktiv. David Perrett und seine Kollegen stellten fest, dass japanische und schottische Männer und Frauen »hyper«-feminisierte weibliche Gesichter attraktiver und »hyper«-maskulinisierte männliche Gesichter bedeutend weniger attraktiv fanden. Die attraktivsten männlichen Gesichter waren vielmehr jene, die leicht feminisiert oder »verweichlicht« worden waren.

Hypermaskulinität könnte man mit einigen unerwünschten Persönlichkeitsmerkmalen in Zusammenhang bringen. So wurden in einer einschlägigen Studie und unabhängig vom Gesichtsausdruck die Gesichter von Männern mit großen Mengen zirkulierenden Testosterons als strenger und dominanter eingeschätzt als die Gesichter anderer Männer, während ihre Güte und Freundlichkeit niedriger bewertet wurden. Diese Männer hatten auch ein kleineres Lächeln. Auch in Perretts Studie wurden die hypermaskulinen Gesichter als dominanter und maskuliner wahrgenommen; außerdem wurden diese Männer als weniger warm, ehrlich und kooperativ und ihre potenziellen Qualitäten als Familienväter negativer bewertet.

Der Chirurg Paolo Morselli berichtete den interessanten Fall eines 38-jährigen Italieners ohne eine psychiatrische Anamnese, dessen Miene so finster und aggressiv war, dass er unter ernsthaften sozialen Schwierigkeiten zu leiden hatte. Nach dem griechischen Mythos vom Ungeheuer mit Menschenleib und Stierkopf nannte Morselli dieses Problem das »Minotaurus-Syndrom«. Um seine »bedrohliche Miene« zu verändern, wurde der Mann einer plastisch-chirurgischen Behandlung unterzogen: Kinnbacken und Augenbrauenwulst wurden reduziert. Danach gab er an, von seinen Mitmenschen nun freundlicher behandelt zu werden und sich besser zu fühlen.

Die Perrett-Studie ist bislang der einzige empirische Hinweis darauf, dass ein gewisser Grad an Feminisierung bei einem männlichen Gesicht attraktiv sein könnte. Alle anderen legen nahe, dass es für Männer am besten sei, maskulin auszusehen, allerdings nicht übertrieben maskulin, denn dies würde in einem »Neandertal-Look« resultieren, der kalt und grausam wirke. Michael Southgate arbeitet bei der »Erschaffung« von Mannequins mit; er sagt, es sei immer schwieriger, männliche Mannequins »richtig hinzukriegen« als weibliche. »Sie können einem Laden fünfhundert weibliche Mannequins verkaufen, ohne ein Problem zu bekommen. Aber liefern Sie nur zehn Männer, und jeder, vom Direktor bis zum Liftboy, hat etwas an ihnen auszusetzen – der sieht aus wie ein Vergewaltiger, der da wie ein Mörder, und der hier ist schwul.« Wenn ein Gesicht zu feminin aussieht, wird leicht angenommen, dass es nur Männern gefällt und Frauen nicht; ist es hingegen zu maskulin, wirkt es wie das Gesicht eines Verbrechers.

Gefragt, welche Charakteristika sie am liebsten auf einem Foto zeigen würden, antwortete eine große Gruppe von Männern und Frauen spontan: »Schön, gut aussehend, gescheit, freundlich, nett« – eine Kombination, die für Frauen leichter erreichbar sein dürfte als für Männer.

# Vergängliche Verführung

Das Gesicht signalisiert auch vergängliche Dinge – Lächeln, Stirnrunzeln, Einladungen und Weigerungen. »Wenn du lächelst, bin ich im Himmel«, sang Van Morrison, denn Glück ist ansteckend. Aber es verbessert nicht unbedingt das Aussehen. Das Lächeln einer Frau kann ihre Schönheit etwas steigern, vor allem, wenn sie weiße, gleichmäßige Zähne hat. Wie es scheint, ist es für Männer mit hohem Testosteronspiegel besser, nicht zu lächeln, da ihr Lächeln sie weniger liebenswert aussehen lassen könnte (vielleicht liegt hier auch der Grund für Actionhelden mit »Pokerface« à la Clint Eastwood). Ein großes, breites Lächeln wie etwa das von Tom Cruise oder Matt Damon ist jedoch sehr attraktiv.

Was auf die Schönheit einzuwirken scheint, ist ein Aussehen potenzieller Empfänglichkeit. Wenn wir erregt sind, weiten sich unsere Pupillen unwillkürlich, unabhängig von den Lichtverhältnissen. Wenn auf Fotos die Pupillen einer Frau größer retuschiert werden, denken die Männer, sie sei attraktiver, obwohl sie sich nicht bewusst sind, dass die Grundlage ihrer Reaktion diese Veränderung ist (sie denken, die Frau sehe »femininer« oder »hübscher« aus, aber keiner bemerkte, dass sie größere Pupillen hatte). Dasselbe geschieht, wenn Frauen Fotos von Männern betrachten; auch sie finden den Mann mit den vergrößerten Pupillen attraktiver. Männer stellen sich in einem psychologischen Experiment eher freiwillig als Partner einer Frau zur Verfügung und umgekehrt, wenn die Pupillen des potenziellen Partners pharmakologisch erweitert wurden. Wie die Blendenöffnung einer Kamera lässt das Öffnen der Pupille mehr Licht einfallen, erlaubt aber weniger Tiefenschärfe. Die erweiterten Pupillen geben uns einen verschleierten, sanften Blick wie durch Gaze oder wenn man mit einer Kamera mit Weichzeichner fotografiert.

Wenn wir sexuell erregt sind, röten sich unsere Lippen, schwellen an und treten hervor, desgleichen die Brustwarzen. Desmond Morris glaubt, dass die Form der Lippen sich entwickelt hat, um dieses Signal zu unterstreichen, und dass es durch weibliche Kosmetik noch stärker hervorgehoben wird. Die Lippen der anderen Primaten können zeitweilig vorgestülpt und zurückgerollt werden, doch nur die des Menschen

181

zeigen stets die rote Schleimhaut. Morris weist darauf hin, dass viele Tiere am Oberkörper Merkmale aufweisen, die ihre Genitalien imitieren (beispielsweise haben männliche Mandrills ein rotes Gesicht mit blauen Wangen, das ihren roten Penis und den blauen Hodensack imitiert), und meint dementsprechend, weibliche Lippen seien eine »labiale Imitation«.

Obwohl das Gesicht wohl nicht eine ganz so wörtliche Parodie der Sexualorgane ist, erhöhen seine Signale potenziellen sexuellen Interesses seine Attraktivität. Selbst wenn Frauen in voller Kleidung für Modezeitschriften abgelichtet werden, die von anderen Frauen gelesen werden, wirkt ihre Schönheit durch ihre subtilen, sexuell provozierenden Gesten noch anziehender. Alexander Liberman, der früher für *Vogue* arbeitete, sagte: »Ein gutes Model ... provoziert den Fotografen – durch die Art ihrer Bewegung, ihren Ausdruck, ihre Haltung –, sich vorübergehend zu verlieben und diese vergängliche Verführung auf das Foto zu bannen.«


## Symmetrie

Als der Fotograf Andre Kertesz Mondrian in dessen Studio aufnahm, fiel ihm auf, dass der berühmte Maler seinen Schnurrbart gestutzt hatte, um sein Gesicht symmetrischer aussehen zu lassen. Wie Mondrian haben die meisten Menschen einige fluktuierende Asymmetrien. Aus diesem Grund lassen sie sich lieber von einer Seite fotografieren als von der anderen – zumeist wollen sie die Seite mit dem »Makel« verbergen. Marilyn Monroe ließ sich praktisch immer von rechts ablichten. Ein Gerücht besagt, der britische König Edward VIII. (der verstorbene Herzog von Windsor) habe es so sehr vorgezogen, seine linke Gesichtshälfte zu zeigen, dass er gegen Entwürfe für Münzen mit seinem rechten Profil Einspruch erhob.

Fluktuierende Asymmetrien sind zufällige Abweichungen von der perfekten Symmetrie, für die die durchschnittliche Asymmetrie gleich null ist. Wir nehmen zum Beispiel an, dass Augen, Handgelenke und Brüste gleich groß sind, und wenn nicht, dass diese Unterschiede bei den Menschen zufällig variieren. Es gibt viele Gründe für Abweichungen von der vollkommenen Symmetrie, unter anderem die einseitige Einwirkung von Schadstoffen und Parasiten während der Entwicklung, Mangelernährung oder Krankheiten. Mit zunehmendem Alter kann auch die Asymmetrie des Gesichts zunehmen. Die Biologen Randy Thornhill und Anders Moller haben festgestellt, dass asymmetrische Tiere bei vielen Arten eine niedrigere Lebenserwartung und geringere Wachstumsraten haben und sich weniger vermehren.

Wenn Symmetrie ebenso wie Durchschnittlichkeit ein Indikator für Gesundheit und Fitness ist, dann sollte auch sie uns attraktiv erscheinen. Da durchschnittliche Gesichter dazu tendieren, symmetrisch zu sein, ist es schwierig, beides auseinander zu halten. Doch wie es scheint, ist ein symmetrisches Gesicht an und für sich bei Männern wie auch bei Frauen attraktiv. Allerdings wurden vollkommen symmetrische Gesichter nicht in allen Studien als attraktiv eingestuft, und sie helfen uns, an vielen der natürlichen und nicht unattraktiven Richtungsasymmetrien des Gesichts Gefallen zu finden.

Richtungsasymmetrien sind nicht zufällig und fluktuierend, sondern ein Kennzeichen vieler Arten – Rechts- oder Linkshändigkeit etwa ist ein Beispiel dafür. Unser Gesichtsausdruck, der hauptsächlich von der rechten Gehirnhälfte gesteuert wird, hat die Tendenz, in der linken Gesichtshälfte stärker zu sein; dies gilt vor allem für vorsätzliche oder gesteuerte Mimik. Beim Sprechen tendieren wir dazu, die rechte Seite des Mundes mehr zu bewegen als die linke, wahrscheinlich deshalb, weil die linke Gehirnhälfte das Sprechen steuert.

Wenn Wissenschaftler mit Hilfe von Spiegelbildern symmetrische Komposita herstellen, bei denen die eine Gesichtshälfte von der anderen »abstammt«, tragen die so entstandenen Kreationen häufig unnatürliche Züge. Zum Beispiel kann ein solches Kompositum praktisch ausdruckslos sein, während ein anderes einen unnatürlich intensiven und symmetrischen Ausdruck hat. Wenn zentrale Gesichtsstrukturen bzw. -linien (etwa die Nase) leicht von der Symmetrie abweichen, weist jedes Kompositum Züge auf, die ihre Form nicht genau wiedergeben. Deshalb sind Komposita aus miteinander vermischten ganzen Spiegelbildern (jede Seite ist ein Kompositum der linken und der rechten Seite) ohne Ausdruck die einzigen, mit denen man testen kann, ob symmetrische Gesichter attraktiver sind. Wenn diese Methode verwendet wird,

183

stellt man fest, dass die symmetrischen Gesichter für attraktiver gehalten werden. Natürlich kann ein Gesicht auch symmetrisch und dennoch nicht schön sein. Auf einer Skala von eins bis zehn tendieren symmetrische Gesichter zu Rang sechs bis acht, nicht aber zehn. Wie Durchschnittlichkeit ist Symmetrie ein Bestandteil des attraktiven Gesichts, aber keine Garantie für überwältigende Schönheit.

## Der B-Punkt*

Menschen fällen ständig vorschnelle Urteile über das Aussehen anderer. Sie tendieren dazu, die Schönheit anderer übereinstimmend zu beurteilen, und lassen sich bei ihren Urteilen häufig von Mechanismen leiten, die Symmetrie und Durchschnittlichkeit wie auch überdeutliche Anzeichen von Femininität in den Gesichtern von Frauen ermitteln. Dies legt nahe, dass die allgemeinen geometrischen Züge eines Gesichts, die zur Wahrnehmung von Schönheit führen, universal sein könnten und dass die Wahrnehmung dieser Züge von Schaltkreisen im menschlichen Gehirn gesteuert wird, die durch natürliche Auslese entstanden.

Victor Johnston, Psychologe an der New Mexico State University, führte eine bahnbrechende Studie durch, bei der er den Testpersonen Elektroden an die Kopfhaut setzte, um festzustellen, was mit der Elektrophysiologie des Gehirns geschieht, wenn wir Gesichter betrachten. Es zeigte sich ein Zusammenhang zwischen dem so genannten LPC-Faktor (late positive component of event-related potentials – die letzte positive Komponente von mit Ereignissen zusammenhängenden Potenzialen) und dem Anblick der attraktivsten weiblichen Gesichter. LPCs reagieren normalerweise auf Stimuli, die einen »affektiven« Wert haben, das heißt Stimuli, die Aufmerksamkeit fordern und einen emotionalen »Schlag versetzen«. Diese elektrophysiologischen Signale zeigten größere Amplituden, wenn die Versuchspersonen auf schöne weibliche Gesichter blickten. Damit zeigt Johnstons Studie, dass der Schauder der

---

* Beauty Spot, analog dem G spot als dem Punkt der angeblich höchsten sexuellen Erregung der Frau (Anm. d. Übers.).

Schönheit im Gehirn messbar ist – beim Anblick einer schönen Frau lassen sich in unserer Elektrophysiologie Erregung und konzentrierte Aufmerksamkeit nachweisen.

Wir wissen auch, dass Gesichter in bestimmten Regionen der rechten Gehirnhälfte (im Temporal- und Okzipitallappen) schneller und genauer erkannt werden. Bei meinen eigenen Forschungen mit Patienten, die einen Schlaganfall in Regionen der linken oder rechten Gehirnhälfte erlitten hatten, stellte ich fest, dass nur die Patienten mit einer Schädigung der rechten Gehirnhälfte deutliche Schwierigkeiten zeigten, menschliche Gesichter und gefühlsbetonte Mimiken zu erkennen. Diese Asymmetrie des Gehirns beim Erkennen von Gesichtern hat einige interessante Konsequenzen. So scheint zum Beispiel die rechte Gesichtshälfte dem ganzen Gesicht mehr zu »ähneln« als die linke. Beim Erstellen von Spiegelbildkomposita ist es das von der rechten Seite des Gesichts hergestellte Bild, das zu einer größeren Ähnlichkeit führt. Dies führte zu heftigen Spekulationen bis hin zu der Annahme, wir hätten auf der rechten Seite ein öffentliches und auf der linken ein verborgenes Selbst. Einige Psychologen meinten, der Grad der Asymmetrie des Gesichts könne das Ausmaß an neurotischen Konflikten zwischen öffentlichem und privatem Selbst anzeigen!

Die Erklärung liegt jedoch in der Art und Weise, wie unsere Wahrnehmung »verdrahtet« ist. Da sich im Gehirn visuelle Routen kreuzen, gelangt alles, was in der linken Hälfte des Gesichtsfeldes gesehen wird, zuerst zur rechten Gehirnhälfte. Wenn wir einem Menschen gegenüberstehen, wird dessen rechte Seite direkt an unsere rechte Gehirnhälfte übertragen, während die linke aufgrund einer längeren Route später dort eintrifft. Das Gehirn verarbeitet die Merkmale der rechten Gesichtshälfte zuerst, und sie machen diese Seite des Gesichts im Kopf vorherrschend. Aus diesem Grunde sehen zwei rechte Gesichtshälften der ganzen Person »ähnlicher«, und aus demselben Grund mögen die Menschen Gesichter mehr, wenn sie sie in der ihnen vertrauten Weise betrachten können. Der Einzelne zieht es vor, sein Gesicht umgekehrt bzw. »verkehrt herum« zu sehen, weil er daran gewöhnt ist, es so zu sehen (im Spiegel), während sein Freund lieber ein Foto sieht.

Das, was zu unserer rechten Gehirnhälfte gelangt, dominiert auch unser Urteil über die Attraktivität des Gesichts. Die Psychologen David Per-

185

rett, D. Michael Burt und ihre Kollegen kreierten Komposita von Gesichtern, deren Hälften sich im Grad der Attraktivität unterschieden. Sie stellten fest, dass die Versuchspersonen das ganze Gesicht als attraktiv beurteilten, wenn die attraktive Hälfte zur rechten Gehirnhälfte gelangte.

Wie das Gehirn Schönheit erkennt und darauf reagiert, ist eines der Forschungsgebiete in meinem Labor am Massachusetts General Hospital und an der Harvard Medical School. Meine Kollegen und ich verfolgen die neurologischen Pfade, anhand derer wir Gesichter und Gesichtsausdrücke erkennen. Wir konzentrieren uns dabei auf Gehirnregionen, die auf höherer Ebene mit Sehen und emotionalem Lernen befasst sind, insbesondere den rechten Temporallappen und eine darunter liegende subkortikale Struktur, die als Amygdala bezeichnet wird. Wir fanden Beweise für getrennte und lokalisierbare Gehirnschaltungen, die das Erkennen von Gesichtern sowie das Erkennen bestimmter Gesichtsausdrücke, zum Beispiel Angst, steuern.

In ähnlichen Arbeiten lokalisieren meine Kollegen Hans Breiter, Steve Hyman und Bruce Rosen die Schaltungsanordnungen des Gehirns, die beteiligt sind, wenn wir Vergnügen und Belohnung erfahren oder wenn wir uns nach einem einmal belohnten Zustand zurücksehnen. Wir benutzen diese Arbeiten als Rahmen, innerhalb dessen wir Vorhersagen über die Schaltungen machen, die bei der unwillkürlichen und angenehmen Reaktion auf menschliche Schönheit involviert sind. Wenn die Ermittlung von Schönheit über feste Bahnen verläuft, das heißt, wenn sie von Schaltkreisen gesteuert wird, die durch natürliche Auslese entstanden, sollte es uns gelingen, diese spezifischen Bahnen zu entdecken. Mit Hilfe bildgebender Verfahren für das Gehirn beobachten wir die Gehirne von Männern und Frauen, während sie Gesichter betrachten. Unsere Testpersonen sind heterosexuelle und homosexuelle Männer und Frauen, und die Gesichter, die sie sehen, sind entweder außergewöhnlich attraktive Männer oder Frauen oder solche, deren Attraktivität durchschnittlich oder darunter ist. Diese Forschungen dauern noch an, so dass es verfrüht wäre, schon jetzt Resultate zu nennen, doch von ähnlichen Arbeiten sind einige interessante Feststellungen zu berichten.

Zwar legt das Vorhandensein von Vorteilen der rechten Hemisphäre für so viele Fähigkeiten des Gesichts nahe, dass die Gesichtsanalysatoren unserer rechten Hemisphäre Schwerstarbeit leisten, wenn sie die

186

Attraktivität eines Gesichts erkennen, doch trifft dies möglicherweise gar nicht zu. Ich führe seit zehn Jahren eine intensive Fallstudie mit einem inzwischen 45-jährigen Mann durch, der an einem seltenen, Prosopagnosie genannten Syndrom leidet. Solche Menschen können weder sich selbst noch andere erkennen. Die Frau dieses Patienten muss ein spezielles Schmuckstück oder Ähnliches – ein Band in einer besonderen Farbe oder eine auffallende Haarspange – tragen, wenn sie mit ihm ausgeht, damit er sie wieder erkennen kann. Als ich ihn einmal nach Hause fuhr, sah ich in der Einfahrt zu seinem Grundstück zwei Kinder. Ich fragte, ob das seine Kinder seien, und er antwortete: »Müssen sie wohl, wenn sie in meiner Einfahrt spielen.«

Dieser Mann kann andere Menschen durch ihre Stimme, ihr Parfum, ja sogar ihren Gang identifizieren. Sein Unvermögen, ein Gesicht zu erkennen, resultiert aus einer Kopfverletzung, die er sich im ersten Jahr am College zuzog; dabei wurden Teile seiner rechten Gehirnhälfte schwer beschädigt. Obwohl er in Harvard studieren, zwei Magister machen, heiraten, Kinder bekommen und einen Beruf ausüben konnte bzw. kann, ist es ihm nicht mehr möglich, auch nur ein einziges menschliches Gesicht wieder zu erkennen. Trotzdem kann er aber fast alles andere erkennen (allerdings hat er auch Probleme, manche vierbeinigen Tiere und manche Gesichtsausdrücke zu unterscheiden). Nur bei individuellen Gesichtern ist er vollkommen hilflos.

Es war interessant für mich zu hören, wie dieser Mann manche Menschen als attraktiv beschrieb, und ich fragte mich, ob er Gesichter wirklich genau so sieht, wie es andere Menschen tun. In einer Reihe von Versuchen beurteilte er die Attraktivität von Personen mehr oder weniger ebenso wie andere Menschen. Er zeigt Sensibilität für die Symmetrie von Gesichtern, für leichte Karikatureffekte (Übertreiben der Unterschiede zwischen schönen und weniger schönen Gesichtern) und für eine erhöhte Femininität weiblicher Gesichter, obwohl alle diese Dinge sowohl Aufmerksamkeit für subtile Details des Gesichts als auch für dessen konfigurative Eigenheiten, also seine Gestalt, erfordern. Er weiß zwar nicht, wer eine Person ist, aber er weiß, wenn er sie attraktiv findet. Die natürliche Auslese hat diese beiden Schaltkreise zumindest zum Teil getrennt gelassen. Vielleicht hat die Schönheit also am Ende doch ihre eigene Bahn im Gehirn.

# 6

# Größe

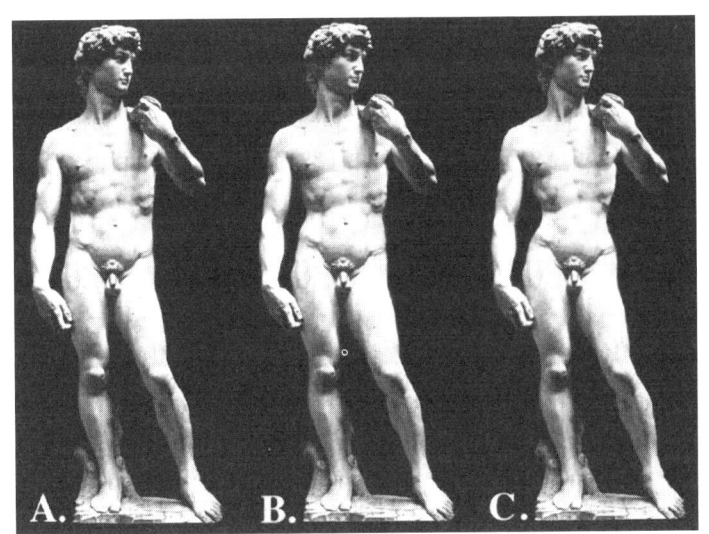

Der Mensch bewundert jegliche Merkmale, die die Natur ihm gegeben hat, und oft versucht er, sie zu übertreiben.

CHARLES DARWIN

Ich habe mit Freud in Wien zusammengearbeitet ... Wir zerstritten uns über den Begriff des Penisneids. Freud meinte, man solle ihn auf Frauen beschränken.

WOODY ALLEN

Zu viel von etwas Gutem kann wunderbar sein.

MAE WEST

Der Körper eines männlichen Tiers ist gestaltet von seinem Verlangen nach dem weiblichen Körper. Um Konkurrenten auszuschalten, entwickelt er Reißzähne oder ein Geweih, oder er wird sehr groß. Um dem Weibchen zu gefallen, demonstriert er seine Schönheit. Vögel sind keine Kämpfer, sondern Liebhaber; sie sind »geschmückt mit allen möglichen Kämmen, Kehllappen, Höckern, Hörnern, aufgeblähten Beuteln, Hauben, Schöpfen, nackten Schäften, Federbüschen und langen Federn, die anmutig aus jedem Teil des Körpers ragen können. Häufig sind der Schnabel und die nackte Haut am Kopf sowie die Federn prächtig gefärbt.« Diese Beschreibung stammt von Darwin, der von unseren gefiederten Freunden hingerissen war und glaubte, Vogelweibchen würde es ebenso ergehen – immerhin schrieb er: »Starke Zuneigung, präzise Wahrnehmung und ein Sinn für das Schöne« seien nicht unvereinbar mit einer »geringen Kraft des Verstandes«.

Schönheit ist zur Reproduktion nicht unabdingbar, doch erleichtert sie diese. Die »waffen- und schmucklosen oder unattraktiven Männchen würden in der Schlacht um das Leben ebenso bestehen und zahlreichen Nachwuchs hinterlassen«, schrieb Darwin, »wenn es nicht besser ausgestattete Männchen gäbe.« Doch es gibt sie, und sie verscheuchen die unscheinbaren Männchen.

Weibchen legen mehr Wert auf Extravaganz als auf Subtilität. Weibliche Schwertschwänze mögen Männchen mit einem langen Schwert (eine farbige Verlängerung der Schwanzflosse), Schwalben- und Witwenvogelweibchen ziehen Männchen mit langen Schwänzen vor und so weiter. Doch der prunkvolle Schmuck des Männchens hat seinen Preis. Der Pfau, der seine Schleppe aus hundertfünfzig bis zweihundert schillernden Federn hinter sich herschleift, muss, wie Helena Cronin schreibt, »sich nicht nur um ein Weibchen und Kinder kümmern, son-

191

dern um ein Weibchen, Kinder und einen Schwanz!« Sein Schmuckstück zieht die Aufmerksamkeit von Raubtieren auf sich, es verbraucht kostbare, für den Stoffwechsel notwendige Substanzen, und es muss herumgetragen werden.

Doch diese Mühen der Männchen werden belohnt. Die Pfauenmännchen mit den kunstvollsten, mit den meisten Pfauenaugen versehenen Schwänzen sind bei der Paarung nicht nur erfolgreicher als andere; sie bekommen praktisch jedes Weibchen. Große Schnepfen, deren weißer Schwanzfleck noch künstlich aufgehellt wird, und Schwalbenmännchen, denen man den Schwanz verlängert, haben bei der Paarung mehr Erfolg als ihre »normalen« Geschlechtsgenossen. Dies legt nahe, dass Weibchen Merkmale bevorzugen, die über das Normalmaß der Natur hinausgehen.

Die schwierige Frage ist, weshalb Weibchen Extravaganz bevorzugen. Der Genetiker Sir Ronald Fisher beschrieb 1930 einen explosionsartigen, eskalierenden »Gewinner«-Prozess sexueller Selektion, der dafür verantwortlich sein könnte: Eine Bevorzugung wird zum Ausdruck gebracht, wenn zum Beispiel ein Vogelweibchen an einem langschwänzigen Männchen Gefallen findet. Sie paaren sich und bekommen Junge mit relativ langen Schwänzen. Die Bevorzugung breitet sich aus, weil die langschwänzigen Vögel auch anderen Weibchen gefallen. Sobald sich eine Bevorzugung, aus welchem Grund auch immer, einmal entwickelt, entsteht ein Selektionsdruck, sich ihr anzupassen, denn nur dadurch bekommen die Weibchen männliche Junge, die als Paarungspartner begehrt werden. Dieses Muster wiederholt sich, und im Lauf der Zeit wollen sich die Weibchen gar nicht mehr mit kurzschwänzigeren Vögeln paaren; die Präferenz wird stärker und die Schwänze damit länger.

Große oder auffallende Merkmale könnten Produkte solcher evolutionärer Gewinner-Prozesse oder »Runaways« sein. Was einmal als Anpassungsmerkmal begann, das sich schließlich zu einem »Runaway« entwickelte, könnte inzwischen allein durch seine Beliebtheit aufrechterhalten werden, etwa in der Art und Weise, wie sich ein Bestseller, eine Hitscheibe oder ein Modetrend entwickelt. Die meisten Biologen glauben allerdings, dass es bei unwiderstehlicher Schönheit biologischer Formen um mehr geht als nur um Popularität. Sie meinen,

Schönheit sei nicht launenhaft oder beliebig, sondern eine Form der Kommunikation.

Der Theorie des Biologen Amotz Zahavi zufolge sind auffallende Merkmale eine Form von »Behinderung«. So teilt etwa der Pfau, der seinen riesigen Schwanz herumschleift, mit: Ich bin so gesund und stark, dass ich mir Schwanzfedern mit einem Radius von anderthalb Metern leisten und von ihnen Nährstoffe abziehen lassen kann, damit sie wunderschön aussehen, und mir erlauben kann, für Überraschungsangriffe von hinten anfällig zu sein. Nur ein Tier in exzellentem Gesundheitszustand kann ein solches Merkmal entwickeln, mit sich herumtragen und genügend Immunstoffe gegen Parasiten haben, um es in seiner ganzen Pracht und Fülle zu erhalten. Durch den dafür notwendigen Aufwand bleibt ein solches Signal aufrichtig und zuverlässig.

Das Interesse des Weibchens an diesem physisch exzellenten Exemplar wird genährt durch den Wunsch nach möglichst lebensfähigen Nachkommen. Aber sind Männchen mit großartigem Zierrat auch die besten Väter? Es gibt zwar keinen Hinweis darauf, dass sie ihrem Nachwuchs eine bessere Fürsorge angedeihen lassen, doch scheinen sie robustere Gene zu vererben. Pfauen mit besonders schönen Schwanzfedern zeugen überlebensfähigere Nachkommen als solche mit einem eher durchschnittlichen Schwanz. Rauchschwalben mit längeren Schwanzgabeln leben länger als solche mit kürzeren; dasselbe gilt tendenziell auch für ihre Nachkommen. Rotkehligen Stichlingen werden seltener Eier aus dem Nest geraubt als weniger farbenprächtigen Exemplaren. Die rote Kehle ist eine Bedrohung für andere Männchen und lockt gleichzeitig Weibchen an – was zeigt, dass manche auffallenden Merkmale offenbar sowohl in der Liebe als auch im Krieg wirkungsvoll sind. Fliegen der Familie der Diopsidae haben Augen, die auf Stängeln sitzen, von denen manche länger sind als der gesamte Körper. Die Weibchen bevorzugen die Männchen mit den längsten Stängeln, und wie sich zeigte, verfügen diese über einen Vorteil, nämlich ein »zähes« Y-Chromosom, das die Chancen erhöht, in einer überwiegend weiblichen Population männliche Nachkommen zu erhalten.

Große Verzierungen haben ferner die Tendenz, symmetrischer zu sein als kleine, und wie wir noch sehen werden, bevorzugen Weibchen Symmetrie. Symmetrische Merkmale zu produzieren ist schwierig, be-

193

sonders wenn sie groß sind und bei der sexuellen Selektion eine Rolle spielen. Doch wenn große Verzierungen sowohl ein Handicap als auch ein aufrichtiges Anpreisen hoher genetischer Qualität sind, dann ist Symmetrie genau das, was man erwarten würde. Tiere, die große Verzierungen entwickeln können, dürften besser als kleine Tiere in der Lage sein, entwicklungsbedingten Stress abzumildern. Da sekundäre Geschlechtsmerkmale durch im Körper zirkulierende Hormone erhalten werden, die die Immunfunktion gefährden, können nur die gesündesten Tiere sie gleichzeitig mit ihrer Immunkompetenz aufrechterhalten.

Im natürlichen Zustand sind die Schwanzfedern männlicher Schwalben um etwa zwanzig Prozent länger als die der Weibchen. Die Männchen mit den längsten Schwanzfedern ziehen mehr Weibchen an als andere. Doch ihre langen Gabelschwänze sind auch symmetrischer als die kürzeren. Der Zoologe Anders Moller wollte wissen, ob Schwanzlänge und Symmetrie unabhängig voneinander die Wahl der Weibchen beeinflussen. Um dies festzustellen, betrieb er etwas »kosmetische Chirurgie« – er kürzte Schwanzfedern und verlängerte die anderer Männchen, um die Schwänze länger, kürzer, symmetrisch und asymmetrisch zu machen. Um sicherzustellen, dass angeklebte Federn per se nicht von Interesse waren, schnitt Moller auch die Federn anderer Männchen ab und klebte sie wieder an, ohne Größe oder Symmetrie zu verändern. Die Weibchen achteten sowohl auf Größe als auch auf Symmetrie: Männchen mit längeren, aber asymmetrischen Schwanzfedern waren weniger beliebt als solche mit langen, symmetrischen Schwänzen.

Die Zoologen Eystein Markusson und Ivar Folstad stellten fest, dass bei brünftigen Rentieren die größten Geweihe auch die symmetrischsten waren. Interessanterweise galt die Relation zwischen Größe und Symmetrie nicht auch für andere Körperteile. Die beiden Forscher nehmen an, dass der Zustand des Geweihs spezifische Informationen über den Parasitenbefall der Tiere gibt, die andere Körperteile nicht bieten. Sexuelle Selektion könnte die Entwicklung von Prunkmerkmalen begünstigt haben, die – wie ein Geweih – leicht eine Asymmetrie erkennen lassen, vor allem eine Asymmetrie, die durch ein beeinträchtigtes Immunsystem hervorgerufen wurde.

Aber was sagen uns die Paarungspräferenzen von Pfauen, Schwalben, Schnepfen und Rentieren über die menschliche Schönheit?

# Der Gipfel der Macht

Während des Prozesses gegen O. J. Simpson fragte der Verteidiger F. Lee Bailey, ob er einen Lederhandschuh als Beweisstück einbringen dürfe, um zu illustrieren, wie ein Kriminalbeamter einen Handschuh am Tatort entwenden und verstecken hätte können. Staatsanwältin Marcia Clark wandte dagegen ein, der wirkliche Handschuh habe die Größe »extra large«, doch der, den Bailey als Beweisstück vorlegen wolle, habe eine andere Größe. »Größe S, small«, sagte sie sarkastisch. »Ich vermute, es ist Mr. Baileys eigener Handschuh.« Sie hätte keine vernichtendere Bemerkung machen können. In ähnlicher Weise beschrieb Tolstoi, als er seine Verachtung für Napoleon zum Ausdruck bringen wollte, diesen als einen kleinen Mann mit kleinen Händen.

Im Tierreich ist das dominierende Tier tendenziell auch das größte. In vielen Dörfern auf der ganzen Welt wird der Häuptling »der große Mann« genannt, und für gewöhnlich ist er von einem imposanten Äußeren. Der erste amerikanische Präsident, George Washington, überragte mit seinen 1,90 Metern die meisten seiner Landsleute, und dasselbe gilt auch für seine Nachfolger (seit 1776 waren nur die Präsidenten James Madison und Benjamin Harrison kleiner als der durchschnittliche Amerikaner). Der leichteste Weg, den Sieger einer Wahl in den Vereinigten Staaten vorauszusagen, ist, auf den größeren Kandidaten zu setzen: in diesem Jahrhundert hätte man damit bis 1968, als Richard Nixon George McGovern schlug, eine ununterbrochene Reihe von Treffern erzielt.

Überdurchschnittlich große Männer sammeln häufig mehr Ressourcen an als andere. Die durchschnittliche Größe des amerikanischen Mannes ist 1,75 Meter. Mehr als die Hälfte der Hauptgeschäftsführer der fünfhundert führenden Unternehmen der USA sind 1,83 Meter oder größer, und nur drei Prozent sind 1,70 Meter oder kleiner. Körpergröße könnte eine nicht anerkannte Qualität sein, nach der Unternehmen suchen – sie wollen jemanden, der nicht nur die geforderten Aufgaben erfüllen kann, sondern auch zu einem Image passt: einen, zu dem man im wortwörtlichen Sinne aufblicken kann. Als Personalchefs gebeten wurden, zwischen zwei Bewerbern zu wählen, deren Qualifikationen bis auf die Körpergröße – der eine war 1,85 Meter, der andere 1,65 Meter groß –

195

absolut gleich waren, entschieden sich 72 Prozent für den größeren Kandidaten und nur einer für den kleineren (die restlichen hatten keine Bevorzugung).

Die Psychologin Irene Frieze untersuchte die Beschäftigungsverhältnisse von mehr als tausend Absolventen der Betriebswirtschaftlichen Fakultät der University of Pittsburgh und stellte fest, dass sich die Körpergröße deutlich auf Anfangs- und laufende Gehälter auswirkte. Die Studie wurde in den achtziger Jahren erstellt; damals betrug das durchschnittliche Jahreseinkommen der Testpersonen 43000 Dollar. Doch die über 1,80 Meter großen Probanden verdienten über viertausend Dollar mehr als ihre Kollegen, die nur 1,65 Meter oder weniger maßen. In Friezes Studie spielte die Größe keine wesentliche Rolle bei den Gehältern der Frauen. Doch eine andere Studie mit jungen Männern und Frauen in einer Vielzahl von Berufen stellte für beide Geschlechter wesentliche Auswirkungen der Körpergröße fest; allerdings waren diese bei den Männern deutlicher. Dieser Vorteil für große Menschen hätte nichts Diskriminierendes an sich, wenn sie die kleineren in der Leistung überträfen. Doch die Testpersonen dieser Studien waren Büroangestellte unterschiedlichen Ranges und nicht etwa Basketballspieler; in der Qualität oder Quantität der verrichteten Arbeit ließen sich keine Unterschiede feststellen, die auf Körpergröße beruht hätten.

Auch in der gesellschaftlichen Hierarchie sehen sich kleine Männer mit Problemen konfrontiert, vor allem als Kinder. Der Schriftsteller Stephen Hall war als Kind sehr klein; er erinnert sich: »In dieser Zeit des Lebens, als Logik und verbale Gewandtheit noch nicht die bevorzugten Mittel zur Lösung von Konflikten waren, wurde ich ... gestoßen, geschlagen, gekniffen, verpfiffen, gemieden, verlassen und lächerlich gemacht. ... Zum Teil war das eine Spielart von Kindheits-Jovialität, das ist wahr, aber einiges davon hatte doch etwas ekelhaft Räuberhaftes an sich. Ich assoziiere diese Misshandlungen nicht unbedingt mit großen Menschen; nur mit Leuten, die größer sind als ich, und wir alle spielen nur eine kleine Nebenrolle in diesem Prozess, in dem in einer großen Theorie der Qualen Gewalt von oben nach unten weitergegeben wird.« Wenn kleinwüchsige Männer hart durchgreifen, beschuldigt man sie gern, einen »Napoleonkomplex« zu haben, den Wunsch, ihre geringe Körpergröße durch ein exzessives Machtbedürfnis zu kompensieren.

196

Ian Fleming schrieb in *Goldfinger*: »Bond hatte kleinen Männern immer misstraut. Sie hatten einen Minderwertigkeitskomplex, der bis in die Kindheit zurückreichte. Ihr ganzes Leben lang trachteten sie danach, größer zu sein als die anderen, von denen sie als Kinder gehänselt worden waren.« Mit Alter, Humor, Intelligenz und Talent kann ein kleinwüchsiger Mann einen großen überrunden, doch zuerst muss er mit den auf beiden Seiten vorhandenen unreflektierten Mutmaßungen fertig werden.

Es ist kein Wunder, dass wir immer versuchen, die Illusion von Größe zu schaffen, ob wir sie nun besitzen oder nicht. Der britische König Wilhelm III. ließ im Schloss Hampton Court außerhalb Londons Türklopfer über Augenhöhe anbringen, um den Menschen, die ihn aufsuchten, das Gefühl von Kleinheit zu geben (und ihn als groß zu sehen). Sprecher steigen auf eine Bühne, religiöse Würdenträger predigen von erhöhten Altären aus, Könige und Königinnen besteigen Throne. John Wayne war 1,93 Meter groß, doch Robert Mitchum zufolge »trug er zehn Zentimeter hohe Schuhe und einen riesigen Hut. ... Er ließ sogar die Durchgänge auf seinen Booten erhöhen, damit er mit seinen hohen Schuhen durchpasste.« Und wenn alles andere fehlschlägt, überzeugen die Menschen sich und andere davon, dass sie doch ein kleines bisschen größer sind: In 71 Prozent der Fälle neigen die Menschen dazu, ihre eigene Körpergröße zu überschätzen.

Die unbewusste Assoziation von Macht, Status und Körpergröße ist so sehr in uns verwurzelt, dass wir unwillkürlich davon ausgehen, dass mächtige Menschen groß sind. In einer Überprüfung dieses Gedankens las ein Mann vor Studenten und wurde einmal als hoch angesehener Professor seines Fachs vorgestellt, das andere Mal als Student. Nach der Vorlesung wurden die Studenten gebeten, die Körpergröße des Vortragenden zu schätzen: Ein und derselbe Mann wurde, als »Professor« vorgestellt, um mehrere Zentimeter größer geschätzt denn als »Student«.

All das wäre für die Schönheit irrelevant, wenn es einen Mann nicht sexuell attraktiver machen würde. Doch das tut es. Die klischeehafte Beschreibung des attraktiven Mannes lautet: »Groß, dunkel, gut aussehend«. In einer Studie von Kontaktanzeigen wünschten sich achtzig Prozent der Frauen, die Körpergröße erwähnten, einen Mann von mindes-

197

tens 1,80 Meter. Große Männer erhalten mehr Antworten auf Kontaktanzeigen; bei Frauen hingegen hat die Körpergröße keinen Einfluss auf die Popularität einer Anzeige. Die Psychologin Linda Jackson stellte bei ihrer Studie von Stereotypen fest, dass größere Männer für athletischer, körperlich attraktiver und beruflich besser gestellt gehalten werden.

Etwas Uneinigkeit herrscht über die Frage, wie groß der ideale Mann genau sein sollte. Den meisten Studien zufolge ziehen die Frauen Männer zwischen 1,80 und 1,85 Metern vor, was der Größe der meisten Models entspricht. Doch in einer Studie gaben die Frauen Männern den Vorzug, deren Körpergröße nur knapp über dem Durchschnitt lag (1,75 bis 1,80 Meter). Alle stimmen jedoch darin überein, dass sie Männer, deren Größe dem Bevölkerungsdurchschnitt entspricht oder darüber liegt, kleineren vorziehen. Klein oder groß bedeutet in diesem Zusammenhang natürlich immer in Relation zu regionalen Normen. In der westafrikanischen Küstenstadt Accra wird ein 1,65 Meter großer Mann als »Big Joe« bezeichnet. Kürzlich aus dem Landesinneren zugewanderte 1,95 Meter große Neuankömmlinge dagegen werden wegen ihrer »Länge« geneckt.

Im Durchschnitt sind die Männer überall größer als die Frauen. Man möchte meinen, dass Paare aus großen Frauen und kleineren Männern ungewöhnlich, aber nicht wirklich rar sind. Doch eine Studie mit verheirateten Paaren belegte, dass lediglich 0,3 Prozent der Frauen größer waren als ihre Ehemänner, ein Prozentsatz, der beträchtlich niedriger ist, als man dem Zufallsprinzip gemäß erwarten würde. Gemeinhin wird zwar angenommen, dass es dem Wunsch der Männer entspricht, größer zu sein als die Partnerin, doch tatsächlich wollen dies auch die Frauen so. Sogar Frauen, die sich mit Hilfe einer Samenbank anonym befruchten lassen, bevorzugen einen großen Samenspender – Körpergröße wird als ein wichtiges Merkmal betrachtet, das dem Kind weitergegeben wird.

Die Körpergröße ist von vielen Faktoren abhängig, unter anderem von klimatischen Bedingungen, Ernährung und Genen. Die Gene bestimmen die Obergrenze des Wachstums, doch ob sie erreicht wird, hängt von den Lebensumständen ab. Im zwanzigsten Jahrhundert hat die Körpergröße aufgrund der besseren Ernährung stetig zugenommen; dies gilt vor allem für die oberen sozialen Schichten, die seit Ende des achtzehnten Jahrhunderts in allen Ländern größer sind als die unteren Klassen. Ein relatives Größerwerden innerhalb einer Bevölkerung lässt auf große Vorfahren schließen, die einen großen Anteil an Ressourcen anhäuften, und eine gute Versorgung mit Nahrungsmitteln für die Jungen während ihrer Entwicklung. Kleiner Wuchs hingegen wird mit Hunger, Nahrungsunverträglichkeit und Krankheit assoziiert. Im Allgemeinen sind größere Menschen bei der Fortpflanzung erfolgreicher.

Trotz all dieser Vorteile von Körpergröße wurden große Frauen früher als gesellschaftlich benachteiligt betrachtet, da sie weniger Chancen hatten, einen größeren Partner zu finden. Große Frauen trugen Schuhe ohne Absätze, verkrümmten sich und taten, was sie konnten, um ihre ungewöhnliche Statur zu verbergen. Es mag schwer zu glauben sein, doch in den vierziger Jahren bekamen mehr als fünfhundert junge Frauen hohe Dosen Östrogen verabreicht in dem Versuch, ihr Wachstum zu stoppen. 1959 stellte ein Psychologe fest, dass die Hälfte der befragten Frauen lieber kleiner wäre (und alle Männer bis auf einen wollten größer sein). Heute sind viele der berühmtesten weiblichen Schönheiten hoch gewachsen, unter anderem Brooke Shields und Uma Thurman, beide 1,83 Meter groß, Nicole Kidman und die verstorbene Prinzessin Diana, beide 1,78 Meter, und die 1,76 Meter großen Cameron Diaz und Gwyneth Paltrow. Das heutige durchschnittliche Model misst etwa 1,77 Meter. In den Vereinigten Staaten ist eine 1,78 Meter große Frau größer als fünfzig Prozent der Männer und eine Frau von 1,83 Metern größer als 82 Prozent der Männer. Bedeutet dies, dass die Regel, der Mann müsse größer sein, aufweicht? Vielleicht, doch die meisten großen Frauen suchen sich ebensolche Männer. Auffallend kleinere Ehemänner sind in der Regel sehr reich und mächtig (Aristoteles Onassis, Fürst Rainier, Henry Kissinger, Tom Cruise).

## Keine Muskeln, kein Sex

NO PECS, NO SEX (keine Muckis, kein Sex) – dieser Spruch von einer Werbetafel für ein New Yorker Fitnessstudio könnte direkt aus einer Studie für Schwalbenschwanzlängen oder Pfauenfedern stammen. Die Brustmuskeln sind das Geweih des Mannes, sein Kriegsgerät. Er mag heute nicht mehr in die Schlacht ziehen oder Waffen schleudern, doch eine breite Brust lässt nach wie vor an große Überlebensfähigkeit denken. Männer sind Faustkämpfer, die Muskeln beugen, anstatt Reißzähne zu fletschen. Heute wird der starke Oberkörper eines Mannes häufig für eine andere Form des Jagens und Sammelns eingesetzt. Sechs Millionen Amerikaner lesen jeden Monat die Zeitschrift *Muscle and Fitness*, deren typisches Cover einen muskulösen Mann zeigt (oft bewundert von einer Schönen) und dazu eine Überschrift wie etwa »Größer werden«.

Studien zum Körpergewicht belegen, dass heterosexuelle Männer mit ihrem Körper zufrieden sind, oder zumindest weniger unzufrieden als Frauen und homosexuelle Männer. Befassten sie sich jedoch mit Gestalt, Körpergröße und muskulösem Körperbau, so würden sie auf eine weniger glückliche Gruppe stoßen. In der Tat halten sich viele Männer für untergewichtig. Sie wollen jedoch nicht dicker werden, sondern muskulöser. Männer haben weniger Körperfett als Frauen (der Durchschnitt für Frauen liegt bei 25 bis 27 Prozent, für Männer jedoch nur bei 15 Prozent) und auch kein Interesse daran, sich mehr zuzulegen. Doch sie sind sehr daran interessiert, ihre Muskelmasse zu vermehren, wie der frühe Fitness-Advokat Charles Atlas wusste, als er versprach, aus Schwächlingen »Kerle« zu machen.

Im Allgemeinen stellt man sich den attraktivsten männlichen Körper V-förmig vor – er sollte sich von breiten Schultern zur Taille bzw. den Hüften hin verjüngen. Am wenigsten beliebt ist bei Männern wie Frauen ein birnenförmig gestalteter Körper mit schmalen Schultern, breiterer Mitte und ebensolchem Unterleib. In einer Studie äußerten männliche weiße und japanische Studenten gleichermaßen den Wunsch, überall größer zu sein außer um Hüften und Taille.

Erwachsene Männer haben im Durchschnitt mehr Muskelkraft als Frauen, wobei sich der größte Unterschied in Armen, Brust und Schultern konzentriert. Die durchschnittliche Frau hat beim Armstemmen nur etwa ein Drittel der Kraft eines Mannes, und ihre Griffstärke ist ungefähr die Hälfte (man vergleiche dazu die Beinstärke, bei der es die durchschnittliche Frau auf etwa drei Viertel der Stärke eines Mannes bringt). Der durchschnittliche männliche Besucher eines Fitnessstudios versucht als Erstes, diesen Unterschied noch zu steigern, indem er den

200

Oberkörper trainiert – die Brustmuskeln, die Fracktaschenmuskeln am Rücken sowie Bizeps und Trizeps in den Armen. Von Arnold Schwarzenegger hieß es, er könne auf seinen angespannten Brustmuskeln ein Glas Wasser balancieren. In dem 1993 veröffentlichten Film *Schlaflos in Seattle* fragt der Schauspieler Tom Hanks seinen Freund Rob Reiner, was Frauen heutzutage wollen. Die Antwort: »Eine breite Brust und einen knackigen Hintern.«

Zu Zeiten der britischen Königin Elizabeth I. stopften sich die Männer das Wams aus, um auszuschen wie die Helden der heutigen Calvin-Klein-Werbung, die Soldaten im alten Rom hatten riesige Brustharnische, und der Mann von heute trägt ein Jackett mit Schulterpolstern. Wenn in den Zeiten vor dem Aufkommen der Hose eng anliegende Beinkleider in Mode waren, polsterten dünnbeinige Männer auch diese aus. Und als im achtzehnten Jahrhundert hohe Männerstiefel aus der Mode kamen, trugen Männer mit dünnen Beinen zwei Paar lange Unterhosen, zwischen die sie Wadenpolster steckten.

Die heutige Mode für Männer wie auch für Frauen stellt den Körper eher zur Schau, als dass sie ihn verbirgt. Wer von den Genen nicht sehr begünstigt ist oder wem die Zeit oder das Interesse fehlen, Stunden im Fitnessstudio zu verbringen, kürzt die Sache durch Fettabsaugung und Implantate ab. Es gibt heute Muskel-Implantate, die die Brust breiter und muskulöser aussehen lassen, und solche für die Waden, die zu stämmiger aussehenden Beinen verhelfen; ferner Fettabsaugungen, um einen schwammigen Bauch oder eine schlaffe Brust zu entfernen, die beide den modernen »Brustpanzer«-Look sehr beeinträchtigen. Trugen die Männer früherer Zeiten ihre Polsterung auf dem Körper, so hat sie so mancher Recke der heutigen Zeit unter der Haut!

Die Figur männlicher Models ist beinahe ebenso uniform wie die ihrer Kolleginnen. Sie sind hoch gewachsen – 1,80 Meter oder größer – und haben einen V-förmigen Körper (für gewöhnlich die Maße 100 bis 105 Zentimeter Brustumfang und in der Taille circa 75 bis 80 Zentimeter). Auch Mannequins sind bis zu 1,85 Meter groß und haben etwa 105 Zentimeter Brustumfang. Diese Maße werden noch übertroffen, wenn man aus der Welt der großen Mode in die der Dichtung schreitet. Fabio, der den Deckel so manches modernen Liebesromans ziert, hat einen Brustumfang von 112 Zentimetern. Die Schultern von Cartoon-Star Batman verbreiterten sich im Laufe der Jahre von einem Viertel seiner Körpergröße bis auf fast die Hälfte. Sogar Al Capps' in Amerika berühmte Comic-Strip-Figur Li'l Abner, in den dreißiger Jahren als Mammy und Pappy Yokums schmächtiger Bauernbub vom Lande begonnen, war bis zu den Fünfzigern ein junger Mann mit großem Bizeps, breiten Schultern und schlanker Taille geworden.

Die am extremsten »mannhafte« Figur präsentieren männliche Bodybuilder – reduziert auf acht Prozent Fett, aber muskelstrotzend, die Schultern fast doppelt so breit wie die Taille (was gar nicht so weit von der karikaturhaften Frau mit 46 Zentimeter Taillen- und 92 Zentimeter Brustumfang entfernt ist). Arnold Schwarzenegger, fünfmaliger Mister Universum, hat einen Brustumfang von 1,45 Metern und eine Taille von 79 Zentimetern, und der Umfang seines Halses, seiner Arme und seiner Waden ist in etwa gleich – zwischen 46 und 50 Zentimeter. Sylvester Stallone fasste die gesteigerte Aufmerksamkeit für die Schönheit des männlichen Körpers zusammen, indem er voraussagte: »Der Typ mit 46 Zentimeter starken Armen und einer 78 Zentimeter schlanken Taille, das perfekte männliche Model à la Calvin-Klein-Werbung, nimmt für die neunziger Jahre die Rolle der Frau mit der Super-Oberweite ein. Er folgt der blonden Sexbombe der fünfziger Jahre nach.« Und ein Journalist schrieb: »Wenn Fett eine Sache der Frauen ist, dann sind Muskeln eine der Männer.«

Und so wie manche Frau hinsichtlich des Körperfetts eine ungesunde Obsession entwickelt hat, gilt dies für die Männer (und eine geringere Zahl von Frauen) hinsichtlich der Muskeln. Der Psychiater Harrison Pope hat eine Reihe von Studien mit Athleten und Bodybuildern durchgeführt, die in Fitnessstudios in Boston und Los Angeles trainieren. Er stellte fest, dass etwa neun Prozent von ihnen an »einer umgekehrten Form von Anorexia nervosa« (Magersucht) leiden, die er als muskuläre Dysmorphie bezeichnet. Das Syndrom ist gekennzeichnet durch die entstellte Wahrnehmung einer Person, dass ihr Körper schwach und klein sei, obwohl er tatsächlich groß und muskulös ist. Ebenso wie die an Anorexie leidende Frau hungert, weil sie Angst hat, dick zu werden, kann der an muskulärer Dysmorphie leidende Patient missbräuchlich Steroide und Lebensmittel-Ersatzstoffe zu sich nehmen aus Angst, nicht kräftig genug zu sein. Die Hälfte der Personen, die Pope für seine Studien befragte, nahmen anabolische Steroide (Drogen, die die Produktion von Zellprotein stimulieren und das Muskelwachstum unterstützen). Pope meint, die muskuläre Dysmorphie gehöre zu den Empfindungsstörungen, zu denen auch das Angstsyndrom, Depression sowie obsessiv-kompulsive und Essstörungen zählen. Sie ist heute unter Umständen weiter verbreitet, weil es leichter geworden ist, an Steroide heranzukommen, und weil der gesellschaftliche Druck auf die Männer, einen muskulösen Körper zu haben, gestiegen ist. Die muskuläre Dysmorphie stellt zwar eine seltene psychiatrische Störung dar, doch gilt dies nicht für den Gebrauch von Steroiden und den Wunsch, Muskeln aufzubauen. Zwei kürzlich veröffentlichte Studien belegen, dass sechs bis sieben Prozent der männlichen Schüler an High Schools Steroide zu sich nehmen oder nahmen.

## Der Penis:
## Bedrohung oder Verlockung?

Kommen wir noch einmal zurück zu F. Lee Baileys Beweisstück – O. J. Simpsons Handschuh. In der Sendung »Crossfire« von CNN an jenem Abend beschuldigte Barry Tarlow die Staatsanwältin Marcia Clark, »Scherze über die Größe von F. Lee Baileys Penis« zu machen. Daraufhin meldete sich ein anderer Kommentator zu Wort: »Was, mir ist ein Gespräch über einen Penis entgangen?« Tarlow erwiderte in weltverdrossenem Ton: »Na hören Sie, ich denke, man muss nicht allzu geistig rege sein, um das begreifen zu können. Als ich jung war, nannte man Kondome ›Handschuhe‹; ich denke, das ist eine ganz ... offensichtliche sexuelle Bezugnahme auf die Größe seines Penis.«

Die Amerikaner sind von großen Sexualorganen besessen, seien es die Brüste einer Frau oder der Penis des Mannes. In den dreißiger Jahren wurden Schaufensterpuppen aus Europa in die USA importiert; die Größenbezeichnungen waren, der Größe der Genitalien entsprechend, »klein«, »mittel« und »amerikanisch«. Doch die Amerikaner sind nicht die Einzigen, die diesbezüglich zu Übertreibungen neigen: In Neuguinea gehören Penisfutterale mit einer Länge bis zu sechzig Zentimetern zur traditionellen Kleidung bzw. zum Schmuck des Mannes.

Der Penis wird als Symbol der männlichen Tapferkeit betrachtet. Den meisten Untersuchungen zufolge scheinen die Männer zu glauben, dass ihr Penis nicht groß genug ist. Größe und Aussehen des Glieds sind für männliche Patienten mit muskulärer Dysmorphie oder solchen, die sich einbilden, hässlich zu sein, ein Grund zu großer Besorgnis. So sagte ein Patient, die Größe seines Penis gebe ihm das Gefühl, »nur ein halber Mann zu sein ... mein Penis sieht nicht hässlich aus, aber er ist unattraktiv und nicht männlich.«

Die Größe des Gliedes hat nur wenig mit der Körpergröße zu tun – ein großer, stattlicher Mann kann einen kleineren Penis haben als ein kleiner, schmächtiger Mann. Die Archivdaten des Kinsey Institute of Sex Research belegen, dass die durchschnittliche Größe des Penis von College-Angehörigen 7,5 bis 10 Zentimeter in schlaffem und etwa 12,5 bis 18 Zentimeter in erigiertem Zustand beträgt (der Gesamtbereich für den erigierten Penis beläuft sich auf zehn bis etwa 24 Zentimeter). Eine kürzlich erfolgte Umfrage bei mehr als tausend Männern zwischen zwanzig und 69 Jahren zeigte, dass die Kinsey-Daten nach wie vor grundsätzlich korrekt sind; allerdings wurde bei insgesamt vierzig Prozent der Testpersonen eine größere Proportion kürzerer Erektionen mit Längen zwischen elf und fünfzehn Zentimetern ermittelt.

Es entbehrt nicht einer gewissen Ironie, welche Gedanken sich die Männer um die Länge ihres Penis machen – zumindest im Vergleich zu den meisten anderen Primaten sind sie diesbezüglich nämlich hervorragend ausgestattet. Ein zweihundert Kilo schwerer Gorilla etwa, der über einen Harem von Weibchen verfügt, hat einen Penis, der erigiert lediglich knapp drei Zentimeter misst. Von den Großaffen haben nur die Schimpansen Hoden, die proportional größer sind als die des Menschen (sie haben aber keinen größeren Penis).

Doch wir Menschen haben die Fähigkeit, übernormale Stimuli zu schaffen, und wir gebrauchen sie. Der einfachste Weg sind Polster(ungen). In dem Film *This Is Spinal Tap*, einer Parodie über eine Rockgruppe, wurde der Bassist am Flughafen mit einem Metalldetektor gestoppt, weil er eine mit Metallfolie umwickelte Gurke in der Hose trug. Mehr als zehntausend Amerikaner haben sich bis heute für eine dauerhaftere Lösung entschieden: einen chirurgischen Eingriff zur Verlängerung oder Verdickung ihres Penis (diese Operation wurde aber auch schon in

Japan, Australien, Deutschland, Großbritannien und anderen Ländern durchgeführt). Bei der Verlängerung werden keine Plastikteile oder Teile von Muskeln an- oder eingesetzt – der Chirurg durchtrennt zwei Bänder, die den Penis mit dem Schambein verbinden; dadurch kann er in ganzer Länge aus dem Körper treten, während normalerweise ein Teil im Körper verborgen bleibt. Ein plastischer Chirurg meinte, »Penis-Bloßlegung« sei wohl die treffendste Bezeichnung für diese Prozedur. Wenn die Bänder, an denen das Glied aufgehängt ist, durchtrennt sind, ist der Erektionswinkel nicht mehr so spitz, aber der Penis gewinnt dadurch drei bis fünf Zentimeter an Länge. Bei der Peniserweiterung wird Fett injiziert, doch ist dieses Vorgehen vom ästhetischen Standpunkt betrachtet nicht immer erfolgreich, weil sich die Eichel nicht vergrößern lässt, so dass der Penis nach dem Eingriff unter Umständen ein wenig wie ein zugebundener Luftballon aussieht.

Weshalb ist der Penis Männern solch ein Anliegen? Der Arzt Dr. R. H. Stubbs befasste sich eingehend mit dreihundert (aus tausend in einer Klinik ausgewählten) Männern, bei denen eine chirurgische Vergrößerung genehmigt worden war. Die Mehrzahl von ihnen brachte vor, was Stubbs als »Umkleideraum-Phobie« bezeichnet – ein Unbehagen, nackt vor anderen Männern zu stehen. Weniger als ein Drittel war wegen Klagen oder Kritik vonseiten ihrer Sexualpartner gekommen. Die Umkleideraum-Phobie legt nahe, dass die Männer ihren Penis als etwas betrachten, womit sie mit anderen Männern konkurrieren müssen.

Bei vielen Primaten präsentieren die Männchen ihre Genitalien als Bedrohung und Zurschaustellung ihrer Dominanz. Der Verhaltensforscher Irenäus Eibl-Eibesfeld hat Meerkatzen beim Fressen beobachtet und dabei festgestellt, dass dabei mehrere Männchen der Gruppe den Rücken zukehren und ihre kräftig rot und blau gefärbten Genitalien zeigen. Wenn sich ein unbekanntes Tier nähert, bekommen sie eine Erektion und machen ein drohendes Gesicht. Die Erektion ist eine ritualisierte Drohung, das betreffende Tier zu besteigen, den Geschlechtsakt auszuführen. In einigen asiatischen und afrikanischen Kulturen schnitzen sich die Menschen Figuren mit bösen Gesichtern und erigierten Penissen als Wächter für ihr Heim oder als Amulette. Obwohl ein schmächtiger Mann mit großem Penis nicht bedrohlicher ist als ein muskulöser Fleischkloß mit einem durchschnittlichen oder sogar klei-

205

nen Genital, kann ein großer Penis dennoch als Drohgebärde wirken (man denke an die Wirkung von Exhibitionisten und vergleiche dies mit der Zurschaustellung irgendeines anderen Körperteils bei beiden Geschlechtern).

Vielleicht ist der Penis aber nicht nur ein Kriegsgerät, sondern auch ein Zauber, um Weibchen anzulocken, und in diesem Falle würde tatsächlich die Devise »Je größer, desto besser« gelten, wie es uns das Tierreich zeigt. In den meisten Gesellschaften von heute bekommen die Frauen den Penis nicht sofort zu sehen, weshalb sein Wert für die Werbung fraglich ist. Wenn sie ihn zu Gesicht bekommen, sind die meisten Frauen bereits erfolgreich umworben worden. Aber die Menschen haben nicht immer Kleidung getragen, und es ist durchaus sinnvoll, an die Ästhetik der Genitalien in der Umwelt, in der wir uns entwickelten, zu denken.

Noch nie haben Frauen Lobgesänge auf den Penis angestimmt, sei es nun aus Bescheidenheit oder aus Mangel an Inspiration. Sylvia Plaths berühmter Blick auf die Genitalien ihres Liebhabers in ihrem Roman *Die Glasglocke* ist unvergesslich: »Ein Truthahnhals und ein Truthahnmagen.« Camille Paglia warnt, Penisse würden sich »durch ihre gummiartige Unbestimmtheit der Lächerlichkeit preisgeben«, doch hätten sie ein »rationales mathematisches Design, eine Syntax«, die den weiblichen Genitalien fehle (diese beeindrucken Paglia sogar noch weniger, beschreibt sie sie doch als »unberechenbar in ihren Konturen und architektonisch inkohärent«). Aktfotos von Männern sind bei den Frauen noch nie besonders gut angekommen.

Aber das, was man sieht, ist noch lange nicht alles; die meisten Studien von Frauen legen nahe, dass Gefühl beim Sex ebenso wichtig ist wie das Visuelle. William Eberhard, Professor für Biologie an der Universität von Costa Rica, glaubt, dass bei vielen Arten weiblicher Selektionsdruck die männlichen Genitalien zu »inneren Werbungsgeräten« geformt hat, deren Schönheit weniger im Aussehen als vielmehr in der Wirkung ihres Tuns liege. Die landläufige Vorstellung in der Sexualforschung seit Masters und Johnston in den sechziger Jahren ist zwar, dass Größe nicht von Belang sei, doch gibt es dafür oder dagegen nur wenig Hinweise. Mit Sicherheit lässt sich lediglich sagen, dass die Pornografie auf enorme Phalli Wert legt und dass, so gesehen, Größe zu-

206

mindest hinsichtlich der männlichen Selbstachtung und des anfänglichen Beeindruckens des Partners eine Rolle spielt.

Die Größe der männlichen Genitalien verrät uns einiges über die sexuellen Gewohnheiten und Vorlieben der Weibchen, mit denen sie sich paaren. Betrachten wir als Erstes die Hoden. Das Gorillamännchen bewacht seinen Harem und hat nur wenig Konkurrenz zu befürchten. Der Gorilla hat einen riesigen Körper, doch sein Penis und seine Hoden sind winzig. Schimpansen hingegen leben in einer promiskuitiven Gesellschaft mit instabilen Herrschaftsstrukturen. Die Männchen sind nur wenig größer als die Weibchen, aber sie haben enorm große Hoden, die durchaus nicht nur Zierrat darstellen: Sie produzieren mehr Sperma pro Tag und führen dem Weibchen bei jedem Geschlechtsverkehr größere Mengen davon zu, als es mit kleineren Hoden möglich wäre. Wenn mehrere Männchen dasselbe Weibchen begatten, ist das Männchen mit der größten Menge an Sperma im Vorteil. Die Hoden des Menschen sind proportional größer als die des Gorillas, aber kleiner als die des Schimpansen, was darauf schließen lässt, dass unsere Vorfahren nicht so promiskuitiv waren wie die Schimpansen, aber auch nicht ganz monogam (hätten die Männer bezüglich der Samenmenge keine Konkurrenz gehabt, so hätten sie wahrscheinlich wie der Gorilla nur winzige Hoden entwickelt).

Von den Primaten besitzt zwar der Mensch proportional den größten Penis, doch William Eberhardt hat bei den Männchen vieler Arten, von Fadenwürmern über Fliegen bis zum Menschen, eine von ihm so genannte »genitale Extravaganz« festgestellt. Viele männliche Genitalien sind »kunstvoller« und komplexer als die weiblichen und komplizierter, als sie für ihre einfache Aufgabe – nämlich Sperma zu deponieren – eigentlich sein müssten. So schreibt der Entomologe James Lloyd, bei den Insekten gebe es Penisse »mit kleinen Öffnern, Scheren, Hebeln und Spritzen ... insgesamt ein veritables Schweizer Armeemesser voller technischer Geräte.« Die Genitalien vieler Insekten sind so ausgefeilt und so ungleichartig, dass sie das zuverlässigste Mittel zur Identifikation der jeweiligen Art darstellen.

Einige Wissenschaftler glauben, dass sich die Genitalien zu so kunstvollen Formen entwickelten, um eine Hybridisierung zu verhindern. Die männlichen und weiblichen Genitalien jeder Spezies passen

207

zueinander wie Schlüssel und Schloss, denn nur Angehörige derselben Art haben die passende »Ausrüstung«. Andere meinen, die männlichen Geschlechtsorgane seien am ausgefeiltesten bei Arten, deren Weibchen sich mit mehr als einem Männchen paaren, was bedeuten könnte, dass die Konkurrenz zwischen potenziellen Partnern der Weibchen der Auslöser für extravagante Genitalien gewesen sein könnte. Der Ökologe Goran Arnqvist stellte diese beiden Vorstellungen über den Ursprung genitaler Extravaganz – den Gedanken von Schlüssel und Schloss und die sexuelle Selektion – einander gegenüber, indem er Insektenweibchen untersuchte, die sich nur einmal paaren, und solche, die viele Partner haben. Wenn die Idee von Schlüssel und Schloss korrekt ist, sollten die Männchen, die sich mit monogamen Weibchen paaren, die ausgefallensten Genitalien aufweisen, da es für das Weibchen einen enormen Verlust bedeuten würde, sich mit einem unpassenden Männchen zu paaren. Doch er stellte fest, dass die männlichen Genitalien bei jener Gruppe, deren Weibchen mehrere miteinander konkurrierende Partner hatten, weitaus verschiedenartiger waren.

Wie es scheint, wurde die Gestalt mancher männlicher Genitalien unter Umständen vom weiblichen Geschmack mitbestimmt. Es ist möglich, dass der große menschliche Penis selektiert wurde, weil er die Frau erregt und stimuliert und dadurch die Empfängnis fördert, oder weil er das Sperma anderer Männer besser entfernen und sein eigenes vorteilhafter platzieren kann.


## Ebenmäßigkeit

Doch wenn es darum geht, der Frau zu gefallen, verweisen andere Forscher darauf, dass nicht nur auf Größe, sondern auch auf Symmetrie zu achten sei. Der Verhaltensökologe Randy Thornhill und der Psychologe Steve Gangestad behaupten, ein Mann, der sich symmetrisch entwickelt hat – das heißt, dessen Füße, Knöchel, Ellbogen, Hände, Handgelenke und Ohren jeweils gleich groß sind –, sei für Frauen attraktiver und im Bett besser (er könnte allerdings ein Schwindler sein) als ein weniger gleichmäßig gebauter. Man denke daran, dass im Tierreich Symmetrie ein Zeichen für gute Entwicklung, Resistenz gegen Parasiten, Überlebensfähigkeit und Fruchtbarkeit ist, aber nicht unbedingt für Loyalität, Treue oder Ergebenheit.

Es ist unwahrscheinlich, dass jemand minimale Unterschiede in der Größe der Handgelenke bemerkt oder dass eine Frau symmetrische Fußknöchel erregend findet, aber Männer mit einem symmetrischen Körper neigen dazu, auch andere attraktive Eigenschaften aufzuweisen, zum Beispiel ein symmetrisches Gesicht (was, wie wir gesehen haben, als attraktiv gilt) und einen Körper, der muskulöser, größer und schwerer ist als der weniger symmetrisch gebauter Männer. Die japanische Skorpionsfliege bevorzugt einen Liebhaber mit symmetrischen Vorderflügeln – weshalb? Wegen seiner Pheromone: symmetrische Männchen ziehen Weibchen mit ihrem chemischen Signal an, selbst wenn das Weibchen das symmetrische Männchen gar nicht sehen kann. Bienen werden von symmetrisch gestalteten Blumen angezogen, weil sie mehr Nektar haben, was die Tiere zu wissen scheinen. Symmetrie ist der geheime Verführer, zusammen mit attraktiven Düften, Nektaren und Gesichtern.

Symmetrie ist an Schönheit geknüpft, weil sie als Maß für Gesundheit und Tauglichkeit agiert. Stressfaktoren, zum Beispiel Inzucht, Parasitenbefall und Schädigung durch Strahlen, Schadstoffe, extreme Temperaturen oder marginale Habitate können das Wachstum und die präzise Ausformung symmetrischer Merkmale wie Hörner, Geweih, Blütenblätter, (Schwalben-)Schwanz, Flügel, Knöchel, Füße, Gesicht oder des ganzen Körpers beeinträchtigen. Fluktuierende Asymmetrie ist womöglich der sensibelste Indikator des Körpers für sein Vermögen, im Verlauf der Entwicklung mit Stress fertig zu werden. Symmetrische Tiere haben höhere Wachstumsraten, sind fruchtbarer und leben länger.

Bei einer Übersicht von 62 Studien mit 41 Spezies stellten der Zoologe Anders Moller und der Verhaltensökologe Randy Thornhill bei 78 Prozent der Arten, den Menschen eingeschlossen, einen Zusammenhang von fluktuierender Asymmetrie mit Erfolg bei der Paarung oder sexueller Attraktivität fest.

Befragungen zufolge beginnen Männer mit symmetrischem Körper drei bis vier Jahre früher mit dem Geschlechtsverkehr als andere Männer, sie kommen beim Werben um eine Frau früher zum Sex und haben zwei- bis dreimal mehr Partner. Zudem bereiten sie ihren Liebhaberinnen mehr Vergnügen. Thornhill und Gangestad studierten das Sexualleben von 86 000 heterosexuellen Paaren zwischen zwanzig und dreißig Jahren. Frauen mit symmetrischem Partner (Ellbogen, Füße und so weiter wurden mit Schublehren gemessen) hatten den Angaben beider Partner zufolge auffallend mehr Orgasmen.

Fluktuierende Asymmetrie erwies sich als ein besseres Mittel, um einen weiblichen Orgasmus vorherzusagen als die Liebesgefühle des jeweiligen Paares, die Investitionen der Partner in die Beziehung, das potenzielle Einkommen des Mannes, der Grad an sexueller Erfahrung oder die Häufigkeit, mit der ein Paar verkehrte. Bei Häufigkeit und Timing des Orgasmus war das bestimmende Element die körperliche Anziehung. Die symmetrischen Männer hatten einen kräftigeren, größeren und muskulöseren Körper sowie ein attraktiveres Gesicht, und auch diese Faktoren standen in Zusammenhang mit der Wahrscheinlichkeit eines Orgasmus des Partners. Dennoch aber leistete Symmetrie auch einen eigenen und eigenständigen Beitrag. Wenn wir die Ansicht akzeptieren, dass der weibliche Orgasmus eine Form von Auswahl der Frau ist, ein Weg, das Resultat oder Produkt ihrer Fortpflanzung zu beeinflussen, dann scheint es, dass Frauen großen, kräftigen Männern mit symmetrischem Körper und schönem Gesicht den Vorzug geben. Allerdings bevorzugen sie damit auch die Schurken. Denn wie sich zeigt, sind symmetrische Männer untreuer und investieren weniger in eine Beziehung als asymmetrisch gebaute. Da wir nicht davon ausgehen wollen, dass Frauen von vornherein Schurken bevorzugen, könnte es noch eine simplere Erklärung geben: Symmetrische Männer werden von Frauen bevorzugt, und womöglich erhalten sie mehr Offerten von konkurrierenden Frauen als andere Männer.

Auch symmetrische Frauen werden bevorzugt. Sie haben mehr Sexualpartner als weniger symmetrische Frauen und sind womöglich fruchtbarer. Eine Studie belegt, dass Frauen mit großen, symmetrischen Brüsten fruchtbarer sind als solche mit weniger gleichen. Interessanterweise verändert sich die Symmetrie der Frau im Verlauf ihres monatlichen Zyklus. Frauen sind am symmetrischsten (und vermutlich für ihre Partner am attraktivsten) am Tag des Eisprungs. Der Biologe John Manning maß bei dreißig gesunden Frauen zwischen neunzehn und 44 Jahren

210

die Größe des rechten und linken Ohrs und des dritten, vierten und fünften Fingers beider Hände. Der Zeitpunkt des Eisprungs wurde per Ultraschall bestätigt.

Er stellte fest, dass die Asymmetrien 24 Stunden vor dem Eisprung um dreißig Prozent zurückgingen.

# Die Lust an der Brust

1947 schrieb John Steinbeck: »Ein Besucher einer anderen Spezies könnte meinen ..., dass der Sitz der Fortpflanzung in den Brüsten liegt«, so sehr sind die Männer auf den weiblichen Busen fixiert. Die Anthropologie behauptet hingegen, es gebe Kulturen, in denen die Brüste nicht als sexy betrachtet werden. Doch ist unklar, ob es einen Ort auf Erden gibt, wo die Männer die Brüste gesunder, heiratsfähiger Mädchen nicht schön finden.

Die Brüste der Frau sind einzigartig. Frauen sind in der Welt der Säuger die einzigen Wesen, die in der Pubertät gerundete Brüste entwickeln und sie behalten, unabhängig davon, ob sie Milch produzieren oder nicht. Die Brüste der anderen Säugetiere schwellen nur an, wenn sie voll Milch sind, und kollabieren, wenn die Stillzeit vorüber ist. Für die anderen Säuger sind Brüste alles andere als Sexsymbole, zeigen sie doch, dass das betreffende Weibchen schwanger ist oder Milch produziert und somit unfruchtbar ist. Für Schimpansen, Gorillas und Orang Utans sind Brüste »Sextöter«.

Beim Menschen steht die Größe der weiblichen Brust nicht in Zusammenhang mit der Menge oder Qualität der Milch, die sie produziert. Die Anthropologin Bobbi Low meint, die Brüste der Frau hätten sich zu Täuschungssignalen entwickelt, um ihr das Aussehen zu geben, als habe sie für ihre Nachkommen einen guten Nahrungsvorrat. Andere vertreten jedoch die Ansicht, die Brust als Milchspender und die Brust als Entfacher der Lust seien nicht ein und dasselbe. Männer empfinden Brüste als umso sexier, je weniger sie an »Versorgungsstationen« erinnern. Eine weitere Meinung besagt, Brüste würden in aller Offenheit die Fettreserven anpreisen, die für eine Schwangerschaft vonnöten sind.

Im Gegensatz zu den kollabierenden Zitzen des Schimpansenweibchens hat ein permanenter Busen seinen Preis. Jede Athletin weiß, je größer der Busen, desto mehr stört er beim Laufen und Springen und beim Bewegen von Armen und Oberkörper. Die Amazonen, die mythologischen Kriegerinnen des alten Griechenland, entfernten sich die rechte Brust, weil sie beim Bogenschießen zu sehr im Weg war. Heute blüht das Geschäft mit Sport-BHs, die das Hüpfen des Busens unterbinden und diesen für Verletzungen anfälligen Teil des Körpers schützen sollen. Ein führender japanischer Sportartikelhersteller entwickelte kürzlich einen Schwimmanzug mit »Anleihen« aus der Flugzeug- und Schifffahrtstechnologie, der den durch die Brüste entstehenden Strömungswiderstand reduziert.

Welchen Vorteil bringt der Busen? Zum einen betrachtet die Männerwelt – und auch viele Frauen – ihn als schön. Desmond Morris vertritt die Ansicht, die Frauen hätten große, rundliche Brüste entwickelt, um das Interesse der Männer an der Vorderansicht und den Geschlechtsverkehr von vorn zu fördern. Die meisten Tiere haben ein kräftig gefärbtes und fleischiges Hinterteil und paaren sich von hinten. Der Mensch hingegen entwickelte die Stellung von Angesicht zu Angesicht, und der Körper parallel dazu entsprechende optische Reize. Morris meint, wir finden große, pralle Brüste anziehend, weil sie die sexuelle Erregung nachahmen, bei der die Brüste fester und runder und die Brustwarzen steif werden.

Aber ob sich die Brüste nun entwickelten, damit Mann und Frau sich beim Sex betrachten können oder nicht – ihre Schönheit hängt jedenfalls von der Form ab, und diese verändert sich im Laufe der Zeit. Schon immer und unabhängig von der bevorzugten Größe war die erotische Brust fest und nach oben zeigend. Sie ist nie schlaff, länglich oder gar röhrenförmig (Letzteres ahmt eine ältere Brust nach, selbst wenn es sich um ein junges Mädchen handelt). Von den Gemälden der Renaissance, als runde Brüste so hoch am Körper angesetzt wurden, dass sie »jeglicher Schwerkraft trotzten«, über die Büstenhalter der Marke »Maidenform« für Torpedos, wie sie 1949 en vogue waren, bis zu den hoch erhobenen Kugeln, die durch Korsetts, Wonderbras und plastische Chirurgie möglich werden, hat die ideale Brust immer die Form, die natürlicherweise nur bei jungen Frauen anzutreffen ist, die noch nicht geboren haben.

Wahrscheinlich wurden in früheren Zeiten Brüste nur bei jungen Frauen als sexy betrachtet. Sobald sie aber regelmäßig zum Stillen eingesetzt wurden und ihre Form veränderten, reduzierte sich ihr Wert als erotische Objekte. Hierzu bemerkte Donald Symons: »Nach einigen Jahren des Stillens schmälerte die Form der Brust wahrscheinlich ihre Attraktivität, denn sie ist ein unzweideutiger Hinweis auf Alter und Stand.« Ein Anthropologe erklärte mir einmal, viele Kulturen der Welt würden bezüglich der Brüste drei Kategorien unterscheiden, die er mir zeigte, indem er die Hände flach auf die Brust legte, sie dann waagrecht von der Brust und schließlich nach unten zeigend wegstreckte. Die erste Geste indiziert ein unfruchtbares junges Mädchen, die zweite eine ehemündige junge Frau, die dritte eine Frau, die bereits ein oder mehrere Kinder ausgetragen und gestillt hat und/oder bereits älter ist.

Das Dekolleté kam erst in der Renaissance auf, als Frauen der höheren Stände für ihre Babys Säugammen hatten. Marilyn Yalom weist darauf hin, dass zu dieser Zeit neunzig Prozent der weiblichen erwachsenen Bevölkerung schwanger waren oder stillten. Eine Säugamme zu haben galt als Statussymbol, während selbst zu stillen mit Geldnot assoziiert wurde. Porträts der Elite zeigten Damen mit hohen, runden Brüsten im Gegensatz zum Hängebusen der Bäuerinnen oder Säugammen. Die Mode der oberen Schichten drückte den Busen über engen Korsetts, die die Taille einschnürten, nach oben; ferner trug die Frau von Stand eng anliegende Ärmel, damit die Arme möglichst schlank wirkten. Aus diesem zusammengeschnürten Oberkörper quollen zwei gerundete, gleichmäßige Brüste. Seither gehört das Dekolleté zur formellen Damengarderobe der Elite.

Von 1940 bis 1970 ging in den Vereinigten Staaten das Stillen aufgrund der Verwendung von Milch-Ersatzstoffen und einer starken Förderung der Flaschenfütterung zurück. Gleichzeitig entwickelte sich ein neuerliches Interesse an der Zurschaustellung der Brüste als Objekte der Erotik. Jane Russell wurde 1943 eines der ersten Busenwunder, als sie in dem Film *Geächtet* mit ihren Brüsten protzte, die von einem metallenen Stütz-BH, den ihr Bewunderer Howard Hughes konstruiert hatte, hochgehalten wurden. In den fünfziger und sechziger Jahren wurden Filmschauspielerinnen mit großer Oberweite zu großen Stars –

213

Lana Turner, Diana Dors, Marilyn Monroe, Brigitte Bardot, Gina Lollobrigida und Jayne Mansfield.

Doch mit Polsterungen, Torpedo-BHs und ähnlichen »Krücken« gaben sich die Frauen nicht zufrieden; sobald permanente Veränderungen des Körpers käuflich wurden, wandten sie sich dieser Möglichkeit zu. Bis 1991 ließen sich mehr als zwei Millionen Frauen Brustimplantate einsetzen. In der Blütezeit der Brustimplantationen wurden jährlich 120 000 bis 150 000 solcher Eingriffe vorgenommen. Im Februar 1992 limitierte die FDA, die US-Behörde zur Überwachung von Arznei- und Nahrungsmitteln, wegen gesundheitlicher Bedenken drastisch den Einsatz von Implantaten. Doch bis 1998 war die Zahl entsprechender Operationen wieder auf über 122 000 angestiegen. Silikongel ist für den kosmetischen Einsatz nach wie vor verboten, nicht aber feste, mit Salzlösung gefüllte Silikonformen. Der neueste Trend setzt sogar auf größere Implantate als je zuvor.

Es ist noch zu früh, um die exakten Gefahren von Silikon-Implantaten zu erkennen, aber worin diese auch immer bestehen mögen, wir wissen, dass es riskant ist, in eine ohnehin krankheitsanfällige Körperregion fremde Substanzen einzusetzen. Schmerzen, Taubheit, Blutergüsse und die Entstehung harter Bindegewebskapseln um die Implantate sind nicht ungewöhnlich, ebenso wenig Brüche und Risse derselben. Manche chirurgischen Eingriffe an der Brust können auch eine Mammografie oder das Stillen behindern. Eine weitere heiß diskutierte Frage ist, ob ein Verrutschen des Silikonimplantats das Immunsystem schädigt. Zwar gelten die Implantate mit Salzlösung als sicherer, doch die anderweitigen Probleme – Infektionen, Narbengewebe sowie Risse und die Behinderung einer eventuell notwendigen Mammografie – bestehen auch hier.

Brüste haben sich in den Vereinigten Staaten zu einem zentralen Punkt des erotischen Interesses entwickelt, eines Interesses, das zusammenfällt mit vermindertem Stillen und einem erhöhten Einsatz plastisch-chirurgischer Eingriffe. Es ist bemerkenswert, dass in unserer Gesellschaft, die jegliches Fett am Körper vehement ablehnt, noch immer ein derart großes Verlangen besteht, diese beiden runden, mit Fett gefüllten Behältnisse zu besitzen bzw. zu bewundern.

# Die Taillengegend

Doch wenn nur ein Stückchen weiter unten Fett auftaucht, kommen sofort Hüfthalter, Fettabsaugung und Diätbücher zum Einsatz. So willkommen Fett beim Busen ist, stößt es auf herbe Ablehnung, sobald es sich an der Taille breitmacht. Eine Wespentaille ist sexy – nicht so sexy wie der Busen, doch sie ist ein weiterer dieser geheimen Verführer wie die Symmetrie, die einen schwerwiegenden Einfluss darauf haben, wie ein Körper wahrgenommen wird.

Die Taille ist die Zone von Organen und Muskeln zwischen Brustkorb und Becken- oder Darmbeinkamm, deren Gestalt von Fett und Muskeln (und vom Gesundheitszustand innerer Organe) definiert wird. Bei der gesunden Frau vor der Menopause rangiert das Verhältnis von Taille zu Hüfte zwischen 0,67 und 0,80. Das bedeutet, ihre Taille ist 0,7- bis 0,8-mal weniger breit als die Hüfte. Beim gesunden Mann liegt diese Relation etwa zwischen 0,85 und 0,95. Sein Testosteron bewirkt, dass er Fett in den Bauchregionen (und in der Nacken- und Schultergegend) deponiert und nicht an den Hüften und Oberschenkeln. Dies gibt ihm seine männliche, »androide« Gestalt – und die Tendenz, einen Bauch zu bekommen. Die weibliche oder »gynoide« Figur hingegen ist die der Sanduhr; bei ihr sammelt sich das Fett um die Hüften an. Eine mäßige Gewichtszunahme verändert an dieser grundlegend männlichen bzw. weiblichen Figur nichts; sie ist zudem bei allen Völkern der Erde anzutreffen, obwohl sich die Menschen beträchtlich in Größe und Körpergewicht unterscheiden.

Die weibliche oder »gynoide« Figur entwickelt sich in der Pubertät unter dem Einfluss von Östrogen. Junge Frauen nehmen zu und sammeln mehr Fett an Oberschenkeln und Po an, als an allen anderen Körperstellen. Die Oberschenkel machen ein Viertel des Gewichts der Frau aus; deshalb wurden 1996 in den USA Oberschenkel-Cremes im Wert von neunzig Millionen Dollar verkauft, obwohl nicht einmal bewiesen ist, dass sie auch etwas bewirken. Doch die Frauen sind verzweifelt. Diäten verringern das Körperfett meist zuerst am Oberkörper und den Brüsten und erst dann an Po und Schenkeln, weil der Körper das Fett dieser Regionen, von Schwangerschaft und Stillzeit abgesehen, nur selten braucht. Wahrscheinlich wird es dort deponiert, um zu gewährleisten, dass der Körper auch in Zeiten des Hungers eine Schwangerschaft und Laktation erfolgreich zu Ende bringen kann.

Doch die Schönheit der schlanken weiblichen Taille zwischen den gerundeten Brüsten und Hüften ist sehr vergänglich. Sie verschwindet schon früh während der Schwangerschaft und ist danach nur schwer wieder zu erlangen. Zu Beginn der Wechseljahre haben viele Frauen ein Verhältnis von Taille zu Hüfte, das eher dem eines Mannes als dem einer jungen Frau entspricht. Die Taille ist einer der besten Indikatoren für die hormonale Funktion des Körpers. Frauen mit polyzystischem Ovarialsyndrom, eine Krankheit, bei der erhöhte Testosteronwerte auftreten, haben eine maskuline Taille-zu-Hüfte-Relation. Wenn zu viele Androgene im Körper sind, beginnt er, am Bauch Fett anzusammeln anstatt an den Hüften.

Zwei groß angelegte, gut kontrollierte Studien zur Fruchtbarkeit stellen in überzeugender Weise einen Zusammenhang zwischen Taille-zu-Hüfte-Relation und potenzieller Fortpflanzungsfähigkeit her. In der ersten mit fünfhundert Frauen, die sich in einer niederländischen Klinik künstlich befruchten lassen wollten, zeigte die Fettverteilung mehr Einfluss auf die Wahrscheinlichkeit einer Empfängnis als Alter oder Fettleibigkeit. Bei einer Taille-zu-Hüfte-Relation von weniger als 0,8 (schlanke Taille und Sanduhr-Figur) war die Chance einer Schwangerschaft fast doppelt so groß wie bei einem entsprechenden Wert über 0,8 (breitere Taille, mehr »röhrenförmige« Figur). Aber auch die zweite Studie mit Frauen, die durch In-vitro-Fertilisation und Embryotransfer empfangen wollten, erwies einen negativen Zusammenhang zwischen einer Taille-zu-Hüfte-Relation über 0,8 und der Chance einer Schwangerschaft. Der Einfluss blieb sogar, nachdem die Autoren das Alter, den Körper-Masse-Index und eine eventuelle Raucheranamnese mit einbezogen.

Es ist also kein Zufall, dass ein Mann, der eine fruchtbare Partnerin sucht, eine schlanke Taille attraktiv findet. Die Psychologin Devendra Singh hat in achtzehn Kulturen beobachtet, wie Männer die Gestalt des Körpers wahrnehmen. Sie stellte fest, dass die Taille-zu-Hüfte-Relation dafür, ob Männer einen Frauenkörper attraktiv finden, häufig wichtiger ist als die Größe des Busens oder das Körpergewicht (Extremfälle ausgeschlossen). Sie zeigte den Testpersonen Zeichnungen von Frauen dreier unterschiedlicher Gewichtsstufen (untergewichtig, durchschnittlich und übergewichtig) und dreier verschiedener Taille-zu-Hüfte-Relationen (0,7; 0,8 und 0,9) und bat sie, die attraktivste Figur zu benennen. Mit überwältigender Mehrheit erklärten die Männer die durchschnittlich gewichtige Person mit dem Relationswert 0,7 zur attraktivsten Frau.

Singh glaubt, dass die Männer eine angeborene Vorliebe für weibliche Körper mit schlanker Taille und vollen Hüften haben, da diese hohe Fruchtbarkeit sowie einen hohen Östrogen- und einen niedrigen Testosteronspiegel signalisieren. Wie bei allem ist etwas Übertreibung manchmal nicht unwillkommen. So stellte Singh fest, dass eine Figur mit der Taille-zu-Hüfte-Relation 0,6 ebenfalls als attraktiv gilt. Barbie, ein weiteres Beispiel für eine Sexbombe, hat die Maße 91-46-84 und die Taille-zu-Hüfte-Relation 0,54.

Betrachtet man legendäre Schönheiten, so wird Singhs Argument hinsichtlich der Bedeutung der Figur offensichtlich. Audrey Hepburn und Marilyn Monroe repräsentierten in den fünfziger Jahren zwei sehr unterschiedliche Typen von Schönheit. Dennoch hatten die mit den Maßen 91-61-86 üppige Marilyn und die vergleichsweise zarte Audrey (80-56-79) beide die typische Sanduhr-Figur und eine Taille-zu-Hüfte-Relation von 0,70. Einige Stimmen haben zwar in letzter Zeit behauptet, die Amerikaner würden zunehmend »kurvenlose«, knabenhafte Körper bevorzugen, doch Singh hält dies für unzutreffend. Sie untersuchte die Miss Americas von 1920 bis in die achtziger Jahre sowie *Playboy*-Ausgaben von 1955 bis 1965 und 1976 bis 1990 und stellte fest, dass sich die Taille-zu-Hüfte-Relation der Miss America nur innerhalb der Werte 0,72 und 0,69 bewegte und die der *Playboy*-Models zwischen 0,71 und 0,68.

Das derzeitige durchschnittliche Supermodel hat die Maße 84-58-84 und damit eine Taille-zu-Hüfte-Relation von 0,7. Elle MacPherson, bekannt als »The Body«, hat nicht nur 1,12 Meter lange Beine, sondern auch die Maße 91-61-89, somit eine Taille-zu-Hüfte-Relation von schnittigen 0,69. Die Models werden größer, ihre Brüste ebenfalls, die Hüften mögen leicht schrumpfen, doch die »gynoide« Figur bleibt dieselbe, weil gesunde junge Frauen mehr Fett an den Hüften deponieren als am Bauch.

Zu denselben Ergebnissen kamen der englische Psychologe Martin Tovee und seine Kollegen, als sie die Maße von dreihundert Supermodels (einschließlich Claudia Schiffer und Naomi Campbell), dreihundert »Glamourmodels« des *Playboy*, dreihundert durchschnittlichen Frauen und kleineren Gruppen von Frauen mit Essstörungen (Anorexie und Bulimie) untersuchten. Die Supermodels waren beträchtlich größer als alle anderen Gruppen, und sowohl die Supermodels als auch die Glamourmodels waren schlanker als die durchschnittlichen Frauen (wenngleich beträchtlich fülliger als die Anorexie-Patientinnen). Die Supermodels und Glamourmodels waren »kurvenreich«, mit Taille-zu-Hüfte-Relationen von 0,71 für die Ersteren und 0,68 für Letztere. Glamourmodels wirken unter Umständen noch kurvenreicher, weil sie kleiner sind als Supermodels, aber auch diese sind nicht gerade »Gespenstheuschrecken«, wie Tovee sich ausdrückt.

Zwar wurde den Models die Schuld für die steigende Zahl von Essstörungen bei jungen Frauen gegeben, doch Tovee stellte fest, dass die Figur dieser beiden Gruppen sehr unterschiedlich ist – was nahe legt, dass keine noch so heftige Diät zur Figur eines Models verhilft. Models sind statistische Raritäten, die einen großen, schlanken Körper mit Kurven in sich vereinigen. Aber auch Twiggy sollte man hier nicht vergessen. Auf dem Höhepunkt ihrer Model-Karriere wog sie knapp 42 Kilogramm und hatte die Maße 79-61-84, was einer Taille-zu-Hüfte-Relation von 0,73 entspricht – selbst sie hatte also wohl etwas Fett an den Hüften.

Abgesehen davon, dass eine schlanke Taille für Fortpflanzungspotenzial wirbt, ist sie auch ganz allgemein ein Indikator guter Gesundheit. Bei beiden Geschlechtern wird Bauchspeck mit einem erhöhten Risiko für Herzinfarkt, Diabetes, Schlaganfall, Bluthochdruck, Gallenleiden und einige Krebsarten in Zusammenhang gebracht. Betrachtet man nur die Gesundheit, so wäre eine schlanke Taille wünschenswert. Man darf jedoch nicht vergessen, dass diese chronischen Krankheiten größtenteils eine Folge unserer heutigen Lebensweise sind. Somit hatte die hauptsächliche evolutionäre Bedeutung der Taille-zu-Hüfte-Relation zur Ermittlung von Schönheit, wiewohl sie ein hervorragender moderner Indikator für die Gesundheit im Allgemeinen ist, wahrscheinlich mehr mit ihrer Aussage über die Fruchtbarkeit einer Frau zu tun.

In den Vereinigten Staaten hat Fettleibigkeit einen derart großen Einfluss auf die Wahrnehmung von Attraktivität, dass damit weder die Grö-

218

ße des Busens noch die Taille-zu-Hüfte-Relation konkurrieren können. Die Männer geben zwar der Sanduhr-Figur den Vorzug, doch bedeutet dies nicht, dass sie eine korpulente Frau mit breiter Taille oder großen Brüsten nicht einer schlanken Frau oder einer solchen mit durchschnittlichem Gewicht und weniger »Kurven« vorziehen. In Devendra Singhs Studien werden die dicksten Frauen acht bis zehn Jahre älter geschätzt als die schlankeren (obwohl die Gesichter identisch sind). Womöglich trägt ihre verminderte Jugendlichkeit zu einer verminderten Attraktivität bei. Doch in unserer Fett-phobischen Kultur dürften auch Angelegenheiten des gesellschaftlichen Status eine Rolle spielen, und zwischen sozialem Status und Körperfett besteht insbesondere für Frauen ein signifikanter negativer Zusammenhang.

Die Frauenmode lenkt unbeirrbar mit Korsetts, breiten Gürteln, Hüfthosen und nabelfreien Tops die Aufmerksamkeit auf die Taille. Korsetts sind seit nunmehr fünfhundert Jahren permanent in Mode. Dem Oxford English Dictionary zufolge wurde das (englische) Wort »corset« erstmalig im Jahre 1299 in einem Bericht über die Garderobe des Haushalts von König Edward I. benutzt. Korsetts verjüngten nicht nur die Taille und schoben den Busen nach oben, sondern man verbreiterte auch die Hüften mit Polstern, Kissen und Drahtkästen, die als Reifröcke, Tournüren und Krinolinen bezeichnet wurden. Manche machten die Frau an der Seite breiter, manche umschlossen sie mit einem Kegel, andere verpassten ihr ein dralles Hinterteil. Erst zu Anfang des zwanzigsten Jahrhunderts wurden die Frauen von diesen Karikaturen der weiblichen Figur erlöst, als die Modemacher Madeleine Vionnet und Paul Poiret fließendere Kleider einführten. Dennoch kam die Mode auch später immer wieder auf die Betonung der Taille zurück, von Diors New Look von 1947 mit stark betonter Taille und einem weiten Rock bis hin zu verspielten Gestaltungen von Korsetts von Vivienne Westwood und Jean Paul Gaultier.

Der Wunsch, die weibliche Sanduhr-Figur zu übertreiben, könnte zur Erklärung eines Modephänomens beitragen, das damit anscheinend gar nichts zu tun hat – hohe Absätze. Man sollte meinen, es seien die Männer, die für sich hohe Absätze wünschten, da sie doch weitaus mehr Wert auf Körpergröße legen. Schuhe mit Plateausohle wurden ursprünglich von beiden Geschlechtern getragen, doch als die Absätze im-

219

mer schlanker wurden und schließlich die Form langer, dünner Stifte erreichten, waren sie nur mehr den Frauen vorbehalten. Ihren Höhepunkt erreichte diese Entwicklung 1953 mit dem Pfennigabsatz, der in Italien kreiert und in Paris popularisiert wurde.

Frauen mögen hohe Absätze, weil sie viel mehr bewirken, als ein paar Zentimeter hinzuzufügen. Das Model Veronica Webb brachte es ohne Umschweife zum Ausdruck: Hohe Absätze zu tragen ist, »wie wenn du deinen Arsch auf ein Podest hebst«. Eine Frau, die solches Schuhwerk trägt, ist gezwungen, unsicher auf den Fußballen zu balancieren, die Schultern zurückzuziehen und den unteren Rücken durchzudrücken, was ihren Busen größer, den Bauch flacher und den Po runder und herausgestreckt aussehen lässt. Und das ist nur ein Nebeneffekt dessen, was Stöckelschuhe für die Beine tun – sie sehen aus, als hätten sie mehr Muskeltonus, wirken länger und erinnern an die Gestalt eines Beins, das durch sexuelle Erregung angespannt ist.

Und dann ist da auch noch der Gang. Es wurde behauptet, Männer würden den staksigen Gang einer Frau als sexy empfinden, weil er wirkt, als habe sie Fußfesseln – sie sieht zerbrechlich aus und so, als könne sie nicht rasch weglaufen. Andere hingegen meinen, es sei die Art und Weise, wie sich die Hüften bewegen. So sagte der führende Schuhdesigner Manolo Blahnik: »Ich bin jetzt seit dreiundzwanzig Jahren in diesem Geschäft, ich habe Plateausohlen gemacht, ich habe Keilabsätze gemacht – nichts gibt einem diesen femininen Gang wie ein Paar hohe Absätze. Wenn die Frauen hohen Absätzen widerstehen könnten, dann gäbe es mich nicht.«


# Kritische Masse

In den Vereinigten Staaten und in großen Teilen der westlichen Welt bedeutet schön sein, schlank und geschmeidig zu sein, grazil wie eine Ballerina und – ebenso voller Selbstverleugnung. Inmitten des Überflusses an Nahrung und kulinarischen Verführungen sind unsere höchstbezahlten Models 1,78 Meter große, knapp fünfzig Kilo leichte Frauen, die neidvoll von der Durchschnittsfrau mit ihren 1,63 Metern und 65 Kilogramm angestarrt werden.

Das Gewicht wird häufig anhand des Körper-Masse-Index errechnet, das heißt: Gewicht in Kilogramm geteilt durch das Quadrat der Körpergröße in Metern. Die US-Regierung empfiehlt einen Körper-Masse-Index unter 25. Für eine 1,63 Meter große Frau bedeutet dies ein Gewicht von maximal 66 Kilogramm. Damit mag sie zwar gesund sein, aber sie ist auch in unmoderner und uneleganter Weise korpulent, es sei denn, sie speckt noch gut 13,5 Kilogramm ab.

Doch das dürfte ihr nicht leicht fallen. Trotz vierzig Milliarden Dollar, die in den USA jährlich für Gewichtsabnahme-Zentren, Fitness-Clubs, Diätgerichte, kalorienreduzierte Getränke, Appetitzügler, Fitnessgeräte und -videos ausgegeben werden, wird der durchschnittliche Amerikaner immer schwergewichtiger. Ein Drittel der Bevölkerung ist fettleibig (definiert als zwanzig Prozent über den akzeptierten Normen) – das bedeutet, 32 Millionen Frauen und 26 Millionen Männer in den Vereinigten Staaten. Dieser Wert schnellte zwischen 1980 und 1991 nach oben, nachdem er zuvor drei Jahrzehnte lang bei 25 Prozent geblieben war. Auch in vielen anderen Industrieländern nimmt die Fettleibigkeit zu; in Großbritannien etwa ist der Anteil der übergewichtigen Erwachsenen auf dreizehn Prozent bei den Männern und sechzehn Prozent bei den Frauen gestiegen – das bedeutet eine Verdoppelung innerhalb von zehn Jahren.

Wären wir so sehr von den Massenmedien beeinflusst, wie viele Gesellschaftskritiker es behaupten, dann sollte man meinen, dass die meisten Männer und Frauen mager sind oder zumindest inzwischen abnehmen. Die riesigen Beträge, die an die Schlankmacher-Industrie fließen, legen nahe, dass wir es zumindest versuchen ... oder etwa doch nicht? Der Fettkonsum fiel in den Vereinigten Staaten in den achtziger Jahren lediglich um zwei Prozent (von 36 auf 34 Prozent der Kalorienaufnahme), und drei der fünf in Restaurants angebotenen Gerichte, deren Nachfrage am raschesten anwächst, waren solche mit hohem Fettgehalt, nämlich Pommes frites, Hamburger und Chicken Nuggets. Die Portionen in Gaststätten sind so sehr angewachsen, dass die Tellergröße von 25 auf 28 oder sogar 30 Zentimeter stieg, um den großen Mengen genügend Platz zu bieten. Bemühen wir Fitnessvideos und -geräte, sieht es nicht besser aus. Der durchschnittliche Amerikaner betreibt ohnehin nur sechzehn Minuten pro Tag Fitness, und 24 Prozent der

221

US-Bevölkerung tun diesbezüglich überhaupt nichts. Ein Mensch, der den ganzen Tag im Bett verbringt, verbraucht 1 400 bis 1 600 Kalorien, um die Körperfunktionen aufrechtzuerhalten; jemand, der aktiv ist, verbraucht nicht mehr als 2 000 Kalorien. Bei so viel erhältlicher Nahrung und so wenig verbrauchter Energie ist es kein Wunder, dass sich die Taille weitet.

Dabei sind wir nicht faul oder heuchlerisch, unersättlich oder böse – wir sind einfach nur menschlich. Und wir müssen gegen Millionen Jahre der Evolution ankämpfen, in denen jene selektiert wurden, die am herzhaftesten essen, Fett speichern und so viel Fett, Salz und Zucker wie möglich aufnehmen konnten. Wir sind angepasst an eine Welt periodischer Hungersnöte aufgrund von Dürren, Überschwemmungen, Erdbeben und einer Knappheit an Pflanzen und Wild. Selbst heute noch ist fast die Hälfte der Bevölkerung in den Entwicklungsländern mindestens einmal pro Jahr mit einer Lebensmittelknappheit konfrontiert, davon ein Drittel sogar mit gravierender Hungersnot. Dass der Körper dazu neigt, Fett zu speichern und auf Nahrungsknappheit zu reagieren, indem er den Stoffwechsel neu einstellt und die aufgenommene Nahrung effizienter verbrennt, ist für die, die Diät halten, eine Qual, doch der Körper beweist damit nur seine hohe Adaptationsfähigkeit.

Zumindest war er anpassungsfähig, bis wir begannen, Tiere in Gehegen zu halten und mit Getreide zu füttern – Tiere, die hervorragende Lendenstücke mit dreißig Prozent Fett abwerfen –, oder bis wir begannen, mit raffiniertem Zucker Doughnuts und anderes Gebäck zu kreieren. Wie bei allen unseren Vergnügungen halten wir es auch beim Essen lieber mit Übertreibung als mit Finesse. Jeder große Supermarkt, jeder Drogeriemarkt hält ganze Regale voller Süßigkeiten bereit, und jeden Sommer entfachen wir aufs Neue die Grillfeuer, bis die Luft nach triefendem Fett riecht.

Bis vor kurzem konnten wir essen, was wir wollten, denn die zur Verfügung stehende Nahrung war sowohl der Quantität als auch der Vielfalt nach begrenzt (wie der Anthropologe Napoleon Chagnon sagte, mögen Palmenherzen in den Vereinigten Staaten zwar als Delikatesse gelten, doch als er bei den Yanomami lebte, wo es zeitweise nichts anderes zu essen gab als Palmenherzen, verloren diese rapide ihre Attraktivität). Und bis in dieses Jahrhundert hinein war die Leistungsmenge, die wir unserem Körper zuführten, gleich der, die wir abgaben. Wir mussten aktiv sein, denn es gab keine Autos, die uns transportierten, keine Supermärkte, die uns mit verpackten Nahrungsmitteln versorgten, keine Haushaltsgeräte, die für uns arbeiteten, und keine Geschäfte jeglicher Art, wo wir uns sämtliche Bedürfnisse erfüllen konnten. In der Welt, in der wir uns entwickelten, war es sinnvoll, Zeit zum Ausruhen zu horten. Heute hingegen verbringen viele Menschen den Tag auf einem Bürostuhl sitzend, danach im Auto sitzend und schließlich abends vor dem Fernseher sitzend, und dabei versuchen wir, uns zu etwas Gymnastik oder zu einem Gang ins Fitnessstudio zu bewegen.

Weshalb wir fettleibig wurden, ist also kein Geheimnis; wir haben ein Übermaß an Nahrung, einen Körper, der nur ungenügend befähigt ist, der Aufnahme von Fetten und Süßigkeiten einen Riegel vorzuschieben, und wir haben uns eine Welt geschaffen, in der für unser Überleben immer weniger körperliche Verausgabung notwendig ist. Das heißt, wir sind gezwungen, etwas Unnatürliches zu tun: Wir müssen Nahrung verweigern und uns zwecklosen Aktivitäten hingeben, nur um Energie zu verbrennen und unseren Körper fit zu halten.

Was in anderen Kulturen Jahrhunderte dauerte, entwickelte sich auf den südpazifischen Tonga-Inseln sehr rasch: 1986 wurde festgestellt, dass zwei Drittel der Frauen zwischen vierzig und fünfzig Jahren fettleibig waren; Diabetes, Bluthochdruck und Herzkrankheiten waren verbreitet, die Lebenserwartung gefallen. Die Fettleibigkeit war eine Folge rapider Veränderungen des Lebensstils: Auf den Inseln waren Autos eingeführt worden, und innerhalb kürzester Zeit gab es alle möglichen Lebensmittel für ein Volk, das sich von Yamswurzeln, Maniok und Fisch ernährt hatte – Dingen, die die Menschen selbst angebaut bzw. gefangen hatten. Ohne die Kenntnis gesundheitlicher Nachteile oder eine Ästhetik des Schlankseins, die den Appetit gezügelt hätte, aßen viele glückliche Tonga-Insulaner nun ganze Brotlaibe, mit einem halben Pfund Butter bestrichen, und mengenweise Eiskrem. Hammelfleisch, in Neuseeland als zu fett und damit ungenießbar eingestuft, wurde importiert und entwickelte sich zu einer der beliebtesten täglichen Speisen. Die WHO, die Weltgesundheitsorganisation der UNO, musste König Taufa'ahau Tupou IV. von der Bedeutung einer Gewichtsabnahme seiner Untertanen überzeugen. Wie viele Führer war

223

auch er ein korpulenter Mann – bei einer Körpergröße von 1,88 Meter wog er gut 200 Kilogramm; 1976 war er zum schwergewichtigsten Regierungschef der Welt erklärt worden. Überzeugt, dass er den Ruf seines Volkes als kräftige, athletische Menschen wieder herstellen musste, nahm der König ab und ließ seine Fitness-Übungen für die Untertanen auf Video aufnehmen. Diese tun es nun den Westlern nach und halten Diät; mit dem Problem des Übergewichts kämpfen sie allerdings nach wie vor.

Es heißt, nicht westliche Kulturen hätten ein Schönheitsideal der Dickleibigkeit. Alte Fruchtbarkeitsgöttinnen wie etwa die Venus von Willendorf haben große Brüste und breite Hüften. Bei den Annang im Südosten Nigerias und in anderen afrikanischen Ländern werden Mädchen in speziellen »Masträumen« untergebracht und gut ernährt, damit sie bis zur Hochzeit dicker werden. Das angesetzte Körperfett trägt dazu bei, die Menstruation und Fruchtbarkeit herbeizuführen, und erhöht die Chancen für ein gesundes Kind (dickere Mütter bekommen schwerere Babys, die schneller wachsen). Das Körpergewicht erhöht den sozialen Rang des Mädchens und seiner Familie, denn es demonstriert, dass sie es sich leisten konnte, Ressourcen abzuzweigen und die Tochter damit dick und fruchtbar werden zu lassen. Doch nur wenige Familien können ihre Tochter so lange »mästen«, bis sie wirklich dick wird, und das angesetzte Fett ist in aller Regel bald wieder verloren. Die Evolution hat uns nun einmal mit Schönheitsdetektoren ausgestattet, die auf den normalen oder durchschnittlichen – und somit schlanken – Körper abgestimmt sind.

Und in der Tat bestätigen auch die meisten Studien, dass normal oder durchschnittlich gewichtige Personen für gewöhnlich den sehr schlanken und sehr dicken vorgezogen werden. Dies stellte Devendra Singh in den achtzehn von ihr untersuchten Kulturen fest, und die Psychologin Anne Becker kam sogar auf den Fidschi-Inseln zum selben Ergebnis, wo es ebenso wie im Königreich Tonga extrem viele übergewichtige und fettleibige Menschen gibt. Anders als in den Vereinigten Staaten aber zeigen die zwei Drittel übergewichtigen oder fettleibigen Männer und Frauen keinen starken Wunsch, ihr Gewicht zu reduzieren, und quälen sich auch nicht damit, ein Schlankheitsideal anzustreben. Vielmehr wollten mehr als fünfzig Prozent der fettleibigen und sogar über siebzig

Prozent der übergewichtigen Frauen, die Becker befragte, ihr derzeitiges Gewicht beibehalten. Doch als sie den Fidschi-Insulanern dreizehn Zeichnungen vorlegte, die Menschen von sehr schlank bis sehr dick zeigten, wählten auch sie solche des mittleren Bereichs als die attraktivsten. Ganz ähnliche Figuren zeigten der Psychologe Adrian Furnham und seine Kollegen Menschen in Großbritannien, Uganda und Kenia. Über kulturelle Grenzen hinweg zeigte sich eine erstaunliche Einhelligkeit darüber, welche Figuren als attraktivste bewertet wurden. Nirgends wurden die dicksten oder dünnsten Figuren als attraktiv bewertet, und überall wurde dieselbe Gruppe mittelgewichtiger Männer und Frauen als am attraktivsten beurteilt. Anne Becker stellte fest, dass die Beurteilungen in Fidschi bei beiden Geschlechtern konsistent waren, und es spielte auch keine Rolle, wie nah oder weit entfernt ein Dorf von einem urbanen Gebiet war.

Was könnte also gewisse Gesellschaften bewegen, ein Ideal der Schwergewichtigkeit zu haben, das so weit vom Durchschnitt entfernt ist? Die darwinistischen Kräfte sind mannigfaltig, und manchmal widersprechen sie sich auch – sich zu ernähren ist eine Kraft, Paarungspartner anzulocken eine andere, und das Motiv, einen Partner anzulocken, ist sowohl mit Gesundheit als auch mit Status verbunden. In manchen Fällen kann das Statusmotiv Impulse mit sich bringen, die dem Motiv der Ernährung widerstreben und unsere Ästhetik umstoßen. So wissen wir unter Umständen zwar, dass eine abgemagerte oder extrem korpulente Figur nicht so gut aussieht wie eine durchschnittliche, doch können wir sie als Statussymbol wertschätzen und sie uns ebenso wünschen, wie wir nach anderen Anzeichen des Wohlstands streben. Dazu schreibt die Anthropologin Margaret MacKenzie: »In einem sozialen Kontext, in dem nur ein König über ausreichende Nahrungsressourcen und Arbeitskräfte verfügt, um genug essen zu können und nicht körperlich arbeiten zu müssen, so dass er dick wird«, werde Prestige durch Zeichen des Überflusses verliehen. Ein dünner Mensch ist also einer, der zu arm ist, um sich viele Kalorien leisten zu können, oder auch einer, der so viel körperlich arbeiten muss, dass er kein Gewicht zulegen kann. Wenn hingegen arme Frauen dick sind (weil schlechte Nahrungsmittel so billig und leicht zu bekommen und die Frauen ungenügend gebildet sind, um die Nachteile solcher Ernährung zu kennen, und sich

225

teure, gesunde Nahrung nicht leisten können), dann ist es »in«, schlank zu sein, und Zurückhaltung beim Essen sowie körperliche Bewegung werden zu Prestigeangelegenheiten.

Die Forscher Jeffrey Sobal und Albert Stunkard, die sich mit dem Thema Fettleibigkeit beschäftigen, überprüften 144 Studien zum Verhältnis von sozioökonomischem Status und Körpergewicht. Sie stellten eine starke umgekehrte Korrelation zwischen dem Gewicht einer Frau und ihrem gesellschaftlichen und wirtschaftlichen Status fest (je höher der Status, desto geringer das Gewicht), und zwar für die Länder Belgien, Deutschland, Großbritannien, Holland, Israel, Kanada, Neuseeland, Norwegen, Schweden, die Tschechoslowakei und die Vereinigten Staaten sowie praktisch für jede andere Industrienation. Und sie stellten eine nicht minder starke gegenteilige Korrelation in Entwicklungsländern fest, die mit Nahrungsknappheiten zu kämpfen haben. Dort waren die gesellschaftlich hoch stehenden Männer und Frauen schwergewichtiger. Allerdings war in den Industrieländern die Relation zwischen Status und Körpergewicht bei den Männern weniger einheitlich.

Das Ideal der Schlankheit wird von den gesellschaftlich Hochstehenden durch Ernährungsweise und Training aufrechterhalten. Aber auch durch soziale Mobilität wird es gewahrt – für eine schlanke Frau ist die Wahrscheinlichkeit größer, »nach oben« zu heiraten, das heißt einen Mann zu bekommen, der einen höheren sozialen und ökonomischen Status hat als ihre Herkunftsfamilie. Studien aus den Vereinigten Staaten, Großbritannien und Deutschland belegen, dass nach oben mobile Frauen wesentlich schlanker sind als ihre fülligeren Geschlechtsgenossinnen, die Männer derselben oder einer niedrigeren sozialen Klasse heiraten. Allerdings spielt auch eine genetische Komponente eine Rolle. Wenn eineiige Zwillinge zu viel essen, setzen sie fast identische Mengen Fett an, und zwar zumeist auch an denselben Körperstellen. Wie die Größe ist auch das Körpergewicht durch viele Faktoren bedingt, und die Gene geben vor, inwieweit wir die Gestalt unseres Körpers verändern können. Doch ob man Fett ansetzt oder nicht, hängt von den Lebensumständen ab.

Die extremsten Manifestationen des Schlankseins kamen aus der Welt der großen Mode und griffen im Lauf der Zeit von dort über auf die Welt der normal Sterblichen. Zwei britische Mädchen, Twiggy in den sechziger und Kate Moss in den neunziger Jahren, die eine 1,68, die andere 1,70 Meter groß und beide weniger als 45 Kilogramm leicht, wurden die Stars des »Dünnheitsideals«. James Wolcott schrieb in der Zeitschrift *The New Yorker*, Kate Moss sei »zu einer Zielscheibe für jeden Angriff geworden, der zum Thema schlechtes Image des weiblichen Körpers gemacht werden kann.« Diese Bilder beeinflussten die Darstellung der Schönheit(en) in den Massenmedien. Die Miss Americas der sechziger Jahre waren 1,68 Meter groß gewesen und hatten um die 55 Kilogramm gewogen. Zwanzig Jahre später waren sie um fünf Zentimeter größer, doch ihr Gewicht war gleich geblieben. In derselben Periode legten auch die Playmates des *Playboy* an Größe zu und verloren einige Pfunde – ihr Gewicht sank von elf auf siebzehn Prozent unter dem US-Durchschnitt. 1992 wurde sogar das Firmenemblem von Columbia Pictures, die Fackelträgerin, schlanker gemacht.

Seit sich das Ideal des Dünnseins durchgesetzt hat, wird es von Feministinnen und Kulturkritikern gleichermaßen als Unterdrückung und eine Gefahr für die Frau geschmäht. Die Kritiker behaupten, die Models würden ein falsches Bild der Frau vermitteln, nämlich ein Aussehen vorweggenommener Reife und Fragilität. Manche meinen gar, sie würden aussehen wie Heroinabhängige, oder dass die Anzeigen einen Beigeschmack von Kinderpornografie hätten. Der am häufigsten angeführte Kritikpunkt ist jedoch, der neue Look habe eine ansteckende Krankheit ausgelöst, nämlich sich epidemisch verbreitende Essstörungen bei weiblichen Jugendlichen. Den ersten Alarm diesbezüglich schlug bereits 1978 Hilde Bruch, als sie die Anorexie als »eine epidemische Krankheit« bezeichnete. Ihre folgenden Zeilen ließen die Welt aufhorchen: »Neue Krankheiten sind selten, und eine solche, die fast ausschließlich die Jungen, Reichen und Schönen befällt, ist praktisch etwas noch nie da Gewesenes. Doch eine solche Krankheit breitet sich unter den Töchtern gut situierter, gebildeter, erfolgreicher Familien aus ... Im Verlauf der letzten fünfzehn oder zwanzig Jahre hat die Verbreitung der Anorexia nervosa rapide zugenommen. Davor war sie außerordentlich selten gewesen.« Einige Jahre später proklamierte die Zeitschrift *Newsweek* das Jahr 1981 als »Jahr der Befreiung vom Fress-Syndrom« und machte damit auf eine zweite Essstörung, die Bulimie, aufmerksam.

227

Naomi Wolf jagte wahrscheinlich jeder amerikanischen Mutter Angst ein, als sie schrieb, es sei »kinderleicht, anorektisch zu werden«, womit sie implizierte, dass jeder Teenager, der eine Diät machte, dafür anfällig sei. Die Frauen, schrieb sie, »müssen die Anorexie als einen politischen Schaden geltend machen, der uns von einer Gesellschaftsordnung zugefügt wurde, die unsere Zerstörung als unbedeutend betrachtet, weil wir weniger wert sind.« Solche Worte werteten die Magersüchtige auf zum Symbol des Kampfes der Frau von heute, selbst über ihren Körper zu bestimmen. Wolfs Buch fand Anklang bei jungen Frauen, die es satt hatten, ständig gegen den eigenen Körper anzukämpfen und unfähig zu sein, einem Schönheitsideal zu entsprechen oder nach eigenem Gutdünken Nutzen daraus zu ziehen.

Wie häufig sind Essstörungen, und wodurch werden sie verursacht? Diäten und unmäßiges Essen sind inzwischen derart in unserer Kultur verbreitet, dass es schwer fällt zu beschreiben, was beim Essen als Richtschnur gelten sollte, doch wie die Historikerin Joan Jacobs Brumberg aufgezeigt hat, kamen Essstörungen in den sechziger Jahren nicht als absolutes Novum auf. Gemessen an der allgemeinen Bevölkerung, sind sie relativ selten und selbst bei jungen Frauen ungewöhnlich. An Bulimie leiden etwa ein bis fünf Prozent der amerikanischen Frauen um die zwanzig. Anorexie hingegen ist seltener, tritt zumeist vor dem zwanzigsten Lebensjahr auf und betrifft 0,5 bis ein Prozent der Mädchen. Anorexie ist die gefährlichere Essstörung; es besteht eine kleine, aber nicht unwesentliche Gefahr, daran zu sterben, da Magersüchtige ihre Nahrungsmittelaufnahme manchmal bis auf 200 bis 400 Kalorien pro Tag drosseln. Der Bulimie-Patient hingegen schwankt zwischen totaler Verweigerung der Nahrungsaufnahme und Anfällen von Fresssucht, in denen er bis zu 8 000 Kalorien auf einmal aufnimmt. 90 bis 95 Prozent der Betroffenen sind Frauen, die meisten davon weiße Angehörige der oberen Gesellschaftsschicht. Doch die Krankheit ist ein soziales Phänomen und beschränkt sich nicht auf eine Rasse oder ein Geschlecht. In zunehmendem Maße zeigen sich auch bei Homosexuellen Essstörungen, und bei farbigen Frauen, die sozial aufsteigen, steigt die Tendenz dazu ebenfalls.

Man mag versucht sein, Werbung und Mode für Essstörungen verantwortlich zu machen, doch darf man nicht vergessen, dass 98 Prozent der

Frauen keine diagnostizierbaren Symptome entwickeln, obwohl auch sie den Medien ausgesetzt sind. Die meisten Frauen halten Diät, viele sind sehr unzufrieden mit ihrem Körper, aber nur sehr wenige magern bis auf unter 32 Kilogramm ab und hören auf zu menstruieren – oder essen auf einen Rutsch fetthaltige Nahrung, die einer für vier Tage angemessenen Menge entspricht. Es ist nicht »kinderleicht«, Anorexie oder Bulimie zu bekommen; vielmehr sind dies komplexe und ernst zu nehmende Störungen mit mannigfaltigen Ursachen, die vor allem labile, junge Frauen und manchmal auch Männer heimsuchen.

Es gibt keinen evolutionären Vorläufer für das Ideal des Dünnseins. Tatsächlich sollte die Selektion sogar gegen eine derartige Präferenz arbeiten. Seit längerem ist bekannt, dass Frauen mit Essstörungen dadurch auch an Störungen der Fruchtbarkeit und Fortpflanzungsfähigkeit leiden. Sogar Ratten und Mäuse, die nicht genügend zu fressen bekommen (wiewohl sie ausreichend mit Aminosäuren, Vitaminen und so weiter versorgt werden), unterdrücken den östralen Zyklus und vermindern ihre Fruchtbarkeit. Hungernde Tiere vermehren sich nicht, sie paaren sich nicht einmal. Das Aussetzen der Fertilität ist das adaptive Sicherheitsventil des Körpers, das ihm bei Hungersnöten hilft, die während einer Schwangerschaft erhöhte Nahrungsaufnahme zu vermeiden. Doch kürzlich haben Wissenschaftler entdeckt, dass Tiere, die mit Nahrungsknappheit kämpfen müssen, eine bis zu dreißig Prozent höhere Lebenserwartung haben. Sie leben länger, und ihre Fertilität bleibt sozusagen ausgesetzt, bis das Nahrungsangebot wieder steigt, wodurch sie erneut zur Geschlechtsreife gelangen. Die Pause ist real – die Eierstöcke von Mäusen mittleren Alters, denen Nahrung vorenthalten wurde, altern langsamer.

Einige Psychologen sind bereits auf den Gedanken gekommen, dass sich daraus interessante Folgen für die Frau von heute ergeben könnten. Sie meinen, wenn Frauen beim Essen Zurückhaltung üben, könnte dies eine unbewusste Strategie sein, ihre Fortpflanzung zu kontrollieren. Essstörungen und das Interesse an Diäten wurden in den sechziger Jahren vorherrschend, als die Frauen relative sexuelle Freiheit und finanzielle Unabhängigkeit erlangten und das Kinderkriegen aufschieben wollten. Eine andere Sichtweise des Phänomens ist, zu bedenken, dass nicht die Männer, sondern die Frauen das Ideal des Dünnseins hochhalten; dies könnte dazu beitragen, die Idealisierung des Dünnseins innerhalb der höchsten sozialen Schichten zu erklären.

Doch wenn extremes Schlanksein auf fehlende Fruchtbarkeit hindeutet, dann sollten die Männer, evolutionsbiologisch betrachtet, diesen Frauen fern bleiben. Oder doch wieder nicht, wenn die Frauen sich mit allen, wiewohl in sich widersprüchlichen Verlockungen »ausstatten« – einem hoch gewachsenen, symmetrischen Körper mit großen Brüsten (was bei dem zur Diskussion stehenden Körpergewicht allerdings unmöglich sein sollte) und geschwungenen Hüften. Da Dünnsein ebenfalls ein Statussymbol geworden ist, trägt dies zu seiner verlockenden Wirkung auf Männer bei, die mit einer Frau zusammen sein wollen, welche bei anderen Menschen beiderlei Geschlechts als attraktiv gilt.

Extremes Schlanksein ist eine Mode, die wie die meisten Moden von den höchsten gesellschaftlichen Schichten ins Leben gerufen wird. Auf unseren Körper wirken sich nicht nur darwinistische Kräfte aus, sondern auch kulturelle und gesellschaftliche, und diese lassen sich am besten in der Mode zur Schau stellen.

# 7

## Mode,
## Trend

Es ist klar, dass zwischen dem, was ein Mann »ich« und was er einfach
»mein« nennt, schwer zu unterscheiden ist.

WILLIAM JAMES

Du magst nur ein paar Pfennige in der Tasche haben und keinerlei
Aussichten ... aber in deinen neuen Kleidern kannst du an der Straßenecke
stehen und davon träumen, Clark Gable oder Greta Garbo zu sein.

GEORGE ORWELL

Niemand kann dieser herrlichen Lust widerstehen, durch die Mode
auszudrücken, wie man sich selbst sieht.

TOM WOLFE

Die Mode stirbt sehr jung, deshalb muss man ihr alles verzeihen.

JEAN COCTEAU

Bei einer Pariser Modenschau hängt ein Kleid von Thierry Mugler an durch die Brustwarzen gezogenen Ringen des Models, und eine Création von John Galliano schleift eine vier Meter lange Schleppe hinter sich her. In Burma trägt eine Frau vom Volk der Padaung eine kiloschwere Menge von Metallringen um Hals, Fußknöchel und Handgelenke. Auf den Straßen von New York City laufen Mädchen in Schuhen mit Plateausohlen und haben Lagen von Miniröcken über eine Hose gezogen. Es ist unwahrscheinlich, dass irgendein Mensch alle diese Aufmachungen schön findet, doch irgendjemand tut es immer irgendwann und irgendwo.

Der Kritiker, der behauptet, Geschmack in der Mode sei nicht universal, hat damit natürlich Recht. Schon Ovid sagte: »Ich kann all den wunderlichen Einfällen der Mode gar nicht folgen. Es scheint, als würde jeden Tag ein neuer Stil geboren.« Er bezog sich damit auf Frisuren, doch die Aussage trifft auch auf die Mode insgesamt zu. Ein kurzer Blick in die Geschichte zeigt, dass es eine Mode, die weltweit gefiel, nie gegeben hat, und das gilt für Frisuren ebenso wie für Schuhwerk und alles dazwischen.

Eine Mode kann erhellen, was wir schön finden und weshalb (dadurch, dass sie bestimmte Merkmale der menschlichen Gestalt hervorhebt und andere zu verdecken versucht), doch grundsätzlich sind Mode und Schönheit nicht dasselbe. Das Auf und Ab von Moden und Trends, so auffallend oder überraschend sie auch sein mögen, hat nur wenig mit Schönheit zu tun. Und obwohl ein einziges Kapitel einem so umfangreichen Thema wie der Mode nicht gerecht werden kann, füge ich hier eines ein, um auf die vielen Dinge hinzuweisen, die menschliche Schönheit nicht ausmachen, jedoch häufig damit verwechselt werden.

Quentin Bell verglich Moden mit Fruchtfliegen – beides sind kurzlebige Arten, deren rasche Mutationen die Ersteren zu einem idealen Sujet für den Soziologen und die Letzteren für den Genetiker machen. Mode ist eine Kunstform, ein Statusanzeiger und das Sichtbarmachen einer Einstellung. Wir kreieren sie, wie wir auch Architektur und Möbel kreieren, als Hilfe bei der Gestaltung unserer Beziehungen mit der Außenwelt und um uns Komfort und Schutz zu verschaffen. Doch als eine Form des visuellen Ausdrucks unserer Persönlichkeit spiegelt sie auf komplexe Weise auch unsere Wünsche wider.

Mode lebt im und vom Augenblick. Die teuersten Kleider debütieren wie eine Vorstellung im Theater: monatelange Arbeit gipfelt in einer kurzen, glänzenden Zurschaustellung vor geladenem Publikum. Bei Spitzenkleidern geht es einzig und allein um einen Auftritt, der die Zuschauer »tot umfallen« lässt. Heutige Moden mögen auf weit Entferntes anspielen, doch sie sind immer mit dem Hier und Jetzt befasst, damit, den Augenblick für sich einzunehmen und ins Gedächtnis einzuprägen.

Da sie osmotisch ist, absorbiert und assimiliert die Mode den Strom, der sie umgibt. Dior führte nach dem Zweiten Weltkrieg voluminöse Stoffe in die Damenmode ein, zu einer Zeit, als die Automobilhersteller auf ihre Weise Wohlstand demonstrierten, indem sie sich in verschwenderischen Chromverzierungen ergingen. Und Mary Quants Minirock wäre wohl kaum verständlich ohne eine Kenntnis der »Swinging Sixties« und der Antibabypille.

Kleidung teilt so vieles mit, dass sie mit einer Sprache verglichen wurde, die aus einem Vokabular (Kleid, Jackett, Hose), Modifikatoren (Verzierungen, Gürtel, Halstücher), Slang (verkehrt herum aufgesetzte Baseballmütze), Dialekten (die endlosen Vertauschungen von »street styles«), fremden Akzenten (Parfum aus Frankreich, Hut aus England), Füllwörtern (das »Fuck you!« klobiger Stiefel) und persönlichen Floskeln oder Schnörkeln (niemand kann Cher erklären) besteht. Wie bei der Sprache auch, vermischen sich Füllwörter und Slang im Lauf der Zeit mit der gängigen Sprache, dem Mainstream. Heute sind Schuhe von Doc Martens und verkehrt herum aufgesetzte Baseballmützen, wenn sie von einem jungen Menschen getragen werden, schon längst nicht mehr aussagekräftig. Am leichtesten fällt es uns, die Kleidersprache unserer eigenen sozialen Gruppe zu verstehen; Dialekte und Fremdsprachen hingegen bereiten manchmal Schwierigkeiten. Jede Gruppe hat Mode-Originale, die sich witzig, elegant oder sogar poetisch kleiden, Konformisten, deren Kleidungsstil eher langweilige, aber zweckdienliche Prosa repräsentiert, und jene, die sich nicht klar ausdrücken können oder wollen. Die Schriftstellerin Alison Lurie bemerkte: »Selbst wenn wir nichts sagen, spricht unsere Kleidung lautstark jeden an, der uns sieht ... Zu tragen, was alle anderen tragen, löst das Problem ebenso wenig, wie es eine Lösung wäre zu sagen, was alle anderen sagen. ... Wir können in der Sprache der Kleidung lügen oder versuchen, die Wahrheit zu sagen; aber so lange wir nicht nackt und kahlköpfig sind, können wir nicht schweigen.«

## Sex

Die Mode mag über vieles schwatzen, doch hauptsächlich dreht sich das Gespräch um Sex und Status. Dass es bei der Mode um Sex geht, ist offensichtlich; selbst die Designer der Avantgarde stimmen dem zu. »Zu einem gewissen Grad ziehen sich Männer wie Frauen an, um ausgezogen zu werden«, sagte die britische Designerin Katherine Hamnett einmal. »Bei der Mode geht es nur darum, Partner zu finden. ... Denken Sie an Achtzehnjährige. Diese Energie, vor dem Ausgehen zwanzig T-Shirts anzuprobieren – das ist ihnen so wichtig. ... Wirkliche Obsession mit Mode hat etwas mit Sex zu tun«, so der Gucci-Designer Tom Ford.

Mit Hilfe der Mode wollen wir uns jünger, größer und reicher aussehen lassen, makellos und frisch erscheinen. Sie gibt uns an die Hand, was wir brauchen, um mit einem Tag, an dem wir uns selbst nicht leiden können, fertig zu werden. In anderen Worten, die Mode erhöht unseren Wert als Paarungspartner. Eine Manipulation echter, natürlicher Signale funktioniert sogar im Tierreich – wie wir gesehen haben, sind Vögel mit verlängerten Schwanzfedern und farbenprächtigerem Gefieder bei der Paarung erfolgreicher als ihre »unbehandelten« Konkurrenten, und dasselbe Prinzip funktioniert auch beim Menschen gut. Die Mode ist ein gigantisches Geschäft, das zumindest in Teilen mit »falscher Reklame« befasst ist. Ihre Erfolgsansprüche beim Hintertreiben natürlicher Signale werden zwar überschätzt, doch bis zu einem gewissen Grad funktioniert diese Strategie. Begabte Make-up-Künstler wie Way Bandy oder Kevyn Aucoin können wirkliche Verwandlungen zustande bringen.

Manche Anthropologen glauben, der ursprüngliche Zweck von Kleidung sei gewesen, auf die erotischen Zonen des Körpers aufmerksam zu machen, nicht, sie zu verbergen. Die letztere Funktion entstand erst später mit der sexuellen Sittenstrenge des Westens. Kunst und Körperschmuck so genannter primitiver Völker heben die Quellen der Fruchtbarkeit hervor, und noch im frühen sechzehnten Jahrhundert betonte auch die christliche Kunst die Genitalien Christi. Erst danach erschienen Lendentücher und Feigenblätter; Kleidung wurde zum Hüter des Körpers und Hemmschuh für unkeusche Gedanken.

Doch Kleidung tendiert dazu, Sex Appeal zu erhöhen, selbst wenn sie zum Ziel hat, ihn zu verringern. In seinem satirischen Roman *Die Insel der Pinguine* beschreibt Anatole France, was geschieht, als ein Missionar beschließt, seine frisch konvertierten weiblichen Pinguine zu kleiden. Die männliche Population erregt sich. Der Mönch Magis schreibt: »Man muss es bewundern, wie ein jeder von ihnen vortritt, mit dem Schnabel auf das Zentrum der Schwerkraft jener jungen Dame zeigend, das nun rosa verschleiert ist. ... Ich für mein Teil wanke in diesem Moment, unwiderstehlich zu diesem Pinguin hingezogen.«

Kleidung verstärkt unsere natürliche Attraktivität. Kleider lassen einen Hals länger, Brüste größer, Schultern breiter, Taillen schlanker, Hüften geschwungener, Füße kleiner und Beine sexier erscheinen. Kleidung erregt die Neugier auf die verdeckten Teile; sie lädt die Fantasie ein, die Lücken zu füllen, und enthüllt den Körper in selektiver Weise. J. C. Flugel vertritt in seinem Buch über die Psychologie der Kleidung die Ansicht, Stile würden eine »wechselnde erogene Zone« anbieten. Selbst das bescheidenste Gewand gestattet irgendwo einen Blick auf den Körper; dadurch unterscheidet es sich von Bekleidung, die eigens dazu dient, die sexuelle Nichtverfügbarkeit zu demonstrieren (wie etwa die Tracht der Nonne oder der Schador der islamischen Frau). Der Kimono wird zurückgezogen, um den Nacken zu zeigen. In der ständig im Wandel begriffenen Modewelt des Westens zeigt eine Generation die Beine, eine andere die Brust und wieder eine andere den freien Rücken; dadurch bleibt das sexuelle Interesse erhalten und die Aufmerksamkeit darauf konzentriert, und es entsteht der Eindruck, als verfüge der Körper über endlose erotische Möglichkeiten.

Die revisionistische Geschichtsschreibung vertrat die Ansicht, sogar die Krinoline, der Reifrock des neunzehnten Jahrhunderts, sei ein Instrument der Verführung gewesen. Die Frauen betrachteten dieses Metallgestell als Erlösung, weil es sie von den zahlreichen Unterröcken befreite, die sie bis dahin getragen hatten, und ihnen erlaubte, die Beine freier zu bewegen. Dem Modehistoriker James Laver zufolge war die Krinoline als Aufrechterhalter der Moral »ein massiver Schwindel. ... Wir halten diese Konstruktion gerne für fest und unbeweglich, aber natürlich ist nichts der Wahrheit ferner. Die Krinoline war in ständiger Bewegung, sie schwankte von einer Seite zur anderen ... hin und her, bisweilen wurde sie ein wenig hochgekippt, und sie schaukelte vor und zurück.« Und sie konnte sogar ganz nach oben schießen. Wankend, hin und her wogend, raschelnd, ständig kurz davor, etwas zu enthüllen, war die Krinoline auf ihre Art ein Instrument des neunzehnten Jahrhunderts zur sexuellen Provokation.

Zu Anfang des zwanzigsten Jahrhunderts befreiten Designer wie Paul Poiret und Madeleine Vionnet die Frauen von ihren Korsetts und kleideten sie in weniger starre, geschmeidigere Garderobe. Damit ebneten sie gleichzeitig den Weg für die größte Modeneuheit dieses Jahrhunderts – die Enthüllung des Körpers. Selbst von Poirets schönsten Mannequins wurde nicht erwartet, dass sie einen makellosen Körper hatten. Die Brüste eines seiner Models »mussten aufgerollt werden wie Pfannkuchen, damit sie in ihr majestätisches Mieder passten«. Heute müssen die Models einen majestätischen Körper besitzen, selbst wenn das chirurgische Eingriffe bedeutet. Die Modestile von heute erfordern einen makellosen Körper, der durch sie noch »toller« präsentiert werden soll. Bietet man der Mode aber einen Körper an, der nicht in Topform oder übergewichtig ist, so wird sie seine Makel noch verdeutlichen.

# Status

Sex ist nur ein Teil der Geschichte rund um die Mode. Schließlich würde niemand *Vogue* und *Harper's Bazaar* – *Brigitte* und *Petra* – mit dem *Playboy* verwechseln. Die Modezeitschrift *Vogue* wurde 1892 gegründet, und ihre ersten Ausgaben präsentierten Damen der Gesellschaft wie Gertrude Vanderbuilt Whitney, die Kleider trugen, welche ihnen gehörten. 1909 wurde das Blatt von dem Pressemagnaten Condé Nast aufgekauft; er machte es mit seiner Herausgeberin Edna Woolman Chase zu einer Zeitschrift, die eine »durchlässige, unverwurzelte und demokratische Elite von Aussehen, Talenten, Image, Geld und Erfolg« reflektieren sollte. Kennedy Frazer bemerkte, Nast habe »den ewigen Stein des Anstoßes, der sich selbst in teuren, handgefertigten Schuhen findet«, begriffen. Bei *Vogue* und ihrer Rivalin, *Harper's Bazaar*, dreht sich alles nur um dieses Steinchen.

Die Mode, die diese beiden Blätter vorstellen, ist ebenso sehr Produkt des gesellschaftlichen Wettbewerbs wie die schönsten Federn oder das süßeste Lied in der Vogelwelt. Sie reflektiert Menschen, die versuchen, sich gegenseitig auszustechen und zu Exzessen anzustacheln. Sie zeigt die sich endlos verändernden Regeln von Menschen auf, die ständig eine Barriere zwischen sich und jenen errichten, die lautstark danach verlangen, ihre Plätze an der Spitze einzunehmen. Dies kann Mode zu einem snobistischen Geschäft verkommen lassen, das versucht, andere auszugrenzen. Die Top-Modemacher können ihre Position nur durch einen komplizierten Regelkodex verteidigen. Um wirklich Bescheid zu wissen, bedarf es sowohl großer Hingabe und Urteilskraft als auch Zeit und Geld. Reine Karrieremacher und Poseure entlarven sich durch ihre Irrtümer selbst; ein Fauxpas in der Mode ist weniger ästhetischer als vielmehr gesellschaftlicher und moralischer Natur. Der Kodex veranlasst die Modemacher, peinlich genau auf kleinste Details von Schnitt (Größe des Revers, Schlag der Hose), Farbe und Material zu achten und einen Artikel fallen zu lassen, sobald der entsprechende Stil passé ist, auch wenn das Stück neu und tadellos ist und ein Vermögen gekostet hat.

Eine Mode, die in einer Saison »in« und in der nächsten »out« ist, zeigt uns, wie reine Statuseffekte aussehen. Ein Kleidungsstück, das jeglicher gesellschaftlichen Bedeutung beraubt ist, sieht wertlos aus oder wirkt sogar lächerlich. Der Wettbewerb mag die Mode zu Exzessen und verrückten Spleens treiben, doch mit der Mode zu gehen ist deshalb nicht gleich frivol oder dumm. Das Spiel mag außer sich geraten sein, doch die Spieler verhalten sich vernunftgemäß. Sie wissen, dass Kleidung in der sozialen Arena wertvolle Währung darstellt. Unsere Kleidung zeigt, dass wir den anderen voraus sind oder zumindest nicht hinter ihnen herhinken.

## Die Geburt der Mode

Desmond Morris nannte den Menschen den nackten Affen. Dazu passt, dass wir auch die einzigen bekleideten Kreaturen sind. Stellt man Menschenaffen vor einen Spiegel, so beginnen sie oft, ihre Zähne oder andere Körperteile zu untersuchen, die sie normalerweise nicht sehen können. Schimpansenweibchen drehen sich gerne um und betrachten ihr rotes Hinterteil. Sie interessieren sich für ihr Aussehen, aber sie »schmücken« sich aufs Geratewohl, etwa indem sie auf den Schultern eine tote Maus herumtragen. Weiter geht ein solches »Bemühen« jedoch nicht; sie versuchen zum Beispiel nicht, durch das Tragen von Objekten Status oder soziale Bestrebungen zu signalisieren.

Damit begann der Mensch bereits vor Tausenden von Jahren; etwa zur selben Zeit, als er in Höhlen die ersten Bilder schuf. In Gräbern nördlich von Moskau, deren Alter Historiker auf ungefähr 28 000 Jahre schätzen, wurden Tausende von durchbohrten Perlen aus Elfenbein gefunden, die die Konturen von Kleidung wiedergaben, die sie einstmals zierten. Forscher entdeckten die Leiche eines sechzigjährigen Mannes mit den Überresten einer perlenverzierten Mütze, Armreifen aus Elfenbein und 2 936 Perlen, die in Schnüren über den Körper gelegt waren. Neben ihm lagen ein Junge und ein Mädchen, ebenfalls mit Tausenden kleinerer Perlen bedeckt. Der Mann und der Junge, nicht aber das Mädchen, trugen Anhänger oder Tierzähne, was nahe legt, dass schon damals Unterschiede in der Bekleidung der Geschlechter bestanden. In Mitteleuropa wurden Nadeln mit Öhr aus einer jungsteinzeitlichen Kultur gefunden. Sie waren aus Mammutelfenbein oder Knochen von Vögeln, Fischen oder Rentieren hergestellt; der Faden war die Sehne eines

239

Tiers, und das Ganze funktionierte bereits wie heute – mit der Nadelspitze wurden Löcher gestochen, durch die man den Faden zog. Die ältesten in größerer Menge in Höhlen gefundenen Nadeln sind dreißig- bis vierzigtausend Jahre alt.

Zwar tragen die Menschen schon seit Zehntausenden von Jahren Kleidung, doch die Geburt der »Mode« datiert die Forschung ins Europa des vierzehnten Jahrhunderts. Bis dahin trug man, von kleinen Veränderungen abgesehen, zumeist das, was bereits die vorhergehenden Generationen getragen hatten. Toga, Tunika, Sari und Kimono etwa sind Beispiele für Kleidungsstücke, die Jahrtausende überdauert haben. Nofretete hätte Kleopatra treffen und dabei passend gekleidet sein können, obwohl zwischen der Lebenszeit der beiden tausend Jahre lagen.

Im vierzehnten Jahrhundert aber begannen in Europa reiche Leute, ihre lose sitzenden Kleider abzulegen und neue anzuziehen, die zugeschnitten waren, mit Knöpfen und Schnüren zusammengehalten wurden und die körperlichen Merkmale ihrer Träger/innen zeigten. Die Kleidung der Männer war von militärischen Überlegungen bzw. Notwendigkeiten inspiriert (ein »Trend«, der jahrhundertelang anhielt). Die Rüstung des Ritters war ihm auf den Leib geschmiedet, darunter trug er eine fest ausgepolsterte Hülle auf dem Körper und eine eng anliegende Kniehose. Diese Unterkleider wurden zum Wams (ein gestepptes Kleidungsstück, mit Baumwolle oder einem anderen Material gepolstert und als eng sitzende Jacke getragen) und zur Kniehose; der gepolsterte Rumpf und die Kniehose blieben jahrhundertelang die wichtigsten Kleidungsstücke der Männerwelt.

Die Frauen trugen lange Kleider mit Schleppen, die sie hinter sich herschleiften. Die Mieder ihrer Gewänder waren tief ausgeschnitten und eng; verzierte Nähte schnürten die Taille zusammen. Ein breiter Gürtel trennte das enge Mieder von dem voluminösen Rock. Die Ränder von Umhang und Kapuze sowie die Enden der Ärmel und die Säume waren verziert, und auf den Ärmeln waren Dutzende winziger Knöpfe angenäht. Die Kleidung war Aufsehen erregend und individuell, und die Menschen zeigten Lust an fortgesetzten Neuerungen und Variationen.

Die Historiker verbinden das Entstehen der Mode mit der neuen finanziellen Macht der Geschäftsleute, Banken, Kaufleute und Händler. Die feudale Gesellschaft hatte Wohlstand und Status strikt begrenzt, doch um die Mitte des vierzehnten Jahrhunderts kam dieses System in England, Italien, Deutschland und Frankreich allmählich zum Erliegen. Mit dem Aufstieg des Handels und der Städte war auch eine neue gesellschaftliche Klasse emporgekommen, die in ihrer Kaufkraft mit dem Adel wetteiferte. Die Mode bot die Gelegenheit, Wohlstand und gesellschaftliche Ambitionen zu demonstrieren. Der Kulturhistoriker Stephen Bayley schrieb: »Die unersättlichsten Konsumenten sind die Angehörigen der wohlhabenden, aber unsicheren Mittelklasse; deshalb sind sie auch diejenigen, die sich am meisten von geschmacklichen Erwägungen leiten lassen.« Das Konsumieren von Produkten »schmeichelt den Menschen, lässt sie hervortreten und verschafft ihnen auf oft wundersame Weise Geltung«, stellte der Ökonom Julius Schor fest, aber »es wird auch zur Hauptsache ihres Lebens«.

## Konsum, Verschwendung und Freizeit

Schon 1899 zeigte der Soziologe Thorstein Veblen mit seiner zukunftsweisenden Analyse *The Theory of the Leisure Class* (Theorie der feinen Leute, dtv 1971) auf, wie sich die Menschen mit Hilfe von Kleidung gesellschaftliche Positionen erkämpfen. Er argumentierte, dass »es nicht ausreicht, Reichtum und Macht einfach nur zu besitzen«, und formulierte Regeln, die erklärten, wie man diese Attribute zeigen müsse. Seine berühmteste Wortschöpfung war der Begriff *conspicuous consumption*, das augenfällige Konsumverhalten oder der aufwendige Lebensstil. Als Wertgegenstände definierte er solche, die selten oder schwer zu finden waren, oder Dinge, denen man ansah, dass in ihnen ein hohes Maß an (von anderen Menschen geleisteter) Facharbeit steckte. Als die 25-jährige Königin Elizabeth I. 1558 den Thron bestieg, trug sie einen Hermelinpelz, Brokat, Seide und Perlen. Als Topmodel Stephanie Seymour kürzlich den millionenschweren Kunstsammler Peter Brant heiratete, trug sie ein von Azzedine Alaia entworfenes Kleid, an das in über neunhundert Arbeitsstunden 48 000 winzige Spiegel genäht worden waren.

Die Kleidung muss ferner *augenfällige Muße* demonstrieren können. Unter Muße (leisure) verstand Veblen Aktivitäten, die nicht das Geldverdienen oder die Produktion von etwas Sinnvollem oder Nützlichem zum

241

Ziel haben. Freizeitbeschäftigungen von hohem Statuswert – etwa Jagen, Golf, Segeln oder Polo – sind oft an der Kleidung erkennbar. Der Reiterfrack und -hut des englischen Jägers lieferten das Vorbild für Frack und Zylinder der Abendgarderobe, die Messingknöpfe und Blazer der Segler wurden auch an Land zur akzeptierten Freizeitbekleidung; Strickjacke und Polohemd wanderten vom Spielfeld ins Heim. Heute sind wir schließlich bei der so genannten »Patagonia Couture« angelangt – Kleidung, die von Freizeitaktivitäten wie Sporttauchen, Snowboarden oder Bergsteigen kommt.

Da die Rolle des Kriegers immer mit der oberen Klasse assoziiert wurde, gehört auch Kampfkleidung zu den anerkannten Statussymbolen. Vom Militär haben wir unter anderem Trenchcoats, Epauletten, Tank Watches, den Kolani und das Khakihemd übernommen. Dazu schrieb Quentin Bell: »Die Bedeutung von Krieg und Sport für den Modeexperten liegt darin, dass diese Beschäftigungen zu unterschiedlichen Zeiten die Haupt- und nahezu einzige Aktivität ganzer Kasten und Klassen waren.«

Ein weiterer Weg, mitzuteilen, dass man ein müßiges Leben führt, ist die Bevorzugung pflegeintensiver Stoffe. Ein gutes Beispiel hierfür ist Leinen, ein Material mit hohem Prestigewert, das knittert, kaum dass man es trägt. Die glänzenden, bestickten Brokatschuhe der französischen Aristokratie des siebzehnten Jahrhunderts zeigten, dass die Damen nie im Schmutz der Straße gingen. Das mussten sie auch nicht: Ihre Sänften wurden bis in die Säle von Versailles getragen. Und die durchscheinenden, figurnahen Trägerkleider von heute sehen auch nicht gerade aus, als würden sie besonders viel aushalten.

Am besten lässt sich Müßiggang durch eine Mode demonstrieren, die keine Arbeit zulässt. Die chinesische Aristokratie ließ sich die Fingernägel lang wachsen, um zu zeigen, dass sie nicht körperlich arbeiten musste. Und ein Modejournalist schrieb vor kurzem: »Hohe Absätze sind für jene, die andere dafür bezahlen, für sie zu laufen – zur Reinigung, um ein Taxi zu rufen, um das Mittagessen zu holen.« Baldassare Castiglione spricht in seinem 1528 in überarbeiteter Fassung erschienenen *Buch vom Hofmann* von *sprezzatura* und *disinvoltura* – Hochmut oder Arroganz und Unbefangenheit, Gewandtheit und Mühelosigkeit – als den wesentlichen Charaktermerkmalen des Höflings. Der dahinter stehende Gedanke ist, nie überhastet oder gezwungen zu wirken.

Und schließlich zeigt sich Status durch *conspicuous waste*, augenfällige Verschwendung, womit im Grunde gemeint ist, keine Angst vor hohen Ausgaben zu zeigen, weil immer noch mehr zum Ausgeben vorhanden ist. Karl der Große besaß achthundert Paar feine Handschuhe zu einer Zeit, als es sehr schwierig war, Handschuhe herzustellen und zu reinigen. Der Herzog und die Herzogin von Windsor benutzten per Hand zugeschnittenes Toilettenpapier, und ihre Hunde bekamen das Fressen in silbernen Schüsseln von Dienern serviert. Rita de Acosta, die Anfang des zwanzigsten Jahrhunderts zu den oberen Zehntausend von New York gehörte, besaß 87 Mäntel aus schwarzem Samt, die sich lediglich durch ihren Spitzenbesatz unterschieden. Der italienische Schuhmacher Ferragamo verkaufte einmal siebzig Paar Schuhe an Greta Garbo und einhundert an die Maharani von Kuch Bihar in Indien, die ihm zuvor Perlen und Diamanten geschickt hatte, mit denen er die Schuhe besetzen sollte.

Wahrscheinlich gibt es kein besseres Beispiel für augenfälligen Konsum, Verschwendung und Müßiggang als den Hof Ludwigs XIV. im siebzehnten Jahrhundert in Versailles. Seine Höflinge wetteiferten gegeneinander um die Gunst des Sonnenkönigs und kämpften unermüdlich um Ansehen und Position bei Hofe. Es heißt, einige wenige Auserwählte zahlten einen immensen Preis dafür, dass sie ein Wams tragen durften, das dem des Königs ähnlich war – blaues Moiré, rot eingefasst und mit Silberstickereien verziert. Die Höflinge waren eine kleine Gruppe von Menschen, die sich um nichts kümmerten außer um sich selbst und nichts Besseres zu tun hatten, außer sich gegenseitig auszustechen. In einer solchen Atmosphäre floriert der modische Wettbewerb, und Trends werden ins Extreme gesteigert.

Um an seinem Hof den entsprechenden Ton anzugeben, machte der König schon das morgendliche Ankleiden zu einem öffentlichen Spektakel, das den Namen *grand levée* erhielt. Sobald er aufgewacht war und man ihm seine Perücke ausgehändigt hatte, ließ Ludwig etwa hundert Höflinge in seinen Raum ein. Mit der Hilfe seiner Diener zog er seine Unterstrümpfe und Kniehosen an, an denen Seidenstrümpfe befestigt waren, dann die mit diamantenbesetzten Spangen verzierten Schuhe und seine Strumpfbänder (diese befestigte der König selbst). Sodann legte er eine Pause ein und begab sich zum Frühstück. Als Nächstes hielten zwei Diener seinen Morgenmantel hoch, damit er, vor den Blicken des Publikums geschützt, sein Hemd anziehen konnte. Es folgten das Anlegen des Schwerts, seine Insignien, sein Halstuch, das Taschentuch aus Spitze, Mantel, Hut, Handschuhe und Gehstock. Ordnung und Etikette waren genauestens geregelt bis dahin, wer dem König wann welches Kleidungsstück aushändigte. Das Levée war beendet, sobald der König komplett angekleidet war.

Wie es heißt, war die Kleidung des alternden Louis bei seinem letzten feierlichen Auftritt im Jahre 1715 so schwer, dass er kaum gehen konnte. Ein schönes Beispiel für den sich verändernden Status von Statussymbolen ist, dass die riesigen blonden Perücken, die Ludwig XIV. so favorisiert hatte und die von sämtlichen Höflingen getragen wurden, später auf der Straße in Abfallkörben als Lumpen und Staubwedel verkauft wurden.


## Ungeheuerlichkeit

Quentin Bell erfand noch eine vierte Regel für das Vorzeigen von Status: *conspicuous outrage*, augenfällige Ungeheuerlichkeit. Nur Personen mit hohem Status können sich das Vergnügen leisten, nicht gefällig zu sein. Durch ihre hohe gesellschaftliche Stellung protegiert, können sie sich ihre eigenen Regeln schaffen und sind nicht selten Mäzene und Schöpfer avantgardistischer Mode und Kunst. Der britische Aristokrat Stephen Tennant, der Evelyn Waugh zu der Figur des Sebastian Flyte in *Brideshead Revisited*\* inspirierte, wurde in den zwanziger Jahren von Cecil Beaton fotografiert – er trug einen Anzug mit Nadelstreifen, eine Lederjacke und Lippenstift. Sein Biograf John Hoare schrieb: »Er sah aus, als käme er eher aus den neunziger als den zwanziger Jahren des zwanzigsten Jahrhunderts.« Lady Ottoline Morrell, die Geliebte von Bertrand Russell und Ehefrau eines Abgeordneten des britischen Parlaments, trug Kleider, die aussahen, als kämen sie aus »einem Gemälde von Velazquez«. Obwohl aus kostbaren Stof-

---

\* Englische TV-Serie über eine reiche, dekadente Familie in den zwanziger Jahren des zwanzigsten Jahrhunderts (Anm. d. Übers.).

fen gefertigt, waren sie oft nicht gefüttert und kaum richtig genäht, sondern meist nur so weit geheftet, dass sie einigermaßen hielten. Sie wirkten mehr wie »Requisiten aus dem Theater« denn Kleider und als seien sie »nicht zum angenehmen Tragen gemacht, sondern um die Fantasie des Betrachters anzuregen«. Viele der heutigen Top-Couturiers haben aristokratische »Musen«, zum Beispiel Amanda Harlech, die Muse für Karl Lagerfeld und ehemalige Muse von John Galliano, und Isabella Blow, die frühere Muse von Alexander McQueen von Givenchy. Harlech ist eine adelige Lady, und Blow – sie kam 1998 mit einem Kleid zu den Pariser Couture-Shows, das »aussah wie ein geöffneter Fallschirm« – ist die Enkelin von Sir Delves Broughton, dem Mann, der von dem Mord an Lord Errol in Kenia 1941 freigesprochen wurde (die Geschichte erlangte Berühmtheit durch das Buch und den Film *Die letzten Tage in Kenia*).

Die Angst, »schlechten Geschmack« zu haben oder hässlich oder vulgär auszusehen, ist typisch für die Mittelklasse. Die Angehörigen der Mittelklasse sind Mode-Anhänger, und die konservativsten von ihnen sehen sich geradezu gezwungen, einen Stil zu tragen, bloß weil er so beherrschend geworden ist, dass es nonkonformistisch wäre, ihn *nicht* zu tragen. Die oberen Klassen fürchten lediglich, für ihre Mittelklasse-Imitatoren gehalten zu werden; deshalb geben sie eine Mode auf, sobald sie von diesen übernommen wurde. Die Mode-Herausgeberin Diana Vreeland riet einmal einem jüngeren Kollegen: »Du brauchst nie Angst davor zu haben, vulgär zu sein, nur davor, langweilig, mittelklassemäßig oder dumm.« Mode beginnt mit Ungeheuerlichkeiten, endet mit der Akzeptanz durch die Masse und taucht erst dann wieder auf, wenn die Nachahmer längst verschwunden sind.

Allerdings sind unerhörte Kleider nur für die, die dazu die richtige Einstellung haben. Man vergleiche die Mittelklasse-Schönheitsköniginnen, die Miss Americas, die lächelnd in ihren Abendkleidern oder Badeanzügen paradieren, die über gesellschaftliche Belange reden, mit Anstandsdamen reisen und Aufrichtigkeit und Ernsthaftigkeit ausstrahlen, mit dem Topmode-Model, das raucht und Feste feiert, aussieht wie eine Heroinabhängige, morgens für weniger als zehntausend Dollar pro Tag gar nicht erst aus dem Bett steigt und kaum einmal lächelt. Topmodels liegt die Welt zu Füßen, und sie zeigen es. Ihr Job ist, die Elite zu repräsentieren, in Staunen zu versetzen und Neid zu provozieren – nicht, gefällig zu sein.

## Die Kontrolle der Masse

In den ersten fünfhundert Jahren, in denen die Mode existierte, wurden so genannte Kleiderordnungen erlassen (sie regelten oder begrenzten Ausgaben), die mit allem befasst waren – von der Frage, wer welchen Stoff tragen durfte bis zur Weite von Röcken oder der Länge von Schuhen. Die oberen Klassen wollten sich das ausschließliche Recht vorbehalten, längere Schuhe, größere Halskrausen, weitere Röcke, höhere Absätze und skandalös kurze Wämse zu tragen. Dieses Bemühen schlug jedoch vollkommen fehl. Das Bürgertum war entschlossen, sich im wahrsten Sinne des Worte die Schuhe der »Oberen« anzuziehen.

Durch Kleiderordnungen wurde das Voranschreiten der Mode nur noch beschleunigt. Verbot man den Bürgern, einen bestimmten Stil oder eine Farbe zu tragen, so erfanden sie Mittel und Wege, das Gesetz zu umgehen, und schufen dadurch gleichzeitig neue Moden. Als den Venezianern verboten wurde, mehr als eine eng anliegende Perlenkette zu tragen, »fügten« sie sich, indem sie eine einzige anlegten, die in Schichten aus Perlenriegeln bis zum oberen Saum des Kleides hinunterfiel. In Japan wurden im achtzehnten Jahrhundert Kleiderordnungen erlassen, die die Verwendung von Satinstoffen mit Goldfäden, eingefärbten Farbtupfern und Stickereien ausschließlich der Klasse der Samurais vorbehielten. Die wohlhabende Händlerklasse reagierte darauf mit dem Tragen dunkler Kimonos aus kostbaren Stoffen, die im Futter verborgen waren. Diese minimalistische Ästhetik wurde als *Iki* bekannt.

Des Öfteren kam es vor, dass man sich über eine Kleiderordnung lustig machte. Am Ende des vierzehnten und weit bis in das fünfzehnte Jahrhundert hinein trugen die Männer in Frankreich, Burgund, Italien, England und anderen Ländern lange, spitz zulaufende Schnabelschuhe. Manche Stimmen behaupteten, diese Mode nahm ihren Anfang, weil ein Adeliger ein Schuhwerk brauchte, das er trotz eines eingewachsenen

Zehennagels tragen konnte. Schließlich wurden sie von allen Männern getragen außer jenen, die schwer körperlich arbeiten mussten. Zahlreiche Vorschriften begrenzten die Länge der Schnäbel auf sechs Zoll (gut 15 Zentimeter) und dann auf zwei Zoll für alle Nichtadeligen. Aber manche Männer trugen Schuhe, deren Spitzen so lang waren, dass sie an einer Kette befestigt werden mussten, damit der Träger nicht stolperte. Irgendwann kamen solche Schuhe dann aus der Mode und wurden von Modellen abgelöst, die vorne breit waren.

Im Jahre 1476 wurde in Venedig das Amt des »Obersten Prunkrichters« eingeführt. Die Aufgabe dieses Mannes war, den Luxus per Gesetz zu regeln. Doch eben dieses Gesetz zu verspotten wurde geradezu zu einer Angelegenheit des Stolzes. Man sprach vom »Bezahlen des Prunks«, womit gemeint war, dass man sich damit einverstanden erklärte, eine Geldsumme zu berappen, wenn man beim Tragen eines verbotenen Luxus erwischt wurde. Das Verlangen, die Oberklasse zu imitieren, drang sogar bis in die Kirche. Die venezianische Bischofssynode des Jahres 1438 erinnerte den Klerus daran, Abstand zu nehmen von »kleinen Jacken ... die so kurz waren, dass sie eindeutig den Nabel zur Schau stellten«, sowie von Hosen, »die so eng waren, dass der Träger jeden Morgen in sie eingenäht und abends wieder herausgetrennt werden musste«. Ferner ordnete die Kirche ihren widerspenstigen Mönchen und Priestern an, das Haar kurz zu schneiden und eine Soutane zu tragen.

1706 erließ der Oberste Prunkrichter ein bis 1709 wirksames Gesetz, das den modischen Wetteifer mit den oberen Schichten beenden sollte: Verheiratete adelige Frauen und Bürgerinnen mussten sich in Schwarz kleiden. Was geschah? Die höchsten gesellschaftlichen Klassen leisteten dem Edikt Folge, allerdings nur bei offiziellen Anlässen. Was jedoch viel schlimmer war, nichtadelige Frauen begannen nun, Schwarz zu tragen. Sobald bestickte und farbenfrohe Stoffe kein Statussymbol mehr waren, verloren die niederen Stände das Interesse daran.

Weshalb versuchte die Staatsgewalt, solch anscheinend triviales Verhalten gesetzlich zu regeln? Dazu bemerkte der Soziologe Erving Goffman, Objekte seien Statussymbole, wenn ihr Erwerb die Zugehörigkeit zu einer bestimmten Statusgruppe anzeigt. Wenn jedoch nicht Zugehörige sie kaufen, verlieren sie ihren Wert als Statussymbole. Heute wird

247

der Erwerb solcher Objekte durch exorbitante Preise, elitäre und einschüchternde Verkaufsorte und soziale Normen geregelt. Vor dem achtzehnten Jahrhundert aber versuchte man, solche Exklusivität gesetzlich zu schützen.

# Der Designerkult

Schließlich verlor der Staat das Interesse an der Mode. In England wurden die letzten Kleiderordnungen 1643 von Karl I. erlassen und nach seiner Hinrichtung 1648 wieder aufgehoben. Frankreich erlebte die letzten Verordnungen gegen Luxus 1720. Nach der Französischen Revolution erklärte die Nationalversammlung des Jahres 1793 offiziell: »Niemand kann einen Bürger, sei er männlichen oder weiblichen Geschlechts, zwingen, sich auf eine bestimmte Weise zu kleiden. ... Jeder Mensch hat die Freiheit, die Kleidung zu tragen, die ihm oder ihr ziemt und gefällt.« Damit wurde Transvestismus untersagt, sonst aber kaum etwas.

Im neunzehnten Jahrhundert wurde die Mode demokratisiert. Mit der Erfindung der Nähmaschine, der Konfektionskleidung und des Kaufhauses bekam der Normalverbraucher ein breiteres Spektrum an Möglichkeiten, sich zu kleiden. Der europäische Mann distanzierte sich von den modischen Exzessen der gefallenen Adelsklasse und der Aristokraten und kleidete sich in unauffällige Anzüge, die sich lediglich durch hervorragende Schneiderarbeit und exquisite Details auszeichneten.

Dies war die Geburtsstunde des Modedesigners, eines Künstlers, der der großen Mode eine neue Quelle für Prestige verlieh. Kleider für die Reichen waren immer von einfachen Befehlsempfängerinnen gemacht worden; Frauen, die die Anweisungen ihrer Kund(inn)en befolgt hatten. Dies änderte jedoch Charles Fredcrick Worth, als er 1858 in Paris seinen Laden eröffnete, in dem er »fertig genähte Kleider und Mäntel, Seidenwaren, erstklassige Neuheiten« anbot, die seine Frau in seinem Salon herstellte. Kaiserin Eugénie, die Frau von Napoleon III., kaufte eines seiner Kleider, und in den 1880er und 1890er Jahren fabrizierte das Haus Worth Kleider für Adelige, Aristokraten und populäre Entertainer wie die Schauspielerin Sarah Bernhardt. Worths maßgeschneiderte Steifleinen-Kreationen waren Welten von der Konfektionsware der Kaufhäuser entfernt – diese wurde von Handwerkern und Maschinen hergestellt. Worths Produkte hingegen zeugten von künstlerischer Handarbeit. Da er auf seiner kreativen Kontrolle bestand, erhob Worth den Schneider vom anonymen Handwerker zum künstlerischen Star, und schon bald begannen in Paris Dutzende von Nachahmern ihre Läden zu eröffnen.

Die nächsten hundert Jahre waren die Pariser Couturiers die ausschlaggebende Stimme in der Modebranche. Sie gaben die Richtlinien vor, und der Rest der Welt beeilte sich, ihnen nachzueifern. Worth etablierte die Haute Couture als Kunstform, und Paris nährte ihr Wachstum. 1885 wurde das Chambre Syndicale de la Couture Parisienne gegründet, das die »hohe Kunst des Nähens« genau regelte: Alles ist von Hand gefertigt, im Atelier kreiert und mit Sorgfalt und Genauigkeit zugeschnitten. Inspiriert von einem Stoffmuster, dem Anblick einer Frau auf der Straße, einem Bild in einem Geschichtsbuch, einem Gemälde, Ballett, Reisen oder ihrer Fantasie schufen Paul Poiret, Madeleine Vionnet, Coco Chanel, Christian Dior, Cristóbal Balenciaga und Hubert Givenchy einige der poetischsten und hervorragendsten Kleider, die die Welt gesehen hat.

Doch die Haute Couture ist eine vergängliche Kunst, sie ist auf die Anmut der Person angewiesen, die sie trägt. In dieser Hinsicht ähnelt sie dem Ballett, das für die Übermittlung seiner Schönheit ebenso auf grazile Körper baut. Als Bruce Chatwin die 96-jährige Madeleine Vionnet in ihrem Haus in Paris besuchte, schrieb er: »Sie sieht sich als eine Künstlerin etwa vom Rang einer Pawlowa*. Sie hat zielbewusst Vollkommenheit angestrebt, und selbst ihr beispielhafter gesunder Menschenverstand hat einen fanatischen Anflug. Die handwerkliche Qualitätsarbeit ihres Hauses blieb unerreicht. ... Sie ging mit Stoff um, so wie ein großer Bildhauer die in einem Marmorblock verborgenen Möglichkeiten auszuschöpfen versteht.« Es heißt, Balenciaga konnte ein Kleid mit den Daumen auftrennen und 36 Stunden ohne zu schlafen durcharbeiten, nur um ein Ärmelloch genau hinzukriegen.

---

* Anna Pawlowna Pawlowa, russische Balletttänzerin, 1881-1931 (Anm. d. Übers.).

Doch die Couture gehört ins Zeitalter der Überseedampfer, nicht in das der Concorde. Die Klienten müssen persönlich zu drei bis fünf Anproben erscheinen und unter Umständen monatelang auf das Endprodukt warten. Trotz der Berühmtheit der Haute Couture und ihrer in den Modezeitschriften gefeierten Designer kaufen heute weltweit pro Jahr nicht mehr als dreitausend Frauen die in den einundzwanzig Modehäusern maßgeschneiderten Kleider. Als Dominick Dunne 1998 über die Pariser Couture-Shows berichtete, sagte man ihm, die Käufer seien hauptsächlich »Frauen, von denen man noch nie etwas gehört hat, deren Ehemänner in den letzten paar Jahren an die fünfzig Millionen gemacht haben«. Die Stücke sind sagenhaft teuer. Ein T-Shirt kann sechstausend Dollar kosten, ein Kostüm dreißigtausend und ein Abendkleid eine Viertel Million. Doch für die Frauen, die solche Kleidung tragen, »ist die Couture eine Notwendigkeit. ... Es geht darum, etwas zu haben, das niemand sonst hat.«

## Das Designerlabel

Manche der in den Pariser Couture-Shows gezeigten Kleider werden womöglich nie getragen. Ein Couture-Haus könnte nie von seiner Kunst allein leben, das ist schlicht und einfach zu teuer. Der größte Teil wird mit dem Verkauf von Düften, Kosmetika, Handtaschen und Sonnenbrillen verdient, ferner mit Markenjeans und Konfektionsmode. Für viele Käufer dieser weniger kostspieligen Artikel geht es bei der großen Mode nicht darum, etwas zu besitzen, das niemand sonst hat, sondern darum, etwas zu haben, das auch reiche Leute besitzen, und je eindeutiger der Artikel seine Verbindung zu Leuten von hohem Status demonstriert, desto besser. Das Firmenemblem des Designers wird getragen wie ein Wappen, es ist zu einem wesentlichen Teil eines Kleidungsstücks geworden. Tommy Hilfiger sagte einmal: »Ich kann kein Hemd ohne ein Logo verkaufen«, während Donna Karan einst klagte: »Dieses ewige Gerede über Marken! Was ist bloß mit dem Kaschmir passiert?«
Ungefähr 25 Prozent der Designer-Sonnenbrillen und -Uhren in den Vereinigten Staaten sind unecht; das Herstellen von Fälschungen ist heute ein 200 Milliarden Dollar schweres Geschäft. Straßenverkäufer in

New York verramschen Billigversionen von Rolex- und Tag Heuer-Uhren, Handtaschen-Kopien von Louis Vuitton, Gucci und Prada und Kleidung à la Tommy Hilfiger und Ralph Lauren. Viele Kunden haben lieber diese meist aus billigen Materialien bestehenden, kurzlebigen Produkte als solche besserer Qualität, aber ohne gefälschten Statusanzeiger. Das Angebot in den Kettenläden, von Banana Republic bis zu Sears – oder in Deutschland etwa Hennes & Mauritz und C&A –, ahmt die große Mode nach; hier wird lediglich auf die Nachfrage vonseiten eines Publikums reagiert, das über das Geschehen an der Spitze der Modewelt zunehmend besser informiert ist.

Die große Mode ist heute nicht mehr der Zuschauersport der wenigen. Heute wird Mode im Fernsehen und im Internet präsentiert. Die Show mit den bislang höchsten Zuschauerzahlen auf E! television wurde vor der Übertragung der Oscar-Verleihung ausgestrahlt. Die Moderatorin, die Komödienschauspielerin Joan Rivers, sprach mit den eintretenden Kandidat(inn)en nicht über die Filme, sondern über ihre Kleidung.

Da die Designer wissen, dass sie viel Geld verdienen können, wenn Schauspielerinnen, Musiker und Athleten ihre Kleidungsstücke tragen, werden diese mit Leihgaben ausgestattet. Das befriedigt den Appetit der Massen auf das hypermoderne Image von Ruhm und Reichtum. Aber wie kann Kleidung Elite-Status reflektieren – der wiederum Rarität signalisieren sollte –, wenn die Designer die Massen hofieren? Wie zeichnet sich Status aus in einer Welt der Fälschungen?

## Supermodels und Designerkörper

Für die Antworten auf diese Fragen muss man erkennen, dass kein Geld der Welt die große Mode für die große Masse passend machen könnte. Wie Aschenputtels Schuh kann man sie nicht auf die Füße der hässlichen Schwestern streifen. Die Zuschauer von E! television bekommen entblößte Schultern und geliftete, runde Brüste, einen flachen Bauch und eine gertenschlanke Taille unter semitransparenten, figurnahen Kleidern und eng anliegenden Stretch-Stoffen zu sehen. Sie stellen fest, dass der neue Mode-Superstar der Körper ist und dass er der Schauplatz für aufwendigen Lebensstil geworden ist. Wegen der nachgemachten schwarzen Kleider und der Imitations-Uhren und -Handtaschen mag es nicht mehr möglich sein, die reiche Person von der armen zu unterscheiden, doch die Chancen stehen gut dafür, dass die reiche Person um einiges dünner ist – dass sie einen Körper hat, der durch Fitnessprogramme, den Rat persönlicher Trainer, Fettabsaugung und womöglich Implantate perfekt geformt ist. Der Körper der reichen Person ist wesentlich teurer »im Erhalt«, und das zeigt sich.

Ein Anzeichen dafür, dass inzwischen der Designer-Körper zum Statusanzeiger geworden ist, ist die Abkehr von jeglicher Heimlichtuerei in Bezug auf plastische Chirurgie. Anstatt über entsprechende Eingriffe zu schweigen, geben Frauen in reichen Städten wie Palm Springs heute damit an. So manche Reiche zeigt auf einer Party stolz ihre Stiche und brüstet sich damit, wie viel Geld die Operation kostete. In manchen der reichsten Kreise kommt das Kleid vom Couturier, das Gesicht wurde vom bekanntesten, nur für die »Elite« arbeitenden Schönheitschirurgen gestylt, und der Körper wird vom hoch dotierten »personal trainer« fit und in Form gehalten. Die Chirurgen verstehen ihr Handwerk so gut wie die Schneider, und oft genug kann ihre Klientel erkennen, wessen Gesicht oder Busen von welchem »Doktor« behandelt wurde.

Wahrscheinlich gibt es zahlreiche Gründe dafür, weshalb die Menschen ebenso davon besessen sind, einen Designer-Körper zu haben wie Designer-Kleider. Wie wir gesehen haben, lässt sich Kleidung, die einen hohen Status anzeigt, leicht fälschen und nachmachen. Zudem sind solche Kleider heutzutage einfach nicht mehr so atemberaubend wie ehedem. Ihr Aussehen ist schlicht und elegant. In den zwanziger Jahren führte Chanel das kleine schwarze Kleid und einfache Stoffe wie Jersey ein, der bis dahin nur für Männer-Unterwäsche verwendet worden war. Paul Poiret rümpfte damals die Nase und mokierte sich, Chanel habe die »Armut deluxe« erfunden. Der Trend weg von Zierrat und hin zu Schlichtheit und »Armut deluxe« setzt sich noch heute fort. Viele der teuersten Kleider spiegeln eine minimalistische Ästhetik wider.

Das andere verblüffende Phänomen unserer Zeit ist der Aufstieg des Supermodels. In den sechziger Jahren wurden Models wie Twiggy, Jean Shrimpton und andere erstmals namentlich bekannt. Wie die Designer begannen auch die Models als einfache Befehlsempfängerinnen, als »Kleiderbügel«, wie das Model Lisa Fonssagrives sich selbst bezeichnete. Das Phänomen des »Supermodels« wird meist auf das Jahr 1990 datiert, als die britische Ausgabe von *Vogue* Linda Evangelista, Christy Turlington, Cindy Crawford, Naomi Campbell und Tatiana Patitz auf das Titelblatt brachte und als die Topmodels der Welt vorstellte. Heute verleihen die besten Models den Kollektionen, die sie vorführen, Status; wenn sie über den Laufsteg schreiten, bedeutet dies, dass der Designer das Geld und den Einfluss hat, sie zu engagieren.

Die Models der zwanziger, dreißiger und vierziger Jahre waren nicht allgemein namentlich bekannt. Aber wie ihre Kolleginnen von heute bewegten auch sie sich in wohlhabenden und aristokratischen Kreisen. Sie waren so dünn, dass die Fotografen ihre Kleider mit Stecknadeln zusammenheften mussten, damit sie auf die schmalen Hüften passten. Die extrem schlanke Linie von Models zu erhalten ist ein mühsames Unterfangen. Es ist schwer, so schlank zu sein, ohne zu schummeln (Drogen, Rauchen, Essstörungen), und viele Superschlanke mogeln tatsächlich. Es benötigt viel Geld, Freizeit und ständige Achtsamkeit, und es bedarf der Kontrolle über alles, was man isst.

Ähnliche Probleme bedrücken inzwischen auch männliche Models, je mehr sie an Status gewinnen. Marcus Schenkenberg wird zwar bezahlt, um für Kleidung zu werben, doch er wird bemerkenswert oft ohne gezeigt. Für seine mehrseitige Ablichtung für eine Calvin-Klein-Reklame sagte ihm der Fotograf Bruce Weber: »Du sollst die Hose eigentlich gar nicht tragen, Marcus. ... Vielleicht ziehst du sie einfach aus und bedeckst dich ein bisschen.« Offenbar war das Wichtigste, was dem potenziellen Käufer vermittelt werden sollte, also gar nicht, wie die Unterhose aussah, sondern wie Marcus' außergewöhnlicher Körper aussah.

Natürlich machen sich die Hungerdiäten und die vielen Stunden im Fitness-Center für männliche wie weibliche Models bezahlt. Die potenziellen Einkünfte sind für beide immens, und der Unterschied zwischen Star-Status und nur etwas weniger Erfolg ist der zwischen einem riesigen Vermögen einerseits und absoluter Unbekanntheit andererseits. Der Ökonom Robert Frank hat darauf hingewiesen, dass der Model-Beruf nur einen Markt kennt, bei dem der Sieger alles bekommt – an der

Spitze sind nur sehr wenige Leute, und sie konkurrieren um die großen Einkommen. Es gibt weltweit nur etwa ein Dutzend Supermodels. Bei einem derartigen Markt können winzige Vorteile einen immensen Unterschied ausmachen, und der Unterschied ist insofern bedeutsam, als es darum geht, Millionen zu verdienen – oder fast nichts. Nur die wenigen Models an der Spitze sind Topverdiener.

Ebenso wenig wie der Sportfan etwas von 2,30 Meter langen Basketball- oder über drei Zentner schweren Footballspielern hat, profitiert auch der oder die Modebegeisterte nicht von superschlanken Models. Football wäre nicht weniger interessant, wenn statt 150 Kilo schweren Spielern nur 100 Kilo schwere gegeneinander anträten; es kommt lediglich darauf an, dass die Gewichtsverteilung in etwa gleich ist, damit ein wirklicher Wettkampf stattfindet. Aber solange der 100 Kilo schwere Spieler von einem 101 Kilo schweren geschlagen wird und dieser wiederum vom 102-Kilo-Mann, wird das Gewicht eskalieren. Dementsprechend werden die Models größer und dünner, solange die Einkommen an der Spitze riesig sind und schon winzige Vorteile einen entscheidenden Unterschied machen. Aber was sind die Vorteile für die vielen, die den Models nacheifern? Der Status, wie ein Supermodel auszusehen.

Ich bezweifle, dass wir einen entgegengesetzten Trend hin zu einer Bevorzugung übergewichtiger Menschen bekommen werden, aber das extreme Schlanksein wird denselben Weg gehen müssen wie turmhohe Frisuren oder der zwei Meter weite Rock. Es führt nirgendwo hin: die Models können nicht noch dünner werden, und die Mode bleibt nie stehen. Wahrscheinlich werden die Models aber auch weiterhin größer werden (denn das können sie). Nachdem die amerikanische Mode lange Zeit den Busen zum Fetisch erhoben hatte, mag sie den Po und den gerade richtigen Hüftschwung als die neue Region des Interesses wieder entdecken. Die ersten Schläge gegen Brustimplantate könnten indes bereits geschehen sein: Die englische Zeitung *The Sun* verbannte aus ihren täglichen Aktfotos drei Bilder von Models mit chirurgisch vergrößerten Brüsten, und das neueste Porno-Magazin in den Vereinigten Staaten ist *Perfect 10* – es bietet weltweit die erste silikonfreie Pornografie; die Herausgeber garantieren, dass die abgelichteten Models nur das »Echte, Wahre« zeigen.

## Plus ça change

Wohin geht die Mode? Heute konkurrieren die Pariser Designer mit solchen in Japan, London, Antwerpen und anderswo und holen sich Ideen aus den kreativen Ergüssen der Street Fashion. Die Menschen tun ihr Möglichstes, um sich einer Kategorisierung zu entziehen und ihre Einzigartigkeit zu betonen, und sie wollen Kleidung, die eben diesen Wunsch zur Geltung bringt. Sex wird als kulturelles Konstrukt betrachtet, und die Mode, so hört man zumindest, wendet sich einem Unisex-Ideal zu.

Vor allem in Clubs und auf der Straße treiben die jüngeren Modeanhänger den Wunsch, jeglicher Kategorisierung zu trotzen, bis in Extreme. Der Modehistoriker Ted Polhemus nennt Tokio mit seinen zahllosen Clubs die »style surfing capital« der Welt, den Ort, wo man jede Nacht eine »Enzyklopädie der gesamten Geschichte des westlichen Street Style« bewundern könne. Trends und Moden werden vermischt, einander angepasst, kopiert, brachial verändert, mit neuen Bedeutungen versehen. Statt eines lesbaren Firmenemblems werden Botschaften in Hülle und Fülle ausgestreut. (Man braucht schon ein umfangreiches Hintergrundwissen, um etwa zu verstehen, welche »Message« eine junge Frau aussendet, die Polhemus in den Straßen von London antrifft, und deren Kleidung »diverse Bezüge andeuten«: in-your-face, Tank girl feminism, Indian ethnicity, Swinging London, Sechziger-Jahre-Futurismus, sexuelle Befreiung, Siebziger-Jahre-Glamour, Cowboys, Rebels without a cause, on the road bohemians, Mods, Skinheads, Punks, Hippies und Studenten sowie Elitedenken der großen Mode, das Reichtum signalisiert.« Natürlich wirft das Letztere ein interessantes Licht auf den ganzen Rest.)

Ist das Ende der Mode in Sicht? Wird es keine Statussymbole mehr geben, keine unverhohlene Sexualität, sind wir zu »cool« geworden, um es noch irgendjemandem nachtun zu wollen? Nun, wahrscheinlich nicht. In einer der letzten Ausgaben des englischen Style-Magazins *The Face* (Das Gesicht) beschäftigen sich Peter Lyle und Laura Craik mit der Frage, weshalb Tausende von jungen Leuten silberne Air max metallics tragen und so empfänglich für jedes Produkt sind, für das mit fluoreszierender Grafik und einem Bezug zu Drogen geworben wird.

Sie kommen zu dem Schluss: »Sosehr unsere Generation auch über den Gedanken einer Uniform herzieht, erfinden wir doch nach wie vor gern unsere eigene. Konformität hat eben etwas Tröstliches, und ein zu großes Abweichen von der Norm macht einen viel zu verletzlich und abgefahren. ... Die Neunziger als der Kult des Individuellen? Nööö.«

Nach all dem Gerede über die Veränderung bzw. Annäherung der Geschlechter stolzieren die Frauen wie eh und je in figurnahen Kleidern über die Laufstege, und die Männer tragen nach wie vor lange Hosen. Wir kennzeichnen die Unterschiede zwischen den Geschlechtern bereits seit der Steinzeit. Doch eine offene Frage ist, wie wir das tun. Kein Kleidungsstück ist an und für sich männlich oder weiblich. Männer haben Seidenstrumpfhosen, Samtschuhe und schulterlanges Haar getragen, und die Frauen haben bedenkenlos aus der Männermode entlehnt. Die Geschlechter mögen künftig noch freizügiger Moden austauschen, doch sie werden auch einen Weg finden, mit dem Unterschied zu spielen – denn er gehört zum Knistern des Sex.

## Intelligente Kleidung

Was werden wir in der Zukunft tragen? Wahrscheinlich nicht mehr so viele Firmenembleme. Die Elite-Mode zeigt zunehmend Anzeichen, sie wegzulassen. Die neuesten Kreationen von Hermès haben nur mehr ein winziges H in der Mitte der Knöpfe. Dolce und Gabbana geben ihr D&G-Label auf, weil es einfach zu oft nachgemacht wurde. Wir wissen, dass sich ein Modetrend auf dem absteigenden Ast befindet, sobald die Elite das Interesse daran verliert. Ist die Haute Couture tot? Ich bezweifle es. Paris lässt nicht zu, dass sie altert. Einige waren schockiert, als die seriösen Häuser Dior und Givenchy die englischen Avantgardisten John Galliano und Alexander McQueen als Chefdesigner verpflichteten. Aber so ist es immer gewesen – die Elite tut sich mit der Avantgarde zusammen, um das Neue zu schaffen, und beide machen sich das Ungeheuerliche zu Eigen.

In den Diskussionen vieler Avantgarde-Designer ist ein neues Wort aufgetaucht – intelligent. Die Japaner Yohji Yamamoto und Rei Kawaku-

256

bo, der Belgier Martin Margiela, Helmut Lang und Ann Demeulemeester machen Kleider, bei denen man sich fragt, wie sie entstehen, welchen Bezug sie zum Körper haben und von welchen ästhetischen Annahmen sie ausgehen. Margiela ist der avantgardistische Spitzenreiter; seine Stücke sind halbfertige Ansammlungen sichtbarer Nähte und recycelter Stoffe. Mit ihnen bekommt man neben fabelhaftem Aussehen auch ein intellektuelles Spiel mitgeliefert.

»Ich glaube, Designer, wenn sie überhaupt noch so heißen, müssen zukünftig Wissenschaftler sein«, prophezeite die Designerin Betsey Johnson. Dem können Alex Pentland und seine Gruppe am Medienlabor des Massachusetts Institute of Technology nur vollen Herzens zustimmen. Sie konstruiert so genannte »Wearables«, Computer, die so leicht sind, dass sie mit bzw. in der Kleidung getragen werden können oder so, wie wir eine Uhr, eine Brille oder ein Jackett an uns haben: Im Schmuck, im Hut, in den Schuhen, ja sogar im Stoff selbst sind Sensoren und elektrische Verbindungen verborgen. Bislang haben sie ein musikalisches Jeansjackett entworfen, dessen Stoff-Keyboard an der Schulter mit Buchstaben und Zahlen aus Metallfäden bestickt ist; die Lautsprecher befinden sich in den Taschen. Steve Mann, der der Gruppe angehört, ersetzte den Thermostat in seiner Wohnung durch ein Funkgerät, das Signale von Sensoren in seiner Unterwäsche empfing; diese schalteten bei Bedarf automatisch die Heizung ein. Er nennt seine Erfindung »intelligente Unterwäsche«. Derzeit arbeitet die Gruppe an einer Brille, die mit Hilfe einer Computer-Datenbank Gesichter erkennt und ihrem Träger vergessene Namen zuflüstert; sie kann ihm aber auch helfen, seinen Weg zu finden, wenn er sich verirrt hat.

Während Pentland und seine Gruppe auf der technischen Seite voranschreiten, verwandeln Design-Studenten in Tokio, Paris, Mailand und New York die Couture, indem sie Bytes in Schönheit verwandeln. Bei einer Modenschau im Massachusetts Institute of Technology verblüffte ein Ballkleid aus Organza das Publikum, indem es synchron mit den Bewegungen der Tänzerin aufleuchtete. »Wearables« sind noch nicht ganz tragbar – es gilt noch Design-Probleme zu lösen, ästhetische Überlegungen anzustellen und über die richtigen Anwendungen zu entscheiden. Doch Pentlands Idee von Kleidung als »einem persönlichen Hilfsmittel, das man immer bei sich hat und das die Bedürfnisse des Trägers vorweg erkennt«, hat auf jeden Fall etwas für sich (wer kann sich schon einen Diener leisten?), von dem immensen praktischen Wert ganz abgesehen. Kleidung, die ihren Träger intelligenter macht – das ist nicht nur ein attraktiver Gedanke, sondern auch einer, der für das Informationszeitalter nicht passender sein könnte.

# 8

# Schlussbetrachtung

Wenn nicht alle Altersstufen und Rassen des Menschen von ein und
demselben Massenhypnoteur (wem?) Illusionen vorgegaukelt bekommen,
dann scheint es so etwas wie Schönheit zu geben, eine Gnade,
die vollkommen unentgeltlich ist.

ANNIE DILLARD

Aber, bei Gott, es mag ja auch reizende Dinge geben, die ganz und
gar nicht gut aussehen, hoffe ich?

GEORGE ELIOT

Das menschliche Gefühl ist wie die mächtigen Ströme, mit denen
die Erde gesegnet ist: es wartet nicht auf Schönheit – es fließt mit
unwiderstehlicher Kraft und bringt Schönheit mit sich.

GEORGE ELIOT

In früheren Zeiten wurden Vorstellungen über Schönheit in Absoluten ausgedrückt. »Was schön ist, ist gut, und was gut ist, wird bald schön sein«, sagte Sappho. »Schönheit ist Wahrheit und Wahrheit Schönheit«, schrieb Keats. In der postmodernen Welt hingegen ist alles relativ, selbst die Schönheit. Schönheit liegt nur »im Auge des Betrachters«, konstruiert von der Kultur oder gestaltet nach eigener Vorliebe.

Ich habe jedoch argumentiert, dass es eine latente, reale Schönheit gibt, die den kulturellen Konstrukten und Mythen innewohnt. Jede Kultur ist eine Kultur der Schönheit, überall war und ist Schönheit eine große und aufwühlende Kraft, die Emotionen provoziert, Aufmerksamkeit auf sich zieht und Geschehnisse lenkt. Jede Zivilisation schätzt sie, investiert viel für sie und leidet unter den tragischen wie komischen Konsequenzen solcher Bemühungen.

Regierungen haben Gesetze gegen kostspielige Kleidung erlassen, die Kirche hat gegen die Eitelkeit gewettert, und Ärzte brachten ihr Entsetzen zum Ausdruck angesichts der Risiken und Gefahren, die die Menschen im Namen der Schönheit auf sich nahmen. Es hat alles nichts genützt. Heute besteht zwar eine große kulturelle Unzufriedenheit bezüglich der Schönheit, doch das Geschäft mit ihr zeigt keine Anzeichen, nachzulassen. Was mit solcher Inbrunst und Leidenschaft, ja Risikobereitschaft verfolgt wird und sich dermaßen unauslöschlich zeigt, kann nur auf einem grundlegenden Instinkt beruhen. Den Menschen zu sagen, sich nicht an Schönheit zu erfreuen, käme einer Aufforderung gleich, keine Freude mehr an gutem Essen, Sex, etwas Neuem oder an der Liebe zu haben.

Jeder Mensch hat Bedürfnisse, die zu irgendeinem Zeitpunkt einmal nicht erfüllbar sind. Gewisse starke Emotionen lenken unser Tun und zerstreuen zeitweise unsere Zweifel. Marvin Minsky, der Begründer der künstlichen Intelligenz, glaubt, dass die Erfahrung von Schönheit einer der Wege der Natur ist, den Speicher des Geistes für das »negative Wissen« (das Wissen, was man nicht tun soll) zeitweise abzuschalten. Er meint, der Anblick von Schönheit sei ein Signal an den Verstand, »mit dem Bewerten, Selektieren und Kritisieren aufzuhören«. Schönheit ist eine der wenigen Lebenserfahrungen, die uns erlauben, zum Urteil des Verstandes nein zu sagen. Schönheit tröstet und berauscht, und sie »trägt die Imprimatur der Wahrheit«, wie der Kunstgeschichtler Peter Schjeldahl schrieb. In ihrer Gegenwart ist unser kritischer Verstand zeitweilig deaktiviert, so dass wir weder uns selbst beobachten noch über andere Dinge nachdenken.

Unsere Reaktion auf Schönheit ist ein Trick des Gehirns, nicht ein gründliches Nachdenken über uns selbst. Unser Verstand entstand durch natürliche Auslese, um die Probleme des Überlebens und der Fortpflanzung zu lösen. Den Anblick potenziell fruchtbarer und gesunder Paarungspartner schön und den hilfloser Kleinkinder unwiderstehlich »süß« zu finden ist ein Ausdruck der Anpassung. Allen Extravaganzen der Mode zum Trotz findet jede Kultur die großen Augen, das Näschen, die runden Wangen und die kleinen Gliedmaßen eines Babys schön. Und für alle Menschen ist glänzendes Haar, reine, straffe Haut, die schlanke Taille einer Frau und die kräftige Brust eines Mannes attraktiv. Schönheit ist einer der Wege, wie das Leben sich selbst erhält, und Schönheit zu lieben ist biologisch tief in uns verwurzelt.

Die Kulturkritikerin Kennedy Fraser schrieb, unsere Liebe zur Schönheit habe etwas »Heroisches, Hoffnungsloses, Menschliches«. Sie ist eine Freude, die es wert ist, gefeiert zu werden und ihr den rechten Platz zukommen zu lassen. Doch sollten wir nicht vergessen, dass Schönheit zwar ein, aber sicherlich nicht der einzige Auslöser von Freude ist, über den wir verfügen, und dass Menschen, die einen Partner suchen, Liebenswürdigkeit und Freundlichkeit eine Stufe über die Schönheit stellen.

# Nicht nur unser Aussehen sendet Signale

Natürlich ist sichtbare Schönheit nicht der einzige Weg, auf dem wir unsere evolutionistisch bedeutenden Paarungssignale kommunizieren. Margaret Mitchell begann ihren weltberühmten Roman *Vom Winde verweht* mit den Worten: »Scarlett O'Hara war nicht eigentlich schön zu nennen, doch dessen wurden die Männer meist nicht gewahr.«

Zur Verführungskunst der Menschen gehört unter anderem eine subtile Körpersprache der Einladungen und Abweisungen. Die Psychologin Monica Moore hat die vielen Signale, mit denen Frauen ihr Interesse an einem Mann bekunden, aufgelistet – Signale, die mit einer Wahrscheinlichkeit von neunzig Prozent voraussagen lassen, wer von wem angesprochen wird. Moore vertritt die Ansicht, dass die Häufigkeit und Intensität dieser Gesten bessere Prognosen darüber ermöglichen, welche Frauen von Männern angesprochen werden, als die physische Schönheit der Frauen. Frauen lassen Männern blitzschnelle Blicke zukommen, sie werfen den Kopf in den Nacken, lecken sich die Lippen, schütteln das Haar, lächeln einem Mann schüchtern zu oder beginnen, allein zu tanzen. Sie stolzieren mit zurückgezogenen Schultern und wiegenden Hüften im Zimmer herum. Wie die Männer ihnen diese Signale entlocken, ist bislang noch nicht wissenschaftlich nachgewiesen worden; man könnte sich aber vorstellen, dass gleichzeitig auch sie entsprechende Signale aussenden.

Moores Forschungen legen den Schluss nahe, dass die Menschen meistens Signale aussenden, welche besagen, dass sie angesprochen oder aber in Ruhe gelassen werden möchten (Signale, die unbewusst sein können) und dass Attraktivität zumindest teilweise darin besteht, die Aufmerksamkeit eines anderen Menschen auf sich zu lenken. Aber manchmal kommt es auch ohne eine Einladung zu einem Annäherungsversuch, und manchmal senden Menschen Einladungen aus, obwohl sie eigentlich nur mit Möglichkeiten spielen wollen. Körpersprache kann einen schönen Menschen nicht weniger schön machen, sondern nur weniger ansprechbar, doch das lässt sich im Handumdrehen ins Gegenteil verkehren. Aber ebenso rasch (und wahrscheinlich noch besser mit einem Zurückwerfen der Haare) kann auch eine weniger schöne Person Aufmerksamkeit auf sich lenken und dann die entsprechenden Möglichkeiten ausnutzen.

## Stimme

In dem Fellini-Film *Achteinhalb* versammelt ein Mann alle Frauen, zu denen er sich in seinem Leben hingezogen fühlte, in einem Raum. Eine ist bei einer Fluglinie angestellt, sie schreitet in ihrer Uniform hin und her und sagt Flüge an. Er hatte sie nie gesehen, aber einmal in einem Flughafen ihre Stimme gehört, und seither war sie ihm als »Objekt der Begierde« in Erinnerung geblieben. David Letterman listete einmal die »Top Ten Wörter« auf, »die romantisch klingen, wenn sie von Barry White gesprochen werden«. Dazu gehörten die Ausdrücke »doo-hickey« (Mitesser) und »gingivitis« (Zahnfleischentzündung). Natürlich ist Soulsänger White am besten für »Can't Get Enough of Your Love, Babe« bekannt geworden, aber hier geht es einfach nur darum, dass er eigentlich sagen kann, was er will – es klingt immer gut.

Darwin schrieb, dass viele Tiere mit Schreien, Grunzen und anderen stimmlichen Äußerungen ihrer »Liebe, Wut und Eifersucht« Ausdruck verleihen. Männliche Insekten wiederholen mit Hilfe ihrer Zirporgane rhythmisch ein und denselben Ton, um Weibchen anzulocken; Frösche und Kröten quaken während ihrer Fortpflanzungszeit unaufhörlich. Zwischen der Länge und Höhe ihres Tons besteht ein Zusammenhang, und die Weibchen reagieren meist auf die tiefsten Stimmen, die in der Regel von den größten Männchen stammen.

Es gibt sogar einen Primaten, der – zumindest an menschlichen Maßstäben gemessen – sein hübsches Gesicht geopfert hat, um die Schönheit seiner Stimme zu steigern. Das Männchen des in den Urwäldern Borneos lebenden Nasenaffen hat, wie der Name bereits andeutet, eine derart große Nase, dass es sie beim Fressen mit der Hand zur Seite schieben muss. Die Nase der Weibchen ist kleiner und nach oben gerichtet. Die Wissenschaftsphilosophin Helena Cronin meint, das riesige Organ des Männchens habe sich unter anderem entwickelt, um seinen Ruf zu verstärken (sie vergleicht den volltönenden Klang seiner Stimme mit einem Kontrabass). »So lächerlich er auch für uns aussehen mag«, schreibt Cronin, »aber vielleicht ist seine Nase nur deshalb so lang, weil er dem Geschmack der Weibchen gerecht werden will.«

Manchmal pfeifen, flüstern, jammern oder quengeln wir, doch meistens reden wir einfach nur miteinander. Die Menschen zeigen zwar einen hohen Grad an Einmütigkeit darüber, welche Stimme sie als attraktiv empfinden, doch bislang konnte noch nicht genau ermittelt werden, welche akustischen Qualitäten eine attraktive Stimme auszeichnen.

Eine wohltönende Stimme zieht bedeutsame Konsequenzen nach sich. Beim Hören einer attraktiven Stimme gehen wir automatisch davon aus, dass die betreffende Person liebenswerter, kompetenter und dominanter ist als jemand mit einer unattraktiven Stimme. Sichtbare Schönheit ist zwar überzeugender, aber es gibt auch sich überschneidende Effekte: eine schöne Person mit einer krächzenden Stimme sieht weniger attraktiv aus, und jemand mit einer angenehmen Stimme wirkt auch visuell schöner.

Die Stimme des erwachsenen Mannes ist tiefer und lauter als die durchschnittliche Frauenstimme, weil seine Stimmbänder länger sind und der Kehlkopf größer ist. Männer verwenden gewöhnlich eine geringere Bandbreite ihrer stimmlichen Möglichkeiten als Frauen; dadurch wird ihre Rede monotoner oder weicher. Frauen haben eine tendenziell leisere Stimme mit mehr Atemgeräusch und einer größeren Intonationsbreite. Eine männliche Stimme gilt für gewöhnlich als attraktiv, wenn sie tief und weich ist und wenn langsam gesprochen wird; diese Qualitäten spiegeln die typische Männerstimme wider oder übersteigern sie vielleicht sogar.

Doch ebenso wie Gesichter werden auch Stimmen gepflegt, und wie jene sind auch sie der Mode unterworfen. Der männliche und weibliche Stimmbereich überschneiden sich beträchtlich, und man kann durch die Wahl der Stimmlage Flexibilität demonstrieren. Früher übertrieben die Frauen häufig die Tonlage ihrer Stimme und das Atemgeräusch beim Sprechen, um attraktiver zu klingen. So sprachen japanische Frauen bei einer Studie mit einer durchschnittlichen Tonhöhe von 400 Hertz – das entspricht der Stimmlage eines Babys. Marilyn Monroe sprach in einem hohen, von Atemgeräuschen begleiteten Flüsterton, der den hilfebedürftigen Klang einer Kinderstimme und das Bescheidwissen des Erwachsenen in sexuellen Dingen in sich vereinte: ein verschwörerisch klingendes Flüstern, das besagte »Hilf mir« und eine Gegenleistung anbot.

Ab den siebziger Jahren wurden hohe Frauenstimmen zunehmend weniger als attraktiv betrachtet. Sie waren unvereinbar mit dem Image des Selbstvertrauens der sexuell befreiten Frau und in der Arbeitswelt nicht überzeugend. Die in der Öffentlichkeit stehende Frau senkte ihre Stimme. Nachdem man Margaret Thatcher gesagt hatte, sie habe ein schrilles Organ, nahm sie Unterricht in Stimmbildung, um den Klang ihrer Stimme tiefer zu machen. Auch Cindy Crawford, Linda Evangelista und Paulina Porizkova lernten, ihre Stimme abzusenken, um weniger mädchenhaft zu klingen. Supermodels mögen in ihrem Aussehen Jugend verkörpern, doch zumindest, was ihre stimmlichen Qualitäten anbelangt, geben sie sich lieber autoritativ und reif.

Männer wie Frauen versuchen heute, sich von regionalen Akzenten oder Dialekten zu befreien. Das Ablegen des Akzents ist vergleichbar mit der »Korrektur« rassischer oder ethnischer Merkmale durch plastische Chirurgie, wenngleich weit weniger drastisch. Derzeit wird in den Vereinigten Staaten ein »sauberer« Midwestern-Akzent favorisiert, wie ihn etwa die vom Fernsehen bekannte Diane Sawyer repräsentiert. Früher wurde mehr ein pseudo-britischer Akzent bevorzugt.


# Geruch

Für die meisten Menschen ist Körpergeruch etwas, das man mit Seife und Deodorant bekämpfen oder mit Parfum »maskieren« muss. Aber jede Frau, die gern die T-Shirts ihres Mannes trägt oder auf seinem Kissen schläft, und jedes Baby, das die Nase an den Körper seiner Mutter drückt, weiß es besser. In dem Gedicht »Ihr Haar« beschreibt Baudelaire in ekstatischen Worten, wie das Haar seiner Geliebten aussieht und sich anfühlt, vor allem aber, wie es duftet: »Auf deiner Lockenringel flaumigen Ruhematten / Berausch ich mich an Duftgemischen, wo sich gatten / Der Ruch von Kokosöl, von Moschus und von Teer« (Übers. Carlo Schmid; Goldmann o.J.).

Der Geruchssinn ist in der Sprache nur wenig präsent, denn er ist mit evolutionsgeschichtlich alten Regionen des Gehirns verbunden, die nicht direkt mit der Sprache zu tun haben. Baudelaire stellt Analogien zu den Gerüchen bekannter Substanzen her, doch es sind eigenartige Verbindungen, die außerdem ganz und gar nicht alle angenehm sind (Teer mit Kokosöl und Moschus). Bekanntermaßen erwecken Gerüche oft einander widersprechende Eindrücke; ein Geruch kann, je nach Intensität, angenehm oder unangenehm sein. Manche Duftmischungen riechen bei hoher Intensität wie Kot, bei geringer hingegen wie Blumen. Der Musiker Brian Eno befasste sich mit diesem Thema und stellte fest, dass »Methyloktankarbonat zum Beispiel an den Geruch von Veilchen und Motorrädern erinnert. ... Iris-Butter, ein komplexes Derivat aus der Iriswurzel, riecht in geringen Mengen leicht wie eine Blume, aber in großer Menge fast obszön fleischartig (wie der Geruch unterhalb einer Brust oder zwischen Pobacken). ... Die Parfumherstellung«, folgert er, »hat viel zu tun mit diesem Prozess, die Randbereiche des nicht Wiederzuerkennenden zu suchen, Wahrnehmungen und Sinneseindrücke heraufzubeschören, für die wir keinen Namen haben, oder solche miteinander zu vermischen, die nicht zusammengehören.«

Besonders faszinierend sind die als Pheromone bezeichneten chemischen Substanzen. Es sind Ektohormone, die von der Haut abgegeben werden und direkt auf die Physiologie oder das Verhalten anderer Mitglieder derselben Spezies einwirken. Sie zeichnen sich nicht immer durch einen feststellbaren Geruch aus und werden durch ein Geruchssystem ermittelt, das von den hauptsächlichen Geruchszentren getrennt ist. Die Wissenschaftler glaubten jahrelang, dass der Mensch dieses zweite Geruchssystem nicht besitze und dass uns der Pheromon-Rezeptor fehle bzw. dass er beim Menschen verkümmert sei. Inzwischen ist jedoch erwiesen, dass auch wir einen Pheromon-Rezeptor haben – er befindet sich an der Basis der Nasenscheidewand – und dass auch der Mensch als Reaktion auf Pheromone Hormone und Physiologie verändert.

So stellen sich zum Beispiel bei Frauen, die zusammenleben, oft die monatlichen Perioden aufeinander ein, so dass sie zur gleichen Zeit menstruieren. Erst kürzlich haben Kathleen Stern und Martha McClintock nachgewiesen, dass dieser Effekt durch Pheromone zustande kommt. Die Forscherinnen stellten fest, dass sie, wenn sie (geruchlose) Pheromone aus den Achselhöhlen von Frauen bei anderen Frauen auf die Oberlippe auftrugen, bei diesen den Zeitpunkt des Eisprungs und die Länge des Monatszyklus verändern konnten. Und sie wiesen zwei Pheromone nach: eines, das am Tag des Eisprungs emittiert wurde, bei anderen Frauen den Eisprung verzögerte und deren Zyklus insgesamt verlängerte, und ein weiteres, das bei den Empfängerinnen die Latenzzeit bis zum Eisprung und die Dauer der Periode verkürzte. Die Studie legt den Gedanken nahe, dass Frauen eventuell unbewusst gegenseitig ihre Fortpflanzungszyklen beeinflussen – der Grund dafür ist allerdings noch nicht bekannt. Doch diese Forschungen öffnen den Weg zu viel versprechenden neuen Wegen der Kommunikation und sexuellen Beeinflussung.

Im Internet werden Männern auf vielen Sites Pheromone zum Kauf angeboten mit dem Versprechen, dass sie dann von Frauen umschwärmt würden. Die Pheromonforschung konzentriert sich auf die Androstene – sie sind bei beiden Geschlechtern vorhanden, beim Mann jedoch in höherer Konzentration – und in geringerem Maße auf die Copuline, sich verflüchtigende Fettsäuren im Vaginalsekret der Frau. Viele Menschen können Androstene gar nicht riechen, und diejenigen, die es können, finden den Geruch überwiegend unangenehm. Zur Zeit des Eisprungs finden die Frauen ihn weder angenehm noch unangenehm. Ungeachtet der fehlenden bewussten Begeisterung scheinen Androstene auf Stimmung und Verhalten von Frauen einzuwirken; sie fühlen sich zu dem Geruch hingezogen, fühlen sich ruhiger und finden die Menschen attraktiver. So fanden Männer und Frauen, die Androstenol (aus Alkohol gewonnenes Androsten) ausgesetzt waren, Fotos von Frauen attraktiver als unter dem Einfluss neutraler Gerüche. In einer anderen Studie fühlten sich Frauen unter dem Einfluss von Androstenol ruhiger und besser als Frauen, die neutralen Gerüchen ausgesetzt waren. Wenn die Wissenschaftler Androstenol auf Stühle in Zahnarzt-Wartezimmern oder Theatern sprayen, werden diese häufiger von Frauen benutzt, während die Männer sie meiden.

In einer kürzlich erfolgten Studie stellte die Wissenschaftlerin Astrid Jutte fest, dass Männer in ganz ähnlicher Weise auf die Copuline einer Frau reagieren. Sie fanden die Gerüche zwar nicht sehr angenehm,

268

doch beurteilten sie nach dem Riechen von Copulinen die Attraktivität von Frauen auf Fotos sowie weibliche Stimmen positiver als nach dem Riechen eines neutralen Geruchs, und ihr Testosteronspiegel stieg merklich an. Je weniger attraktiv die Frau war, desto besser schnitt sie bei der Attraktivitätsbewertung eines Mannes ab, wenn dieser ihrem natürlichen Geruch ausgesetzt war. Die Copuline machten ein unattraktives Aussehen weniger bedeutsam.

Parfums enthalten oft aus Pflanzen und männlichen Tieren gewonnene Pheromone. Da Frauen, nicht Männer, viele dieser Gerüche anziehend finden (Männer meiden Stühle, die mit männlichen Pheromonen besprüht sind), kann es sein, dass die Frauen Parfums weniger benutzen, um damit Männer anzulocken, denn als Möglichkeit, sich selbst eine Freude zu bereiten und womöglich sich selbst innerlich zu beruhigen. Obwohl in der Aromatherapie heute viele zweifelhafte Behauptungen in Umlauf sind, scheinen auch einige natürliche Pflanzendüfte auf Stimmung und Physiologie einzuwirken. Pfefferminze etwa kann erfrischen, und es hat sich gezeigt, dass sie während des Schlafes Gehirnwellen und die Herzschlagfrequenz verändern kann. Einige diesbezüglich besonders interessante Forschungen wurden in Japan durchgeführt: Teruhisa Komori und ihre Kollegen stellten fest, dass Zitronendüfte depressive Gefühle reduzieren und bei Menschen mit klinischen Depressionen sogar zu einer Normalisierung des Hormonspiegels und der Immunfunktionen beitragen können.

Der Großteil der Geruchsforschung konzentriert sich auf Frauen, da sie auf Geruch wesentlich sensibler reagieren als Männer – ein Geschlechtsunterschied, der sich in der Pubertät ausprägt. Die Sensibilität der Frau hinsichtlich Gerüchen erreicht ihren Höhepunkt zur Zeit des Eisprungs. Forschungen von Claus Wedekind in der Schweiz ergaben, dass Frauen sich besonders zu Männern hingezogen fühlten, die am wenigsten wie sie (die Frauen) selbst rochen. Allerdings zeigten Frauen, die die Pille nahmen, den gegenteiligen Effekt: Sie bevorzugten Männer mit einem Körpergeruch, der ihrem eigenen ähnlich war. Die hierbei wesentlichen Körpergerüche waren die »geruchhaltigen« Nebenprodukte des menschlichen Immunsystems.

Wedekinds Arbeit gingen Forschungen voraus, welche zeigten, dass Mäuse sich vorzugsweise mit Partnern paaren, deren Immunsystem genetisch ungleichartig ist. Die so genannten MHC-Gene (Major Histocompatibility Complex) spielen eine Rolle bei der Erkennung von Invasoren und Transplantaten, also beim Schutz des biologischen Selbst vor Fremdem. Die Mäuse beschnuppern den Urin der anderen Tiere und wählen dann Partner mit anderen MHC-Genen, vermutlich um Inzucht zu vermeiden und Nachkommen mit stärkeren Immunsystemen zu produzieren.

Wedekind bat 44 Männer, zwei Nächte lang T-Shirts zu tragen (er gab ihnen ferner geruchlose Seife und wies sie an, nicht zu rauchen und auch andere geruchsintensive Aktivitäten zu unterlassen). Dann ließ er die Gerüche der Männer von Frauen beurteilen. Sie bevorzugten den Geruch jener Männer, deren MHC sich am deutlichsten von ihrem eigenen unterschied (dieses roch auch am wenigsten wie sie selbst). Die Hemden der Männer mit ähnlichem MHC erinnerten sie an Väter oder Brüder; sie fanden sie nicht sexy.

Bis sechs Stunden nach der Geburt kann eine Mutter ihr Baby allein anhand des Geruchs identifizieren, und Babys erkennen den Geruch ihrer Mutter schon nach wenigen Tagen. Als Erwachsene erkennen wir unsere eigenen Gerüche gut genug, um aus einem Stoß Unterhemden unsere eigenen herausfinden zu können. Wedekinds Forschungen legen nahe, dass wir uns im Laufe der Zeit zu jenen Menschen hingezogen fühlen, die am wenigsten wie die eigenen Familienmitglieder riechen. Doch wenn wir in unsere Fortpflanzungsfähigkeit eingreifen, zum Beispiel durch Einnahme der Antibabypille, stören wir auch diesen Mechanismus. Wedekind schlussfolgert, dass »niemand für alle gut riecht, es kommt darauf an, wer an wem riecht«. Manchmal wundern sich Menschen, weshalb eine Schönheit sie nicht sexuell erregt: vielleicht riechen sie einfach etwas, was sie zu sehr an zu Hause erinnert.

## Nicht nur auf Schönheit warten

Die sichtbare Schönheit steht in der Welt unserer Sinne nicht an erster Stelle – wir werden ebenso von schönen Stimmen, einladenden Gesten und sexuell stimulierenden Gerüchen verführt. Ja, wir werden sogar von Sekretionen der Hormone und Immunsysteme von Menschen angezogen, die wir bewusst gar nicht wahrnehmen können. Aussehen ist also nicht alles, nicht einmal in der oberflächlichen Welt der Attraktionen und Blicke.

Doch wir stehen noch immer vor der Frage, was wir von Schönheit halten oder weshalb wir uns über sie Gedanken machen sollen. Schließlich ist Schönheit eine schreiende Ungerechtigkeit. Sie ist etwas genetisch Vorgegebenes. Und das Aussehen sagt uns wenig über die Intelligenz, die Freundlichkeit, den Mut, den Humor oder die Standfestigkeit eines Menschen, auch wenn wir das gerne glauben. Wie schrieb doch Tom Wolfe: »Im Innersten der feinen Gesellschaft existiert etwas zutiefst Vulgäres: die Gewohnheit, Menschen nach Normen zu beurteilen, die keine notwendige Beziehung zu ihrem Charakter aufweisen. Dabei ertappt zu werden, dass man sich auf dieses Vulgäre näher einlässt, davon gefesselt ist – das ist, wie beim Ansehen eines Pornofilms ertappt zu werden.« Dieses Vulgäre breitet sich seuchenartig aus, und niemand will das Thema berühren.

Doch Überempfindlichkeit oder Ekel ist kein Grund, sich fern zu halten. Wissen ist Macht: Je mehr wir über die Natur des Menschen wissen, desto größer kann unsere Hoffnung sein, Ungleichheiten angehen und uns verändern zu können. Wissenschaftliche Forschung ist etwas anderes als Wertzuweisung, und die Tatsache, dass eine Neigung oder Präferenz angeboren ist, bedeutet nicht, dass Kultur, Erziehung und äußere Umstände ihren Ausdruck nicht radikal verändern können. Unsere Triebkräfte sind nicht notwendigerweise gut, aber wir können ihnen widerstehen.

Die Politik der Schönheit braucht ein neues Forum, ein Forum, das frei ist von den Attacken der notorischen Gegner wie auch von der gedankenlosen Hingabe der Verehrer der Schönheit. Lester Bangs schrieb 1979 über ein anderes Faktum des Lebens, die Rockmusik, da sie »nun einmal ein Teil des Lebens ist, sollte man hoffen, dass sie einmal einen Punkt erreicht, wo sie vielleicht nicht zur bereits bestehenden Grausamkeit und Ausbeutung in der Welt noch beiträgt«. Die Schönheit wird sich nicht verflüchtigen. Der Gedanke, dass Schönheit unwichtig oder ein kulturelles Konstrukt sei, ist der wahre Mythos über sie. Wir müssen die Schönheit verstehen, oder wir werden für immer ihr Sklave sein.

Wie können wir die Schönheit ins richtige Licht rücken? Denken wir daran, was uns gutes Aussehen sagt. Es sagt uns etwas darüber, worauf unsere Vorfahren bei der Paarung Wert legten, so wie Niedlichkeit etwas über Hilflosigkeit aussagt. Es sagt uns, ob eine Person potenziell fruchtbar, gesund und kräftig ist und womöglich Gene hat, die sich gut mit unseren eigenen vereinigen lassen, um gesunde Kinder zu produzieren (zumindest tat es das, bis wir es so sehr manipulierten, dass sein Informationswert sank). Die Konzentration auf Informationen über Fruchtbarkeit, Gesundheit und Kraft war im Pleistozän, in der Frühgeschichte der Menschheit, von großer Bedeutung, und aus diesem Grund entwickelte unser Gehirn genaue Detektoren. Doch in der modernen Welt, in der wir tagtäglich auf Fremde stoßen und Tausende Menschen sehen und treffen, gilt es, diese leicht erregbaren Detektoren im Zaum halten. Vielleicht ist es das Beste, zeitweilig Erregung zu genießen, sich für kurze Zeit daran zu erfreuen, dass man ein Säugetier ist, und dann die Realität zu überprüfen und weiterzugehen. Unser Gehirn kann nichts dafür, wir aber schon.

Die Menschen leben mit der stillschweigenden Überzeugung, dass jemand, der schön ist, auch gut sein muss. Sie gibt ihnen ein besseres Gefühl bezüglich der Tatsache, dass sie sich zu den Schönen hingezogen fühlen (es ist nicht oberflächlich, es hat nichts zu tun mit Sex oder Status), und es lässt die Welt gerecht erscheinen. Aber es leugnet die Ambiguität und die Launen der menschlichen Natur. Der Psychologe Roger Brown schrieb: »Warum sollte es zum Beispiel 22 000 Bücher über ›das Rätsel‹ Richard Wagner geben? Das vermeintliche Rätsel ist, dass ein Mann, der einige Musik schrieb, die erhaben ist (Parsifal), einige, die edel und romantisch ist (Lohengrin), und einige, die von Weisheit und liebenswürdigem Humor zeugt (Meistersinger), gleichzeitig ein aktiver Antisemit war, die Frau eines ihm treu ergebenen Freundes (Cosima von Bülow) verführte und sich verschiedentlich als Lügner, Betrüger, Politiker, selbstsüchtiger Egomane und haltloser Genussmensch erwies. Aber weshalb in aller Welt nicht? Das wahre Rätsel ist, dass erfahrene Menschen, die wissen müssen, dass Charakterzüge und Talente komplexe, sich verändernde Ursachen haben, glauben oder zumindest zu glauben vorgeben können, dass eine Persönlichkeit durch und durch moralisch sein muss.«

272

Doch wenn wir das Schöne vom Guten trennen, sollten wir nicht den ähnlichen Fehler begehen, es mit Schlechtheit gleichzusetzen. Bei den notorischen Gegnern der Schönheit riecht es nach sexueller Prüderie und einer Verleugnung des grundlegenden sexuellen Wesens der Menschen. Vor allem zur männlichen Sexualität gehört zweifellos das Vergnügen am Sehen. Das ist nicht etwas, was an und für sich gut oder schlecht ist. Die Feministin Karen Lehrman schrieb: »Schönen Frauen ihre Schönheit zuzugestehen könnte sich als eines der schwierigsten Probleme der persönlichen Befreiung erweisen.«

Schönheit zu pflegen kostet Geld, braucht Zeit und kann emotionale Ressourcen erschöpfen, und wir müssen jeder für sich selbst herausfinden, wie viel Zeit und Mühe wir dafür aufwenden wollen. Für Frauen zahlt sich gutes Aussehen bestens und auf eine Art und Weise aus, in der sie für ihre anderen positiven Eigenschaften nicht immer belohnt werden, und deshalb ist es nur natürlich, dass sie einen Teil ihrer Ressourcen der Pflege ihres Aussehens widmen. Der Gedanke, dass Frauen mehr erreichen könnten, wenn sie keine Zeit für ihr Schönsein verschwenden müssten, ist blanker Unsinn. Frauen werden mehr erreichen, wenn sie die gesetzliche und soziale Gleichstellung und Gleichberechtigung erlangen, nicht aber, wenn sie die Schönheit aufgeben. Die Frauen brauchen mehr Quellen der Kraft und der Freude. Alle Frauen werden mehr Freude an Schönheit haben, wenn sie sie als eine von vielen gleich lohnenden Qualitäten sehen können.

Werden wir jemals aufhören, jugendliches Aussehen zu verehren? Seien wir ehrlich – es ist menschlich, sexuell begehrenswert sein zu wollen, und es ist menschlich, nicht jemand zu sein oder wie jemand aussehen zu wollen, der sexuell »ausrangiert« ist. Frauen jeden Alters versuchen, als »Tennager« durchzugehen. Das war schon zu Ovids Zeiten so; heute können wir es uns nur etwas besser einrichten. Doch seit Ovid haben wir die sexuelle Landschaft verändert durch Verhütungsmittel, künstliche Fortpflanzung bzw. Schwangerschaft, Geburten von Frauen nach der Menopause, gleichgeschlechtliche Lebensgemeinschaften und freiwillige Kinderlosigkeit. Nichts von alledem wird die Anziehungskraft eines jungen, fruchtbaren Körpers schmälern, doch diese Dinge sollten uns eine Erweiterung unserer Kriterien für das Aussehen von Schönheit und eine zumindest bewusst definierte Neubewer-

273

tung von Partnern ermöglichen. Wir wollen jugendliche Schönheit sehen, und wir wollen sie ganz und gar geschmückt sehen! Aber wir können uns auch erziehen, Schönheit in Formen zu sehen, die nicht automatisch den althergebrachten Fortpflanzungsmechanismus der Gene auslösen. Das Radikalste, was die Modedesigner heute tun könnten, wäre wahrscheinlich zu überdenken, wer ihre Kleider denn tragen sollte.

Doch wir werden uns auch weiterhin am offensichtlichen Glanz jugendlicher Schönheit erfreuen; andernfalls machen wir die Welt nur zu einem tristeren Ort. Schön zu sein und dafür gelobt zu werden ist kein gesellschaftliches Übel. Wenn wir Schönheiten gegenüber versöhnlicher sind, nun, dann sind wir es auch mit allen anderen, die uns eine Freude oder ein Vergnügen bereiten, sei es durch ein schönes Lied, einen interessanten Gedanken oder ein ausgezeichnetes Essen. Bertrand Russell fragte einmal, was geschehen würde, wenn die Pfauen einander um ihre Schwanzfedern beneideten und glaubten, Schönheit sei etwas Böses. Die Antwort: »Dann würden wirklich prächtige Schwanzfedern bald der Vergangenheit angehören.« Anstatt eine Quelle weiblicher Kraft und Macht zu verunglimpfen, sollten die Feministinnen besser versuchen, alle diese Quellen zu bestärken.

George Eliot, eine hervorragende Schriftstellerin, die nicht schön war und darunter in ihrer Jugend sehr gelitten hatte, verfasste einige der bedeutendsten Romane der englischsprachigen Literatur. Als Mädchen wurde sie »Klematis« oder »geistige Schönheit« gerufen, eine Bezeichnung, die sie als »Satire« betrachtete. Sie selbst nannte sich hässlich und abscheulich, und sie hatte das Pech, sich in Herbert Spencer zu verlieben, einen Mann, der Abhandlungen über die Bedeutung physischer Schönheit schrieb. Sie blieben lebenslang befreundet, doch wegen ihres Wunsches, schön zu sein, weigerte er sich, sie zu heiraten. Als sie Mitte dreißig war, lernte Eliot die Liebe ihres Lebens kennen, einen Mann, mit dem sie bis zu dessen Tod zusammenblieb. Später, in relativ hohem Alter, heiratete sie schließlich einen Mann, der etwa zwanzig Jahre jünger war als sie. In der Zwischenzeit schrieb sie einige der bedeutendsten englischen Romane.

Mit fünfzig Jahren lernte sie Henry James kennen. Er schrieb an seinen Vater: »Sie ist großartig hässlich – herrlich abscheulich. Sie hat eine niedrige Stirn, trübe, graue Augen, eine ungeheure, herabhängende Nase, einen riesigen Mund voll schiefer Zähne und ein Kinn und Kieferknochen, die nicht aufhören wollen. ... doch in dieser ungeheuren Hässlichkeit wohnt eine Schönheit von ungewöhnlicher Kraft, die sich innerhalb weniger Minuten hervorstiehlt und den Geist bezaubert, so dass du endest, wie auch ich endete, indem du dich in sie verliebst.« Sie vermittelte »eine tiefer liegende Welt von Zurückhaltung, Wissen, Stolz und Kraft«, sagte er und fuhr fort: »Sie ist beeindruckender als jede andere Frau, die ich bisher getroffen habe.«

Bei unserem Streben, wie wir im eigenen Leben mehr Eindruck vermitteln können, sollten wir uns an Eliots Worte erinnern: »Alle Ehre und Anbetung der göttlichen Schönheit von Form und Gestalt! Lasst sie uns nach besten Kräften pflegen im Mann, in der Frau und im Kinde – in unseren Gärten und unseren Häusern. Aber lasst uns auch jene andere Schönheit lieben, die nicht in einem Geheimnis der Proportion liegt, sondern im Geheimnis tiefer menschlicher Sympathie.« Wir können nicht auf Schönheit warten, wir müssen sie hervorbringen.

# Anmerkungen

## Kapitel 1: Schönheit an und für sich

9 »*Schönheit als objektive und universale* ...«: Naomi Wolf, *The Beauty Myth – How Images of Beauty Are Used Against Women* (New York: Anchor 1992), S. 12.

10 »*Viele Intellektuelle wollen uns* ...«: Für eine interessante Diskussion über das Schicksal der Schönheit in der heutigen Welt s. Dave Hickey, *The Invisible Dragon – Four Essays on Beauty* (Los Angeles: Art Issues Press 1994).

11 »*die ergötzliche ... Glasur auf dem göttlichen Kuchen*«: Charles Baudelaire, *The Painter of Modern Life and Other Essays*. Übers. v. Jonathan Mayne (New York: Da Capo, 1964), S. 3 / *Le peintre de la vie moderne* (1863).

11 »*Wenn jeder aus der gleichen Form* ...«: Charles Darwin, *The Descent of Man and Selection in Relation to Sex* (Princeton: Princeton University Press 1981), S. ii, 354 / *Die Abstammung des Menschen und die geschlechtliche Auslese*.

11 »*Leidenschaft für Ornamentik*«: Ebd., S. ii. 338, 342.

11 »*1996 ließen* ...«: *Plastic Surgery Statistics* 1996 der American Academy of Plastic and Reconstructive Surgeons, Department of Communications, Arlington Heights, IL.

12 »*1992 unterzogen sich in den USA* ...«: S. Doug Podolsky, »Breast implants: What price vanity?« In: *American Health*, März 1991, S. 70-75; Jean Seligman, »Another tempest in a C cup: Angry plastic surgeons fight back over implants«. Newsweek, 23. März 1992, S. 67.

12 »*Diese drastischen Maßnahmen*«: Kathy Davis, *Reshaping the Female Body – The Dilemma of Cosmetic Surgery* (New York: Routledge 1995), S. 70 u. 72.

12 »*In Brasilien gibt es* ...«: James Brooke, »Who braves Piranha waters? Your Avon lady!« In: New York Times, 7. Juli 1995, S. 3.

12 »*Mehr Geld für Schönheit ausgegeben / Unmengen von Make-up*«: Judith Rodin, *Body Traps – How to Overcome Your Body Obsessions and Liberate the Real You* (London: Vermilion 1992), S. 13.

12 »*Selbst bei Hungersnöten*«: Robert Brain, *The Decorated Body* (London: Hutchinson, 1979), S. 186.

13 »*Eleanor Roosevelt*«: Gloria Steinem, *Revolution from Within, A Book of Self Esteem* (Boston: Little Brown 1992), S. 216.

13 »*Häufig war ich* ...«: Leo Tolstoi; *Childhood, Boyhood, Youth*. Übers. V. Michael Scammel (New York: McGraw-Hill 1964), S. 72.; *Kindheit, Knabenalter, Jünglingsjahre*, Ffm. 1963; ern. 1976; 1990; Insel Tb.

14 »*Ohne einen Zusammenhang* ...«: George Santayana, *The Sense of Beauty, Being the Outline of Aesthetic Theory* (New York: Dover 1955), S. 4; *Der Sinn der Schönheit* (1896). Des Weiteren: ebenda, S. 31.

277

14 *»150 Millisekunden«*: A. G. Goldstein und J. Papageorge, »Judgments of facial attractiveness in the absence of eye movements« In: *Bulletin of the Psychonomic Society*, 15 (1980), S. 269f.

15 *»Schönheit – das ist, ...«*: Meine Assistentin Lauren Cooper führte Interviews mit Vertretern von Elite, Zoli and Wilhelmina. Ich danke ihnen allen für ihre Hilfe. Dieses Zitat stammt von Heidi Belman von der Agentur Zoli.

16 *»Brigitte Bardot«*: Tony Crawley, *The Films of Brigitte Bardot* (New York: Citadel Press 1975), S. 52.

16 *»gefühlvollste Beschreibung«*: James Joyce, *A Portrait of the Artist as a Young Man* (New York: Viking Press 1971), S. 171f. / *Stephen der Held. Ein Porträt des Künstlers als junger Mann.* Ffm 1971, 1976, 1987.

17 *»einem Zweizeiler«*: Ezra Pound, *Gaudier-Brzeska, A Memoir* (New York: New Directions 1970), S. 86–69.

17 *»Ein Ideal von Schönheit«*: Robert N. Linscott (Hrsg.), *Selected Poems and Letters of Emily Dickinson.* (New York: Anchor 1959), S. 168.

18 *»Albrecht Dürer«*: zit. in Joseph Leo Koerner, *The Moment of Self-Portraiture in German Renaissance Art* (Chicago: University of Chicago Press 1993), S. 156.

18 *»jede der gezeigten Personen«*: Für diese Einsicht danke ich Don Symons und vielen anderen.

19 *»Linda Evangelista«*: zit. in Charles Gandee, »Nobody's perfect« In: *Vogue*, September 1994, S. 617.

19 *»Glamourhände«, »fünf kleine Shrimps«*: Stephen Rae, »No, you don't have to be 5'10" and gorgeous to model.« In: *Cosmopolitan*, April 1993, S. 207.

20 *»den nackten Körper«*: Kenneth Clark, *The Nude: A Study in Ideal Form* (Princeton: Princeton University Press 1972), S. 5f.

20 *Königin Elizabeth I.*: Aus David Piper, *The English Face* (London: Thames and Hudson 1957), S. 68f.

20 *Horace Walpole*: Aus Gloriana Roy Strong, *The Portraits of Elizabeth I* (London: Thames and Hudson 1987).

21 *Veronica Webb*: Robin Finn, »More than a face: Veronica Webb is a model with great aspirations«. In: *New York Times*, 19. Juni 1994, Sektion 9, S. 1.

21 *»Drei-Körper-Problem«*: Paul Valéry, »Some Simple Reflections on the Body«. In: Michael Feher mit Ramona Naddaff und Nadia Tazi (Hrsg.), *Fragments for a History of the Human Body, Part 2.* (New York: Zone, 1989), S. 399f.

22 *»Maler und Modemacher«*: Quentin Bell, *On Human Finery* (New York: Schocken Books 1976), S. 51.

23 Augustinus (Briefe) und Cicero: *Tusculan Disputations* zit. aus Umberto Eco, *Art and Beauty in the Middle Ages* (New Haven: Yale University Press 1986), S. 28. / dt. Titel: *Gespräche in Tusculum.*

23 *»Ordnung und Symmetrie«*: Aristoteles (Metaphysik, Buch XIII) und Plotin (Enneades I, sechster Traktat) aus: Albert Hofstadter und Richard Kuhns (Hrsg.), *Philosophies of Art and Beauty: Selected Readings in Aesthetics from Plato to Heidegger* (Chicago: University of Chicago Press 1964), S. 96, 142.

23 *»bedeutendste Proportionssystem«*: George Hersey, *The Evolution of Allure: Sexual Selection from the Medici Venus to the Incredible Hulk* (Cambridge: MIT Press 1996), S. 44. Siehe auch Erwin Panofsky, *Meaning in the Visual Arts* (New York: Harmondsworth 1970), S. 90–100.

24 *»Dürer ... Finger«*: Aus Koerner, S. 156.

24 »*Abhandlung zur Kieferorthopädie*«: Edward Angle, *Treatment of Malocclusions of the Teeth.* 7. Aufl. (Philadelphia: S. S. White 1907).

25 *Anthropometriker*: L. G. Farkas, T. A. Hreczko, J. C. Kolar und I. R. Munro, »Vertical and horizontal proportions of the face in young adult North American Caucasians: revisions of neo-classical canons«. In: *Plastic and Reconstructive Surgery*, 75 (1985), S. 328–338. Besprochen in L. G. Farkas, I. R. Munro und J. C. Kolar, »The validity of neoclassical facial proportion canons«. In: L. G. Farkas und I. R. Munro (Hrsg.), *Anthropometric Facial Proportions in Medicine.* (Springfield, Ill.: Charles C. Thomas 1987), S. 57–66.

26 »*Schönheit, ..., ist die einzige Form*«: Thomas Mann, *Der Tod in Venedig*, (Frankfurt/M.: Fischer Tb 1979, S. 43).

26 »*Mit dem Beginn des Christentums*«: Siehe Anthony Synnott, »Truth and goodness, mirrors and masks – Part I: A sociology of beauty and the face«. In: *British Journal of Sociology*, 40 (1988), S. 607–636. Siehe auch Caroline Walker Bynum, »The Female Body and Religious Practices in the Later Middle Ages«. In: Feher u.a., *Fragments for a History of the Human Body, Part 1* (1989), S. 157–219.

27 »*Die Psychoanalyse umgab*«: Sigmund Freud, *Civilization and Its Discontents.* Übers. v. James Strachey (New York: W. W. Norton 1961), S. 30 / (Fischer TB: *Abriss der Psychoanalyse / Das Unbehagen in der Kultur.* 1972)

27 Zu plastischer Chirurgie und Psychiatrie gibt es sehr viel Literatur: Eine der am häufigsten zitierten Studien männlicher Patienten stammt von W. E. Jacobson, M. T. Edgerton, E. Meyer, A. Canter und R. Slaughter, »Psychiatric evaluation of male patients seeking cosmetic surgery«. In: *Plastic and Reconstructive Surgery* 26 (1960), S. 356–371. Literatur besprochen in J. M. Goin und M. C. Goin, *Changing the Body – Psychological Effects of Plastic Surgery* (Baltimore: Williams and Wilkins 1981).

27 »*plastischer Chirurgie*«: John E. Gedo, *Portraits of the Artists – Psychoanalysis of Creativity and Its Vicissitudes* (New York: Guilford 1983).

28 »*Analogien zwischen kosmetischer Chirurgie*«: Peter D. Kramer, *Listening to Prozac – A Psychiatrist Explores Antidepressant Drugs and the Remaking of the Self* (New York: Penguin 1993).

28 »*Einer der Gründe*«: John Tooby und Leda Cosmides, »The Psychological Foundations of Culture«. In: J. K. Barkow, L. Cosmides und J. Tooby (Hrsg.), *The Adopted Mind – Evolutionary Psychology and the Generation of Culture* (New York: Oxford 1992), S. 19–136.

29 »*Geben Sie mir ein Dutzend ...*«: John B. Watson, *Behaviorism* (New York: W. W. Norton 1925), S. 82.

30 »*Schönheit von den Sozialwissenschaftlern gemieden*«: Gardner Lindzey, »Morphology and Behavior«. In: G. Lindzey, C. S. Hall und M. Manosevitz (Hrsg.), *Theories of Personality – Primary Sources and Research.* 2. Aufl. (New York: John Wiley 1973), S. 280–291.

30 »*Charles Darwin wäre beinahe ...*«: Sir Francis Darwin (Hrsg.), Charles Darwin, *Autobiographie* (New York: Henry Schumann 1950), S. 36.

30 »*Evolutionstheorie*«: Leslie A. Zebrowitz, *Reading Faces – Window to the Soul* (New York: Westview 1997), S. 1.

30 »*Vernachlässigung der Morphologie*«: Lindzey, 1973, S. 290.

30 »*Kultur ... nicht grundlos*«: Leda Cosmides und John Tooby, »Introduction: Evolutionary Psychology and Conceptual Integration«. In: Barkow, Cosmides, Tooby, 1992, S. 3.

31 »Bis in die sechziger ...«: Siehe Steven Pinker, *The Language Instinct* (New York: Morrow 1994).

31 »Mimik«: Paul Ekman, »Universals and cultural differences in facial expressions of emotion«. In: *Nebraska Symposium on Motivation* (Lincoln: University of Nebraska Press, 1971, S. 207–283). Paul Ekman, *Darwin and Facial Expression – A Century of Research in Review* (New York: Academic Press, 1973). Paul Ekman, »Universality of emotional expression? A personal history of the dispute«. In: Charles Darwin, *The Expression of the Emotions in Man and Animals – The Definitive Edition* (New York: Oxford University Press 1998), S. 363–393).

32 »erklärte der Dichter Charles Baudelaire«: Baudelaire, 1964, S. 3.

32 *Camille Paglia*: Camille Paglia, *Sex, Art, and American Culture* (New York: Vintage 1992), S. 262–265. Siehe auch dies., *Sexual Personae – Art and Decadence from Nefertiti to Emily Dickinson* (New York: Vintage 1991).

32 »benötigt ... viel Zeit«: Leda Cosmides und John Tooby, »Evolutionary Psychology – A Primer«. Unpubliziertes Manuskript, (Santa Barbara: University of California, S. 12).

33 »Schönheit als gesellschaftliche Kraft«: David Van Praag Marks, *Human Beauty – An Economic Analysis*. Dissertation (Cambridge MA: Harvard University 1989).

## Kapitel 2: Schönheit als Köder

39 »Richard Avedon«: Aus Amy Fine Collins, »Avedon«. In: *Harper's Bazaar*, März 1994, S. 287.

39 »Schönheit lässt sich nicht ...«: Robin Tolmach Lakoff und Raquel L. Scherr, *Face Value – The Politics of Beauty* (Boston: Routledge and Kegan Paul 1984), S. 30.

40 »Säuglinge eine Präferenz«: J. H. Langlois, L. A. Roggman, R. J. Casey, J. M. Ritter, L. A. Rieser-Danner und V. Y. Jenkins, »Infant preferences for attractive faces: Rudiments of a stereotype?« In: *Developmental Psychology* 23 (1987), S. 363–369. J. H. Langlois, J. M. Ritter, L. A. Roggman und L. S. Vaughn, »Facial diversity and infant preferences for attractive faces«. In: *Developmental Psychology*, 27 (1991), S. 79–84. Siehe dazu auch C. A. Samuels, G. Butterworth, T. Roberts, L. Graupner und G. Hole, »Facial aesthetics: babies prefer attractiveness to symmetry«. In: *Perception*, 23 (1994), S. 823–831.

40 »symmetrische Muster«: M. H. Bornstein, K. Ferdinandsen und C. Gross, »Perception of symmetry in infancy«. In: *Developmental Psychology*, 17 (1981), S. 82–86.

40 »konsonante Musik dissonanten Tönen«: M. R. Zentner und J. Kagan, »Perception of music by infants«. In: *Nature*, 383 (1996), S. 29.

41 »zehn Minuten nach der Geburt«: C. C. Goren, M. Sarty und P. Y. K. Wu, »Visual following and pattern discrimination of face-like stimuli by newborn infants«, *Pediatrics*, 56 (1975), S. 544–549. Siehe auch D. Maurer und R. Young, »Newborns' following of natural and distorted arrangements of facial features«. In: *Infant Behavior and Development*, 6 (1983), S. 127–131.

41 »Gesicht der Mutter«: I. W. R. Bushnell, F. Sai und J. T. Mullin, »Neonatal recognition of the mother's face«. In: *British Journal of Developmental Psychology*, 7 (1989), S. 3–15.

41 »beginnen sie, Mienen nachzuahmen«: A. N. Meltzoff und M. K. Moore, »Imitation of facial and manual gestures by human neonates«, *Science*, 198 (1977), S. 75–78.

41 »Jedes Neugeborene orientiert sich«: J. Morton und M. J. Johnson, »CONSPEC and CONLEARN – A two-process theory of infant face recognition«. In: *Psychological Review*, 98 (1991), S. 164–181.

41 *»Auf die Augen blicken Babys«*: M. M. Haith, T. Bergmann und M. J. Moore, »Eye contact and face scanning in early infancy«. In: *Science*, 198 (1977), S. 853–855.

41 *»automatische Erkennungssystem«*: B. Moghaddam und A. Pentland, »Probabilistic visual learning for object representation«. In: *IEEE Transactions on Pattern Analysis and Machine Intelligence*, 7 Juli 1977, S. 696–710. H. A. Rowley, S. Baluja und T. Kanade, »Human face detection in visual scenes«. In: *Carnegie Mellon Computer Science Technical Report*, CMU-CS-95 158NR, November 1995.

41 *»blicken sie zurück ... lächeln ...«*: P. Wolff, »Observations on the early development of smiling«. In: B. Foss (Hrsg.), *Determinants of Infant Behavior, Vol. 2* (New York: Wiley 1963).

41 *»Blickrichtungen«*: Für eine klare Diskussion von Blickrichtung und das Gedankenlesen siehe Simon Baron Cohen, *Mindblindness – An Essay on Autism and Theory of Mind* (Cambridge: MIT Press 1995).

43 *»den menschlichen Micky«*: David Parkson (Hrsg.), *The Graham Greene Film Reader – Reviews, Essays, Interviews and Film Stories* (New York: Applause 1995), S. 40.

43 *»verjüngte sich Micky Maus«*: S. J. Gould, »A biological homage to Mickey Mouse«. In: S. J. Gould, *The Panda's Thumb – More Reflections in Natural History* (New York: W. W. Norton 1980), S. 95–107.

43 *»junge Schimpansen«*: Jane Van Lawick-Goodall, »The behavior of free-living chimpanzees in the Gombe stream area«. In: *Animal Behavior Monographs*, 1 (1968), S. 161–311.

44 *»Anna Quindlen«*: Aus N. Kelsh, *Naked Babies* (New York: Penguin Studio 1996).

44 *»Verhalten von Müttern ... Unterschiede«*: J. H. Langlois, J. M. Ritter, R. J. Casey und D. B. Sawin, »Infant attractiveness predicts maternal behaviors and attitudes«. In: *Developmental Psychology*, 31 (1995), S. 464–472.

44 *»Als hässlich empfundene Babys«*: R. A. Maier, D. L. Holmes, F. L. Slaymaker und J. N. Reich, »The perceived attractiveness of preterm infants«. In: *Infant Behavior and Development*, 7 (1984), S. 403–414. J. M. Ritter, R. J. Casey und J. H. Langlois, »Adult's responses to infants varying in appearance of age and attractiveness«. In: *Child Development*, 62 (1991), S. 68–82.

45 *»wegen elterlichen Missbrauchs«*: V. McCabe, »Facial proportions, perceived age, and caregiving«. In: T. R. Alley (Hrsg.), *Social and Applied Aspects of Perceiving Faces* (Hillsdale: Erlbaum 1988), S. 89–95.

45 *»Jungen des ... Blässhuhns«*: B. E. Lyon, J. M. Eadier und C. D. Hamilton, »Parental choice selects for ornamental plumage in American coot chicks«. In: *Nature*, 371 (1993), S. 240–243. Siehe auch M. Pagel, »Parents prefer plumage«. In: *Nature*, 371 (1994), S. 200.

46 *»untergewichtige Zwillinge«*: J. Mann, »Nurturance or negligence: Maternal psychology and behavioral preference among preterm twins«. In: J. Barkow, L. Cosmides und J. Tooby (Hrsg.), *The Adapted Mind* (New York: Oxford 1992), S. 367–390.

47 *»Kind ähnele dem Vater«*: M. Daly und M. I. Wilson, »Whom are newborn babies said to resemble?«. In: *Ethology and Sociobiology*, 3 (1982), S. 69–78.

47 *»Trobriander:«* B. Malinowski, *The Sexual Life of Savages in North-Western Melanesia* (New York: Harcourt, Brace, and World 1929).

48 *»Wunsch des Vaters ... dunkle Seite«*: M. Daly und M. I. Wilson, »Child maltreatment from a sociobiological perspective«. In: *Journal of Marriage and the Family*, 43 (1980), S. 277–288.

281

48 *»Adoptionen verlaufen erfolgreicher«*: B. Jaffee und D. Fanshel, *How They Fared in Adoption: A Follow-up Study* (New York: Columbia 1970).

48 *»Pupillen von Frauen«*: E. H. Hess und J. H. Polt, »Pupil size related to interest value of visual stimuli«. In: *Science*, 132 (1960), S. 349f.

49 *»kleinen Kindern ... Eichhörnchen zeigen«*: F. Keil, *Concepts, Kinds, and Conceptual Development* (Cambridge: MIT Press 1989).

49 *»bestimmte Landschaften ... Vorliebe«*: G. H. Orians und J. H. Heerwagen, »Evolved responses to landscapes« In: J. Barkow, L. Cosmides und J. Tooby, 1992, S. 555–579.

49 *»Umgebungen signalisierten ...«*: J. Appleton, *The Experience of Landscape* (New York: Wiley 1975).

50 *»Marsilio Ficino«*: Aus »Commentary on Plato's Symposium« (1475), abgedruckt in A. Hofstadter und R. Kuhns (Hrsg.). In: *Philosophies of Art and Beauty – Selected Readings in Aesthetics from Plato to Heidegger* (Chicago: University of Chicago Press, 1964), S. 217. / Über die Liebe oder Platons Gastmahl. K. P. Hasse, Leipzig 1914. – Dass., ders., Hg. P. R. Blum, Hamburg 1984.

50 *»Baldassare Castiglione«*: Aus *The Courtier* (1561), zit. in Anthony Synnott, »Truth and goodness, mirrors and masks – Part I – a sociology of beauty and the face«. In: *British Journal of Sociology*, 40 (1989), S. 622. / *Il libro del cortegiano*, dt. *Das Buch vom Hofmann*, München, dtv 1986.

50 *Castigliones Ideen ...*: Aus *The Courtier* (1561), zit. in Anthony Synnott, »Truth and goodness, mirrors and masks – Part I – a sociology of beauty and the face«. In: *British Journal of Sociology*, 40 (1989), S. 623.

50 *»Versuche, ... zu bestimmen«*: G. B. Della Porta, *De humana physiognoma* (Neapel 1586), zit. in Patrizia Magli, »The face and the soul«. In: Michel Feher mit Ramona Naddaff und Nadia Tazi (Hrsg.), *Fragments for a History of the Human Body, Part 2* (New York: Zone 1989), S. 103, 105. / *Die Physiognomie des Menschen*, W. Rink, Dresden 1930.

51 *»Apollo Belvedere«*: J. L. Koerner, *The Moment of Self-Portraiture in Renaissance Art* (Chicago: University of Chicago Press 1993), S. 192.

51 *»Petrus Camper«*: Siehe Magli, 1989; S. J. Gould, »Petrus Camper's Angle«. In: S. J. Gould, *Bully for Brontosaurus – Reflections in Natural History* (New York: W. W. Norton 1992), S. 229–240.

52 *»Camper«*: Aus Gould, 1992, S. 235, 237.

53 *»größere genetische Vielfalt«*: Siehe L. L. Cavalli-Sforza und F. Cavalli-Sforza, *The Great Human Diasporas – The History of Diversity and Evolution* (Reading: Addison Wesley 1995). Siehe auch R. Lewontin, *Human Diversity* (New York: Scientific American 1982).

53 *»75 männlichen College-Studenten«*: M. R. Cunningham, »Measuring the physical in physical attractiveness – Quasi-experiments on the sociobiology of female facial beauty«. In: *Journal of Personality and Social Psychology*, 50 (1986), S. 925–935.

54 *»Studie ... besetzte Telefonzelle«*: R. Sroufe, A. Chaiken, R. Cook und V. Freeman, »The effects of physical attractiveness on honesty – A socially desirable response«. In: *Personality and Social Psychology Bulletin*, 3 (1977), S. 59–62.

54 *»zwei Autofahrerinnen«*: R. Athanasiou und P. Green, »Physical attractiveness and helping behavior«. In: *Proceedings of the 81$^{st}$ Annual Convention of the American Psychological Association*, 8 (1973), S. 289f.

54 »*attraktiven Person ... sympathisch ist*«: H. Sigall und E. Aronson, »Liking for an evaluator as a function of her physical attractiveness and nature of the evaluations«. In: *Journal of Experimental Social Psychology*, 5 (1969), S. 93–100.

54 »*Studienbewerbungen*«: P. L. Benson, S. A. Karabenick und R. M. Lerner, »Pretty pleases: the effects of physical attractiveness, race, and sex on receiving help«. In: *Journal of Experimental Social Psychology*, 12 (1976), S. 409–415.

55 »*gut aussehende Zeitgenossen*«: A. Nadler, R. Shapira und S. Ben-Itzhak, »Good looks may help – Effects of helper's physical attractiveness and sex of helper on males' and females' help-seeking behavior«. In: *Journal of Personality and Social Psychology*, 42 (1982), S. 90–99.

55 »*Ungerechtigkeit des Lebens*«: Jim Harrison, zit. in Johanna Schneller, »Brad Attitude«. In: *Vanity Fair*, Februar (1995), S. 77.

55 »*demokratische Rhetorik*«: Lois W. Banner, *American Beauty*, (Chicago: University of Chicago Press 1983), S. 206.

55 »*Estee Lauders ... Werbung*«: Estee Lauder, *Estee – A Success Story* (New York: Random House 1985), S. 213.

56 »*Bei großen Menschen*«: J. J. Hartnett, K. G. Bailey und C. Harley, »Body height, position, and sex as determinants of personal space«. In: *Journal of Psychology*, 87 (1974), S. 129–136.

56 »*attraktiven Menschen ... persönliches Territorium*«: M. Dabbs und N. A. Stokes, «Beauty is power: The use of space on the sidewalk«. In: *Sociometry*, 38 (1975), S. 551–557.

56 »*setzen sich ... durch*«: J. Horai, N. Naccari und E. Fatoullan, »The effects of expertise and physical attractiveness upon opinion agreement and liking«. In: *Sociometry*, 37 (1974), S. 601–606; S. Chaiken, »Communicator physical attractiveness and persuasion«. In: *Journal of Personality and Social Psychology*, 37 (1979), S. 1387–1397.

56 »*Geheimnis preis*«: L. E. Brundage, V. J. Derlega und T. F. Cash, »The effects of physical attractiveness and need for approval on self-disclosure«. In: *Personality and Social Psychology Bulletin*, 3 (1977), S. 63–66; T. F. Cash und D. Soloway, »Self disclosure and correlates of physical attractiveness – An exploratory study«. In: *Psychological Reports*, 36 (1975), S. 579–586.

56 »*in Gesellschaft leichter wohl*«: Besprochen bei Alan Feingold, »Good-looking people are not what we think«. In: *Psychological Bulletin*, 111 (1992), S. 304–341.

57 »*Leben im Griff*«: R. Anderson, »Physical attractiveness and locus of control«. In: *Journal of Social Psychology*, 105 (1978), S. 213–216.

57 »*Wenn die Testperson ... wartete*«: D. J. Jackson und T. L. Houston, Physical attractiveness and assertiveness«. In: *Journal of Social Psychology*, 96 (1975), S. 79–84.

57 »*Männer und Frauen zehn Minuten ...*«: M. Snyder, E. D. Tanke und E. Berscheid, »Social perception and interpersonal behavior – On the self-fulfilling nature of social stereotypes«. In: *Journal of Personality and Social Psychology*, 35 (1977), S. 656–666.

58 »*Von schönen Menschen erwarten*«: K. K. Dion, E. Berscheid und E. Walster, »What is beautiful is good«. In: *Journal of Personality and Social Psychology*, 24 (1972), S. 285–290; M. Webster, Jr. und J. E. Driskell, Jr., »Beauty status«. In: *American Journal of Psychology*, 89 (1983), S. 140–165.

58 »*Erwartungen ... Kindheit*«: M. M. Clifford und E. Walster, »Research note – The effects of physical attractiveness on teacher expectations«. In: *Sociology of Education*, 46 (1973), S. 248–258.

283

58 »*gut aussehende Schüler ... Noten*«: M. M. Clifford, »Physical attractiveness and academic performance«. In: *Child Study Journal*, 4 (1975), S. 201–209.

58 »*attraktive Menschen ... intelligent*«: L. A. Jackson, J. E. Hunter und C. N. Hodge, »Physical attractiveness and intellectual competence – A meta-analytic review«. In: *Social Psychology Quarterly*, 58 (1995), S. 108–122.

58 »*Testperson ... sie aussieht*«: R. M. Kaplan, »Is beauty talent? Sex interaction in the attractiveness halo effect«. In: *Sex Roles*, 4 (1978), 195–2004; M. J. Murphy und D. T. Hellkamp, »Attractiveness and personality warmth – Evaluations of paintings rated by college men and women«. In: *Perceptual and Motor Skills*, 43 (1976), S. 1163–1166; D. Landy und H. Sigall, »Beauty is talent: Task evaluation as a function of the performer's physical attractiveness«. In: *Journal of Personality and Social Psychology*, 29 (1974), S. 299–304.

59 »*siebenjähriges Kind*«: K. K. Dion, »Physical attractiveness and evaluation of children's transgressions«. In: *Journal of Personality and Social Psychology*, 24 (1972), S. 207–213.

59 »*kommen leichter ungestraft davon*«: Siehe dazu Elaine Hatfield und Susan Sprecher, »*Mirror, Mirror – The Importance of Looks in Everyday Life*« (Albany: State University of New York Press 1986) und die kürzlich erschienene Studie von A. DeSantis und W. A. Kayson, »Defendants' characteristics of attractiveness, race and sex and sentencing decisions«. In: *Psychological Reports*, 81 (1997), S. 679–683.

59 »*ins Auge gehen*«: H. Sigall und N. Ostrove, »Beautiful but dangerous: Effects of offender attractiveness and nature of the crime on juridic judgment«. In: *Journal of Personality and Social Psychology*, 31 (1975), S. 410–414; R. Mazzella und A. Feingold, »The effects of physical attractiveness, race, socioeconomic status, and gender of defendants and victims on judgments of mock jurors: a meta-analysis«. In: *Journal of Applied Social Psychology*, 24 (1994), S. 1315–1344.

60 »*Im sexuellen Bereich*«: E. D. Tanke, »Dimensions of the physical attractiveness stereotype – A Factor/analytic study«. In: *Journal of Psychology*, 110 (1982), S. 63–74; G. W. Lucker, W. E. Beane und R. L. Hemreich, »The strength of the halo effect in physical attractiveness research«. In: *Journal of Psychology*, 107 (1981), S. 69–75, A. Feingold, (1992), S. 304–341.

60 »*Vier- oder Zehnjährige*«: K. K. Dion und E. Berscheid, »Physical attractiveness and peer perception among children«. In: *Sociometry* 37 (1974), S. 1–12. J. Salvia, J. B. Sheare und B. Algozzine, »Facial attractiveness and personal-social development«. In: *Journal of Abnormal Child Psychology*, 3 (1973), S. 171–178.

60 »*Anders ... Freundschaften*«: D. Krebs und A. A. Adinolfi, »Physical attractiveness, social relations and personality style«. In: *Journal of Personality and Social Psychology*, 31 (1975), S. 245–253.

61 »*Kontrasteffekt*«: D. T. Kenrick und S. E. Gutierres, »Contrast effects and judgments of physical attractiveness – when beauty becomes a social problem«. In: *Journal of Personality and Social Psychology*, 38 (1980), S. 131–140; T. Kenrick, S. E. Gutierres und L. L. Goldberg, »Influence of popular erotica on judgments of strangers and mates«. In: *Journal of Experimental Social Psychology*, 25 (1989), S. 159–167.

61 »*Männliche Guppys*«: L. A. Dugatkin und R. C. Sargent, »Male-male association patterns and female proximity in the guppy Poecilia reticulata«, *Behavioral Ecology and Sociobiology*, 35 (1994), S. 141.

62 *»gut aussehende Männer ... Orgasmus«*: R. Thornhill, S. W. Gangestad und R. Cromer, »Human female orgasm and mate fluctuating asymmetry«. In: *Animal Behavior*, 50 (1995), S. 1601–1615.

63 *»freundliche Gesten ... Interesses«*: A. Abbey, »Sex differences in attributions for friendly behavior. Do males misperceive females' friendliness?«. In: *Journal of Personality and Social Psychology*, 42 (1982), S. 830–838.

## Kapitel 3: Schönheit kommt an

67 *»traditionelle Kulturen«*: S. Frayser, *Varieties of Sexual Experience – An Anthropological Perspective on Human Sexuality* (New Haven: HRAF Press 1985).

68 *»Holly Golightly«*: Truman Capote, Frühstück bei Tiffany [Ffm/Berlin: Ullstein 1991, Übers. v. Hansi Bochow-Blüthgen.], eigene Übersetzung.

68 *»Zeit des Heranwachsens«*: Mary Pipher, Reviving Ophelia – Saving the Selves of Adolescent Girls (New York: Ballantine, 1994), S. 55

68 *»Dustin Hoffman«*: Interview mit Bob Costas, 1995.

68 »Fabio«: »Beautiful dreamer«. In: *The New Yorker*, 17. Mai 1993, S. 38f.; George Wayne, »Single white narcissus«, Vanity Fair, November 1992, S. 186.

69 *»am Beginn einer Liebschaft«*: Elaine Hatfield und Susan Sprecher, *Mirror, Mirror: The Importance of Looks in Everyday Life* (Albany: State University of New York Press 1986), S. 109.

69 *»Hatfield ... Forschungen«*: (Hatfield hieß 1996 noch Elaine Walster) In: E. Walster, V. Aronson, D. Abrahams und L. Rottmann, »Importance of physical attractiveness in dating behavior«. In: Journal of Personality and Social Psychology, 4 (1966), S. 508–516.

69 *»hundert Homosexuelle«*: P. Sergios und J. Cody, »Importance of physical attractiveness and social assertiveness skills in male homosexual dating behavior and partner selection«. In: Journal of Homosexuality, 12 (1985), S. 71–84.

69 *»Präferenzen ... Aussehens«*: D. M. Buss, »Sex differences in human mate preferences – Evolutionary hypotheses tested in 37 cultures«. In: Behavioral and Brain Sciences, 12 (1989), S. 1–14.

69 *»Vorherrschen parasitärer Krankheiten«*: S. W. Gangestad und D. M. Buss, »Pathogen prevalence and human mate preferences«. In: Ethology and Sociobiology, 14 (1993), S. 89–96.

70 *»auffallende Signale für Gesundheit«*: W. D. Hamilton und M. Zuk, »Heritable true fitness and bright birds – A role for parasites«. In: Science, 218 (1982), S. 384–387. M. Zuk, »Parasites and bright birds: new data and a new prediction«. In: Bird-Parasite Interactions – Ecology, Evolution and Behavior. J. E. Loce und M. Zuk (Oxford: Oxford University Press 1982), S. 317–327.

70 *»Es ist nicht ... Raumes«*: R. T. Michael, J. H. Gagnon, E. O. Laumann und G. Kolata, *Sex in America – A Definitive Survey* (Boston: Little, Brown 1994), S. 69.

70 *»in etwa ebenso schön«*: B. I. Murstein, »Physical attractiveness and marital choice«. In: Journal of Personality and Social Psychology, 22 (1972), S. 8–12; A. Feingold, »Matching for attractiveness in romantic partners and samesex friends – A meta-analysis and theoretical critique«. In: Psychological Bulletin, 104 (1988), S. 226–235.

71 *»Mehr Frauen ... Diät«*: Siehe S. Hesse-Biber, *Am I Thin Enough Yet? The Cult of Thinness and the Commercialization of Identity* (New York: Oxford 1996); R. A. Gordon,

*Anorexia and Bulimia – Anatomy of a Social Epidemic* (Cambridge: Basil Blackwell 1990); 1996 Plastic Surgery Statistics, veröffentlicht von der American Society of Plastic and Reconstructive Surgeons, Arlington Heights, IL.

71 *»1939 wurden Frauen ... 1989«*: Siehe D. M. Buss, *The Evolution of Desire – Strategies of Human Mating* (New York: Basic 1994).

71 *»mehr ›explizite Berücksichtigung‹*: C. S. Ford und F. A. Beach, *Patterns of Sexual Behavior* (New York: Harper and Row 1951).

71 *»acht Milliarden Dollar«*: Angabe für 1996. Eric Schlosser, »The business of pornography«. In: U.S. News and World Report, 10. Februar 1997, S. 42–50.

71 *»Bericht der U.S. Commission ... (1970)*: Zit. in D. Symons, *The Evolution of Human Sexuality* (New York: Oxford University Press 1979), S. 171.

72 *»Geschlechtsunterschiede in der Pornografie«*: Wegen der privaten, häufig anonymen Kaufmethoden ist es schwierig, genaue Zahlen zum Konsum von Pornografie zu erhalten. Siehe die Statistiken zum Gebrauch bzw. Einsatz autoerotischen Materials (definiert als Filme oder Videos für Erwachsene, Lokale mit nackten oder halbnackten Tänzer(inne)n, Bücher oder Zeitschriften zum Thema Sex, Sexspielzeug und Telefonsex) für Männer und Frauen im Bericht »Sex in America« für 1994. 41 Prozent der US-amerikanischen Männer und 16 Prozent der Frauen benutzten oben genannte Möglichkeiten. 23 Prozent der Männer und elf Prozent der Frauen sahen sich Filme und Videos für Erwachsene an; 22 Prozent der Männer und vier Prozent der Frauen suchten Lokale mit Nackttänzer(inne)n auf, und 16 Prozent der Männer versus vier Prozent der Frauen lasen Sexbücher oder –zeitschriften; E. O. Laumann, J. T. Gagnon, R. T. Michael und S. Michael, *The Social Organization of Sexuality: Sexual Practices in the United States* (Chicago: University of Chicago Press 1994), S. 134–141.

72 *»Viva und Playgirl«*: Symons 1979, S. 174–176.

72 *»Bei Männern kommt es ...«*: B. J. Ellis und D. Symons, »Sex differences in sexual fantasy – An evolutionary psychological approach«. In: *Journal of Sex Research*, 27 (1990), S. 527–555.

72 *»Frauen lieber Frauen«*: Aus Symons, 1979, S. 182.

72 *»Kontaktanzeigen«*: K. Deaux und R. Hanna, »Courtship in the personals column – The influence of gender and sexual orientation«. In: *Sex Roles*, 11 (1984), S. 363–375; M. N. Hatal und J. Prehodka, »Content analysis of gay male and lesbian personal advertisements«. In: *Psychological Reports*, 78 (1996), S. 371–374.

73 *»Gleichgeschlechtliche Paare«*: Don Symons, *The Evolution of Human Sexuality* (New York: Oxford University Press 1979).

73 *»kurzzeitigen ... Beziehungen«*: Siehe D. M. Buss und D. P. Schmitt, »Sexual strategies theory – An evolutionary perspective on human mating«. In: *Psychological Review*, 100 (1993), S. 204–232.

73 *»ernsteren [Beziehungen]«*: D. M. Buss, »Sex differences in human mate preferences – Evolutionary hypotheses tested in 37 cultures«. In: *Behavioral and Brain Sciences*, 12 (1989), S. 1–14.

74 *»jüngerer potenzieller ... älterer«*: W. R. Jankowiak, E. M. Hill und J. M. Donovan, »The effects of sex and sexual orientation on attractiveness judgments – An evolutionary interpretation«. In: *Ethology and Sociobiology*, 13 (1992), S. 73–85.

74 *»1996 ... Durchschnittsalter«*: Arlene Saluter und Terry A. Lugaila, »Marital Status and Living Arrangements – March 1996«; U.S. Department of Commerce, Economics and Statistics Administration, U.S. Bureau of the Census P20-496, 1998.

74 *»zweiten Eheschließung«*: Aus Buss, 1994.

75 *»Meryl Streep«*: Aus Maureen Dowd, »Go ahead, make him cry«. In: *New York Times*, 26. März 1995, Sektion 2, S. 1 und 27.

76 *»Buss in NY Times zitiert«*: Aus Janet Roach, »What's unusual about these pictures?«. In: *New York Times*, 22. Mai 1994, S. 19.

76 *»Bei den am besten ... Highschool«*: J. R. Udry und B. K. Eckland, »Benefits of being attractive – Differential payoffs for men and women«. In: *Psychological Reports, 54* (1984), S. 47–56.

76 *»Besser aussehende Mädchen ...«*: G. H. Elder, Jr., »Appearance and education in marriage mobility«. In: *American Sociological Review*, 34 (1969), S. 519–533; P. A. Taylor und N. D. Glenn, »The utility of education and attractiveness for female status attainment through marriage«. In: *American Sociological Review*, 41 (1976), S: 484–498.

77 *»Frauen mit größerer Intelligenz«*: N. F. Marks, »Flying solo at midlife – Gender, marital status, and psychological well-being«. In: *Journal of Marriage and the Familiy*, 58 (1996), S. 917–932.

77 *»Mannes ... attraktiven Frau«*: H. Sigall und D. Landy, »Radiating beauty – Effects of having a physically attractive partner on person perception«. In: *Journal of Personality and Social Psychology*, 28 (1973), S. 218–224.

77 *»Frauen suchen ... Männern«*: Milan Kundera, *Das Buch vom Lachen und Vergessen*. Carl Hanser Verlag, München/Wien 1992, S. 21. Übers. von Susanna Roth.

77 *Einkommen von Models*: Joshua Levine, »We have shares«. In: *Forbes*, 27. März 1995, S. 75–78; John W. Wright, *The American Almanach of Jobs and Salaries* (New York: Avon 1982), S. 263–267; *»Gehälter von Topmodels«*: Interview mit Model Hoyt Richards, dem ersten männlichen Supermodel, Januar 1996.

78 *»Männer und Frauen ... formen«*: Matt Ridley, »Why should males exist?«. In: *U.S. News and World Report*, 18. August 1997, S. 54.

78 *»Ich fühle mich nicht ...«*: Camille Paglia, »The M.I.T. Lecture – Crisis in the American Universities.« In: Camille Paglia, *Sex, Art, and American Culture* (New York: Vintage 1992), S. 264.

79 *»Frauen würden ... reagieren«*: Fran Lebowitz, »Fran Lebowitz on money«. In: *Vanity Fair*, Juli 1997, S. 96.

80 *»Wer sich Ruhm erhofft«*: Bertrand Russell, *The Conquest of Happiness* (New York: Liveright 1958), S. 88.

82 *»Ging es in den Sechzigern«*: Joyce Winer, »The floating lightbulb«. In: Patricia Foster, (Hrsg.), *Minding the Body – Women Writers on Body and Soul* (New York: Anchor 1994), S. 47.

83 *»Minifetischisten«*: Robert J. Stoller, *Presentations of Gender* (New Haven: Yale University Press 1985), S. 135.

83 *»Symons und Profet«*: Aus Donald Symons, »Beauty is in the adaptations of the beholder – The evolutionary psychology of human female sexual attractiveness« In: P. R. Abramson und S. Pinkerton, (Hrsg.), *Sexual Nature, Sexual Culture* (Chicago: University of Chicago Press 1995), S. 80–118.

83 *»Stillen den Eisprung verhindert«*: S. Diaz, R. Aravena, H. Cordenas, M. Casado und P. Miranda, »Contraceptive efficiency of lactational amenorrhea in urban Chilean women«. In: *Contraception*, 43 (1991), S. 335–352. S. Diaz, M. Seron-Ferre, H. B. Croxatto und J. Veldhuis, »Neuroendocrine mechanisms of lactational infertility in women«, *Biological Research*, 28 (1995), S. 155–163.

84 *»Fertilität«*: J. Menken, J. Trussell und U. Larsen, »Age and infertility«. In: *Science*, 233 (1986), S. 1389–1394.

84 *»Die Menopause ... grausame«*: Susan Sontag, »The double standard of aging«. In: J. Williams, (Hrsg.), *Psychology of Women* (New York: Academic Press, 1979), S. 462–478.

84 *»Lauren Hutton«*: zit. bei Michael Gross, *Model – The Ugly Business of Beautiful Women* (New York: William Morrow 1995), S. 222.

85 *»biologische Strategie«*: Jared Diamond, *Why Is Sex Fun? The Evolution of Human Sexuality* (New York: Basic Books 1997).

85 *»Eier ... einfrieren«*: Persönliche Mitteilung, M. Jodeane Pringle.

86 *»In Ferienlagern«*: R. C. Savin-Williams, »Dominance hierarchies in groups of early adolescents«. In: *Child Development*, 50 (1979), S. 923–935.

87 *»Kadetten der ... West Point«*: A. Mazur, J. Mazur und C. Keating, »Military rank attainment of a West Point class – Effects of cadets' physical features«. In: *American Journal of Sociology*, 90 (1984), S. 125–150; U. Mueller und A. Mazur, »Facial dominance of West Point cadets as a predictor of later military rank«. In: *Social Forces*, 74 (1996), S. 823–850.

87 *»Mädchen preisen«*: Ovid, *Die erotischen Dichtungen*. [A. Kroner Verlag, Stuttgart 1967, dt. v. Viktor von Marnitz, S. 231.] Eigene Übers.

88 *»Männer mit ... festem Einkommen ... geheiratet«*: W. C. Wolf und M. MacDonald, »The earnings of men and remarriage«. In: *Demography*, 16 (1979), S. 389–399; J. Hasky, »Social class differentials in remarriage after divorce – results from a forward linkage study«. In: *Population Trends*, 47, (1987), S. 34–42; W. C. Wolf und M. MacDonald, »The earnings of males and marital disruption«. In: Center for Demography and Ecology Working Paper 78–14 (1978). Madison: Center for Demography and Ecology, University of Wisconsin.

88 *»Trennungen und ... traditionellen Kulturen«*: Frayser, 1985.

89 *»Eine Frau ... Mannes mehr Zeit«*: W. G. Graziano, L. A. Jensen-Campbell, L. J. Shebilske und S. R. Lundgren, »Social influence, sex difference and judgments of beauty – Putting the interpersonal back in interpersonal attraction«. In: *Journal of Personality and Social Psychology*, 65 (1993), S. 522–531.

89 *»Hoyt Richards«*: Persönliche Mitteilung, Januar 1996.

90 *»Dennis Rodman«*: Aus David Remnick, »Raging Bull«. In: *The New Yorker*, 10. Juni 1996, S. 87.

90 *»Altersspanne ... erreicht«*: Symons, 1979.

90 *»Dürers Selbstporträt«*: Nach J. L. Koerner, *The Moment of Self-Portraiture in German Renaissance Art* (Chicago: University of Chicago Press 1993).

91 *»Skorpionsfliegen«*: R. Thornhill und K. P. Sauer, »Genetic sire effects on the fighting ability of sons and daughters and mating success of sons in the scorpionfly (Panorpa vulgaris)«. In: *Animal Behavior*, 43 (1992), S. 255–264.

91 *»Studien zu Einkommen und Attraktivität«*: J. M. Townsend und G. D. Levy, »Effect of potential partners' physical attractiveness and socioeconomic status on sexuality and partner selection«, *Archives of Sexual Behavior*, 19 (1990), S. 149–164; J. M. Townsend und G. D. Levy, »Effect of potential partners' costume and physical attractiveness on sexuality and partner selection«. In: *Journal of Psychology*, 124 (1990), S. 371–389.

92 *»Der soziale Rang ...«*: Pogrebin zit. in Sam Roberts, »When a woman earns like a man«. In: *New York Times*, 6. November 1994, Sektion 4, S. 6.

92 »*Frauen ... repräsentieren*«: Humphrey Institue, University of Minnesota, *Looking to the Future – Equal Partnership Between Women and Men in the 21ᵗ Century*, Zit. in Debbie Taylor, *Women – A World Report* (Oxford: Oxford University Press 1985), S. 82.

93 »*Medizinstudentinnen*«: J. M. Townsend, »Mate selection criteria – A pilot study«. In: *Ethology and Sociobiology*, 10 (1989), S. 241–253.

93 »*Bei Befragungen ... Studentinnen*«: M. W. Wiedermann und E. R. Allgeier, »Gender differences in mate selection criteria – Sociobiological or socioeconomic explanation?«. In: *Ethology and Sociobiology*, 13, 1992, 115–124.

93 »*fleißiges Lernen*«: Immanuel Kant, *Observations on the Feeling of the Beautiful and the Sublime* (Berkeley: University of California Press 1960), S. 78 / *Beobachtungen über das Gefühl des Schönen und Erhabenen.*

93 »*Scheidungsraten nach oben*«: Helen Fisher, *Anatomy of Love: The Mysteries of Mating, Marriage, and Why We Stray* (New York: Fawcett Columbine 1992).

94 »*Gewinn durch Handel*«: G. S. Becker, *A Treatise on the Family* (Cambridge: Harvard University Press 1981).

94 »*verändert lediglich das Wesen ...*«: M. M. Sweeney, »Remarriage of men and women: The role of socioeconomic prospects«, *Journal of Family Issues*, 18 (1997), S. 479–502; M. M. Sweeney, »Women, men and changing families – The shifting economic foundation of marriage«. In: *Center for Demography and Ecology, Working Paper No. 97–14.* Madison: University of Wisconsin, 1997.

94 »*neue »Trophäen-Frau*«: Ralph Gardner, Jr., »Married to the market«, *New York*, 15. Juni 1998, S. 24–29, 58.

94 »*Marjorie Garber*«: zit. bei David Berreby, »Your mom wears combat boots«. In: *New York Times*, 9. März 1997, S. 4.

95 »*Männer geben inzwischen*«: Alan Farnham, »You're so vain«. In: *Fortune*, 9. September 1996, S. 66–82.

96 *Schönheit und Einkommen*: D. S. Hamermesh und J. E. Biddle, »Beauty and the labor market«. In: *American Economic Review*, 84 (1994), S. 1174–1194; T. F. Cash und R. F. Kilcullen, »The eye of the beholder – Susceptibility to sexism and beautyism in the evaluation of managerial applicants«. In: *Journal of Applied Social Psychology*, 15 (1985), S. 591–605; I. H. Frieze, J. E. Olson und D. C. Good, »Perceived and actual discrimination in the salaries of male and female managers«. In: *Journal of Applied Social Psychology*, 20 (1990), S. 46–67; M. E. Heilman und L. R. Saruwatari, »When beauty is beastly – The effects of appearance and sex on evaluations of job applicants for managerial or nonmanagerial jobs«. In: *Organizational Behavior and Human Performance*, 23 (1979), S. 360–372.

96 »*gut aussehende ... sexuell typifiziert*«: L. A. Jackson und T. F. Cash, »Components of gender stereotypes and their implications for inferences on stereotypic and nonstereotypic dimensions«. In: *Personality and Social Psychology Bulletin*, 11 (1985), S. 326–344.

97 »*Studie der Columbia University ...*«: Heilman und Saruwatari, S. 371.

97 »*Dress for Success*«: J. T. Molloy, *Dress for Success* (New York: Warner 1975); J. T. Molloy, *The Woman's Dress for Success Book* (New York: Warner 1978).

97 »*ein Kollege/eine Kollegin*«: B. A. Gutek, *Sex and the Workplace – The Impact of Sexual Behavior and Harrassment on Women, Men, and the Organization* (San Francisco: Jossey-Bass 1985).

98 »*Glück(lich sein)*«: D. G. Myers und E. Diener: »Who is happy?« In: *Psychological Science*, 6 (1995), S. 10–19.

289

98 »subjektives Wohlbefinden«: E. Diener, B. Wolsic und F. Fujita, »Physical attractiveness and subjective well-being«. In: *Journal of Personality and Social Psychology*, 69, (1995), S. 120–129.

99 »Kein Instinkt ...«: T. Miller, *How to Want What You Have: Discovering the Magic and Grandeur of Ordinary Existence* (New York: Avon 1995), 75f.

99 »Patientinnen ... ihre Schönheit«: E. Jacobson, *The Self and the Object World* (New York: International Universities Press 1964).

99 »Mancher vergisst«: Bertrand Russell, *The Conquest of Happiness* (New York: Liveright 1958), S. 29.

99 »von Genen kontrolliert«: D. Lykken und A. Tellegen, »Happiness is a stochastic phenomenon«. In: *Psychological Science*, 7 (1996), S. 186–189.

100 »glücklichere Menschen ... tendieren«: Diener, Wolsic und Fujita, S. 120.

100 »weniger treue Partner«: M. Dermer und D. M. Thiel, »When beauty may fail«, *Journal of Personality and Social Psychology*, 31 (1975), S. 1168–1176.

101 »Die Physiognomie«: Michel de Montaigne, »On physiognomy«. In: Ders., *Essays* (New York: Penguin 1958), S. 338 / *Essays* (Insel Tb 1976).

101 »Integrität«: A. H. Eagly, R. D. Ashmore, M. G. Makhijani und L. C. Longo, »What is beautiful is good, but ... – A meta-analytic review of research on the physical attractiveness stereotype«. In: *Psychological Bulletin*, 110 (1991), S. 109–128.

## Kapitel 4: Schmücke mich

105 »auf Fühlen zurückzuführen«: Sigmund Freud, *Three Essays on the Theory of Sexuality* (New York: Basic Books 1962), S. 22.

105 »glatte Seidenarme«: Kennedy Fraser, *Scenes From the Fashionable World* (New York: Knopf 1987), S. 73.

105 »Makellose Haut«: Desmond Morris, *The Human Zoo* (New York: Dell 1969).

105 »Die Haut mag«: W. Montagna, *The Structure and Function of Skin* (New York: Academic Press 1962); A. Montague, *Touching – The Human Significance of the Skin* (New York. Columbia University Press 1971); M. Lappe, *The Body's Edge: Our Cultural Obsession With Skin* (New York: Henry Holt 1996).

105 »Nichts ist schlimmer ...«: William Ian Miller, *The Anatomy of Disgust* (Cambridge: Harvard University Press 1997), S. 52f.

106 »John Ruskin habe nie«: Ich danke Stan Sclaroff für die Mitteilung dieser Anekdote. Siehe auch P. Rose, *Parallel Lives: Five Victorian Marriages* (New York: Vintage 1984), S. 56.

106 »koprophile Vergnügen«: S. Freud, 1962, S. 21 Anm. 1.

106 »Nackten Affen«: Desmond Morris, *The Naked Ape – A Zoologist's Study of the Human Animal* (New York: McGraw Hill 1967): / *Der nackte Affe*.

107 »Nacktheit begann«: Marvin Harris, *Our Kind – Who We Are, Where We Came From, Where We are Going* (New York: HarperPerennial 1989).

108 »Alek Wek«: Siehe Zeitschrift *Elle*, November 1997, und A. Samuels, »Black beauty's new face – African model has impact on the runway«. In: *Newsweek*, 24. November 1997, S. 68.

108 »Primaten ... gegenseitige Fellpflege«: Franz de Waal, *Chimpanzee Politics – Power and Sex Among Apes* (London: Cape 1982); Azalea: Franz de Waal, *Good Natured – The Origins of Right and Wrong in Humans and Other Animals* (Cambridge: Harvard University Press 1996).

109 »Mütter vieler Arten pflegen«: S. R. Butler, M. R. Suskind und S. M. Schanberg, »Maternal behavior as a regulator of polyamine biosynthesis in brain and heart of the rat pup«. In: *Science*, 199 (1978), S. 445–447, S. M. Schanberg und T. M. Field, »Sensory deprivation stress and supplemental stimulation in the rat pup and preterm human neonate«. In: *Child Development*, 58 (1987), S. 1431–1447.

109 »Tiere, die während der ersten zehn ...Stresshormone«: D. Liu, J. Diorio, B. Tannenbaum, C. Caldji, D. Francis, A. Freedman, S. Sharma, D. Pearson, P. M. Plotsky und J. M. Meaney, »Maternal care, hippocampal glucocorticoid receptors, and hypothalamic-pituitary-adrenal response to stress«. In: *Science*, 277 (1997), S. 1659–1662. R. M. Sapolsky, »The importance of a well-groomed child«. In: *Science*, 277 (1997), 1620f.

109 »tägliche Massagen ... Frühgeborenen«: F. A. Scafidi, T. Field und S. M. Schanberg, »Factors that predict which preterm infants benefit most from massage therapy«. In: *Journal of Development and Behavioral Pediatrics*, 14 (1993), S. 176–180.

109 »intimsten Minuten des Tages«: Mary Catherine Bateson, *With a Daughter's Eye – A Memoir of Margaret Mead and Gregory Bateson* (New York: HarperPerennial 1994), S. 51.

110 »spezielle ›Haar‹-Version«: In M. G. Lord, *Forever Barbie – The Unauthorized Biography of a Real Doll* (New York: William Morrow 1994).

110 »persönlichen Pflege ... ausgegeben«: P. K. Francese, »Big spenders«. In: *American Demographics*, August 1977, S. 51–57; weltweit: *Asiaweek*, 16. August 1991, S. 15.

110 »88 % wear makeup«: S. Dortch, »Women at the cosmetics counter«. In: *American Demographics*, März 1977, S. 6–8.

110 »40.000 Jahre ... rotem Ocker«: Steven Mithen, *The Prehistory of the Mind – The Cognitive Origins of Art, Religion, and Science* (London: Thamwes and Hudson 1996); C. Knight, C. Powers und I. Watts, »The human symbolic revolution: A darwinian Account«. In: *Cambridge Archaeological Journal*, 5 (1995), S. 75–114.

111 »Im alten Ägypten«: Richard Corson, *Fashions in Makeup – From Ancient to Modern Times* (London: Peter Owen 1972).

111 »Lasst den trotzigen Bock«: Ovid, *Liebeskunst*. Hrsg. und Übers. von Niklas Holzberg, Mchn., dtv 1998 [lat.-dt., m. Einl. u. Erl.], S. 83, Verse 193/194.

112 »Körperteil epilieren«: M. Frankel, »Bikini-wax wars«. In: *Cosmopolitan*, August 1997, S. 146.

112 »Bodybuilder«: Sam Fussell, *Muscle – Confessions of an Unlikely Bodybuilder* (New York: Poseidon 1991).

112 »Clive James«: Zit. bei K. R. Dutton, *The Perfectible Body – The Western Ideal of Physical Development* (London: Cassell 1995), S. 339.

112 »einen mit behaarter Brust«: ebd., 1995.

113 »rasierten Knabenmuskeln«: M. Signorile, *Life Outside – The Signorile Report on Gay Men: Sex, Drugs, Muscles and the Passage of Life* (New York: HarperCollins 1997), S. 25.

113 »Tätowierungen«: Margot Mifflin, *Bodies of Subversion – A Secret History of Women and Tattoo* (New York: Juno 1997); V. Vale and Andrea Juno, *Modern Primitives – An Investigation of Contemporary Adornment and Ritual* (New York: Juno 1989). Für eine exzellente Zusammenfassung interkultureller Praktiken der »Körperkünste« siehe Robert Brain, *The Decorated Body* (London: Hutchinson 1979).

113 »1990 ... Umfrage«: Marilynn Larkin, »Tattooing in the 90's – Ancient Art requires care and caution«, U.S. Food and Drug Administration, *FDA Consumer*, Oktober 1993.

291

113 *»tätowierte Eingeborene«*: Charles Darwin, *The Descent of Man, and Selection in Relation to Sex* (Princeton: Princeton University Press 1965), S. ii, 339. / *Die Abstammung des Menschen und die geschlechtliche Auslese.*

114 *»Schmücken ... mit Narben«*; 100

114 *»europäische Missionare«*: Siehe Brain, 1979.

114 *»Bedeutung von 'bekleidet'«*: Ann Hollander, *Seeing Through Clothes* (Berkeley: University of California Press 1993), S. 83.

115 *»Jahrmarkt der männlichen Eitelkeiten«*: A. Farnham, »You're so vain«, *Fortune*, 9. September 1996, S. 66–82.

116 *»Andreas de Laguna«*: Aus Corson, 1972, S. 93.

116 *»Heian-Periode in Japan«*: Sharon Romm, *The Changing Face of Beauty* (St. Louis: Mosby 1992).

116 *»Clinique«*: Vanessa Friedman, »Planet Clinique«. In: *Elle*, Mai 1998, S. 218–220.

116 *»Maskenbildner Kevyn Aucoin«*: *Making Faces* (Boston: Little Brown 1997).

117 *»Zitat Betsy Johnson«*: James Servin, »Can Lipstick Change Your Life?«. In: *Harper's Bazaar*, Februar 1994; *»1 484 Lippenstifte«*: Judith Robin, *Body Traps: How to Overcome your Body Obsessions and Liberate the Real You* (London: Vermilion 1992), S. 13. Die weiteren Fakten zum Thema Lippenstift aus Corson, 1972.

117 *»Martial«*: Corson, 1972, S. 52; Ovid, ebd. S. 50.

117 *»Hieronymus«*: Ebd. S. 68.

117 *»Clemens von Alexandria«*: Richard Corson, *Fashions in Hair – The First Five Thousand Years* (London: Peter Owen 1991), S. 57.

117 *»Das englische Parlament, The Spectator«*: Corson, 1972, S. 245, 196.

118 «Heinrich VII.«: Lorne Campbell, *Renaissance Portraits* (New Haven: Yale University 1990), S. 159.

118 «Elizabeth I.«: Susan Bassnett, *Elizabeth I. – A Feminist Perspective* (Oxford: Oxford University Press 1988).

119 *»Unterschiede in der Hautfarbe«*: Siehe P. L. Van den Berghe und P. Frost, »Skin color preference, sexual dimorphism and sexual selection – A case of gene culture co-evolution?« In: *Ethnic and Racial Studies*, 9 (1986), S. 87–113; P. Frost, »Human skin color – A possible relationship between its sexual dimorphism and its social perception«. In: *Perspectives in Biology and Medicine*, 32 (1988), S. 38–58; P. Frost, »Human skin color – The sexual differentiation of its social perception«. In: *Mankind Quarterly*, 30 (1989), S. 3–16.

120 *»Pille nehmen ... Haut dunkler«*: R. C. Wong and C. N. Ellis, »Physiologic skin changes in pregnancy«. In: *Journal of the American Academy of Dermatology*, 10 (1984). S. 929–943.

120 *»hellere Haut bei Frauen«*: V. S. Ramachandran, »Why do gentlemen prefer blondes?« In: *Medical Hypotheses*, 48 (1997), S. 19f.

121 *»kulturelle Universalie«*: D. M. Jones, *The Evolutionary Psychology of Human Physical Attractiveness – Results from Five Populations* (Diss. University of Michigan, Ann Arbor, MI, 1994).

121 *»ideale Frau«*: *The Kama Sutra of Vatsyayana* (London: Diamond, 1996), S. 88.

121 *»japanische Männer«*: H. Wagatsuma, »The social perception of skin color in Japan«, *Daedalus*, 96 (1967), S. 407–443.

121 *»weißen College-Studenten in Wyoming«*: S. Feinman und G. W. Gil, »Sex differences in physical attractiveness preferences«. In: *Journal of Social Psychology*, 105 (1978), S. 43–52.

292

122 *»Bleichen der Haut«*: G. H. Findlay und H. A. de Beer, »Chronic hydroquinone poisoning of the skin from skin-lightening cosmetics. A South African epidemic of ochronosis of the face in dark-skinned individuals«. In: *South African Medical Journal*, 57 (1980), S. 187–190.

122 *»Charles Darwin«*: P. Ekman, Hrsg., *The Expression of Emotions in Man and Animals – The Definitive Edition* (New York: Oxford University Press 1998), S. 310, 325.

122 *»Erröten und Gefühlswallungen«*: V. S. Ramachandran, 1997, S. 20.

123 *»Blutarmut«*: R. M. Nesse und G. C. Williams, *Why We Get Sick – The New Science of Darwinian Medicine* (New York: Random House 1994).

123 *»Die Haut ... oberflächlich«*: M. Strathern, »The self in self-decoration«, *Oceania*, 48 (1979), S. 241–257.

123 *»Gesichtsformen«*: S. Cavell, *The World Viewed – Reflections on the Ontology of Film* (New York: Viking 1971), S. 70.

124 *»Altersmaschine«*: Nancy Burson, *The »Age Machine« and Composite Portraiture* (Cambridge, MA: MIT List Visual Arts Center 1990). Siehe auch N. Burson, R. Carling und D. Kramlich, *Composites – Computer Generated Portraits* (New York: William Morrow 1986).

125 *»Smoking«*: D. Grady und V. L. Ernster, »Does cigarette smoking make you old and ugly?« In: *American Journal of Epidemiology* 135 (1995), S. 839–842. Siehe auch V. L. Ernster, D. Grady, R. Miike, D. Black, J. Selby und K. Kerlikowske, »Facial wrinkling in men and women by smoking status«. In: *American Journal of Public Health*, 85 (1995), S. 78–82.

125 *»gebräunte Haut«*: Siehe »Sunlight, ultraviolet radiation, and the skin«. In: *National Institutes of Health Consens. Statement Online*, 8.–10. Mai 1989: 7(8); 1–29.

126 *»Fast die Hälfte ... siebzig Prozent«*: Siehe »The price of beauty«. In: *Economist*, 11. Januar 1992, S. 25f.

126 *»Health«*: »The Great American Make-over, Health-Gallup Poll«. In: *Health*, März/April 1993.

126 *»Helen Bransford«*: Helen Bransford, *Welcome to Your Facelift – What to Except Before, During, and After Cosmetic Surgery* (New York: Doubleday 1997), S. 45, 39.

127 *»1996 mehr als«*: American Society of Plastic and Reconstructive Surgeons, Department of Communications, Arlington Heights, IL.

127 *»kosmetischen Eingriffe«*: American Academy of Facial Plastic and Reconstructive Surgery Annual Survey, 1993, Washington, D.C.

127 *»spielt das Altern«*: F. M. Deutsch, C. M. Zalenski, und M. E. Clark, »Is there a double standard of aging?« In: *Journal of Applied Social Psychology*, 16 (1986), S. 771–785.

127 *»Östrogenmangel«*: R. Maheux, F. Naud, M. Rioux, R. Grenier, A. Lemay und M. Langevin, »A randomized, double-blind, placebo-controlled study on the effect of conjugated estrogens on skin thickness«. In: *American Journal of Obstetrics and Gynecology*, 170 (1994), S. 642–649; L. B. Dunn, M. Damesyn, A. A. Moore, D. B. Reuben und G. A. Greendale, »Does estrogen prevent sin aging? Results from the first National Health and Nutrition Examination Survey«. In: *Archives of Dermatology*, 133 (1997), S. 339–342.

128 *»Akne«*: B. L. Held, S. Nader, L. J. Rodriguez-Rigau, K. D. Smith und E. Steinberger, »Acne and hyperandrogenism«. In: *Journal of the American Academy of Dermatology*, 10, (1984), S. 223–226; E. Steinberger, L. J. Rodriguez-Rigau, K. D. Smith und N. Held, »The menstrual cycle and plasma testosterone levels in women with acne«. In: *Journal of the American Academy of Dermatology*, 4, 1981, 54–58.

130 *»Nun lach doch mal«*: Mary Roach, »Beauty poison«, *Health*, Jan./Feb. 1994, S. 68.

130 *»»Botox«-Behandlung«*: N. J. Lowe, A. Maxwell und H. Harper, »Botulinim A exotoxin for glabellar folds – a double-blind, placebo-controlled study with an electromyographic injection technique«. In: *Journal of the American Academy of Dermatology*, 35, (1996), S. 569–572; R. J. Koch, R. J. Troell, R. L. Goode, »Contemporary management of the aging brow and forehead«. In: *Laryngoscope*, 107 (1997), S. 710–715.

130 *»betreffenden Muskel«*: Siehe Ekman, Hrsg., 1998; Paul Ekman und Wallace V. Friesen, *Unmasking the Face* (Palo Alto: Consulting Psychologists Press 1984). U. Dimberg und L. O. Lungquist, »Gender differences in facial reactions to facial expressions«, *Biological Psychology*, 30 (1990), S. 151–159.

130 *»Studie ... Brauen nach Liftings«*: R. M. Freund und W. B. Nolan, »Correlation between brow lift outcomes and aesthetic ideals for eyebrow height and shape in females«. In: *Plastic and Reconstructive Surgery*, 97 (1966), S. 1343–1348.

131 *»Diderot«*: Aus F. Pacteau, *The Symptom of Beauty* (Cambridge: Harvard University Press 1994), S. 111.

131 *»Paul Ekman«*: Persönliche Mitteilung.

131 *»Schönheit und Hautfarbe«*: S. Faison, »A Chinese edition of *Elle* draws ads and readers«, *New York Times*, 1. Januar 1996, S. 49.

132 *»Brasilien«*: D. J. Schemo, »Among glossy blondes, a showcase for Brazil's black faces«. In: *New York Times*, 18. Oktober 1996, S. A13.

132 *»Farbe der menschlichen Haut«*: Siehe R. Lewontin, *Human Diversity* (New York: Scientific American Library 1995). Marvin Harris, 1989.

132 *»viele andere Wissenschaftler«*: Jared Diamond, *The Third Chimpanzee – The Evolution and Future of the Human Animal* (New York: HarperCollins 1992).

133 *»rassischen Unterschiede«*: L. L. Sforza, *The Great Human Diasporas – The History of Diversity and Evolution* (Reading, MA: Addison-Wesley 1996), S. 124.

133 *»wissenschaftlichen Fakten ... Vorurteilen«*: Alan H. Goodman, »Bred in the bone?« In: *The Sciences*, März/April 1997, S. 20–25.

133 *»Harry Hoetink«*: H. Hoetink, *The Two Variants in Caribbean Race Relations – A Contribution to the Sociology of Segmented Societies* (New York: Oxford 1967).

134 *»brasilianische Bevölkerung«*: Aus D. M. Jones, 1994.

134 *»Brazil Race«*: Aus D. Schemo, 1996, S. A13.

134 Eine interessante Diskussion von Einwanderungswellen und Fragen nach plastischer Chirurgie siehe Elizabeth Haiken, *Venus Envy – A History of Cosmetic Surgery* (Baltimore: Johns Hopkins University Press 1997).

134 *»Miss America«*: Aus *Official Who's Who in Pageants*, Ausgabe 1986 (Baton Rouge: International Productions and Publications).

134 *»Barbiepuppe«*: M. G. Lord, 1994, S. 75.

135 *»Wilhelmina«*: Aus M. Gross, *Model – The Ugly Business of Beautiful Women* (New York: William Morrow, 1995), S. 235.

135 *»Unsichtbare Menschen«*: »Race Bias Seen in Magazine Ads«. In*visible People*, New York City Department of Consumer Affairs, 1991.

135 *Women in Media*: Aus Leora Tanenbaum, »Cruel Beauty: Image and reality clash as real women debate the true picture of loveliness«, *Boston Phoenix*, 16. Dezember 1994, S. 14–16.

135 *»Europäer und ihre Nachfahren«*: Tom Morganthau, »The face of the future«. In: *Newsweek*, 27. Januar 1997, S. 58f. Siehe auch Tina Gaudoin: »Is all American beauty un-American?«. In: *Mirabella*, September 1994, S. 144–146.

135 »Afroamerikaner ... Kosmetika«: Christy Fisher, »Black, hip, and primed (to shop)«. In: *American Demographics*, September 1996, S. 52–58.

136 »Zeitschriften«: Robin Pogrebin, »Success and the black magazine«. In: *New York Times*, 25. Oktober 1997, S. B1, B3.

136 »Solange ... geschichtet sind«: Jones, 1994, S. 192.

136 »Haare«: William Montagna und Richard Ellis, Hrsg., *The Biology of Hair Growth* (New York: Academic Press 1958); Wendy Cooper, *Hair: Sex Society Symbolism* (London: Aldus Books 1971).

137 »Frau ... Haar spielt«: Monica M. Moore, »Nonverbal courtship patterns in women – context and consequences«. In: *Ethology and Sociobiology*, 6 (1985), S. 237–247.

137 »Glamour«: *The Beauty Salon Study*. In: Zeitschrift *Glamour* und American Beauty Association, 1993.

137 »provokativ«: Siehe Cooper, 1971, Corson, 1980.

137 »Römische Frauen«: Siehe Judith Lynn Sebesta und Lynn Bonfonte, *The World of Roman Costume* (Madison: University of Wisconsin Press 1994).

137 »Thomas Cash«: Th. Cash, »Losing hair, losing points – The effects of male pattern baldness on social impression formation«. In: *Journal of Applied Social Psychology*, 20, (1990), S. 154–167; s. auch Clifton Leaf, »The buzz on baldness«, *American Health*, 15, November 1996, S. 34f.

138 »Neuguinea«: Andrew Strathern, »Dress, Decoration, and Art in New Guinea«. In: *Man as Art*, Fotografien von Malcolm Kirk (San Francisco: *Chronicle* 1993), S. 15–40.

138 »Falschhaarperücken«: Siehe Richard Corson, 1991, und Mary Trasko, *Daring Dos – A History of Extraordinary Hair* (Paris: Flammarion 1994).

140 »nach John Keats' Tod«: »Hair of the drug that bit you«. In: *Harvard Magazine*, September/Oktober 1995, S. 18f.

141 »Merinoschafen«: Aus Montagna und Ellis, 1958.

142 »Haarausfall am oberen Schädel«: S. M. Lesko, L. Rosenberg und S. Shapiro, »A case-control study of baldness in relation to myocardial infarction in men«. In: *Journal of the American Medical Association*, 269 (1993), S. 998–1003; Siehe auch E. S. Ford, D. S. Freedman und T. Byers, »Baldness and ischemic heart disease in a national sample of men«, *American Journal of Epidemiology*, 143 (1996), S. 651–657.

143 »Blondtöne«: Siehe Grant McCracken, *Big Hair – A Journey into the Transformation of Self* (Woodstock: Overlook Press 1995), S. 63.

144 »Heldin aus dem Märchen«: Siehe Marina Warner, *From the Beast to the Blonde – On Fairy Tales and Their Tellers* (New York: Farrar, Strauss, and Giroux 1995).

145 »schüchtern und gehemmt«: A. Rosenberg und J. Kagan, »Iris pigmentation and behavioral inhibition«. In: *Developmental Psychobiology*, 20 (1987), S. 377–392; A. Rosenberg und J. Kagan, »Physical and physiological correlates of behavioral inhibition«. In: *Developmental Psychobiology*, 22 (1989), S. 753–770.

146 »Drag Queen«: RuPaul, *Lettin It All Hang Out – An Autobiography* (New York: Hyperion, 1995), S. 190.

146 »afroamerikanische Frau ein Politikum«: siehe Kathy Russell, Midge Wilson und Ronald Hall, *The Color Complex – The Politics of Skin Color Among African Americans* (New York: Anchor 1993); Noliwe M. Rooks, *Hair Raising – Beauty, Culture, and African American Women* (New Brunswick: Rutgers University Press 1996).

147 »oberen Mittelklasse«: Shanette Harris, zit. bei Debra Dickerson, »Not so Black-and-White«. In: *Allure*, September 1997, S. 138.

**Kapitel 5: Gesicht zeigen**

151  »*Hortensia Borromeo*«: Aus Lorne Campbell, *Renaissance Portraits* (New Haven: Yale University Press 1990), S. 193.

151  »*Königin Victoria*«: Aus Halla Beloff, *Camera Culture* (New York: Basisl Blackwell 1985).

151  »*mit so-und-so verwandt Effekt*«: Melvin Konner, *The Tangled Wing: Biological Constraints on the Human Spirit* (New York: Harper Colophon 1982), S. 322.

151  »*Unterschiede ... Gesichtszügen*«: Francis Galton. *Inquiries into Human Faculty and Development* (London: MacMillan, 1883), S. 3.

152  »*Wahrnehmung ... eines Gesichts*«: Siehe Donald B. Giddon, »Orthodontic application of psychological and perceptual studies of facial esthetics«. In: *Seminars in Orthodontics*, 1 (1995), S. 82–93; In: D. B. Giddon, D. L. Bernier, C. A. Evans und J. A. Kinchen, »Comparison of two computer animated imaging programs for quantifying facial profile preferences«. In: Perceptual and Motor Skills, 82 (1996), S. 1251–1264.

153  »*Unterschiede im ... Menschen*«: E. Westermarck, *The History of Human Marriage*, London: MacMillan 1921, S. 8.

153  »*Chinesen ... fanden*«: C. Darwin, *The Descent of Man ...* (Princeton Univ. Press 1981), S. 345, 352 / Die Abstammung des Menschen und die geschlechtliche Auslese.

153  »*Japan*«: H. Wagatsuma, »The social perception of skin and color in Japan«, *Daedalus, 96* (1967), S. 407–443.

153  »*Michael Leahy*«: In B. Connolly und R. Anderson, *First Contact – New Guinea Highlanders Encounter the Outside World* (New York: Viking Penguin 1987).

154  »*Darwin berichtete*«: Darwin, 1981, S. 346, 343, 351, 345.

154  »*Es gibt viele ... Rasse zu sehen*«: J. C. Brigham und P. Barkowitz, »Do they all look alike? The effect of race, sex, experience and attitudes on the ability to recognize faces«. In: *Journal of Applied Social Psychology*, 8 (1978), S. 306–318; P. Barkowitz und C.Brigham, »Recognition of faces – Own race bias. Incentive and time delay«. In: *Journal of Applied Social Psychology*, 12 (1982), S. 255–268; P. Chiroro und T. Valentine, »An investigation of the contact hypothesis of the own-race bias in face recognition«. In: *Quarterly Journal of Experimental Psychology*, 48A (1995), S. 879–894.

155  »*männliche von ... unterscheiden*«: A. J. O'Toole, J. Peterson und K. A. Deffenbacher, »An other-race effect for categorizing faces by sex«. In: *Perception, 25* (1996), S. 669–676.

156  »*1960 ... Londoner Zeitung*«: A. H. Iliffe, »A Study of preferences in feminine beauty«. In: *British Journal of Psychology*, 51 (1960), S. 267–273.

156  »*vergleichbare Studie*«: J. R. Udry, »Structural correlates of feminine beauty preferences in Britain and the United States – A comparison«. In: *Sociology and Social Research*, 49 (1965), S. 330–342.

156  »*psychologischen Labors*«: Besprochen in E. Hatfield und S. Sprecher, *Mirror, Mirror: The Importance of Looks in Everyday Life* (Albany: State university of New York Press 1992).

156  »*Siebenjährige, ...*«: J. F. Cross und J. Cross, »Age, sex, race, and the perception of beauty«, *Developmental Psychology*, 5 (1971), S. 433–439.

156  »*Frauen und ... einig*«: J. E. Meerdink, C. P. Garbin und D. W. Leger, »Cross-gender perceptions of facial attitudes and their relation to attractiveness – Do we see them differently than they see us?«. In: *Perception and Psychophysics*, 48 (1990), S. 227–233; L. A. Zebrowitz, J. M. Montepare und H. K. Lee, »They don't all look alike:

Individuated impressions of other racial groups«. In: *Journal of Personality and Social Psychology*, 65 (1993), S. 85–101.

156 »*Hiwi und Ache*«: D. Jones und K. Hill, »Criteria of attractiveness in five populations«. In: *Human Nature*, 4 (1993), S. 271–295. Siehe auch D. M. Jones, *The evolutionary psychology of human physical attractiveness – results from five populations*. Diss. University of Michigan, Ann Arbor, MI, 1994; D. Jones, »Sexual selection, physical attractiveness, and facial neoteny«, *Current Anthropology*, 36 (1995), S. 723–748.

157 »*Interkulturelle Studien*«: E. Wagatsuma und C. L. Kleinke, »Ratings of facial beauty by Korean-Americans and Caucasian females«. In: *Journal of Social Psychology*, 109 (1979), 299f.; J. N. Thakerar und S. Iwawaki, »Cross-cultural comparisons in interpersonal attraction of females towards males«. In: *Journal of Social Psychology*, 108 (1979), 121f.; M. R. Cunningham, A. R. Roberts, A. P. Barbee, P. B. Druen und C. H. Wu, »Their ideas of beauty are, on the whole, the same as ours – Consistency and variability in the cross-cultural perception of female attractiveness«. In: *Journal of Personality and Social Psychology*, 68 (1995), S. 261–279; D. I. Perrett, K. A. May und S. Yoshikawa, »Facial shape and judgments of female attractiveness«. In: *Nature*, 368 (1994), S. 239–242. Zebrowitz u. a., 1993.

158 »*schöne asiatische*«: Cunningham, Roberts, Barbee, Druen und Wu, 1995.

158 »*Schönheit ... des Betrachters*«: D. Symons, »Beauty is in the adaptations of the beholder – The evolutionary psychology of human female sexual attractiveness«. In: P. R. Abramson und S. D. Pinkerton (Hrsg.), *Sexual Nature, Sexual Culture* (Chicago: University of Chicago Press 1995).

159 »*Ein plastischer Chirurg*«: Diese Bemerkung fiel im Discovery Channel/*Discover Magazine* in einer Sendung mit dem Titel »The Science of Sex«. Fine Cut Productions, 1996.

159 »*Maßregeln der Renaissance*«: L. G. Farkas, I. R. Munro und J. C. Kolar, »The validity of Neoclassical facial proportion canons«. In: L. G. Farkas und I. R. Munro (Hrsg.), *Anthropometric Facial Proportions in Medicine* (Springfield: Charles C. Thomas 1987), S. 57–66.

159 »*400 attraktiven Menschen*«: W. Earle Matory, Jr., »Definitions of beauty in the ethnic patient«. In: Matory (Hrsg.), *Ethnic Considerations in Facial Aesthetic Surgery* (Philadelphia: Lippincott-Raven 1998), S. 61–83.

160 »*Goldene Schnitt*«: Siehe M. Ghyka, *The Geometry of Art and Life* (New York: Dover 1977) und H. E. Huntley, *The Divine Proportion – A Study in Mathematical Beauty* (New York: Dover 1970).

160 »*schöner Musik und Poesie*«: A. V. Voloshinov, »Symmetry as a superprinciple of science and art«, *Leonardo*, 29 (1996), S. 109–113.

160 »*Gustav Fechner*«: Siehe C. D. Green, »All that glitters – a review of psychological research on the aesthetics of the golden section«. In: *Perception*, 24 (1995), S. 937–968.

161 »*nummerologische Fantasien*«: M. Gardner, »The cult of the golden ratio«. In: *Skeptical Inquirer*, 18 (1994), S. 243–247.

161 »*Proportionen*«: K. Clark, *The Nude – A Study in Ideal Form* (Princeton: Princeton University Press 1972), S. 15, 17.

161 »*umfangreichsten Messreihen*«: R. M. Ricketts, »Divine proportions in facial aesthetics«. In: *Clinics in Plastic Surgery*, 9 (1982), S. 401–422.

161 »*Beispiele ... Schnitt*«: Matory, 1998.

162 »*Komposita*«: F. Galton. In*quiries ...* (Kap. 5, Anm. 2).

163 *»vermischten Erinnerungen ...«*: F. Galton, »Generic Images«. In: *Proceedings of the Royal Institution*, 9 (1879), S. 161–170 (Zitat S. 161).

163 *»einen Schurken hindeutenden«*: F. Galton, »Composite portraits«. In: *Nature*, 18 (1878), S. 97–100 (Zitat S. 97f.).

163 *»Es ist reizend«*: J. T. Stoddard, »Composite photography«. In: *Century*, 33 (1887), S. 757.

164 *»digitalisierte Komposita«*: J. H. Langlois und L. A. Roggman, »Attractive faces are only average«. In: *Psychological Science*, 1 (1990), S. 115–121; K. Grammer und R. Thornhill, »Human (Homo Sapiens) facial attractiveness and sexual selection – The role of symmetry and averageness«. In: *Journal of Comparative Psychology*, 108 (1994), S. 233–242; G. Rhodes und T. Tremewan, »Averageness, exaggeration, and facial attractiveness«, *Psychological Science*, 7 (1996), S. 105–110.

164 *»Bevorzugung des ...«*: J. H. Koeslag, »Koinophilia groups sexual creatures into species, promotes stasis, and stabilizes social behavior«. In: *Journal of Theoretical Biology*, 144 (1990), S. 15–35.

165 *»Durchschnittlichkeit«*: D. Symons, *The Evolution of Human Sexuality* (New York: Oxford, 1981), S. 195f.

166 *»Veränderungen in ... Chirurgie«*: *American Academy of Facial Plastic and Reconstructive Surgeons Annual Survey*, 1993, Washington, DC.

166 *»Verlobungsfotos«*: Ich danke Jeremy Taylor dafür, dass er mir Galtons Bilder zur Verfügung stellte.

166 *»verheirateter Paare ... häufig ähnlich«*: V. B. Hinsz, »Facial resemblances in engaged and married couples«. In: *Journal of Social and Personal Relationships*, 6, (1989), S. 223–229; R. B. Zajonc, P. K. Adelman, S. T. Murphy und P. M. Niedenthal, »Convergence in the physical appearance of spouses«. In: *Motivation and Emotion*, 11, 1987, 335–346.

167 *»Eheleute ... ähnlich«*: Siehe J. Diamond, *The Third Chimpanzee ...* (New York 1992).

167 *»japanischen Wachteln«*: P. Bateson, »Preference for cousins in Japanese quail«. In: *Nature*, 295, 1982, 236f.; ders., »Preferences for close relations in Japanese quail«. In H. Ouellet (Hrsg.), *Acta XIX Congressus Internationalis Ornithologici. Vol. I* (Ottawa: University of Ottawa Press 1988), S. 961–972.

167 *»Cousins/ ... Grades«*: Bateson, 1982, S. 237. Für einen faszinierenden Blick auf menschliche Attraktion unter Verwandten s. den Film *Dangerous Reunions* von Jeremy Taylor.

168 *»Porträts manchmal ... Maler«*: Siehe E. H. Gombrich, »The mask and the face – The perception of physiognomic likeness in life and in art«. In: Ders., J. Hochberg und M. Black (Hrsg.), *Art, Perception, and Reality* (Baltimore: Johns Hopkins Press 1972), S. 1–46. Für eine Diskussion der Mona Lisa s. L. Schwartz, *The Computer Artist's Handbook* (New York: W. W. Norton 1992).

169 *»Karikaturist«*: Siehe G. Rhodes, *Superportraits: Caricatures and Recognition* (East Sussex, GB: Psychology Press 1996).

170 *»extremen Merkmalen«*: D. I. Perrett, K. A. May und S. Yoshikawa, »Facial shape and judgments of female attractiveness«. In: *Nature*, 368 (1994), S. 239–242.

171 *»genetischer Algorithmus«*: V. S. Johnston und M. Franklin, »Is beauty in the eye of the beholder?«. In: *Ethology and Sociobiology*, 13 (1993), S. 183–199.

171 *»Covergirls«*: Jones, 1995.

172 *»Sexbomben«*: R. Dawkins, *River out of Eden – A Darwinian View of Life* (New York: Basic Books 1995), S. 63.

172 *»Geschlechtsunterschiede«*: Siehe V. F. Ferrario, C. Sforza, G. Pizzini, G. Vogel und A. Miani, »Sexual dimorphism in the human face assessed by euclidean matrix analysis«. In: *Journal of Anatomy*, 183 (1993), S. 593–600; D. H. Enlow, *Handbook of Facial Growth* (Philadelphia: W. B. Saunders 1982); A. M. Burton, V. Bruce und N. Dench, »What's the difference between men and women? Evidence from facial measurement«. In: *Perception*, 22 (1993), S. 153–176.

173 *»Lippen«*: K. H. Calhoun, »Lip aesthetics«. In: Ders. Und C. M. Steinberg (Hrsg.), *Surgery of the Lip* (New York: Thieme 1992), S. 11–22.

173 *»kleinen Kinnpartie«*: Johnston und Franklin, 1993.

173 *»Make-up verwenden«*: K. Aucoin, *The Art of Makeup* (New York: HarperCollins 1994), S. 33.

174 *»Elizabeth Cady Stanton«*: In L. W. Banner, *American Beauty* (Chicago: University of Chicago Press 1983), S. 49.

174 *»Gloria Steinem«*: Zit. bei M. G. Lord, *Forever Barbie – The Unauthorized Biography of a Real Doll* (New York: William Morrow 1994), S. 53. Entnommen aus Gloria Steinem, *The Beach Book* (New York: Viking 1963).

174 *»in Grundzügen«*: Ich danke Masami Yamaguchi für ihre Beobachtungen zu Posen japanischer Frauen.

174 *»ähnlich«*: M. K. Yamaguchi und M. Oda, »Measuring and creating different facial images for age and gender«. In: *ATR Human Information Processing Research Laboratories Technical Report*, Kyoto Japan, 1996.

175 *»»Baby«-Gesichter«*: D. S. Berry und L. Z. McArthur, »Perceiving character in faces: The impact of age-related craniofacial changes on social perception«. In: *Psychological Bulletin*, 100 (1986), S. 3–18.

175 *»Klaus Atzwanger und Karl Grammer«*: L. A. Zebrowitz und J. M. Montepare, »Impressions of baby-faced individuals across the life span«. In: *Developmental Psychology*, 28 (1992), S. 1143–1152, K. Atzwanger und K. Grammer, »Babyness and sexual attraction«. Unterlagen dazu erhältlich von LBI für städtische Ethologie, Wien/Österreich.

176 *»dominantes ... unterwürfigen Gesicht«*: A. Mazur, J. Mazur, C. Keating, »Military rank attainment of a West Point class: effects of cadets' physical features«. In: *American Journal of Sociology*, 90 (1984), S. 125–150; U. Mueller und A. Mazur, »Facial dominance of West Point cadets as a predictor of later military rank«. In: *Social Forces*, 74 (1996), S. 87–94.

176 *»Dominant aussehende ... Highschool«*: A. Mazur, C. Halpern und J. R. Udry, »Dominant looking male teenagers copulate earlier«. In: *Ethology and Sociobiology*, 15 (1994), S. 87–94.

176 *»sexuelle Attraktivität ... Verhalten«*: E. K. Sadalla, D. T. Kendrick und B. Vershure, »Dominance and heterosexual attraction«. In: *Journal of Personality and Social Psychology*, 52 (1987), S. 730–738.

177 *»Kaumuskel«*: R. A. Rosa und H. C. Kotkin, »That acquired masseteric look«. In: *Journal of Dentistry for Children*, März/April 1996, S. 105–107.

177 *»Haarausfall ... ,Babyface-Effekts'«*: F. Muscarella und M. R. Cunningham, »The evolutionary significance and social perception of male pattern baldness and facial hair«. In: *Ethology and Sociobiology*, 17 (1996), S. 99–117.

177 *»Gesichtsbehaarung«*: R. Corson, *Fashions in Hair: The First Five Thousand Years* (London: Peter Owen 1991).

299

178 »wimmelte ... Mikroben«: R. Corson, *Fashions in Hair: The First Five Thousand Years* (London: Peter Owen 1991).

178 »*Harper's Weekly*«: Zit. in ebd. S. 565.

178 »*Otto Frederick*«: Otto Frederick, »When I shaved off my mustache«. In: *New York Times*, 19. November 1982, S. 19. zit. bei Hatfield und Sprecher, 1986, S. 228.

178 »*wesentlich zum Erkennen*«: R. L. Terry, »Effects of facial transformations on accuracy of recognition«, *Journal of Social Psychology*, 134 (1994), S. 483–492.

178 »*Junger Mann*«: Siehe dazu Lorne Campbell, 1990, S. 12.

178 »*mehrere Motive*«: M. R. Cunningham, A. P. Barbee, C. L. Pike, »What do women want? Facialmetric assessment of multiple motives in the perception of male facial physical attractiveness«. In: *Journal of Personality and Social Psychology*, 59 (1990), S. 61–72.

179 »*hyper- ... Gesichter*«: T. Hirukawa und M. Yamaguchi, »Effect of sexual dimorphism on human facial attractiveness«. In: *ATR Human Information Processing Research Laboratories technical report*, Kyoto, Japan 1996.

179 »*japanische und schottische ...*«: D. I. Perrett, K. J. Lee, I. Peenton-Voak, D. Rowland, S. Yoshikaawa, D. M. Burt, S. P. Henzi, D. Castles und S. Akamatsu, »Effects of sexual dimorphism on facial attractiveness«. In: *Nature*, 394 (1998), S. 884.

180 »*kleineres Lächeln*«: J. M. Dabbs, Jr., »Testosterone, smiling, and facial appearance«, *Journal of Nonverbal Behavior*, 21 (1997), S. 45–55.

180 »*Minotaurus-Syndrom*«: P. G. Morselli, »The Minotaur Syndrome – Plastic surgery of the facial Skeleton«. In: *Aesthetic Plastic Surgery*, 17 (1993), S. 99–102.

180 »*Michael Southgate*«: Zit. bei S. K. Schneider, *Vital Mummies – Performance Design for the Show-window Mannequin* (New Haven: Yale University Press 1995), S. 87.

180 »*Schön, gut ... nett*«: Aus Beloff (1985), S. 181.

181 »*Lächeln*«: K. T. Mueser, B. W. Grau, M. S. Sussmann und A. J. Rosen, »You're only as pretty as you feel – Facial expression as a determinant of physical attractiveness«. In: *Journal of Personality and Social Psychology*, 46 (1984), S. 469–478; F. M. Deutsch, D. LeBaron und M. M. Fryer, »What is in a smile?«. In: *Psychology of Women Quarterly*, 11 (1987), S. 341–352.

181 »*Pupillen unwillkürlich*«: E. H. Hess, »Attitude and pupil size«. In: *Scientific American*, 212 (1965), S. 45–54; M. R. Cunningham, »Measuring the physical in physical attractiveness – Quasi-experiments on the sociobiology of female facial beauty«. In: *Journal of Personality and Social Psychology*, 50 (1986), S. 925–935.

181 »*pharmakologisch erweitert*«: W. Stass und F. N. Willis, Jr., »Eye contact, pupil dilation, and personal preference«. In: *Psychonomic Science*, 7 (1967), 375f.

181 »*Form der Lippen*«: D. Morris, *The Naked Ape – A Zoologist's Study of the Human Animal* (New York: McGraw-Hill 1967). / *Der nackte Affe.*

182 »*Alexander Liberman*«: Zit. bei R. T. Lakoff und R. L. Scherr, *Face Value – The Politics of Beauty* (Boston: Routledge and Kegan Paul 1984), S. 106.

182 »*Symmetrie*«: Siehe I. C. McManus und N. K. Humphrey, »Turning the left cheek«. In: Nature, 243 (1973), S. 272.

182 »*Fluktuierende Asymmetrien*«: S. W. Gangestad, R. Thornhill und R. A. Yeo, »Facial attractiveness, developmental stability, and fluctuating asymmetry«. In: *Ethology and Sociobiology*, 15 (1994), S. 73–85; R. Thornhill und S. W. Gangestad, »Human facial beauty – averageness, symmetry amd parasite resistance«. In: *Human Nature*, 4 (1993), S. 237–269; K. Grammer und R. Thornhill, »Human (Homo Sapiens) facial at-

tractiveness and sexual selection – The role of symmetry and averageness«. In: Journal of *Comparative Psychology*, 108 (1994), S. 233–242.

183 »*Gesichtsausdruck*«: Besprochen in N. L. Etcoff, »Asymmetries in recognition of emotion«. In: F. Boller und J. Grafman (Hrsg.), *Handbook of Neuropsychology* Vol. 3 (Elsevier 1989), S. 363–382.

183 »*symmetrische Gesichter*«: G. Rhodes, F. Profitt, J. M. Grady und A. Sumich, »Facial symmetry and the perception of beauty«. In: *Psychonomic Bulletin and Review*, im Druck; D. I. Perrett, D. M. Burt u.a., »Fluctuating asymmetry in human faces – symmetry is beautiful«, unveröff. Manuskript (Perception Laboratory, University of St. Andrews, Fife, Schottland). Siehe auch R. Kowner, »Facial asymmetry and attractiveness judgments in developmental perspective«. In: *Journal of Experimental Psychology – Human Perception and Performance*, 22 (1996), S. 662–675, und J. H. Langlois, L. A. Roggman und L. Musselman, »What is average and what is not average about attractive faces«. In: *Psychologial Science*, 5 (1994), S. 214–220.

184 »*bahnbrechende Studie*«: V. S. Johnston und J. C. Oliver-Rodriguez, »Facial beauty and the late positive component of event-related potentials«. In: *Journal of Sex Research*, 34 (1997), S. 188–198.

185 »*eigenen Forschungen*«: N. L. Etcoff, »Selective attention to facial identity and facial emotion«. In: *Neuropsychologia*, 22 (1984), S. 281–295. Dies., »Perceptual and conceptual organization of facial emotions – Hemispheric differences«, *Brain and Cognition*, 3, (1984), S. 385–412.

185 »*rechte Gesichtshälfte ... ›ähneln‹*«: C. Gilbert und P. Bakan, »Visual asymmetry in perception of faces«. In: *Neuropsychologia*, 11 (1973), S. 355–362.

185 »*dominiert auch*«: D. M. Burt und D. I. Perrett, »Perceptual asymmetries in face judgments«. In: *Neuropsychologia*, 35 (1997), S. 685–693.

186 »*Meine Kollegen und ich*«: H. C. Breiter, N. L. Etcoff, P. J. Whalen u.a., »Response and habituation of the human amygdala during visual processing of facial expression«. In: *Neuron*, 17 (1996), 1–13; P. J. Whalen, S. L. Rauch, N. L. Etcoff u.a., »Masked presentations of emotional facial expressions modulate amygdala activity without explicit knowledge«. In: *Journal of Neuroscience*, 18 (1998), S. 411–418.

186 »*Schaltungsanordnungen des Gehirns*«: Siehe H. C. Breiter, R. L. Gollub, R. M. Weiskoff u.a., »Acute effects of cocaine on human brain activity and emotion«. In: *Neuron*, 29 (1997), S. 591–611.

187 »*Prosopagnosie*«: Siehe dazu N. L. Etcoff, R. Freeman und K. Cave, »Can we lose memories of faces? Content specificity and awareness in a prosopagnosic«. In: *Journal of Cognitive Neuroscience*, 3 (1991), S. 25–41.

## Kapitel 6: Größe

191 »*geschmückt ... Kämmen*«: Charles Darwin, *The Descent of Man ...* (Princeton Univ. Press, 1981), S. ii, 38 / *Die Abstammung des Menschen und die geschlechtliche Auslese*.

191 »*Starke Zuneigung, ... Wahrnehmung*«: ebd., S. ii, 108.

191 »*waffen- und schmucklosen*«: ebd., S. i, 258.

191 »*Schwertschwänze*«: A. Basolo, »Female preference for male sword length in the green swordtail, Xiphorus helleri«, *Animal Behavior*, 40 (1990), S. 332–338.

191 »*Witwenvogelweibchen*«: M. B. Andersson, »Female choice selects for extreme tail length in a widowbird«. In: *Nature*, 299 (1982), S. 818–820.

191 *»Pfau ... Schleppe«*: Helena Cronin, *The Ant and the Peacock* (Cambridge: Cambridge University Press 1991), S. 185.

192 *»Pfauenmännchen ... versehenen Schwänzen«*: M. Petrie, T. Halliday und C. Sanders, »Paehens prefer peacocks with elaborate tails«, *Animal Behavior*, 41 (1991), S. 323–331.

192 *»Große Schnepfen«*: J. Hoglund, M. Eriksson und L. E. Lindell, »Females of the lek-breeding great snipe, Gallinago media, prefer white tails«, *Animal Behavior*, 40 (1990), S. 23–32.

192 *»Schwalbenmännchen«*: A. P. Moller, »Female choice selects for male sexual tail ornaments in the monogamous swallow«. In: *Nature*, 332 (1988), S. 640–642.

192 *»›Gewinner‹-Prozess«*: R. A. Fisher, *The Genetical Theory of Natural Selection*, 2. Aufl. (New York: Dover 1958).

192 *»allein durch ... aufrechterhalten«*: Siehe das Kapitel über Explosionen und Spiralen in Richard Dawkins, *The Blind Watchmaker* (New York: W. W. Norton 1987), S. 195–220.

193 *»Behinderung«*: Amotz Zahavi, »Mate selection – A selection for a handicap«. In: *Journal of Theoretical Biology*, 53 (1975), S. 205–214.

193 *»Pfauen mit ... Schwanzfedern«*: M. Petrie, »Improved growth and survival of offspring of peacocks with more elaborate tails«. In: *Nature*, 371 (1994), 598f.

193 *»Rauchschwalben«*: A. P. Moller, »Male ornament size as a reliable cue to enhanced offspring viability in the barn swallow«. In: *Proceedings of the National Academy of Science*, 91 (1994), S. 6929–6932.

193 *»Rotkehligen Stichlingen«*: D. E. Semler, »Some aspects of adaptation in a polymorphism for breeding colours in the Threespine stickleback (Gasterosteus aculeatus)«, *Journal of Zoology*, 165 (1971), S. 291–302.

193 *»Fliegen der Familie der Diopsidae«*: G. S. Wilkinson, D. C. Presgraves und L. Crymes, »Male eye span in stalk-eyed flies indicates genetic quality by meiotic drive suppression«. In: *Nature*, 391 (1998), S. 276.

194 *»langen Gabelschwänze ... symmetrischer«*: A. P. Moller, »Female swallow preference for symmetrical male sexual ornaments«. In: *Nature*, 357 (1992), S. 238f.

194 *»größten Geweihe ... symmetrischsten«*: E. Markusson und I. Folstad, »Reindeer antlers: Visual indicators of individual quality?«. In: *Oecologia*, 110, 1997, 501–507.

195 *»Größe«*: Besprochen in L. F. Martel und H. B. Biller, *Stature and Stigma – The Bio-psychosocial Development of Short Males* (Lexington, MA: Lexington Books 1987). J. S. Gillis, *Too Tall, Too Small* (Champaign, IL: Institute for Personality and Ability Testing 1982). R. Keyes, *The Height of Your Life* (Toronto: Little Brown 1980).

195 *»Präsident«*: J. McGinnis, *The Selling of the President* (New York: Andre Deutsch 1976).

195 *»Personalchefs«*: D. L. Kurtz, »Physical appearance and stature – Importanat variables in sales recruiting«. In: *Personnel Journal*, 48 (1969), S. 981–983.

196 *»Körpergröße ... Gehälter«*: I. H. Frieze, J. E. Olson und D. C. Good, »Perceived and actual discrimination in the salaries of male and female managers«. In: *Journal of Applied Social Psychology*, 20 (1990), S. 46–67; E. S. Loh, »The economic effects of physical appearance«. In: Social Science Quarterly, 74 (1993), S. 420–438.

106 *»Qualität oder Quantität ... keine Unterschiede«*: W. E. Hensley und R. Cooper, »Height and occupational success: A review and critique«, *Psychological Reports*, 60 (1987), S. 843–849.

302

196 *Spielart von Kindheits-Jovialität*: Stephen Hall, »Short like me«. In: *Health*, Januar/Februar 1996, S. 98.

197 *Bond ... misstraut*: Ian Fleming, *Goldfinger* (New York: MacMillan, 1959), S. 25.

197 *John Wayne*: Aus einem Interview mit Robert Mitchum. In: *Esquire*, Februar 1983, S. 52.

197 *eigene Körpergröße überschätzen*: D. J. Dillon, »Measurement of perceived body size«. In: *Perceptual and Motor Skills*, 14 (1962), S. 191–196.

197 *unbewusste Assoziation von ... Körpergröße*: P. R. Wilson, »Perceptual distortion of height as a function of ascribed academic status«. In: *Journal of* Social *Psychology*, 74 (1968), S. 97–102. W. D. Dannenmaier und F. J. Thumin, »Authority status as a factor in perceptual distortion of size«. In: *Journal of Social Psychology*, 63 (1964), S. 361–365.

197 *Kontaktanzeigen*: M. Lynn und B. A. Shurgot, »Responses to lonely hearts advertisements – Effects of reported physical attractiveness, physique and coloration«. In: *Personality and Social Psychology Bulletin*, 10 (1984), S. 349–357. Siehe auch Linda A. Jackson, *Physical Appearance and Gender – Sociobiological and Sociocultural Perspectives* (Albany: State University of New York Press 1992).

198 *Stereotypen*: L. A. Jackson und K. S. Ervin, »Height stereotypes of women and men – The liability of shortness for both sexes«. In: *Journal of Social Psychology*, 132 (1991), S. 443–445.

198 *Studie ... Frauen Männern den Vorzug*: W. Graziano, T. Brothen und E. Berscheid, »Height and attraction – Do men see women eye to eye?«. In: *Journal of Personality*, 46 (1978), S. 128–145.

198 *Accra*: Tim Sullivan, »Ghana's tall men suffer«. In: Canadian Free Radio Association, gesendet am 27. Februar 1997.

198 *verheirateten Paare*: J. S. Gillis und W. E. Avis, »The male-taller norm in mate selection«. In: *Personality and Social Psychology Bulletin*, 6 (1980), S. 396–401.

198 *großen Samenspender*: J. E. Scheib, »Women's choices of sperm donors – So many donors, so little information«, Papier präsentiert bei der *Human Behavior and Evolution Society Eighth Annual Conference* (Northwestern University, Evanston, Illinois, 26.–30. Juni 1996).

199 *Hälfte der befragten Frauen*: G. Calden, R. M. Lundy und R. S. Schlafer, »Sex differences in body concepts«. In: *Journal of Consulting Psychology*, 23 (1959), S. 378.

200 *Studien zum Körpergewicht*: A. E. Fallon und P. Roozin, »Sex differences in perceptions of desirable body shape«. In: *Journal of Abnormal Psychology*, 94 (1985), S. 102–105; dies., »Body image, attitudes to weight, and misperceptions of figure preferences of the opposite sex – A comparison of men and women in two generations«. In: *Journal of Abnormal Psychology*, 97 (1988), S. 342–345; S. E. Beren, H. A. Hayden, D. E. Wilfley und C. M. Grilo, »The influence of sexual orientation on body dissatisfaction in adult men and women«. I*nternational Journal of Eating disorders*, 20 (1996), S. 135–141; A. Feingold und R. Mazzela, »Gender differences in body image are increasing«. In: *Psychological Science*, 9 (1998), S. 190–195.

200 *viele Männer für untergewichtig*: L. B. Mintz und N. E. Betz, »Sex differences in the nature, realism, and correlates of body image«, *Sex Roles*, 15 (1986), S. 185–195; C. Davis und M. P. Cowles, »Body image and exercise – A study of relationships and comparisons between physically active men and women«, *Sex Roles*, 25 (1991), S. 33–44.

200 *»männlichen Körper V-förmig«*: P. J. Lavrakas, »Attitudes towards women, personality, rigidity, and idealized physique preferences in males«. In: *Sex Roles*, 11 (1984), S. 425–433; T. Horvath, »Correlates of physical beauty in men and women«. In: *Social Behavior and Personality*, 7 (1979), S. 145–151; C. Davis, H. Brewer und M. Weinstein, »A Study of apppearance anxiety in young men«. In: *Social Behavior and Personality*, 21 (1993), S. 63–74.

200 *»männliche weiße und japanische Studenten«*: A. Arkoff und B. Weaver, »Body image and body dissatisfaction in Japanese Americans«. In: *Journal of Social Psychology*, 68 (1966), S. 323–330.

200 *»Erwachsene Männer ... durchschnittliche Frau«*: Nach Mary Anne Blaker (Hrsg.), *Sex Differences in Human Performance* (New York: John Wiley 1987).

201 *»Muskel-Implantate ... Waden«*: Amy M. Spindler, »It's a face-lifted, tummy-tucked jungle out there«. In: *New York Times*, 9. Juni 1996 (Sektion 3), S. 1, 8, 9.

202 *»A. Schwarzenegger«*: Siehe K. R. Dutton, *The Perfectible Body – The Western Ideal of Physical Development* (London: Cassell 1995).

202 *»S. Stallone«*: Zit. aus Susan Faludi, »The masculine mystique«. In: *Esquire*, Dezember 1996, S. 91.

202 *»Wenn Fett ... Frauen«*: John Webb, zit. in Dutton, 1995, S. 259.

202 *»muskuläre Dysmorphie«*: H. G. Pope, D. L. Katz und J. I. Hudson, »Anorexia Nervosa and ›Reverse Anorexia‹ among 108 bodybuilders«. In: *Comprehensive Psychiatry*, 34 (1993), S. 406–409; H. G. Pope, A. J. Gruber, R. Olivardia und K. A. Phillips, »Muscle dysmorphia – An underrecognized form of body dysmorphic disorder«. In: *Psychosomatics*, 38 (1997), S. 548–557.

203 *»männlichen Schüler ... Steroide«*: W. A. Buckley, C. E. Yesalis u. a., »Estimated prevalence of anabolic steroid use among high school seniors«. In: *Journal of the American Medical Association*, 260 (1988), S. 3441–3445; R. H. DuRant, V. I. Rickert u. a., »Use of multiple drugs among adolescents who use anabolic steroids«. In: *New England Journal of Medicine*, 328 (1993), S. 922–926.

203 *»Schaufensterpuppen aus Europa«*: In K. S. Schneider, *Vital Mummies – Performance Design for the Show-window Mannequin* (New Haven: Yale University Press 1995).

204 *»muskulärer Dysmorphie«*: K. A. Phillips, *The Broken Mirror – Understanding and Treating Body Dysmorphic Disorder* (New York: Oxford University Press 1996), S. 68.

204 *»Umfrage ... tausend Männern«*: J. Sparling, »Penile erections – shape, angle, and length«. In: *Journal of Sex and Marital Therapy*, 23 (1997), S. 195–207.

204 *»Länge ihres Penis«*: Siehe W. G. Eberhard, *Sexual Selection and Animal Genitalia* (Cambridge: Harvard University Press 1985); R. V. Short, »Testis weight, body weight, and breeding systems in primates«. In: *Nature*, 293 (1981), S. 55; M. Kirkpatrick, »Sexual selection – Is bigger always better«. In: *Nature*, 337 (1989), S. 116.

204 *»chirurgischen Eingriff ... ihres Penis«*: R. H. Stubbs, »Penis lengthening – A retrospective review of 300 consecutive cases«. In: *Canadian Journal of Plastic Surgery*, 5 (1997), S. 93–100.

205 *»Umkleideraum-Phobie«*: ebd.

205 *»präsentieren die Männchen ihre Genitalien«*: Irenäus Eibl-Eibesfeld, *Love and Hate* (New York: Holt, Rinehart and Winston 1971).

206 *»die Genitalien ihres Liebhabers«*: Sylvia Plath, *The Bell Jar* (New York: Alfred Knopf 1963). / *Die Glasglocke*, 1968 u. ö.

206 *»Penisse ... Lächerlichkeit preisgeben«*: Camille Paglia, *Sexual Personnae – Art and Decadence from Nefertiti to Emily Dickinson* (New York: Vintage 1991), S. 17.

206 »internen Werbungsgeräten«: W. Eberhard, 1985.

206 »landläufige ... Sexualforschung«: W. H. Masters und V. E. Johnston, *Human Sexual Response* (Boston: Little Brown 1966); S. a. W. A. Fisher, N. R. Branscombe und C. R. Lemery, »The bigger the better? Arousal and attributional responses to erotic stimuli that depict different size penises«. In: *Journal of Sex Research*, 19 (1983), S. 377–396.

207 »James Lloyd«: J. E. Lloyd, »Firefly communication«, *Anima*, Juni 1979, S. 32.

208 »Ursprung genitaler Extravaganz«: G. Arnqvist, »Comparative evidence for the evolution of genitalia by sexual selection«. In: *Nature*, 393 (1998), S. 784–786; D. T. Gwynne, »Genitally does it«. In: *Nature*, 393 (1998), S. 734f.

208 »Thornhill ... Gangestad«: S. W. Gangestad, R. Thornhill und R. A. Yeo, »Facial attractiveness, developmental stability, and fluctuating asymmetry«. In: *Ethology and Sociobiology*, 15 (1994), S. 73–85.

209 »muskulöser, größer und schwerer«: J. T. Manning, »Fluctuating asymmetry and body weight in men and women: Implications for sexual selection«. In: *Ethology and Sociobiology*, 16 (1995), S. 145–153.

209 »japanische Skorpionsfliege«: R. Thornhill, »Female preference of males with low fluctuating asymmetry in the Japanese scorpionfly (Panorpa japonica: Mecoptera)«. In: *Behavioral Ecology*, 3, 1992, 277–283.

209 »symmetrisch ... Blumen«: A. P. Moler und M. Eriksson, »Patterns of fluctuating asymmetry in flowers – Implications for sexual selection in plants«. In: *Journal of Evolutionary Biology*, 7 (1994), S. 97–113; A. P. Moller, »Bumblebee preference for symmetrical flowers«. In: *Proceedings of the National Academy of Science*, 92 (1995), S. 2288–2292.

209 »Maß für Gesundheit und Tauglichkeit«: Siehe R. Thornhill und A. P. Moller, »Developmental stability, disease, and medicine«. In: *Biological Reviews of the Cambridge Philosophical Society*, 72 (1997), S. 497–548.

209 »62 Studien mit 41 Spezies«: A. P. Moller und R. Thornhill, »Bilateral symmetry and sexual selection – A meta-analysis«. In: *American Naturalist*, 151 (1998), S. 174–192.

210 »symmetrischem Körper ... mehr Partner«: R. Thornhill und S. W. Gangestad, »Human fluctuating asymmetry and sexual behavior«. In: *Psychological Science*, 5 (1994), S. 297–302.

210 »mehr Orgasmen«: Thornhill, Gangestad und R. Comer, »Human female orgasm and mate fluctuating asymmetry«. In: *Animal Behavior*, 50 (1995), S. 1601–1615.

210 »symmetrischen Brüsten«: A. P. Moller, M. Soler und R. Thornhill, »Breast asymmetry, sexual selection, and human reproductive success«. In: *Ethology and Sociobiology*, 15 (1995), S. 207–219.

210 »am symmetrischsten ... Eisprungs«: D. Scutt und J. T. Manning, »Symmetry and ovulation in women«. In: *Human Reproduction*, 11 (1996), S. 2477–2480.

211 »Lust an der Brust«: Für eine lehrreiche Geschichte der Wahrnehmung der weiblichen Brust in der westlichen Welt siehe Marilyn Yalom, *A History of the Breast* (New York: Alfred Knopf 1997).

211 »Besucher einer anderen Spezies«: John Steinbeck, *The Wayward Bus* (New York: Viking Press 11947), S. 5.

211 »Täuschungssignalen«: B. S. Low, R. D. Alexander und K. M. Noonan, »Human hips, breasts, and buttocks – Is fat deceptive?«. In: *Ethology and Sociobiology*, 8 (1986), S. 249–257.

211 *»Hypothesen über Brüste«*: Siehe T. M. Caro, »Human breasts: Unsupported hypotheses«. In: *Human Evolution*, 2 (1987), S. 271–282; T. M. Caro und D. W. Sellen, »The reproductive advantages of fat in women«. In: *Ethology and Sociobiology*, 11 (1990), S. 51–66.

212 *»Sport-BHs«*: »The turbulent world of swimming (designing swimsuits that reduce drag that comes from having breasts)«. In: *Economist*, 7. Juni 1997, S. 82.

212 *»Interesse der ... Vorderansicht«*: Siehe Desmond Morris, *The Naked Ape* (New York: McGraw Hill 1967). / *Der nackte Affe.*

213 *»Brüste nur bei jungen Frauen«*: Donald Symons, persönl. Mitteilung.

214 *»Brustimplantate«*: Siehe Geoffrey Cowley, »Silicone: Juries vs. Science«. In: *Newsweek*, 13. November 1995, S. 75. Denise Grady, »Cosmetic breast enlargements are making a comeback«. In: *New York Times*, 21. Juli 1998, S. C7.

215 *»Verhältnis von Taille zu Hüfte«*: M. Rebuffe-Scrive, »Regional adipose tissue metabolism in men and in women during menstrual cycle, pregnancy, lactation, and menopause«. In: *International Journal of Obesity*, 11 (1987), S. 347–355; Y. Tahara, N. Tsunawake u.a., »Sex differences in interrelationships between percent body fat (%fat) and waist-to-hip ratio (WHR) in healthy male and female adults«. In: *Annals of Physiological Anthropology*, 13 (1994), S. 293–301.

216 *»Frauen mit polyzystischen Eierstöcken«*: D. J. Evans, J. H. Barth und C. W. Burke, »Body fat topography in women with androgen excess«. In: *International Journal of Obesity*, 12 (1988), S. 157–162; M. Rebuffe-Scrive, G. Culberg u. a., »Anthropometric variables and metabolism in polycystic ovarian disease«. In: *Hormone Metabolic Research*, 21 (1989), S. 391–397.

216 *»Zusammenhang ... Fortpflanzungsfähigkeit«*: B. M. Zaadstra, J. C. Seidell u. a., »Fat and female fecundity – Prospective study of effect of body fat distribution on conception rates«. In: *British Medical Journal*, 306 (1993), S. 484–487; P. Wass, U. Waldenstron und D. Hellberg, »An android body fat distribution in females impairs the pregnancy rate of in-vitro fertilization-embryo transfer«. In: *Human Reproduction*, 12 (1997), S. 2057–2060.

217 *»Devendra Singhs Studien«*: D. Singh, »Adaptive significance of female physicala attractiveness – Role of waist-to-hip ratio«. In: *Journal of Personality and Social Psychology*, 65 (1993), S. 293–307; dies., »Female judgment of male attractiveness and desirability for relationships – Role of waist-to-hip ratio and financial status«, *Journal of Personality and Social Psychology*, 69 (1995), S. 1089; dies. und S. Luis, »Ethnic and gender consensus for the effect of waist-to-hip ratio on judgment of women's attractiveness«. In: *Human Nature*, 6 (1995), S. 51–65; dies., »Body fat distribution and perception of desirable body shape by young black men and women«. In: *International Journal of Eating Disorders*, 16 (1994), S. 289–294.

217 *»Supermodel ... Maße«*: M. J. Tovee, S. M. Mason u. a., »Supermodels – stick insects or hourglasses?« In: *Lancet*, 350 (1997), 1474f.

218 *»schlanke Taille ... Indikator guter Gesundheit«*: P. Bjorntorp, »The association between obesity, adipose tissue distribution and disease«. In: *Acta Medica Scandinavica (Suppl. J)*, 723, 1988, 121–134; J. Tichet, S. Vol u. a., »Android fat distribution by age and sex – The waist hip ratio«. In: *Diabetes Metabolism*, 19 (1993), S. 273–276.

218 *»Fettleibigkeit ... Einfluss«*: D. Singh und R. K. Young, »Body weight, waist-to-hip ratio, breasts, and hips – Role in judgment of female attractiveness and desirability for relationships«. In: *Ethology and Sociobiology*, 16 (1995), S. 483–507.

219 *»Frauenmode ... Taille«*: Siehe z. B. Suzy Menkes, »The hourglass again: Remember Mae West«. In: *New York Times*, 5. März 1995, S. 37, 41.

220 *»Veronica Webb«*: Aus Jody Shields, »Arch enemies, the dangerous lure of high heels«. In: *Mirabella*, September 1994.

220 *»Manolo Blahnik«*: In Hilary Sterne, »Standing Tall«. In: *Elle*, Juli 1997, S. 86.

221 *»40 Mrd. Dollar«*: Siehe Jay Palmer, »Hey fatso! Despite a glut of diet foods and health clubs, Americans are growing plumper«. In: *Barrons*, 1. Juli 1996, S. 25–29.

221 *»Ein Drittel ... fettleibig«*: Marian Burros, »Despite awareness of risks more in U.S. are getting fat«. In: *New York Times*, 17. Juli 1994, S. 1, 23. »Most Americans Overweight«. In: *New York Times*, 20. November 1996, S. C1, C3.

221 *»in Großbritannien«*: Georgina Ferry, »The Fat of the Land«. In: *New Scientist*, 22. April 1995, S. 26.

221 *»Fettkonsum ... 34 Prozent«*: Jane E. Brody, »Why bad health habits drive out good ones«. In: *New York Times*, 1. Februar 1995, S. C9.

221 *»durchschnittliche Amerikaner ... Fitness«*: Geoffrey Cowley mit Karen Springen, »Critical Mass«. In: *Newsweek*, 25. September 1995, S. 66f.

222 *»faul oder heuchlerisch«*: S. M. Garn, »From the Miocene to olestra: A historical perspective on fat consumption«. In: *Journal of the American Dietary Association*, 97 (1997), S. 54–57.

222 *»fast die Hälfte der Bevölkerung ...«*: P. J. Brown und M. Konner, »An anthropological perspective on obesity«. In: *Annals of the New York Academy of Sciences*, 499 (1987), S. 29–46.

222 *»Palmenherzen«*: Napoleon A. Chagnon, *Yanomamo – The Last Days of Eden* (San Diego: Harcourt Brace Jovanovich 1992).

223 *»Tonga«*: Siehe Elizabeth MacLean, *The 1986 National Nutrition Survey of the Kingdom of Tonga – Summary Report Prepared for the National Food and Nutrition Committee* (New Caledonia: South Pacific Commission 1992).

224 *»Masträume«*: P. J. Brink, »The fattening room among the Annang of Nigeria«. In: *Medical Anthropology*, 12 (1989), S. 131–143.

224 *»Fidschi«*: Anne E. Becker, *Body, Self, and Society – The View from Fiji* (Philadelphia: University of Pennsylvania Press 1995).

225 *»Großbritannien, Uganda, Kenia«*: A. Furrnham und N. Alibhai, »Cross-cultural differences in the perception of female body shapes«. In: *Psychological Medicine*, 13 (1983), S. 829–837; A. Furnham und P. Baguma, »Cross-cultural differences in the evaluation of male and female body shapes«. In: *International Journal of Eating Disorders*, 15 (1994), S. 81–89.

225 *»Prestige durch ... Überflusses«*: M. Mackenzie, »The pursuit of slenderness and addiction to self-control«. In: Jean Weininger and George M. Briggs Hrsg., *Nutrition Update*. Vol. 2 (New York: John Wiley and Sons 1985).

226 *»Fettleibigkeit und sozioökonomischer Status«*: J. Sobal und A. J. Stunkard, »Socioeconomic status and obesity – A review of the literature«. In: *Psychological Bulletin*, 105 (1989), S. 260–275.

226 *»schlanke Frau ... ›nach oben‹ ...«*: Besprochen in ebd. Siehe auch S. M. Garn, T. V. Sullivan und V. M. Hawthorne, »Educational level, fatness, and fatness differences between husbands and wives«. In: *American Journal of Clinical Nutrition*, 50 (1989), S. 740–745.

226 *»genetische Komponente«*: Besprochen in Sobal und Stunkard, 1989.

227 *»Miss Americas«*: Siehe A. Mazur, »U.S. trends in feminine beauty and overadaptation«. In: *Journal of Sex Research*, 22 (1986), S. 281–303.

227 *»epidemische Krankheit«*: Hilde Bruch, *The Golden Cage: The Enigma of Anorexia Nervosa* (Cambridge: Harvard University Press 1987), S. VIIf.

307

227 *»Jahr der ... Fress-Syndrom«*: *Newsweek*, 4. Januar 1981, S. 26.

228 *»kinderleicht, anorektisch zu werden«*: Naomi Wolf, *The Beauty Myth – How Images Are Used Against Women* (New York: Anchor 1992), S. 201, 208.

228 *»Essstörungen ... relativ selten«*: Joan Jacobs Brumberg, *Fasting Girls – The History of Anorexia* (New York: Plume 1989).

228 *»An Bulimie«*: K. J. Hart und T. H. Ollendick, »Prevalence of Bulimia in working and university women«. In: *American Journal of Psychiatry*, 142 (1985), S. 851–854; A. Drewnowski, D. K. Lee und D. D. Kahn, »Bulimia in college women – Incidence and recovery rates«. In: *American Journal of Psychiatry*, 145 (1988), S. 753–755; E. Fombonne, »Anorexia nervosa – No evidence of an increase«. In: *British Journal of Psychiatry*, 166 (1995), S. 462–471. »Eating Disorders – Recent Advances«. In: Symposium der American Psychiatric Association, 20. Mai 1995, zusammengefasst in R. Pies, »New directions in the diagnosis and treatment of eating disorders«. In: *Advances in Psychiatric Medicine*, Oktober 1995.

229 *»Frauen mit Essstörungen«*: D. E. Stewart, E. Robinson, D. S. Goldbloom C. Wright, »Infertility and eating disorders«. In: *American Journal of Obstetrics and Gynecology*, 163 (1990), S. 1196–1199; D. E. Stewart, »Reproductive functions in eating disorders«. In: *Annals of Medicine*, 24 (1992), S. 287–291.

229 *»Ratten und ... nicht genügend zu fressen«*: Siehe J. F. Nelson, K. Karelus, M. D. Bergman, L. S. Felicio, »Neuroendocrine involvement in aging – Evidence from studies of reproductive aging and caloric restriction«. In: *Neurobiology of Aging*, 16 (1995), S. 837–843; S. Austad, »Aging and caloric restrictions – Human effects and mode of action«. In: *Neurobiology of Aging*, 16 (1995), S. 851f.

229 *»unbewusste Strategie«*: Siehe z. B. M. T. McGuire, *Darwinian Psychiatry* (New York: Oxford University Press 1998).


## Kapitel 7: Mode – Trend

233 *»Ich kann all den wunderlichen Einfällen ...«*: Ovid, *Liebeskunst*, hg. und übers. von Niklas Holzberg, München., dtv 1998 [lat.-dt., m. Einl. U. Erl.], S. 82, Verse 151/152.

234 *»verglich Moden mit Fruchtfliegen«*: Quentin Bell, *On Human Finery*, 2. Aufl. (New York: Schocken 1976).

234 *»Kleidung ... Sprache verglichen«*: Siehe z.B. Alison Lurie, *The Language of Clothes* (New York: Random House 1981).

235 *»spricht unsere Kleidung«*: ebd. S. 261.

235 *»Katherine Hamnett«*: Zit. aus Paul Mather, »Hamnett«, *Blitz*, November 1989, S. 27.

235 *»Tom Ford«*: Zit. aus Suzy Menkes, »Sex and single guys strut into the limelight – a youthful look with attitude«. In: *International Herald Tribune*, 25. Januar 1997, S. 19.

236 *»christliche Kunst«*: Siehe Leo Steinberg, *The Sexuality of Christ in Renaissance Art and in Modern Oblivion* (New York: Pantheon 1983). Für eine interessante Diskussion verwandter Themen s. John Updike, »Can genitals be beautiful?« In: *New York Review of Books*, 4. Dezember 1977, S. 10–12.

236 *»Kleidung ... Sex Appeal«*: Anatole France, *Penguin Island* (Norwalk, CT: Heritage Press 1975), S. 41. / *Die Insel der Pinguine*. Wien/Hamburg 1982.

237 *»Krinoline ... massiver Schwindel«*: James Laver, *Costume and Fashion – A Concise History* (New York: Thames and Hudson 1985), S. 184.

308

237 *»befreiten Designer ... Korsetts«*: Paul Poiret, aus *En habillant l'époque*, Paris 1930, S. 136f. Zit. in Bell, 1976, S. 53.

238 *»Condé Nast aufgekauft«*: Kennedy Fraser, »Introduction«. In A. Liberman und A. Wintour Hrsg., *On the Edge: Images from 100 Years of Vogue* (New York: Random House 1992), S. 2f.

239 *»Schimpansenweibchen«*: Siehe Frans de Waal, *Good Natured – The Origins of Right and Wrong in Humans and Other Animals* (Cambridge: Harvard University Press 1996).

239 *»Gräber ... Moskau«*: Siehe H. Knecht, A. Pike-Tay und R. White, *Before Lascaux – The Complete Record of the Early Upper Paleolithic* (Boca Raton: CRC Press 1993); S. a. Steve Mithen, *The Prehistory of the Mind – The Cognitive Origins of Art, Religion, and Science* (London: Thames and Hudson 1996).

240 *»vierzehnten Jahrhunderts«*: In B. Payne, G. Winakor und J. Farrell-Beck, *The History of Costume*, 2. Aufl. (New York: HarperCollins 1992). Es gilt auch zu bedenken, dass die Kreuzzüge (1095–1291), durch die die Europäer mit schönen Stoffen des Orients bekannt wurden, die Entwicklung der Mode beeinflussten. 30 bis 40 Prozent der Bevölkerung Europas waren durch die Pest umgekommen; die Überlebenden wurden ermutigt, sich vom Trauern abzuwenden und ihr Überleben zu feiern. 1348 verbot der Senat von Venedig jedem unter Androhung hoher Geldstrafen, Zeichen der Trauer zu zeigen. Das Ziel des Gesetzes war, »große Freude und Frohsinn« zu stimulieren, weil man die Gefahr überstanden hatte und die Bürger die schwarze Trauerkleidung loswerden sollten. – Paolo Selmi, »Fashion and luxuries in the political mentality of the Venetian Republic«. In: *I Mestieri della Moda a Venezia Serenissima – The Arts and Fashion in Venice from the 13th to the 18th Century.* Curator, Doretta Davanza Poli. Katalog zur Ausstellung in The Equitable Gallery, New York City 1995.

241 *»unersättlichsten Konsumenten ... Mittelklasse«*: S. Bayley, *Taste: The Secret Meaning of Things* (New York: Pantheon 1991), S. 27.

241 *Konsumieren«*: J. B. Schor, *The Overspent American – Upscaling, Downshifting, and the New Consumer* (New York: Basic Books 1998), S. 6.

241 *»Kleidung gesellschaftliche Positionen«*: Thorstein Veblen, *The Theory of the Leisure Class* (New York: Penguin 1994), S. 36. / *Theorie der feinen Leute*, dtv 1971.

242 *»Patagonia Couture«*: »Sweat Equity«, *Mirabella*, März/April 1998, S. 74.

242 *»Bedeutung von Krieg und Sport«*: Bell, 1976, S. 43.

242 *»Hohe Absätze«*: Jennifer Steinhauer, »Walk softly and make a big statement«. In: *New York Times*, 17. Mai 1998, Sektion 9, S, 1f.

242 *»Charaktermerkmalen des Höflings«*: Baldassare Castiglione, *The Courtier* (New York: Penguin 1976). / *Das Buch vom Hofmann*. dtv 1986.

243 *»Ludwigs XIV.«*: Aus Vincent Cronin, *Louis XIV* (Boston: Houghton Mifflin 1965); Norbert Elias, *The Court Society* (Oxford: Basil Blackwell 1983). / *Die höfische Gesellschaft*, Frankfurt a. M. 1976 (stw).

244 *»Stephen Tennant«*: Philip Hoare, *Serious Pleasures – The Life of Stephen Tennant* (New York: Hamish Hamilton 1991).

244 *»Ottoline Morrell«*: Aus Miranda Seymour, *Ottoline Morrell, The Life on the Grand Scale* (London: Sceptre 1993), S. 99.

245 *»Musen«*: Siehe Dominick Dunne, »Paris when it sizzles«. In: *Vanity Fair*, Mai 1998, S. 198–204, 246–250.

246 *»Kleiderordnungen«*: In Selmi, 1995.

309

246 *»minimalistische Ästhetik ... Iki«*: Liza Dalby, *Kimono – Fashioning Culture* (New Haven: Yale University Press 1993).

246 *»Schnabelschuhe«*: François Boucher, *20,000 Years of Fashion* (New York: Harry N. Abrams 1987). Payne, Winakor und Farrell-Beck, 1992.

247 *»venezianische Bischofssynode«*: Selmi, 1988, S. 39.

247 *»Statussymbol«*: Erving Goffman, »Symbols of class status«. In: *British Journal of Sociology*, 2 (1951), S. 294–304.

248 *»Mode demokratisiert«*: Siehe Philippe Perrot, *Fashioning the Bourgeoisie*, (Princeton: Princeton University Press 1994); Gilles Lipovetsky, *The Empire of Fashion* (Princeton: Princeton University Press 1994).

249 *»Haute Couture«*: Skrebneski, *The Art of Haute Couture* Text von Laura Jacobs (New York: Abbeville Press 1995).

249 *»Vionnet ... Künstlerin«*: Bruce Chatwin, *Was mache ich hier* (München/Wien: Carl Hanser Verlag 1991), Übers. v. Anna Kamp, S. 67f.

250 *»nicht mehr als dreitausend«*: Dunne, 1998, S. 204, 200.

250 *»Hilfiger«*: In J. Schor, 1998, S. 46.

250 *»Donna Karan«*: In Katherine Betts, »Rumbling in the ranks«. In: *Vogue*, April 1998, S. 322.

250 *»25 Prozent der Designer-Sonnenbrillen«*: J. Schor, 1998, S. 56.

253 *»Palm Springs«*: Ann Japenga, »Face lift city«. In: *Health*, März/April 1993, S. 46–55.

253 *»Marcus Schenkenberg ... Kleidung zu werben«*: Marcus Schenkenberg, *New Rules* (New York: Universe 1997), S. 48.

254 *»Model-Beruf«*: Robert Frank und Philip J. Cook, *The Winner-Take-All Society* (New York: Penguin 1995).

254 *»The Sun verbannte«*: *The Face*, Mai 1998, S. 9.

255 *»style surfing capital«*: Ted Polhemus, *Style Surfing* (London: Thames and Hudson 1996), S. 12, [15].

255 *»Air max metallics«*: Peter Lyle und Laura Craik, »Herd Times«. In: *The Face*, Mai 1998, S. 199.

257 *»Betsey Johnson«*: In K. Hamilton und K. Martineau, »Future fashions are not quite ready to wear«. In: *Newsweek*, 4. August 1997, S. 11.

257 *»Kleidung, ... intelligenter macht«*: Alex P. Pentland, »Smart Rooms, Smart Clothes«. In: *Scientific American*, April 1998, S. 124; Steve Mann, »Smart clothing – The wearable computer and wearcam«. In: *Personal Technologies*, 1, März 1997; »Computer Couture«. In: *Vogue*, Februar 1998, S. 124.

## Kapitel 8: Schlussbetrachtung

262 *»Erfahrung von Schönheit«*: Marvin Minsky, »Negative Expertise«. In: *International Journal of Expert Systems*, 7 (1994), S. 13–19.

262 *»Peter Schjeldahl«*: »Notes on beauty«. In: Bill Beckley mit David Shapiro Hrsg., *Uncontrollable Beauty* (New York: Allworth Press 1998), S. 58.

263 »Scarlett O'Hara«: Margaret Mitchell, Vom Winde verweht, nach der dt. Übersetzung von Martin Behaim-Schwarzbach, Bertelsmann Lesering 1956, S. 9.

263 *»Monica Moore«*: M. M. Moore, »Nonverbal courtship patterns in women – Context and consequences«. In: *Ethology and Sociobiology*, 6, S. 237–247; M. M. Moore und D. L. Butler, »Predictive aspects of nonverbal courtship behavior in women«. In: *Semiotica*, 76, 205–215.

264 »*David Letterman*«: Elizabeth Weil, »Who is Barry White and why do women love him?«. In: *Boston Phoenix*, 7.–13. Juli 1995, S. 4f.

264 »*Tiere mit Schreien*«: Charles Darwin, *The Descent of Man*, ... (Princeton Univ. Press 1981), S. II, 330. / *Die Abstammung des Menschen und die geschlechtliche Auslese.*

264 »*Nasenaffen*«: Siehe Helena Cronin, *The Ant and the Peacock* (Cambridge: Cambridge University Press 1993), S. 176.

265 »*wohltönende Stimme*«: M. Zuckerman und R. E. Driver, »What sounds beautiful is good – The vocal attractiveness stereotype«. In: *Journal of Nonverbal Behavior*, 13 (1989), S. 67–82; M. Zuckerman, K. Miyake und H. S. Hodgins, »Cross-channel effects of vocal and physical attractiveness and their implications for interpersonal perception«. In: *Journal of Personality and Social Psychology*, 60 (1991), S. 545–554.

265 »*Die Stimme ... Frauenstimme*«: David Graddol und Joan Swann, *Gender Voices* (Oxford: Basil Blackwell 1989).

266 »*Margaret Thatcher*«: Graddol und Swann, *Supermodel voices and changes in elite accent*. Aus einem Interview mit Sam Chwat, M.S., Leiter der New York Speech Improvement Services, am 28. Juli 1995; S. a. Jennifer Steinhauers Artikel über Chwat: »New York – Where ethnic is out and speech therapy is in«. In: *International Herald Tribune*, 12. August 1993, S. 1f.

266 »*Baudelaire*«: Die Blumen des Bösen, übers. von Carlo Schmid (München: Goldmann o.J.).

267 »*Brian Eno*«: »Scents and Sensibility«, *Details*, Juli 1992.

267 »*zweite Geruchssystem*«: L. Monti-Block, C. Jennings-White, D. S. Dolberg und D. L. Berliner, »The human vomeronasal system«. In: *Psychoneuroendocrinology*, 19 (1994), S. 673–686.

267 »*Frauen ... monatlichen Perioden*«: K. Stern und M. K. McClintock, »Regulation of ovulation by human pheromones«. In: *Nature*, 392, S. 177–179; s. a. A. Weller, »Communication through body odor«. In: *Nature*, 392, S. 126f.

268 »*weder angenehm noch unangenehm*«: Siehe Karl Grammer, »5-a-androst-162n-3a-on – A male pheromone? A brief report«. In: *Ethology and Sociobiology*, 14 (1993), S. 201–207.

268 »*Fotos von Frauen*«: Siehe M. D. Kirk-Smith, D. A. Booth, D. Carroll und P. Davies, »Human social attitudes affected by androstenol«. In: *Research Communications in Psychology, Psychiatry, and Behavior*, 3 (1978), S. 379–384.

268 »*Stimmung von Frauen durch Androstenol beeinflusst*«: Siehe D. Benton, »The influence of androstenol – a putative human pheromone – on mood throughout the menstrual cycle«. In: *Biological Psychology*, 15 (1982), S. 249–256.

268 »*Androstenon auf Stühle gesprayt*«: Siehe M. D. Kirk-Smith und D. A. Booth, »Effects of androstenone on choice of location in others' presence« in: H. van der Starre Hrsg., *Olfaction and Taste* Vol. 7 (London: IRL Press 1980).

269 »*Parfums*«: Siehe D. M. Stoddardt, *The Scented Ape – The Biology and Culture of Human Odor* (Cambridge: Cambridge University Press 1991). Dies ist ferner eine hervorragende allgemeine Referenz zum Thema Geruch. S. a. P. Vroon, *Smell: The Street Seducer* (New York: Farrar, Strauss, and Giroux 1994).

269 »*Pfefferminze*«: P. N. Badia, N. Wesensten u. a., »Responsiveness to olfactory stimuli presented in sleep«. In: *Physiology and Behavior*, 48 (1990), S. 87–90.

269 »*Zitronendüfte*«: Teruhisa Komori, Ryoichi Fujiwara u. a., »Effects of citrus fragrance on immune function and depressive states«. In: *Neuroimmunomodulation*, 2 (1995), S. 174–180.

269 *Frauen ... wesentlich sensibler*«: R. L. Doty, L. S. Applebaum u. a., »Sex difference in odor identification ability – a cross-cultural analysis«. In: *Neuropsychologia*, 23 (1985), S. 667–672; R. L. Doty, P. J. Snyder u. a., »Endocrine, cardiovascular and psychological correlates of olfactory sensitivity changes during the human menstrual cycle«. In: *Journal of Comparative Physiology and Psychology*, 95 (1981), S. 45–51.

270 *MHC-Gene*«: C. Wedekind, T. Seebeck u. a., »MHC-dependent mate preferences in humans«. In: *Proceedings of the Royal Society of London*, B260 (1995), S. 245–249; C. Wedekind und S. Furi, »Body odour preferences in men and women – do they aim for specific MHC combinations or simple heterozygosity?«. In: *Proceedings of the Royal Society of London*, B264 (1997), S. 1471–1479.

270 *bat Männer ... T-Shirts*«: Wedekind und Furi, S. 1479.

271 *Schönheit ... schreiende Ungerechtigkeit*«: Tom Wolfe, »Funky Chic« in Jann Wenner Hrsg., *20 Years of Rolling Stone – What a Long, Strange Trip It's Been* (New York: Friendly Press 1987), S. 212.

271 *Schönheit verstehen*«: Lester Bangs, »The noise supremacists«. In: Greil Marcus Hrsg., *Psychotic Reactions and Carburator Dung* (New York: Vintage Books 1988), S. 282.

272 *Roger Brown*«: Roger Brown, *Social Psychology*, 2. Aufl. (New York: Free Press 1986), S. 395f.

273 *Schönen Frauen ... zuzugestehen*«: Karen Lehrman, *The Lipstick Proviso* (New York: Anchor 1997).

274 *Freude oder ein Vergnügen*«: Bertrand Russell, *The Conquest of Happiness* (New York: Liveright 1958), S. 90.

274 *George Eliot*«: G. S. Haight, *George Eliot: A Biography* (London: Penguin 1968).

274 *»Klematis‹-Zitat*«: Aus G. S. Haight, *The George Eliot Letters* (London: Oxford University Press 1954). Für eine interessante Diskussion über Schriftstellerinnen des 18. und 19. Jahrhunderts und Schönheit s. Ellen Zetzel Lambert, *The Face of Love: Feminism and the Beauty Question* (Boston: Beacon Press 1995).

274 *Henry James' Brief an seinen Vater vom 10. Mai 1869*«: In Leon Edel Hrsg., *Henry James Selected Letters* (Cambridge: Harvard University Press 1987), S. 35.

275 *Eliots Worte*«: *Adam Bede* (New York: Penguin 1981), S. 177.

312

# Literatur

Abbey, A.: »Sex differences in attributions for friendly behavior. Do males misperceive females' friendliness?« In: *Journal of Personality and Social Psychology, 42* (1982),
S. 830–838.

Anderson, R.: »Physical attractiveness and locus of control«. In: *Journal of Social Psychology, 105* (1978), S. 213–216.

Andersson, M. B.: »Female choice selects for extreme tail length in a widowbird«. In: *Nature, 299* (1983), S. 818–820.

Appleton, J.: *The Experience of Landscape.* New York: John Wiley, 1975.

Arkoff, A. & Weaver, N.: »Body image and body dissatisfaction in Japanese Americans«. In:
*Journal of Social Psychology, 68* (1966), S. 323–330.

Arnqvist, G.: »Comparative evidence for the evolution of genitalia by sexual selection«.
In: *Nature, 393* (1998), S. 784–786.

Athanasiou, R. & Greene, P.: »Physical attractiveness and helping behavior«. In: *Proceedings of the 81st Annual Convention of the American Psychological Association, 8* (1973),
S. 289–290.

Atzwanger, K. & Grammer, K.: »Babyness and sexual attraction«. Paper available from LBI
for Urban Ethology, Vienna, Austria.

Aucoin, K.: *The Art of Makeup.* New York: HarperCollins, 1994.

_____ : *Making Faces.* Boston, MA: Little, Brown, 1997.

Austrad, S.: »Aging and caloric restrictions: Human effects and mode of action«. In: *Neurobiology of Aging, 16* (1995), S. 851–852.

Badia, P. N., Wesensten, N., Lammers, W., Culpeper, J. & Harsh, J.: »Responsiveness to olfactory stimuli presented in sleep«. In: *Physiology and Behavior, 48* (1990), S. 87–90.

Baker, M. A.: *Sex Differences in Human Performance.* New York: John Wiley, 1987.

Bangs, L.: *Psychotic Reactions and Carburetor Dung.* Ed. G. Marcus. New York: Vintage
1988.

Banner, L. W.: *American Beauty.* Chicago, IL: University of Chicago Press, 1983.

Barkow, J. K., Cosmides, L. & Tooby, J., eds.: *The Adapted Mind: Evolutionary Psychology
and the Generation of Culture.* New York: Oxford University Press, 1992.

Barkowit, P. & Brigham, J. C.: »Recognition of faces: Own race bias. Incentive and time
delay«. In: *Journal of Applied Social Psychology, 12* (1982), S. 255–268.

Basolo, A.: »Female preferences for male sword length in the green swordtail Xiphorus
helleri«. In: *Animal Behavior, 40* (1990), S. 332–338.

Bassnett, S.: *Elizabeth I: A Feminist Perspective.* New York: Berg, 1997.

Bateson, M. C.: *With a Daughter's Eye: A Memoir of Margaret Mead and Gregory Bateson.*
New York: HarperPerennial, 1994.

Bateson P.: »Preferences for cousins in Japanese quail«. In: *Nature, 295* (1982), S. 236–237.

_____: »Preferences for close relations in Japanese quail«. In: *Acta XIX Congressus Internationalis Ornithologici*, Vol. I. Ed. H. Ouellet. Ottawa: University of Ottawa Press, 1988.

Baudelaire, C.: *The Flowers of Evil*. Trans. M. & J. Mathews. New York: New Directions 1989.

_____: *The Painter of Modern Life and Other Essays*. Trans. Jonathan Mayne. New York: Da Capo, 1964.

Bayley, S.: *Taste: The Secret Meaning of Things*. New York: Pantheon 1991.

Becker, A. E.: *Body, Self and Society: The View from Fiji*. Philadelphia: University of Pennsylvania Press, 1995.

Becker, G. S.: *A Treatise on the Family*. Cambridge: Harvard University Press, 1981.

Bell, Q.: *On Human Finery*. 2nd ed. New York: Schocken Books, 1976.

Beloff, H.: *Camera Culture*. New York: Basil Blackwell, 1985.

Benson, P. L., Karabenick, S. A. & Lerner, R. M.: »Pretty pleases: the effects of physical attractiveness, race, and sex on receiving help«. In: *Journal of Experimental Social Psychology, 12* (1976), S. 409–415.

Benton, D.: »The influence of Androstenol – a putative human pheromone – on mood throughout the menstrual cycle«. In: *Biological Psychology, 15* (1982), S. 249–256.

Beren, S. E., Hayden, H. A., Wilfley, D. E. & Grilo, C. M.: »The influence of sexual orientation on body dissatisfaction in adult men and women«. In: *International Journal of Eating Disorders, 20* (1996), S. 135–141.

Berry, D. S. & McArthur, L. Z.: »Perceiving character in faces: The impact of age-related craniofacial changes on social perception«. In: *Psychological Bulletin, 100* (1986), S. 3–18.

Bjorntop, P.: »The association between obesity, adipose tissue distribution and disease«. In: *Acta Medica Scandanvica*. Suppl. J, *723*, S. 121–134.

Bornstein, M. H., Ferdinandsen, K. & Gross, C.: »Perception of symmetry in infancy«. In: *Developmental Psychology, 17* (1981), S. 82–86.

Boucher, F.: *20,000 Years of Fashion: The History of Costume and Adornment*. New York: Harry N. Abrams 1987.

Brain, R.: *The Decorated Body*. London: Hutchinson 1979.

Bransford, H.: *Welcome to Your Facelift: What to Expect Before, During, and After Cosmetic Surgery*. New York: Doubleday 1997.

Breiter, H. C., Etcoff, N. L., Whalen, P. J., Kennedy, W. A., Rauch, S. L., Buckner, R. L., Strauss, M. M., Hyman, S. E., Rosen, B. R.: »Response and habituation of the human amygdala during visual processing of facial expression«. In: *Neuron, 17* (1996), S. 1–13.

_____, Gollub, R. L., Weiskoff, R. M., Kennedy, D. N., Makris, N., Berke, J. D., Goodman, J. M., Kanter, H. L., Gastfriend, D. R., Riorden, J. P., Mathew, R. T., Rosen, B. R. & Hyman, S. E.: »Acute effects of cocaine on human brain activity and emotion«. In: *Neuron, 29* (1997), S. 591–611.

Brigham, J. C. & Barkowitz, P.: »Do they look alike? The effect of race, sex, experience and attitudes on the ability to recognize faces«. In: *Journal of Applied Social Psychology, 8* (1978), S. 306–318.

Brink, P. J.: »The fattening room among the Annang of Nigeria«. In: *Medical Anthropology, 12* (1989), S. 131–143.

314

Brown, P. J. & Konner, M.: »An anthropological perspective on obesity«. In: *Annals of the New York Academy of Sciences, 499* (1987), S. 29–46.

Brown, R.: *Social Psychology.* 2nd ed. New York: Free Press, 1986.

Bruch, H.: *The Golden Cage: The Enigma of Anorexia Nervosa.* Cambridge: Harvard University Press, 1978.

Brumberg, J. J.: *Fasting Girls: The History of Anorexia.* New York: Plume, 1989.

Brundage, L. E., Berlega, V. J. & Cash, T. F.: »The effects of physical attractiveness and need for approval on self-disclosure«. In: *Personality and Social Psychology Bulletin, 3* (1977), S. 63–66.

Buckley, W. A., Yesalis, C. W., Friedl, K. E., Anderson, W., Streit, A. & Wright, J.: »Estimated prevalence of anabolic steroid use among male high school seniors«. In: *Journal of the American Medical Association, 260* (1988), S. 3441–3445.

Burson, N.: *The »age machine« and composite portraiture.* Cambridge, MA: MIT List Visual Arts Center, 1990.

_____, Caning, R. & Kramlich, D.: *Composites: Computer Generated Portraits.* New York: William Morrow, 1986.

Burt, D. M. & Perrett, D. I.: »Perceptual asymmetries in face judgements«. In: *Neuropsychologia, 35* (1997), S. 685–693.

Burton, A. M., Bruce V. & Dench, N.: »What's the difference between men and women? Evidence from facial measurement«. In: *Perception, 22* (1993), S. 153–176.

Burton, Sir R. & Arbuthnot, F. F., trans.: *The Kama Sutra of Vatsayana.* London: Diamond, 1996.

Bushnell, I. W. R., Sai, F. & Mullin, J. T.: »Neonatal recognition of the mother's face«. In: *British Journal of Developmental Psychology, 7* (1989), S. 3–15.

Buss, D. M.: *The Evolution of Desire: Strategies of Human Mating.* New York: Basic Books, 1994.

_____: »Sex differences in human mate preferences: Evolutionary hypotheses tested in 37 cultures«. In: *Behavioral and Brain Sciences, 12* (1989), S. 1–14.

_____ & Schmitt D. P.: »Sexual strategies theory: An evolutionary perspective on human mating«. In: *Psychological Review, 100* (1993), S. 204–232.

Butler, S. R., Suskind, M. R. & Schanberg, S. M.: »Maternal behavior as regulator of polyamine biosynthesis in brain and heart of the rat pup«. In: *Science, 199* (1978), S. 445–447.

Bynum, C. W.: » The female body and religious practices in the later Middle Ages«. In: *Fragments for a History of the Human Body.* Part 1. Ed Michel Feher with Ramona Nadaff and Nadia Tazi. New York: Zone, 1989.

Calden, C., Lundy, R. M. & Schlafer R.: »Sex differences in body concepts«. In: *Journal of Consulting Psychology, 23* (1959), S. 378.

Calhoun, K. H.: »Lip Aesthetics«. In: *Surgery of the Lip.* Ed. K. H. Calhoun & C. M. Steinberg. New York: Thieme, 1992.

Campbell, L.: *Renaissance Portraits: European Portrait-Painting in the 14th, 15th, and 16th Centuries.* New Haven: Yale University Press, 1990.

Capote, T.: *Breakfast at Tiffany's.* New York: Vintage, 1993.

Caro, T. M.: »Human breasts: Unsupported hypotheses«. In: *Human Evolution, 2* (1987), S. 271–282.

_____ & Sellen, D. W.: »The reproductive advantage of fat in women«. In: *Ethology and Sociobiology, 11* (1990), S. 51–66.

315

Cash, T. F.: »Losing hair, losing points? The effects of male pattern baldness on social impression formation«. In: *Journal of Applied Social Psychology, 20* (1990), S. 154–167.

_____ & Kilcullen, R. N.: »The eye of the beholder: Susceptibility to sexism and beautyism in the evaluation of managerial applicants«. In: *Journal of Applied Social Psychology, 15* (1985), S. 591–605.

_____ & Soloway, D.: »Self-disclosure and correlates of physical attractiveness: An exploratory study«. In: *Psychological Reports, 36* (1975), S. 579–586.

Castiglione, B.: *The Courtier.* New York: Penguin, 1976.

Cavalli-Sforza, L. L. & Cavalli-Sforza, F.: *The Great Human Diasporas: The History of Diversity and Evolution.* Reading, MA: Addison Wesley, 1995.

Cavell, S.: *The World Viewed: Reflections on the Ontology of Film.* New York: Viking Press, 1971.

Chagnon, N.: *Yanomamo: The Last Days of Eden.* San Diego: Harcourt Brace Jovanovich, 1292.

Chaiken, S.: »Communicator physical attractiveness, and persuasion«. In: *Journal of Personality and Social Psychology, 37* (1979), S. 1387–1397.

Chatwin, B.: *What Am I Doing Here?* New York: Penguin, 1989.

Chiroro, P. & Valentine, T.: »An investigation of the contact hypothesis of the own-race bias in face recognition«. In: *Quarterly Journal of Experimental Psychology, 48A* (1995), S. 879–894.

Clark, K.: *The Nude: A Study in Ideal Form.* Princeton: Princeton University Press, 1972.

Clifford, M. M.: »Physical attractiveness and academic performance«. In: *Child Study Journal, 4* (1974), S. 201–209.

_____ & Walster, E.: »Research note: The effects of physical attractiveness on teacher expectations«. In: *Sociology of Education, 46* (1973), S. 248–258.

Cohen, S. B.: *Mindblindness: An Essay on Autism and Theory of Mind.* Cambridge: MIT Press, 1995.

Connolly, B. & Anderson, R.: *First contact: New Guinea Highlanders Encounter the Outside World.* New York: Viking Penguin, 1987.

Cooper, W.: *Hair: Sex, Society, Symbolism.* London, Aldus, 1971.

Corson, R.: *Fashions in Hair: The First Five Thousand Years.* London: Peter Owen, 1991.

_____: *Fashions in Makeup: From Ancient to Modern Times.* London: Peter Owen, 1972.

Crawley, T.: *The Films of Brigitte Bardot.* New York: Citadel Press, 1975.

Cronin, H.: *The Ant and the Peacock.* Cambridge: Cambridge University Press, 1991.

Cronin, V.: *Louis XIV.* Boston: Houghton Mifflin, 1965.

Cross, J. F. & Cross, J.: »Age, sex, race, and the perception of beauty«. In: *Developmental Psychology, 5* (1971), S. 433–439.

Cunningham, M. R.: »Measuring the physical in physical attractiveness: Quasi-experiments on the sociobiology of female facial beauty«. In: *Journal of Personality and Social Psychology, 50* (1986), S. 925–935.

_____, Barbee, A. P., Pike, C. L.: »What do women want? Facialmetric assessment of multiple motives in the perception of male facial physical attractiveness«. In: *Journal of Personality and Social Psychology, 59* (1990), S. 61–76.

_____, Roberts, A. R., Barbee, A. P., Cruen, P. B. & Wu, C.-H.: »Their ideas of beauty are, on the whole, the same as ours: Consistency and variability in the cross-cultural perception of female physical attractiveness«. In: *Journal of Personality and Social Psychology, 68* (1995), S. 261–279.

316

Dabbs, J. M., Jr.: »Testosterone, smiling, and facial appearance«. In: *Journal of Nonverbal Behavior, 21* (1997), S. 45–55.

Dabbs, M. & Stokes, N. A.: »Beauty is power: The use of space on the sidewalk«. In: *Sociometry, 38* (1975), S. 551–557.

Dalby, L.: *Kimono: Fashioning Culture.* New Haven: Yale University Press, 1993.

Daly, M. & Wilson, M. I.: »Child maltreatment from a sociobiological perspective«. In: *Journal of Marriage and the Family, 43* (1980), S. 277–288.

_____ & Wilson, M. I.: »Whom are newborn babies said to resemble?« In: *Ethology and Sociobiology, 3* (1982), S. 69–78.

Dannenmaier, W. D. & Thumin, F. J.: »Authority status as a factor in perceptual distortion of size«. In: *Journal of Social Psychology, 63* (1964), S. 361.

Darwin, C.: *Autobiography.* Ed. Sir Francis Darwin. New York: Henry Schuman, 1950.

_____: *The Descent of Man, and Selection in Relation to Sex.* Princeton: Princeton University Press, 1981.

_____: *The Expression of the Emotions in Man and Animals: The Definitive Edition.* Introduction, Afterword, and Commentaries by Paul Ekman. New York: Oxford University Press, 1998.

Davis, C., Brewer, H. & Weinstein, M.: »A study of appearance anxiety in young men«. In: *Social Behavior and Personality, 21* (1993), S. 63–74.

Davis, K.: *Reshaping the Female Body: The Dilemmas of Cosmetic Surgery.* New York: Routledge, 1995.

Dawkins, RR.: *The Blind Watchmaker.* New York: W. W. Norton, 1987.

_____: *River Out of Eden: A Darwinian View of Life.* New York: Basic Books, 1995.

Deaux, K. & Hanna, R.: »Courtship in the personals column: The influence of gender and sexual orientation«. In: *Sex Roles, 11* (1984), S. 363–375.

Dermer, M. & Thiel, D. L.: »When beauty may fail«. In: *Journal of Personality and Social Psychology, 31* (1975), S. 1168–1176.

DeSantis, A. & Kayson, W. A.: »Defendants' characteristics of attractiveness, race, and sex and sentencing decisions«. In: *Psychological Reports, 81* (1997), S. 679–683.

Deutsch, F.M., LeBaron, D. & Fryer, M. M.: »What is in a smile?« In: *Psychology of Women Quarterly, 11* (1987), S. 341–352.

_____, Zalenski, C. M. & Clark, M. E.: »Is there a double standard of aging?« In: *Journal of Applied Social Psychology, 16* (1986), S. 771–785.

Diamond, J.: *The Third Chimpanzee: The Evolution and Future of the Human Animal.* New York: HarperCollins, 1992.

_____: *Why Is Sex Fun? The Evolution of Human Sexuality.* New York: Basic Books, 1997

Diaz, S., Aravena, R., Cordenas, H., Casado, M. & Miranda, P.: »Contraceptive efficiency of lactational amenorrhea in urban Chilean women«. In: *Contraception, 43* (1991), S. 335–352.

_____, Seron-Ferre, M., Croxatto, H. B. & Veldhuis, J.: »Neuroendocrine mechanisms of lactational infertility in women«. In: *Biological Research, 28* (1995), S. 155–163.

Dickinson, Emily: *Selected Poems and Letters.* R. N. Linscott, ed. New York: Anchor, 1959.

Diener, E., Wolsic, B. & Fujita, F.: »Physical attractiveness and subjective well-being«. In: *Journal of Personality and Social Psychology, 69* (1995), S. 120–129.

Dillon, D. J.: »Measurement of perceived body size«. In: *Perceptual and Motor Skills, 14* (1962), S. 191–196.

Dimberg, U. & Lungquist, L. O.: »Gender differences in facial reactions to facial expressions«. In: *Biological Psychology, 30* (1990), S. 151–159.

Dion, K. K.: »Physical attractiveness and evaluation of children's trangressions«. In: *Journal of Personality and Social Psychology, 24* (1972), S. 207–213.

_____ & Berscheid, E.: »Physical attractiveness and peer perception among children«. In: *Sociometry, 37* (1974), S. 1–12.

_____, Berscheid, E. & Walster, E.: »What is beautiful is good«. In: *Journal of Personality and Social Psychology, 24* (1972), S. 285–290.

Doty, R. L., Applebaum, L. S., Zusho, H. & Settle, R. G.: »Sex differences in odor identification ability: a cross-cultural analysis«. In: *Neuropsychologia, 23* (1985), S. 667–672.

_____, Snyder, P. J., Huggins, C. R. & Lowry, L. D.: »Endocrine, cardiovascular, and psychological correlates of olfactory sensitivity changes during the human strual cycle«. In: *Journal of Comparative Physiology and Psychology, 95* (1981), S. 45–51.

Drewnowski, A., Lee, D. K & Kahn, D. D.: »Bulimia in college women: Incidence and recovery rates«. In: *American Journal of Psychiatry, 145* (1988), S. 753–755.

Dugatkin, L. A. & Sargent, R. C.: »Male-male association patterns and female proximity in the guppy Poecilia reticulata«. In: *Behavioral Ecology and Sociobiology, 35* (1994), S. 141.

Dunn, L. B., Damesyn, M., Moore, A. A., Reuben, D. B. & Greendale, C. A.: »Does estrogen prevent skin aging? Results from the first National Health and Nutrition Examination Survey«. In: *Archives of Dermatology, 133* (1997), S. 339–342.

DuRant, R. H., Rickert, V. I., Ashworth, C. S., Newman, C. & Slavens, G.: »Use of multiple drugs among adolescents who use anabolic steroids«. In: *New England Journal of Medicine, 328* (1993), S. 922–926.

Dutton, K. R.: *The Perfectible Body: The Western Ideal of Physical Development.* London: Cassell, 1995.

Eagly, A. H., Ashmore, R. D., Makhijani, M. C. & Longo, L. C.: »What is beautiful is good, but ...: A meta-analytic review of research on the physical attractiveness stereotype«. In: *Psychological Bulletin, 110* (1991), S. 109–128.

Eberhard, W. G.: *Sexual Selection and Animal Genitalia.* Cambridge: Harvard University Press, 1985.

Eco, U.: *Art and Beauty in the Middle Ages.* New Haven: Yale University Press, 1986.

Eibl-Eibesfeldt, I.: *Love and Hate.* New York: Holt, Rinehart and Winston, 1971.

Ekman, P.: *Darwin and Facial Expression: A Century of Research in Review.* New York: Academic Press, 1973.

_____: »Universality of emotional expression? A personal history of the dispute«. In: C. Darwin, 1998.

_____: »Universals and cultural differences in facial expressions of emotion«. In: *Nebraska Symposium on Motivation.* Ed. J. Cole. Lincoln: University of Nebraska Press, 1971.

_____ & Friesen, W. V.: *Unmasking the Face.* Palo Alto: Consulting Psychologists Press, 1984.

Hager, J. C. & Friesen, W. V.: »The symmetry of emotional and deliberate facial actions«. In: *Psychophysiology, 18* (1981), S. 101–105.

Elder, G. H.: »Appearance and education in marriage mobility«. In: *American Sociological Review, 34* (1969), S. 519–533.

Elias, N.: *The Court Society.* Oxford: Basil Blackwell, 1983.

Eliot, C.: *Adam Bede.* New York: Penguin, 1981.

Ellis, B. J. & Symons, D.: »Sex differences in sexual fantasy: An evolutionary psychological approach«. In: *Journal of Sex Research, 27* (1990), S. 527–555.

Enlow, D. H.: *Handbook of Facial Growth.* Philadelphia: W. B. Saunders, 1982.

Ernster, V. L., Grady, D., Miike, R., Black, D., Selby, J., Kerlikowske, K.: »Facial wrinkling in men and women by smoking status«. In: *American Journal of Public Health, 85* (1995), S. 78–82.

Etcoff, N. L.: »Asymmetries in recognition of emotion«. In: *Handbook of Neuropsychology.* Vol. 3. Ed. F. Boller and J. Grafman. Amsterdam: Elsevier, 1989.

_____: »Beauty and the beholder«. In: *Nature, 368* (1994), S. 186–187.

_____: »Perceptual and conceptual organization of facial emotions: Hemispheric differences«. In: *Brain and Cognition, 3* (1984), S. 385–412.

_____: »Selective attention to facial identity and facial emotion«. In: *Neuropsychologia, 22* (1984), S. 281–295.

_____, Freeman, R. & Cave, K.: »Can we lose memories of faces? Content specificity and awareness in a prosopagnosic«. In: *Journal of Cognitive Neuroscience, 3* (1991), S. 25–41.

Evans, D. J., Barth, J. H. & Burkem, C. W.: »Body fat topography in women with androgen excess«. In: *International Journal of Obesity, 12* (1988), S. 157–162.

Fallon, A. E. & Rozin, P.: »Sex differences in perception of desirable body shape«. In: *Journal of Abnormal Psychology, 94* (1985), S. 102–105.

Farkas, L. G., Hreczko, T. A., Kolar, J. C. & Munro, I. R.: »Vertical and horizontal proportions of the face in young adult North American Caucasians: Revisions of neoclassical canons«. In: *Plastic and Reconstructive Surgery, 75* (1985), S. 328–338.

_____, Munro, I. R. & Kolar, J. C.: »The validity of neoclassical facial proportion canons«. In: *Anthropometric Facial Proportions in Medicine.* Ed. L. G. Farkas & I. R. Munro. Springfield, IL: Charles C. Thomas, 1987.

Feingold, A.: »Good looking people are not what we think«. In: *Psychological Bulletin, 111* (1992), S. 304–341.

_____: »Matching for attractiveness in romantic partners and same-sex friends: A meta-analysis and theoretical critique«. In: *Psychological Bulletin, 104* (1988), S. 226–235.

_____ & Mazzella, R: »Gender differences in body image are increasing«. In: *Psychological Science, 9* (1998), S. 190–195.

Feinman, S. & Gill, G. W.: »Sex differences in physical attractiveness preferences«. In: *Journal of Social Psychology, 105* (1978), S. 43–52.

Ferrario, V. F., Sforza, C., Pizzini, G., Vogel, G. & Miani, A.: »Sexual dimorphism in the human face assessed by euclidean matrix analysis«. In: *Journal of Anatomy, 183* (1993), S. 593–600.

Findlay, G. H. & de Beer, H. A.: »Chronic hydroquinone poisoning of the skin from skin-lightening cosmetics. A South African epidemic of ochronosis of the face in dark-skinned individuals«. In: *South African Medical Journal, 57* (1980), S. 187–190.

Fisher, H.: *Anatomy of Love: The Mysteries of Mating, Marriage, and Why We Stray.* New York: Fawcett Columbine, 1992.

Fisher, R. A.: *The Genetical Theory of Natural Selection.* 2nd ed. New York: Dover, 1958.

Fisher, W. A., Branscombe, N. R. & Lemery, C. R.: »The bigger the better? Arousal and attributional responses to erotic stimuli that depict different penis sizes«. In: *Journal of Sex Research, 19* (1983), S. 377–396.

Fleming, I.: *Goldfinger.* New York: Macmillan, 1959.

Flugel, J. C.: *The Psychology of Clothes.* London: Hogarth Press, 1966.

Fombonne, E.: »Anorexia nervosa: No evidence of an increase«. In: *British Journal of Psychiatry, 166* (1995), S. 462–471.

Ford, C. S. & Beach, F. A.: *Patterns of Sexual Behavior.* New York: Harper and Row, 1951.

Ford, E. S., Freedman, D. S. & Byers, T.: »Baldness and ischemic heart disease in a national sample of men«. In: *American Journal of Epidemiology, 143* (1996), S. 651–657.

France, A.: *Penguin Island.* Trans. A. W. Evans. Norwalk, CT: Heritage Press, 1975.

Frank, R. & Cook, P. J.: *The Winner-Take-All Society.* New York: Penguin, 1995.

Fraser, K.: *Scenes from the Fashionable World.* New York: Alfred Knopf, 1987.

_____: Introduction. In: Liberman and Wintour, 1992.

Frayser, S.: *Varieties of Sexual Experience*: *An Anthropological Perspective on Human Sexuality.* New Haven: HRAF Press, 1985.

Freud, S.: *Civilization and Its Discontents.* Trans. James Strachey. New York: W. W. Norton, 1961.

_____: *Three Essays on the Theory of Sexuality.* Trans James Strachey. New York: Basic Books, 1962.

Freund, R. M. & Nolan, W. B.: »Correlation between brow lift outcomes and aesthetic ideals for eyebrow height and shape in females«. In: *Plastic and Reconstructive Surgery, 97* (1996), S. 1343–1348.

Frieze, I. H., Olson, J. E. & Good, D. C.: »Perceived and actual discrimination in the salaries of male and female managers«. In: *Journal of Applied Social Psychology, 20* (1990), S. 46–67.

Frisch, R. E.: »Fatness and fertility«. In: *Scientific American, 258* (1988), S. 70–77.

Frost, P.: »Human skin color: A possible relationship between its sexual dimorphism and its social perception«. In: *Perspectives in Biology and Medicine, 32* (1988), S. 38–58.

_____: »Human skin color: The sexual differentiation of its social perception«. In: *Mankind Quarterly, 30* (1982), S. 3–16.

Furnham, A. & Alibhai, N.: »Cross-cultural differences in the perception of female body shapes«. In: *Psychological Medicine, 13* (1983), S. 829–837.

_____ & Baguma, P.: »Cross-cultural differences in the evaluation of male and female body shapes«. In: *International Journal of Eating Disorders, 15* (1994), S. 81–89.

Fussell, S. W.: *Muscle*: *The Confessions of an Unlikely Bodybuilder.* New York: Poseidon Press, 1991.

Galton, F.: »Composite portraits«. In: *Nature, 18* (1878), S. 97–100.

_____: »Generic Images«. In: *Proceedings of the Royal Institution, 9* (1879), S. 161–170.

_____: *Inquiries into Human Faculty and Its Development.* London: Macmillan, 1883.

Gangestad, S. W. & Buss, D. M.: »Pathogen prevalence and human mate preferences«. In: *Ethology and Sociobiology, 14* (1993), S. 89–96.

_____, Thornhill, R. & Yeo R. A.: »Facial attractiveness, developmental stability, and fluctuating asymmetry«. In: »Ethology *and Sociobiology, 15* (1994), S. 73–85.

Gardner, M.: »The cult of the golden ratio«. In: *Skeptical Inquirer, 18* (1994), S. 243–247.

Garn, S. M.: »From the Miocene to olestra: a historical perspective on fat consumption«. In: *Journal of the American Dietary Association, 97* (1997), S. S54–57.

_____, Sullivan, T. V. & Hawthorne, V. M.. »Education level, fatness, and fatness differences between husbands and wives«. In: *American Journal of Clinical Nutrition, 50* (1989), S. 749–754.

320

Gedo, J. E.: *Portraits of the Artists*: *Psychoanalysis of Creativity and Its Vicissitudes.* New York: Guilford, 1983.

Ghyka, M.: *The Geometry of Art and Life.* New York: Dover, 1977.

Giddon, D. B.: »Orthodontic applications of psychological and perceptual studies of facial esthetics«. In: *Seminars in Orthodontics, 1* (1995), S. 82–93.

_____, Bernier, D. L., Evans, C. A. & Kinchen, J. A.: »Comparison of two computer-animated imaging programs for quantifying facial profile preference«. In: *Perceptual and Motor Skills, 82* (1996), S. 1251–1264.

Gilbert, C. & Bakan, P.: »Visual asymmetry in perception of faces«. In: *Neuropsychologia, 11* (1973), S. 355–362.

Gillis, J. S.: *Too tall, too small.* Champaign, IL: Institute for Personality and Ability Testing, 1982.

_____ & Avis, W. E.: »The male-taller norm in mate selection«. In: *Personality and Social Psychology Bulletin, 6* (1980), S. 396–401.

Goffman, E.: »Symbols of class status«. In: *British Journal of Sociology, 2* (1951), S. 294–304.

Goin, J. M. & Goin, M. C.: *Changing the Body*: *Psychological Effects of Plastic Surgery.* Baltimore: Williams and Wilkins, 1981.

Goldstein, A. G. & Papageorge, J.: »Judgements of facial attractiveness in the absence of eye movements«. In: *Bulletin of the Psychonomic Society, 15* (1980), S. 269–270.

Gombrich, E. H.: »The mask and the face: The perception of physiognomic likeness in life and in art«. In: *Art, Perception, and Reality.* Ed. E. H. Gombrich, J. Hochberg & M. Black. Baltimore: Johns Hopkins University Press, 1972.

Goodall, J. V. L.: »The behavior of free-living chimpanzees in the Gombe stream area«. In: *Animal Behavior Monographs, 1* (1968), S. 161–311.

Goodman, A. H.: »Bred in the bone?« In: *The Sciences*, March/April 1997, 20–25.

Gordon, R. A.: *Anorexia and Bulimia*: *Anatomy of a Social Epidemic.* Cambridge: Basil Blackwell, 1990.

Goren, C. C., Sarty, M. & Wu, P. Y. K.: »Visual following and pattern discrimination of facelike stimuli by newborn infants«. In: *Pediatrics, 56* (1975), S. 544–549.

Gould, S. J.: »A biological homage to Mickey Mouse«. In: S. J. Gould, *The Panda's Thumb*: *More Reflections in Natural History.* New York: W. W. Norton, 1980.

_____: »Petrus Camper's angle«. In: S. J. Gould, *Bully for Brontosaurus*: *Reflections in Natural History.* New York: W. W. Norton, 1992.

Graddol, D. & Swarin, J.: *Gender Voices.* Oxford: Basil Blackwell, 1989.

Grady, D. & Ernster, V. L.: »Does cigarette smoking make you old and ugly?« In: *American Journal of Epidemiology, 135* (1995), S. 839–842.

Grammer, K.: »5-a-androst-162n-3a-on: A male pheromone? A brief report«. In: *Ethology and Sociobiology, 14* (1993), S. 201–207.

_____ & Thornhill, R.: »Human (Homo sapiens) facial attractiveness and sexual selection: The role of symmetry and averageness«. In: *Journal of Comparative Psychology, 108* (1994), S. 233–242.

Graziano, W. G., Brothen, T. & Berscheid, E.: »Height and attraction: Do men see women eye to eye?« In: *Journal of Personality, 46* (1978), S. 128–145.

_____, Jensen-Campbell, L. A., Shebilske, L. J. & Lundgren, S. R.: »Social influence, sex differences, and judgements of beauty: Putting the interpersonal back in interpersonal attraction«. In: *Journal of Personality and Social Psychology, 65* (1993), S. 522–531.

321

Green, C. D.: »All that glitters: A review of psychological research on the aesthetics of the golden section«. In: *Perception, 24* (1995), S. 937–968.

Gross, M.: *Model: The Ugly Business of Beautiful Women.* New York: William Morrow, 1995.

Gutek, B. A.: *Sex and the Workplace: The Impact of Sexual Behavior and Harassment on Women, Men and the Organization.* San Francisco, Jossey-Bass, 1985.

Gwynne, D. T.: »Genitally does it«. In: *Nature, 393* (1998), S. 734–735.

Haight, G.: *George Eliot, A Biography.* London: Penguin, 1968.

_____: *George Eliot, Letters.* London: Oxford University Press, 1954.

Haiken, E.: *Venus Envy: A History of Cosmetic Surgery.* Baltimore: John Hopkins University Press, 1997.

Haith, M. M., Bergman, T. & Moore, M. J.: »Eye contact and face scanning in early infancy«. In: *Science, 198* (1977), S. 853–855.

Hamermesh, D. S. & Biddle, J. E.: »Beauty and the labor market«. In: *American Economic Review, 84* (1994), S. 1174–1194.

Hamilton, W. D. & Zuk, M.: »Heritable true fitness and bright birds: A role for parasites«. In: *Science, 218* (1982), S. 384–387.

Harris, M.: *Our Kind: Who We Are, Where We Came From, and Where We Are Going.* New York: HarperPerennial, 1989.

Hart, K. J. & Ollendick, T. H.: »Prevalence of bulimia in working and university women«. In: *American Journal of Psychiatry, 142* (1985), S. 851–853.

Hartnett, J. J., Bailey K. G. & Hartley, C.: »Body height, position, and sex as determinants of personal space«. In: *Journal of Psychology, 87* (1974), S. 129–136.

Hasky, J.: »Social class differentials in remarriage after divorce: Results from a forward linkage study«. In: *Population Trends, 47* (1987), S. 34–42.

Hatala, M. N. & Prehodka, J.: »Content analysis of gay male and lesbian personal advertisements«. In: *Psychological Reports, 78* (1996), S. 371–374.

Hatfield, E. & Sprecher, S.: *Mirror, Mirror: The Importance of Looks in Everyday Life.* Albany: State University of New York Press, 1986.

Heilman, M. E. & Saruwatari, L. R.: »When beauty is beastly: The effects of appearance and sex on evaluations of job applicants for managerial and nonmanagerial jobs«. In: *Organizational Behavior and Human Performance, 23* (1979), S. 360–372.

Held, B. L., Nader, S., Rodriguez-Rigau, L. J., Smith, K. D. & Steinberger, E.: »Acne and hyperandrogenism«. In: *Journal of the American Academy of Dermatology, 10* (1984), S. 223–226.

Hensley, W. E. & Cooper, R.: »Height and occupational success: A review and critique«. In: *Psychological Reports, 60* (1987), S. 843–849.

Hersey, G.: *The Evolution of Allure: Sexual Selection from the Medici Venus to the Incredible Hulk.* Cambridge: MIT Press, 1996.

Hess, E. H.: »Attitude and pupil size«. In: *Scientific American, 212* (1965), S. 46–54.

_____ & Polt, J. H.: »Pupil size related to interest value of visual stimuli«. In: *Science, 132* (1960), S. 349–350.

Hess-Biber, S.: *Am I Thin Enough Yet? The Cult of Thinness and the Commercialization of Identity.* New York: Oxford University Press, 1996.

Hickey, D.: *The Invisible Dragon: Four Essays on Beauty.* Los Angeles: Art Issues Press, 1994.

Hinsz, V. B.: »Facial resemblance in engaged and married couples«. In: *Journal of Social and Personal Relationships, 6* (1989), S. 223–229.

Hirukawa, T. & Yamaguchi, M.: »Effect of sexual dimorphism on human facial attractiveness«. In: *ATR HIP Research Laboratories,* 1996.

Hoare, P.: *Serious Pleasures: The Lift of Stephen Tennant.* New York: Hamish Hamilton, 1991.

Hoetink, H.: *The Two Variants in Caribbean Race Relations: A Contribution to the Sociology of Segmented Societies.* New York: Oxford University Press, 1967.

Hofstadter, A. & Kuhns, R., eds.: *Philosophies of Art and Beauty: Selected Readings in Aesthetics from Plato to Heidegger.* Chicago: University of Chicago Press, 1964.

Hoglund, J., Eriksson, M. & Lindell, L. E.: »Females of the lek-breeding great snipe, Gallinago media, prefer white tails«. In: *Animal Behavior, 40* (1990), S. 23–32.

Hollander, A.: *Seeing Through Clothes.* Berkeley: University of California Press, 1993.

Horai, J., Naccari, N., Fatoullen, E.: »The effects of expertise and physical attractiveness upon opinion agreement and liking«. In: *Sociometry, 37* (1974), S. 601–606.

Horvath, T.: »Correlates of physical beauty in men and women«. In: *Social Behavior and Personality, 7* (1979), S. 145–151.

Huntley, H. E.: *The Divine Proportion: A Study in Mathematical Beauty.* New York: Dover, 1970.

Iliffe, A. H.: »A study of preferences in feminine beauty«. In: *British Journal of Psychology, 51* (1960), S. 267–273.

Jackson, D. J. & Huston, T. L.: »Physical attractiveness and assertiveness«. In: *Journal of Social Psychology, 96* (1975), S. 79–84.

Jackson, L. A.: *Physical Appearance and Gender: Sociobiological and Sociocultural Perspectives.* Albany: State University of New York Press, 1992.

_____ & Cash, T. F.: »Components of gender stereotypes and their implications for inferences on stereotypic and nonstereotypic dimensions«. In: *Personality and Social Psychology Bulletin, 11* (1985), S. 326–344.

_____ & Ervin, K. S.: »Height stereotypes of women and men: The liability of shortness for both sexes«. In: *Journal of Social Psychology, 132* (1991), S. 433–445.

_____, Hunter, J. E. & Hodge, C. N.: »Physical attractiveness and intellectual competence: A meta-analytic review«. In: *Social Psychology Quarterly, 58* (1995), S. 108–122.

Jacobson, E.: *The Self and the Object World.* New York: International Universities Press, 1964.

Jacobson, W. E., Edgerton, M. T., Meyer, E., Canter, A. & Slaughter, R.: »Psychiatric evaluation of male patients seeking cosmetic surgery«. In: *Plastic and Reconstructive Surgery, 26* (1960), S. 356–371.

Jaffe, B. & Fanshel, D.: *How They Fared in Adoption: A Follow-up Study.* New York: Columbia University Press, 1970.

James, H.: *Selected Letters.* Ed. Leon Edel. Cambridge: Harvard University Press, 1987.

Jankowiak, W. R., Hill, E. M. & Donovan, J. M.: »The effects of sex and sexual orientation on attractiveness judgments: An evolutionary interpretation«. In: *Ethology and Sociobiology, 12* (1992), S. 73–85.

Johnston, V. S. & Franklin, M.: »Is beauty in the eye of the beholder?« In: *Ethology and Sociobiology, 14* (1993), S. 183–199.

_____ & Oliver-Rodriguez, J. C.: »Facial beauty and the late positive component of event-related potentials«. In: *Journal of Sex Research, 34* (1997), S. 188–198.

Jones, D. M.: *The Evolutionary Psychology of Human Physical Attractiveness: Results from Five Populations.* Ph.D. Diss. University of Michigan, Ann Arbor, 1994.

_____: »Sexual selection, physical attractiveness, and facial neoteny«. In: *Current Anthropology, 36* (1995), S. 723–748.

_____ & Hill, K.: »Criteria of facial attractiveness in five populations«. In: *Human Nature, 4* (1993), S. 271–296.

Joyce, J.: *A Portrait of the Artist as a Young Man.* New York: Viking Press, 1971.

Kant, I.: *Observations on the Feeling of the Beautifull and the Sublime.* Trans. J. T. Goldthwait. Berkeley: University of California Press, 1960.

Kaplan, R. M.: »Is beauty talent? Sex interaction in the attractiveness halo effect«. In: *Sex Roles, 4* (1978), S. 195–204.

Keating, C., Mazur, A., Segall, M.: »A cross-cultural exploration of physiognomic traits of dominance and happiness«. In: *Ethology and Sociobiology, 2* (1981), S. 41–48.

Keil, F.: *Concepts, Kinds, and Conceptual Development.* Cambridge: MIT Press, 1989.

Kelsh, N.: *Naked Babies.* New York Penguin Studio, 1996.

Kenrick, D. T. & Gutierres, S. E.: »Contrast effects and judgments of physical attractiveness: When beauty becomes a social problem«. In: *Journal of Personality and Social Psychology, 38* (1980), S. 131–140.

_____, Gutierres, S. E. & Goldberg, L. L.: »Influences of popular erotica on judgments of strangers and mates«. In: *Journal of Experimental Social Psychology, 25* (1989), S. 159–167.

Keyes, R.: *The Height of Your Life.* Toronto: Little Brown, 1980.

Kirkpatrick, M.: »Sexual selection: Is bigger always better?« In: *Nature, 337* (1989), S. 116.

Kirk-Smith, M. D. & Booth, D. A.: »Effects of Androstenone on choice of location in others' presence«. In: *Olfaction and Taste.* Vol. 7. Ed. H. van der Starre. London: IRL Press, 1980.

_____, Booth, D. A., Carroll, D. & Davies, P.: »Human social attitudes affected by androstenol«. In: *Research Communications in Psychology, Psychiatry, and Behavior, 3* (1978), S. 379–384.

Knecht, H., Pike-Tay, A., White, R.: *Before Lascaux: The Complex Record of the Early Upper Paleolithic.* Boca Raton: CRC Press, 1993.

Knight, C., Powers, C. & Watts, I.: »The human symbolic revolution; A Darwinian account«. In: *Cambridge Archaeological Journal, 5* (1995), S. 75–114.

Koch, R. J., Troell R. J., Goode, R. L.: »Contemporary management of the aging brow and forehead«. In: *Laryngoscope, 107* (1997), S. 710–715.

Koerner, J. L.: *The Moment of Self-Portraiture in German Renaissance Art.* Chicago: University of Chicago Press, 1993.

Koeslag, J. H.: »Koinophilia groups sexual creatures into species, promotes stasis, and stabilizes social behavior«. In: *Journal of Theoretical Biology, 144* (1990), S. 15–35.

Komori, T., Fujiwara, R., Tanida, M., Nomura, J. & Yokoyama, M. M.: »Effects of citrus fragrance on immune function and depressive status«. In: *Neuroimmunomodulation, 2* (1995), S. 174–180.

Konner, M.: *The Tangled Wing: Biological Constraints on the Human Spirit.* New York: Harper Colophon, 1982.

Kowner, R.: »Facial asymmetry and attractiveness judgments in developmental perspective«. In: *Journal of Experimental Psychology: Human Perception and Performance, 22* (1996), S. 662–675.

Kramer, P. D.: *Listening to Prozac: A Psychiatrist Explores Antidepressant Drugs and the Remaking of the Self.* New York: Penguin, 1993.

Krebs, D. & Adinolfi, A. A.: »Physical attractiveness social relations, and personality style«. In: *Journal of Personality and Social Psychology, 31* (1975), S. 245–253.

Kundera, M.: *The Book of Laughter and Forgetting.* New York: Penguin, 1981.

Kurtz, D. L.: »Physical appearance and stature: Important variables in sales recruiting«. In: *Personnel Journal, 48* (1969), S. 981–983.

Lakoff, R. T. & Scherr, R. L.: *Face Value: the Politics of Beauty.* Boston: Routledge & Kegan Paul, 1984.

Lambert, E.: *The Face of Love: Feminism and the Beauty Question.* Boston: Beacon Press, 1995.

Landy, D. & Sigall, H.: »Beauty is talent: Task evaluation as a function of the performer's physical attractiveness«. In: *Journal of Personality and Social Psychology, 29* (1974), S. 299–304.

Langlois, J. H., Ritter, J. M., Casey, R. J. & Savin, D. B.: »Infant attractiveness predicts maternal behaviors and attitudes«. In: *Developmental Psychology, 31* (1995), S. 464–472.

_____, Ritter, J. M., Roggman, L. A. & Vaughn, L. S.: »Facial diversity and infant preferences for attractive faces«. In: *Developmental Psychology, 27* (1991), S. 79–84.

_____ & Roggman, L. A.: »Attractive faces are only average«. In: *Psychological Science, 1* (1990), S. 115–121.

_____, Roggman, L. A., Casey, R. J., Ritter, J. M., Rieser-Danner, L. A. & Jenkins, V. Y.: »Infant preferences for attractive faces: Rudiment of a stereotype?« In: *Developmental Psychology, 23* (1987), S. 363–369.

_____, Roggman, L. A. & Musselman, L.: »What is average and what is riot average about attractive faces«. In: *Psychological Science, 5* (1994), S. 214–220.

_____, Roggman, L. A. & Rieser-Danner, L. A.: »Infants' differential social response to attractive and unattractive faces«. In: *Developmental Psychology, 26* (1990), S. 153–159.

Lappe, M.: *The Body's Edge: Our Cultural Obsession with Skin.* New York: Henry Holt, 1996.

Lauder, E.: *Estee: A Success Story.* New York: Random House, 1985.

Laver, J.: *Costume and Fashion: A Concise History.* New York: Thames & Hudson, 1985.

Lavrakas, P. J.: »Female preference for male physiques«. In: *Journal of Research in Personality, 9* (1975), S. 324–334.

Lehrman, K.: *The Lipstick Proviso: Women, Sex, and Power in the Real World.* New York: Anchor, 1997.

Lesko, S. M., Rosenberg, L. & Shapiro, S.: »A case-control study of baldness in relation to myocardial infarction in men«. In: *Journal of the American Medical Association, 269* (1993), S. 998–1003.

Lewontin, R.: *Human Diversity.* New York: Scientific American Library, 1995.

Liberman, A. & Wintour, A., eds.: *On the Edge: Images from 100 Years of Vogue.* New York: Random House, 1992.

Lindzey, G.: »Morphology and Behavior«. In: *Theories of Personality: Primary Sources and Research.* 2nd ed. Ed. C. Lindzey, C. S. Hall & M. Manosevitz. New York: John Wiley, 1973.

Lipovetsky, G.: *The Empire of Fashion: Dressing Modern Democracy.* Trans. Catherine Porter. Princeton: Princeton University Press, 1994.

Lin, D., Diorio, J., Tannenbaum, B., Cadji, C., Francis, D., Freedman, A., Sharma, S., Pearson, D., Plotsky, P. M. & Meaney, J. M.: »Maternal care, hippocampal glucocorticoid receptors, and hypothalamic-pituitary-adrenal response to stress«. In: *Science, 277* (1997), S. 1659–1662.

Loh, E. S.: »The economic effects of physical appearance«. In: *Social Science Quarterly, 74* (1993), S. 420–438.

Lord, M. G.: *Forever Barbie: The Unauthorized Biography of a Real Doll.* New York: William Morrow, 1994.

Low, B. S., Alexander, R. D. & Noonan, K. M.: »Human hips, breasts and buttocks: Is fat deceptive?« In: *Ethology and Sociobiology, 8* (1986), S. 249–257.

Lowe, N. J., Maxwell, A. & Harper, H.: »Botulinum A exotoxin for glabellar folds: A double-blind placebo-controlled study with an electromyographic injection technique«. In: *Journal of the American Academy of Dermatology, 35* (1996), S. 569–572.

Lucker, W., Beane, W. E. & Hemreich, R. L.: »The strength of the halo effect in physical attractiveness research«. In: *Journal of Psychology, 107* (1981), S. 69–75.

Lurie, A.: *The Language of Clothes.* New York: Random House, 1981.

Lykken, D. & Tellegen, A.: »Happiness is a stochastic phenomenon«. In: *Psychological Science, 7* (1996), S. 186–189.

Lynn, M. & Shurgot, B. A.: »Responses to lonely hearts advertisements: effects of reported physical attractiveness, physique and coloration«. In: *Personality and Social Psychology Bulletin, 10* (1984), S. 349–357.

Lyon, B. E., Eadier, J. M. & Hamilton, C. D.: »Parental choice selects for ornamental plumage in American coot chicks«. In: *Nature, 371* (1993), S. 240–243.

Mackenzie, M.: »The pursuit of slenderness and addiction to self-control«. In: *Nutrition Update.* Vol. 2. Ed. J. Weininger and C. M. Briggs. New York: John Wiley and Sons, 1985.

Madsen, A.: *Chanel: A Woman of Her Own.* New York: Henry Holt, 1990.

Magli, P.: »The face and the soul«. In: *Fragments for a History of the Human Body.* Part 2. Ed. Michel Feher with Ramona Naddaff and Nadia Tazi. New York: Zone, 1989.

Maheux, R., Naud, F., Rioux, M., Grenier, R., Lemay, A. & Langevin, M.: »A randomized, double-blind, placebo-controlled study on the effect of conjugated estrogens on skin thickness«. In: *American Journal of Obstetrics and Gynecology, 170* (1994), S. 642–649.

Maier, R. A., Holmes, D. L., Slaymaker, F. L. & Reich, J. N.: »The perceived attractiveness of preterm infants«. In: *Infant Behavior and Development, 7* (1984), S. 403–414.

_____ & Lavrakas, P. J.: »Attitudes toward women, personality rigidity, and idealized physique preferences in males«. In: *Sex Roles, 11* (1984), S. 425–433.

Malinowski, B.: *The Sexual Life of Savages in North-Western Melanesia.* New York: Harcourt, Brace, and World, 1929.

Mann, J.: »Nurturance or negligence: Maternal psychology and behavioral preference among preterm infants«. In: Barkow, Cosmides and Tooby, 1992.

Mann, S.: »Smart Clothing: The Wearable Computer and Wearcam«. In: *Personal Technologies, 1* (March 1997).

Mann, T.: *Death in Venice.* New York: Bantam, 1971.

Manning, J. T.: »Fluctuating asymmetry and body weight in men and women: Implications for sexual selection«. In: *Ethology and Sociobiology, 15* (1995), S. 145–153.

Marks, N. F.: »Flying solo at midlife: Gender, marital status, and psychological well-being«. In: *Journal of Marriage and the Family, 58* (1996), S. 917–932.

Marks, D. V. P.: *Human Beauty: An Economic Analysis.* Ph.D. Thesis, Harvard University, Cambridge, MA, 1989.

Markusson, E. & Folstad, I.: »Reindeer antlers: Visual indicators of individual quality?« In: *Oecologia, 110* (1997), S. 501–507.

Martel, L. F. & Biller, H. B.: *Stature and Stigma: The Biopsychosocial Development of Short Males.* Lexington, MA: Lexington Books, 1987.

Masters, W. H. & Johnson, V. E.: *Human Sexual Response.* Boston: Little Brown, 1966.

Matory, W. E., Jr.: »Definitions of Beauty in the Ethnic Patient«. In: *Ethnic Considerations in Facial Aesthetic Surgery.* Ed. W. E. Matory, Jr. Philadelphia: Lippincott-Raven, 1998.

Maurer, D. & Young, R.: »Newborns' following of natural and distorted arrangements of facial features«. In: *Infant Behavior and Development, 6* (1983), S. 127–131.

Mazella, R. & Feingold, A.: »The effects of physical attractiveness, race, socioeconomic status, and gender of defendants and victims on judgments of mock jurors: a meta-analysis«. In: *Journal of Applied Social Psychology, 24* (1994), S. 1315–1344.

Mazur, A.: »U.S. Trends in feminine beauty and overadaptation«. In: *Journal of Sex Research, 22* (1986), S. 281–303.

_____, Halpern, C., Udry, J. R.: »Dominant looking male teenagers copulate earlier«. In: *Ethology and Sociobiology, 15* (1994), S. 87–94.

_____, Mazur, J., Keating, C.: »Military rank attainment of a West Point class: Effects of cadets' physical features«. In: *American Journal of Sociology, 90* (1984), S. 125–150.

McCabe, V.: »Facial proportions, perceived age, and caregiving«. In: *Social and Applied Aspects of Perceiving Faces.* Ed. T. R. Alley. Hillsdale, NJ: Erlbaum, 1988.

McCracken, G.: *Big Hair: A Journey into the Transformation of Self.* Woodstock, NY: Overlook Press, 1995.

McGinnis, J.: *The Selling of the President.* New York: Andre Deutsch, 1976.

McGuire, M. T.: *Darwinian Psychiatry.* New York: Oxford University Press, 1998.

McManus, I. C. & Humphrey, N. K.: »Turning the left cheek«. In: *Nature, 24* (1973), S. 271–272.

Meerdink, J. E., Garbin, C. P. & Leger, D. W.: »Cross-gender perceptions of facial attributes and their relation to attractiveness: Do we see them differently than they see us?« In: *Perception and Psychophysics, 48* (1990), S. 227–233.

Meltzoff, A. N. & Moore, M. K.: »Imitation of facial and manual gestures by human neonates«. In: *Science, 198* (1977), S. 75–78.

Menkin, J., Trussell, J. & Larsen, U.: »Age and infertility«. In: *Science, 233* (1986), S. 1389–1394.

Michael, R. T., Gagnon, J. H., Laumann, E. O. & Kolata, G.: *Sex in America: A Definitive Survey.* Boston: Little Brown, 1994.

Mifflin, M.: *Bodies of Subversion: A Secret History of Women and Tattoo.* New York: Juno Books, 1997.

Miller, T.: *How to Want What You Have: Discovering the Magic and Grandeur of Ordinary Existence.* New York: Avon, 1995.

Miller, W. I.: *The Anatomy of Disgust.* Cambridge: Harvard University Press, 1997.

Minsky, M.: »Negative expertise«. In: *International Journal of Expert Systems, 7* (1994), S. 13–19.

Mintz, L. B. & Betz, N. E.: »Sex differences in the nature, realism, and correlates of body image«. In: *Sex Roles, 15* (1986), S. 185–195.

Mitchell, M.: *Gone With the Wind.* New York: MacMillan, 1938.

Mithen, S.: *The Prehistory of the Mind*: *The Cognitive Origins of Art, Religion, and Science*. London: Thames and Hudson, 1996.

Moghaddam, B. & Pentland, A.: »Probabilistic visual learning for object representation«. In: *IEEE Transactions on Pattern Analysis and Machine Intelligence, 7* (July 1971), S. 696–710.

Moller, A. P.: »Bumblebee ~ preference for symmetrical flowers«. In: *Proceedings of the National Academy of Science, 92* (1995), S. 2288–2292.

_____: »Female choice selects for male sexual tail ornaments in the monogamous swallow«. In: *Nature, 332* (1988), S. 640–642.

_____: »Female swallow preference for symmetrical male sexual ornaments«. In: *Nature, 357* (1992), S. 238–240.

_____: »Male ornament size as a reliable cue to enhanced offspring viability in the barn swallow«. In: *Proceedings of the National Academy of Science, 91* (1994), S. 6929–6932.

_____ & Eriksson, M.: »Patterns of fluctuating asymmetry in flowers: Implications for sexual selection in plants«. In: *Journal of Evolutionary Biology, 7* (1994), S. 97–113.

_____, Soler, M. & Thornhill, R.: »Breast asymmetry, sexual selection, and human reproductive success«. In: *Ethology and Sociobiology, 16* (1995), S. 207–219.

_____ & Thornhill, R.: »Bilateral symmetry and sexual selection: A meta-analysis«. In: *American Naturalist, 151* (1998), S. 174–192.

Molloy, J. T.: *Dress for Success*. New York: Warner, 1975.

_____: *The Woman's Dress for Success Book*. New York: Warner, 1978.

Montagna, W.: *The Structure and Function of Skin*. New York: Academic Press, 1962.

_____ & Ellis, R., eds.: *The Biology of Hair Growth*. New York: Academic Press, 1958.

Montague, A.: *Touching*: *The Human Significance of the Skin*. New York: Columbia University Press, 1971.

Montaigne, M.: »On Physiognomy«. In: M. de Montaigne, *Essays*. Trans. J. M. Cohen. New York: Penguin, 1958.

Monti-Bloch, L., Jennings-White, C., Dolberg, D. S. & Berliner, D. L.: »The human vomeronasal system«. In: *Psychoneuroendocrinology, 19* (1994), S. 673–686.

Moore, M. M.: »Nonverbal courtship patterns in women: Context and consequences«. In: *Ethology and Sociobiology, 6* (1985), S. 237–247.

_____ & Butler, D. L.: »Predictive aspects of nonverbal courtship behavior in women«. In: *Semiotica, 76* (1989), S. 205–215.

Morris, D.: *The Human Zoo*. New York: Dell, 1969.

_____: *The Naked Ape*: *A Zoologist's Study of the Human Animal*. New York: McGraw-Hill, 1967

Morselli, P. G.: »The Minotaur syndrome: Plastic surgery of the facial skeleton«. In: *Aesthetic Plastic Surgery, 17* (1993), S. 99–102.

Morton, J. & Johnson, M. H.: »CONSPEC and CONLEARN: A two-process theory of infant face recognition«. In: *Psychological Review, 98* (1991), S. 164–181.

Mueller, U. & Mazur, A.: » Facial dominance of West Point Cadets as a predictor of later military rank«. In: *Social Forces, 74* (1996), S. 823–850.

Mueser, K. T., Grau, B. W., Sussman, S. & Rosen, A. J.: »You're only as pretty as you feel: facial expression as a determinant of physical attractiveness«. In: *Journal of Personality and Social Psychology, 46* (1984), S. 469–478.

Murphy, M. J. & Hellkamp, D. T.: »Attractiveness and personality warmth: Evaluations of paintings rated by college men and women«. In: *Perceptual and Motor Skills, 43* (1976), S. 1163–1166.

Murstein, B. I.: »Physical attractiveness and marital choice«. In: *Journal of Personality and Social Psychology, 22* (1972), S. 8–12.

Muscarella, F. & Cunningham, M. R.: »The evolution significance and social perception of male pattern baldness and facial hair«. In: *Ethology and Sociobiology, 17* (1996), S. 99–117.

Myers, D. G. & Diener, E.: »Who is happy?« In: *Psychological Science, 6* (1995), S. 10–19.

Nadler, A., Shapira, R. & Ben-Itzhak, S.: »Good looks may help: Effects of helper's physical attractiveness and sex of helper on males' and females' help-seeking behavior«. In: *Journal of Personality and Social Psychology, 42* (1982), S. 90–99.

Nelson, J. F., Karelus, K., Bergman, M. D. & Felicio, L. S.: »Neuroendocrine involvement in aging: Evidence from studies of reproductive aging and caloric restriction«. In: *Neurobiology of Aging, 16* (1995), S. 837–843.

Nesse, R. M. & Williams, G. C.: *Why We Get Sick: The New Science of Darwinian Medicine.* New York: Random House, 1994

O'Toole, A. J., Peterson, J. & Deffenbacher, K. A.: »An other-race effect for categorising faces by sex«. In: *Perception, 25* (1996), S. 669–676.

Ovid.: *The Art of Love.* Trans. Rolfe Humphries. Bloomington: Indiana University Press, 1957.

_____: *The Erotic Poems.* Trans. Peter Green. New York: Penguin, 1982.

Orians, G. H. & Heerwagen: »Evolved Responses to Landscapes«. In: Barkow, Cosmides and Tooby, 1992.

Pacteau, F.: *The Symptom of Beauty.* Cambridge: Harvard University Press, 1994.

Pagel, M.: »Parents prefer plumage«. In: *Nature, 371* (1994), S. 200.

Paglia, C.: *Sex, Art, and American Culture.* New York: Vintage, 1992.

_____: *Sexual Personae: Art and Decadence from Nefertiti to Emily Dickinson.* New York: Vintage, 1991.

Panofsky, E.: *Meaning in the Visual Arts.* New York: Harmondsworth, 1970.

Parkinson, D., ed.: *The Graham Greene Film Reader: Reviews, Essays, Interviews and Film Stories.* New York: Applause, 1995.

Payne, B., Winakor, G., Farrell-Beck, J.: *The History of Costume.* 2nd ed. New York: HarperCollins, 1992.

Pentland, A. P.: »Smart Rooms, Smart Clothes«. In: *Scientific American* (April 1998), S. 124.

Perrett, D. I., Lee, K. J., Penton-Voak, I., Rowland, D., Yoshikawa, S., Burt, D. M., Henzi, S. P., Castles, D. & Akamatsu, S.: »Effects of sexual dimorphism on facial attractiveness«. In: *Nature,* im Druck.

_____, May, K. A., Yoshikawa, S.: »Facial shape and judgements of female attractiveness«. In: *Nature, 368* (1994), S. 239–242.

Perrot, P.: *Fashioning the Bourgeoisie: A History of Clothing in the Nineteenth Century.* Trans. R. Bienvenu. Princeton: Princeton University Press, 1994.

Petrie, M.: »Improves growth and survival of offspring of peacocks with more elaborate trains«. In: *Nature, 371* (1994), S. 598–599.

_____, Halliday, T. R. & Sanders, C.: »Peahens prefer peacocks with elaborate trains«. In: *Animal Behavior, 41* (1991), S. 323–331.

Phillips, K. A.: *The Broken Mirror*: *Understanding and Treating Body Dysmorphic Disorder*. New York: Oxford University Press, 1996.

Pinker, S.: *The Language Instinct*. New York: HarperCollins, 1994.

Piper, D.: *The English Face*. London: Thames and Hudson, 1957.

Pipher, M.: *Reviving Ophelia*: *Saving the Selves of Adolescent Girls*. New York: Ballantine, 1994.

Plath, S.: *The Bell Jar*. New York: Alfred Knopf, 1963.

Polhemus, T.: *Style Surfing*: *What to Wear in the Third Millennium*. London: Thames and Hudson, 1996.

Pope, H., Gruber, A. J., Olivardia, R. & Phillips, K. A.: »Muscle dysmorphia: An under-recognized form of body dysmorphic disorder«. In: *Psychosomatics, 38* (1997), S. 548–557.

Katz, D. L. & Hudson, J. I.: »Anorexia nervosa and ›reverse anorexia‹ among 108 male bodybuilders«. In: *Comprehensive Psychiatry, 34* (1993), S. 406–409.

Pound, E.: *Gaudier-Brzeska, a Memoir*. New York: New Directions, 1970.

Ramachandran, V. S.: »Why do gentlemen prefer blondes?« In: *Medical Hypotheses, 48* (1997), S. 19–20.

Rebuffe-Scrive, M.: »Regional adipose tissue metabolism in men and in women during ~ menstrual cycle, pregnancy, lactation, and menopause«. In: *International Journal of Obesity, 11* (1987), S. 347–355.

_____, Culberg, G., Lundberg, P. A., Lindstedt, G. & Bjorntorp, P.: »Anthropometric variables and metabolism in polycystic ovarian disease«. In: *Hormone Metabolic Research, 21* (1989), S. 391–397.

Rhodes, G.: *Superportraits*: *Caricatures and Recognition*. East Sussex, UK: Psychology Press, 1996.

_____, Profitt, F., Grady, J. M. & Sumich, A.: »Facial symmetry and the perception of beauty«. In: *Psychonomic Bulletin and Review*, im Druck.

_____ & Tremewan, T.: »Averageness, exaggeration, and facial attractiveness«. In: *Psychological Science, 7* (1996), S. 105–110.

Ricketts, R. M.: »Divine proportions in facial aesthetics«. In: *Clinics in Plastic Surgery, 9* (1982), S. 401–422.

Ritter, J. M., Casey, R. J. & Langlois, J. H.: »Adults' responses to infants varving in appearance of age and attractiveness«. In: *Child Development, 62* (1991), S. 68–82.

Rodin, J.: *Body Thaps*: *How to Overcome Your Body Obsessions and Liberate the Real You*. London: Vermilion, 1992.

Romm, S.: *The Changing Face of Beauty*. St. Louis: Mosby, 1992.

Rooks, N. M.: *Hair Raising*: *Beauty, Culture, and African American Women*. New Brunswick: Rutgers University Press, 1996.

Rosa, R. A. & Kotkin, H. C.: »That acquired masseteric look«. In: *Journal of Dentistry for Children* (March-April 1996), S. 105–107.

Rose, P.: *Parallel Lives*: *Five Victorian Marriages*. New York: Vintage, 1984.

Rosenberg, A. & Kagan, J.: »Iris pigmentation and behavioral inhibition«. In: *Development Psychobiology, 20* (1987), S. 377–392.

_____ & Kagan, J.: »Physical and physiological correlates of behavioral inhibition«. In: *Development Psychobiology, 22* (1989), S. 753–770.

Rowley, H. A., Baluja, S. & Kanade, T.: »Human face detection in visual scenes«. In: *Carnegie Mellon Computer Science Technical Report*, CMU-CS-95, 158R, November 1995.

330

Rozin, P. & Fallon, A.: »Body image, attitudes to weight, and misperceptions of figure preferences of the opposite sex: A comparison of men and women in two generations«. In: *Journal of Abnormal Psychology, 97* (1988), S. 342–345.

RuPaul.: *Lettin It All Hang Out: An Autobiography.* New York: Hyperion, 1995.

Russell, B.: *The Conquest of Happiness.* New York: Liveright, 1958.

Russell, K., Wilson, M. & Hall, R.: *The Color Complex: The Politics of Skin Color Among African Americans.* New York: Anchor, 1993.

Sadalla, E. K., Kenrick, D. T., Vershure, B.: »Dominance and heterosexual attraction«. In: *Journal of Personality and Social Psychology, 52* (1987), S. 730–738.

Saivia, J., Sheare, J. B. & Algozzine, B.: »Facial attractiveness and personal-social development«. In: *Journal of Abnormal Child Psychology, 3* (1973), S. 171–178.

Samuels, C. A., Butterworth, G., Roberts, T., Graupner, L. & Hole, G.: »Facial aesthetics: Babies prefer attractiveness to symmetry«. In: *Perception, 23* (1994), S. 823–831.

Santayana, G.: *The Sense of Beauty: Being the Outline of Aesthetic Theory.* New York: Dover, 1955.

Sapolsky, R.: »The importance of a well-groomed child«. In: *Science, 277* (1997), S. 1620–1621.

Scafidi, F. A., Field, T. & Schanberg, S. M.: »Factors that predict which preterm infants benefit most from massage therapy«. In: *Journal of Development and Behavioral Pediatrics, 14* (1993), S. 176–180.

Schanberg, S. M. & Field, T. M.: »Sensory deprivation stress and supplemental stimulation in the rat pup and preterm human neonate«. In: *Child Development, 58* (1987), S. 1431–1447.

Schenkenberg, M.: *New Rules.* New York: Universe/Rizzoli, 1997.

Schjeldahl, P.: »Notes on Beauty«. In: *Uncontrollable Beauty: Toward a New Aesthetic.* Ed. B. Beckley with D. Shapiro. New York: Allworth Press, 1998.

Schneider, S. K.: *Vital Mummies: Performance Design for the Show-window Mannequin.* New Haven: Yale University Press, 1995.

Schor, J. B.: *The Overspent American: Upscaling, Downshifting, and the New Consumer.* New York: Basic Books, 1998.

Schwartz, L.: *The Computer Artist's Handbook.* New York: W. W. Norton, 1992.

Scutt, D. & Manning, J. T.: »Symmetry and ovulation«. In: *Human Reproduction, 11* (1996), S. 2477–2480.

Sebesta, J. L. & Bonfonte, L.: *The World of Roman Costume.* Madison: University of Wisconsin Press, 1994.

Selmi, P.: »Fashions and Luxuries in the Political Mentality of the Venetian Republic«. In: *Mestieri Della Moda A Venezia Serenissima: The Arts of Fashion in Venice from the 35th to the 18th Century.* Curator D. D. Poli. Catalogue to exhibition at the Equitable Gallery, New York City, 1995.

Semler, D. E.: »Some aspects of adaptation in a polymorphism for breeding colours in the Threespine stickleback (Gasterosteus aculeatus)«. In: *Journal of Zoology, 165* (1971), S. 291–302.

Sergios, P. & Cody, J.: »Importance of physical attractiveness and social assertiveness skills in male homosexual dating behavior and partner selection«. In: *Journal of Homosexuality, 12* (1985), S. 71–84.

Seymour, M.: *Ottoline Morrell: Life on the Grand Scale.* London: Sceptre, 1993.

Sforza, L. L. & Sforza, F.: *The Great Human Diasporas: The History of Diversity and Evolution.* Reading, MA: Addison-Wesley, 1996.

Short, R. V.: »Testes weight, body weight, and breeding systems in primates«. In: *Nature, 293* (1981), S. 55.

Sievers, M. D.: »Sexual orientation and gender as factors in socioculturally acquired vulnerability to body dissatisfaction and eating disorders«. In: *Journal of Consulting and Clinical Psychology, 62* (1994), S. 252–260.

Sigall, H. & Aronson, E.: »Liking for an evaluator as a function of her physical attractiveness and nature of the evaluations«. In: *Journal of Experimental Social Psychology, 5* (1969), S. 93–100.

_____ & Landy, D.: »Radiating beauty: Effects of having a physically attractive partner on person perception«. In: *Journal of Personality and Social Psychology, 28* (1973), S. 218–224.

_____ & Ostrove, N.: »Beautiful but dangerous: Effects of offender attractiveness and nature of the crime on juridic judgment«. In: *Journal of Personality and Social Psychology, 31* (1975), S. 410–414.

Signorile, M.: *Life Outside. The Signorile Report on Gay Men: Sex, Drugs, Muscles, and the Passages of Life.* New York: HarperCollins, 1997.

Singh, D.: »Adaptive significance of female physical attractiveness: Role of waist-to-hip ratio«. In: *Journal of Personality and Social Psychology, 65* (1993), S. 293–307.

_____: »Body fat distribution and perception of desirable body shape by young black men and women«. In: *International Journal of Eating Disorders, 16* (1994), S. 289–294.

_____: »Female judgment of male attractiveness and desirability for relationships: role of waist-to-hip ratio and financial status«. In: *Journal of Personality and Social Psychology, 69* (1995), S. 1089.

_____ & Luis, S.: »Ethnic and gender consensus for the effect of waist-to-hip ratio on judgment of women's attractiveness«. In: *Human Nature, 6* (1995), S. 51–65.#

_____ & Young, R. K.: »Body weight, waist-to-hip ratio, breasts, and hips: Role in judgments of female attractiveness and desirability for relationships«. In: *Ethology and Sociobiology, 16* (1995), S. 483–507.

Skrebneski, V.: *The Art of Haute Couture.* Text by Laura Jacobs. New York: Abbeville Press, 1995.

Snyder, M., Tanke, E. D. & Berscheid, E.: »Social perception and interpersonal behavior: On the self-fulfilling nature of social stereotypes«. In: *Journal of Personality and Social Psychology, 35* (1977), S. 656–666.

Sobal, J. & Stunkard, A. J.: »Socioeconomic status and obesity: A review of the literature«. In: *Psychological Bulletin, 105* (1989), S. 260–275.

Sontag, S.: »The double standard of aging«. In: *Psychology of Women.* Ed. J. Williams. New York: Academic Press, 1979.

Sparling, J.: »Penile erections: shape, angle, and length«. In: *Journal of Sex and Marital Therapy, 23* (1997), S. 195–207.

Sroufe, R, Chaiken, A., Cook, R. & Freeman, V.: »The effects of physical attractiveness on honesty: A socially desirable response«. In: *Personality and Social Psychology Bulletin, 3* (1977), S. 59–62.

Stass, W. & Willis, F. N., Jr.: »Eye contact, pupil dilation, and personal preference«. In: *Psychonomic Science, 7* (1976), S. 375–376.

Steinbeck, J.: *The Wayward Bus.* New York: Viking, 1947

Steinberg, L.: *The Sexuality of Christ in Renaissance Art and in Modern Oblivion.* New York: Pantheon, 1983.

Steinberger, E., Rodriguez-Rigau, L., Smith, K. D., Held, N.: »The menstrual cycle and plasma testosterone levels in women with acne«. In: *Journal of the American Academy of Dermatology, 4* (1981), S. 54–58.

Steinem, G.: *Revolution from Within: A Book of Self-Esteem.* Boston: Little Brown, 1992.

Stern, K. & McClintock, M. K.: »Regulation of ovulation by human pheromones«. In: *Nature, 392* (1998), S. 177–179.

Stewart, D. E.: »Reproductive functioning in eating disorders«. In: *Annals of Medicine, 24* (1992), S. 287–291.

_____, Robinson, E., Goldbloom, D. S. & Wright, C.: »Infertility and eating disorders«. In: *American Journal of Obstetrics and Gynecology, 163* (1990), S. 1196–1199.

Stoddard, J. T.: »Composite photography«. In: *Century, 33* (1887), S. 750–757.

Stoddardt, D. M.: *The Scented Ape: The Biology and Culture of Human Odor.* Cambridge: Cambridge University Press, 1991.

Stoller, R.J.: *Presentations of Gender.* New Haven: Yale University Press, 1985.

Strathern, A.: »Dress, Decoration, and Art in New Guinea«. In: *Man as Art.* Photographs by Malcolm Kirk. San Francisco: Chronicle Books, 1993.

Strathern, M.: »The self in self-decoration«. In: *Oceania, 48* (1979), S. 241–257.

Strong, C. R.: *The Portraits of Elizabeth I.* London: Thames and Hudson, 1987.

Stubbs, R. H.: »Penis lengthening: A retrospective review of 300 consecutive cases«. In: *Canadian Journal of Plastic Surgery, 5* (1997), S. 93–100.

Sweeney, M. M.: »Remarriage of men and women: The role of socioeconomic prospects«. In: *Journal of Family Issues, 18* (1997), S. 479–502.

_____: »Women, men, and changing families: The shifting economic foundation of marriage«. In: *Center for Demography and Ecology Working Paper No. 97-14.* Madison, Wisconsin, 1997

Symons, D.: *The Evolution of Human Sexuality.* New York: Oxford University Press, 1979

_____ : »Beauty is in the adaptations of the beholder: The evolutionary psychology of human female sexual attractiveness«. In: *Sexual Nature, Sexual Culture.* Ed. P.R. Abramson & S.D. Pinkerton. Chicago: University of Chicago Press, 1995.

Synott, A.: »Truth and goodness, mirrors and masks – Part I: A sociology of beauty and the face«. In: *British Journal of Sociology, 40* (1988), S. 607–636.

Tahara Y., Tsunawake, N., Yukawa, K., Yamaski, M., Nishiyama, K., Urata, H., Katsuno, K. & Fukuyama, Y.: »Sex differences in interrelationships between percent body fat (%fat) and waist-to-hip ratio in healthy male and female adults«. In: *Annals of Physiological Anthropology, 13* (1994), S. 293–301.

Tanke, E. D.: »Dimensions of the physical attractiveness stereotype: A factor/analytic study«. In: *Journal of Psychology, 110* (1982), S. 63–74.

Taylor, P. A. & Glenn, N. D.: »The utility of education and attractiveness for female status attainment through marriage«. In: *American Sociological Review, 41* (1976), S. 484–498.

Terry, R. L.: »Effects of facial transformations on accuracy of recognition«. In: *Journal of Social Psychology, 134* (1993), S. 483–492.

Thakerer, J. N. & Iwawaki, S.: »Cross-cultural comparisons in interpersonal attraction of females toward males«. In: *Journal of Social Psychology, 108* (1979), S. 121.

Thornhill, R.: »Female preference for the pheromone of males with low fluctuating asymmetry in the Japanese scorpionfly (Panorpa japonica: mecoptera)«. In: *Behavioral Ecology, 3* (1992), S. 277–283.

_____ & Gangestad, S. W.: »Human facial beauty: Averageness, symmetry, and parasite resistance«. In: *Human Nature, 4* (1993), S. 237–269.

_____ & Gangestad, S. W.: »Human fluctuating asymmetry and sexual behavior«. In: *Psychological Science, 5* (1994), S. 297–302.

_____, Gangestad S. W. & Comer, R.: »Human female orgasm and mate fluctuating asymmetry«. In: *Animal Behavior, 50* (1995), S. 1601–1615.

_____ & Moller, A. P.: »Developmental stability, disease, and medicine«. In: *Biological Reviews of the Cambridge Philosophical Society, 72* (1997), S. 497–548.

_____ & Sauer, K. P.: »Genetic sire effects on the fighting ability of sons and daughters and mating success of sons in the scorpionfly (Panorpa vulgaris)«. In: *Animal Behavior, 43* (1992), S. 255–264.

Tichet, J., Vol, S., Balkau, B., Le Clesiau, H. & D'Hour, A.: »Android fat distribution by age and sex: The waist hip ratio«. In: *Diabetes Metabolism, 19* (1993), S. 273–276.

Tolstoy, L.: *Childhood, Boyhood, Youth.* Trans. Michael Scammel. New York: McGraw-Hill, 1964.

Tooby, J. & Cosmides: »Introduction: Evolutionary Psychology and Conceptual Integration«. In: Barkow, Cosmides & Tooby, 1992, S. 3–15.

_____ & Cosmides: »The psychological foundations of culture«. In: Barkow, Cosmides & Tooby, 1992, S. 19–136.

_____ & Cosmides, L.: »Evolutionary Psychology: A Primer«. Unpublished ms. University of California, Santa Barbara.

Tovee, M. J., Mason, S. M.. Emery, J. L., McClusky, S. E. & Cohen-Tovee, E. M.: »Supermodels: stick insects or hourglasses?« In: *Lancet, 350* (1997), S. 1474–1475.

Townsend, J. M.: »Mate selection criteria: A pilot study«. In: *Ethology and Sociobiology, 10* (1989), S. 241–253.

_____ & Levy, G. D.: »Effect of potential partners' physical attractiveness and socioeconomic status on sexuality and partner selection«. In: *Journal of Sexual Behavior, 19* (1990), S. 149–164.

_____ & Levy, G. D.: »Effects of potential partners' costume and physical attractiveness on sexuality a rid partner selection«. In: *Journal of Psychology, 12* (1990), S. 371–389.

Trasko, M.: *Daring Do's: A History of Extraordinary Hair.* Paris: Flammarion, 1994.

Udry, J. R.: »Structural correlates of feminine beauty preferences in Britain and the United States: A comparison«. In: *Sociology and Social Research, 49* (1965), S. 330–342.

_____ & Eckland, B. K.: »Benefits of being attractive: Differential payoffs for men and women«. In: *Psychological Reports, 54* (1984), S. 47–56.

Vale, V. & Juno, A.: *Modern Primitives: An Investigation of Contemporary Adornment and Ritual.* San Francisco: Re/Search Publications, 1989.

Valéry, P.: »Some simple reflections on the body«. In: *Fragments for a History of the Human Body.* Part 2. Ed. Michel Feher with Ramona Naddaff and Nadia Tazi. New York: Zone, 1989.

Van den Berghe, P. L. & Frost, P.: »Skin color preference, sexual dimorphism and sexual selection: A case of gene culture co-evolution?« In: *Ethnic and Racial Studies, 9* (1986), S. 87–113.

Veblen, T.: *The Theory of the Leisure Class.* New York: Penguin, 1994.

Voloshinov, A. V.: »Symmetry as a superprinciple of science and art«. In: *Leonardo, 29* (1996), S. 109–113.

Vroon, P.: *Smell: The Secret Seducer.* New York: Farrar, Straus, and Giroux, 1994.

de Waal, F.: *Chimpanzee Politics: Power and Sex Among Apes* (London: Cape, 1982).

_____: *Good Natured: The Origins of Right and Wrong in Humans and Other Animals.* Cambridge: Harvard University Press, 1996.

Wagatsuma, E. & Kleinke, C. L.: »Ratings of facial beauty by Asian-American and Caucasian females«. In: *Journal of Social Psychology, 109* (1979), S. 299–300.

Wagatsuma, H.: »The social perception of skin color in Japan«. In: *Daedalus, 96* (1967), S. 407–443.

Walster, E., Aronson, V., Abrahams, D. & Rottman, L.: »Importance of physical attractiveness in dating behavior«. In: *Journal of Personality and Social Psychology, 4* (1966), S. 508–516.

Warner, M.: *From die Beast to the Blonde: On Fairy Tales and Their Tellers.* New York: Noonday (Farrar, Straus, and Giroux), 1995.

Wass, P., Waldenstrom, U., Rossner, S. & Hellberg, D.: »An android body fat distribution in females impairs the pregnancy rate of in-vitro fertilization-embryo transfer«. In: *Human Reproduction, 12* (1997), S. 2057–2060.

Watson, J. B.: *Behaviorism.* New York: W. W. Norton, 1925.

Webster, M. & Driskell, J. E.: »Beauty as status«. In: *American Journal of Sociology, 89* (1983), S. 140–165.

Wedekind, C., Furi, S.: »Body odour preferences in men and women: Do they aim for specific MHC combinations or simple heterozygosity?« In: *Proceedings of the Royal Society, B264* (1997), S. 1471–1479.

_____, Seebeck, T., Bettens, F. & Paepke, A. J.: »MHC-dependent mate preferences in humans«. In: *Proceedings of the Royal Society of London, B260* (1995), S. 245–249.

Weller, A.: »Communication through body odor«. In: *Nature, 392* (1998), S. 126–127.

Westermarck, E.: *The History of Human Marriage.* London: Macmillan, 1921.

Whalen, P. J., Rauch S. L., Etcoff, N. L., McInerny, S. C., Lee, M. B., Jenike, M. A.: »Masked presentations of emotional facial expressions modulate amygdala activity without explicit knowledge«. In: *Journal of Neuroscience, 18* (1998), S. 411–418.

Wiederman, M. W. & Allgeier, E. R.: »Gender differences in mate selection criteria: Sociobiological or socioeconomic explanation?« In: *Ethology and Sociobiology, 13* (1992), S. 115–124.

Wilkinson, G. S., Presgraves, D. C. & Crymes, L.: »Male eye span in stalk-eyed flies indicates genetic quality by meiotic drive suppression«. In: *Nature, 391* (1998), S. 276.

Williams, T.: *A Streetcar Named Desire.* New York: Signet, 1974.

Wilson, P. R.: »Perceptual distortion of height as a function of ascribed academic status«. In: *Journal of Social Psychology, 74* (1968), S. 97–102.

Winer, J.: »The Floating Lightbulb«. In: *Minding the Body: Women Writers on Body and Soul.* Ed. P. Foster. New York: Anchor, 1994.

Wolf, N.: *The Beauty Myth: How Images of Beauty Are Used Against Women.* New York: Anchor, 1992.

Wolf, W. C. & MacDonald, M.: »The earnings of males and marital disruption«. In: *Center for Demography and Ecology Working Paper*, 78–14. Madison Wisconsin, 1978.

335

_____ & MacDonald, M.: »The earnings of men and remarriage«. In: *Demography, 16* (1979), S. 389–399.

Wolfe, T.: »Funky Chic«. In: *20 Years of Rolling Stone: What a Long, Strange Trip It's Been*. Ed. Jann Wenner. New York: Friendly Press, 1987.

Wolff, P.: »Observations on the Early Development of Smiling«. In: *Determinants of Infant Development*. Vol. 2. Ed. B. Foss. New York: Wiley, 1963.

Wong, R. C. & Ellis, C. N.: »Physiologic skin changes in pregnancy«. In: *Journal of the American Academy of Dermatology, 10* (1984), S. 929–943.

Yalom, M.: *A History of the Breast*. New York: Alfred Knopf, 1997.

Yamaguchi, M. K. & Oda, M.: »Measuring and creating different facial images for age and gender«. In: *ATR Technical Report*, 1996.

Zaadstra, B. M., Seidell, J. C., Van Noord, P. A. H., te Velde, E. R., Habbema, J. D. F., Vrieswjik, B., Karbaat, J.: »Fat and female fecundity: Prospective study of effect of body fat distribution on conception rates«. In: *British Medical Journal, 306* (1993), S. 484–487.

Zahavi, A.: »Male selection: A selection for a handicap«. In: *Journal of Theoretical Biology, 53* (1975), S. 205–214.

Zajonc, R. B., Adelman, P. K., Murphy, S. T. & Niedenthal, P. M.: »Convergence in the physical appearance of spouses«. In: *Motivation and Emotion, 11* (1987), S. 335–346.

Zebrowitz, L. A.: *Reading Faces: Window to the Soul*. New York: Westview, 1997.

_____ & Montepare, J. M.: »Impressions of babyfaced individuals across the life span«. In: *Developmental Psychology, 28* (1992), S. 1143–1152.

_____, Montepare, J. M. & Lee, H. K.: »They don't all look alike: Individuated impressions of other racial groups«. In: *Journal of Personality and Social Psychology, 65* (1993), S. 85–101.

Zentner, M. R. & Kagan, J.: »Perception of music by infants«. In: *Nature, 383* (1996), S. 29.

Zuckerman, M. & Driver, R. E.: »What sounds beautiful is good: The vocal attractiveness stereotype«. In: *Journal of Nonverbal Behavior, 13* (1989), S. 67–82.

_____, Miyake, K. & Hodgins, H. S.: »Cross-channel effects of vocal and physical attractiveness and their implications for interpersonal perception«. In: *Journal of Personality and Social Psychology, 60* (1991), S. 545–554.

Zuk, M.: »Parasites and Bright Birds: New Data and a New Prediction«. In: *Bird-Parasite Interactions: Ecology, Evolution and Behavior*. Ed. J. E. Loye and M. Zuk. Oxford: Oxford University Press, 1982.

# Fotos und Illustrationen

**Fotos und Illustrationen**

Seite 7: Hans Sebald Beham, *Eines Mannes Haupt; eines Weibes Haupt*, 1542. Mit freundlicher Genehmigung des Fogg Art Museum, Harvard University Art Museums, Gray Collection of Engravings Fund. Foto von David Mathews. © President and Fellows of Harvard College, Harvard University.

Seite 37: The Perception Laboratory, University of St. Andrews, *Composite Portraits*, 1998. Im neunzehnten Jahrhundert stellte Sir Francis Galton so genannte Komposita her, indem er auf Foto-Negativen die Augen in eine Linie brachte. Die obere Reihe zeigt drei (von dreißig) Gesichtern, die auf diese Art und Weise zu einem verschmolzen wurden; das Resultat ist das Bild oben rechts. Mit neuen Möglichkeiten der Computertechnik lassen sich die durchschnittlichen Positionen von Gesichtszügen errechnen und in eine Darstellungsreihe bringen. So kann man durchschnittliche Gesichter (untere Reihe) erzeugen, und das daraus entstehende Kompositum (unten rechts) ist scharf. Foto mit freundlicher Genehmigung des Perception Laboratory, University of St. Andrews, Fife, Scotland. © University of Saint Andrews.

Seite 65: Sir Francis Galton, *Brides and Bridegrooms: Newspapers and Photographs / Bräute und Bräutigame: Zeitungen und Fotografien*, 1904-1905. Mit freundlicher Genehmigung des University College, London. Papers of Sir Francis Galton (Galton 162/J). Foto von Robert Masters.

Seite 103: Giovanni Marco Pitteri, *Carlo Goldoni*, 1754. Mit freundlicher Genehmigung des Fogg Art Museum, Harvard University Art Museums, Henry George Berg Fund, »Geschenk zu Ehren von John Coolidge«. Foto: Harvard Photographic Services. © President and Fellows of Harvard College, Harvard University.

Seite 149: The Perception Laboratory, University of St. Andrews, *Masculinised and Feminised Female Face Shapes / Maskulinisierte und femininisierte weibliche Gesichter*, 1998. Ein Kompositum aus dreißig Gesichtern japanischer Frauen (Mitte), zu 30 Prozent maskulinisiert (links) und femininisiert (rechts). Der durchschnittliche Betrachter tendiert dazu, das femininisierte Gesicht zu bevorzugen. Mit freundlicher Genehmigung des Perception Laboratory, University of St. Andrews, Fife, Scotland. © University of Saint Andrews.

337

Seite 189: Dr. Devendra Singh, *Michelangelo´s David mit der Taille-zu-Hüfte-Ratio 1.0; 0,9 und 0,7*. Mit freundlicher Genehmigung von Dr. Devendra Singh, Department of Psychology, University of Texas, Austin. © Dr. Devendra Singh.

Seite 231: Webb Chappell, *The Lingua Trekka*. Eines der »Smart Clothes«-Ensembles, vorgestellt bei der »Beauty and the Bits«-Modenschau des MIT, 15. Oktober 1997. Es verfügt über ein Gerät am Nacken, das über Lautsprecher simultan dolmetscht. Das Brustteil ist mit einem entfernbaren Minibildschirm und –keyboard ausgestattet. Die Tätowierung auf dem Zwerchfell ist eine Universal-Immunisierung, die den Träger gegen Krankheitserreger schützt. Designer: Nao Muramatsu, Hisayooshi Kuroda, Junko Ito und Keiko Minomo. Technologische Mitarbeit: Samit Basu, Jennifer Healy und Thad Starner. © Webb Chappell.

Seite 259: Andre Kertesz, *New York City*, 1979. © Estate of Andre Kertesz.

# Dank

Ich bin den zahlreichen Freunden und Bekannten zu Dank verpflichtet, die mir in den Jahren der Arbeit an diesem Buch auf so vielerlei Art und Weise geholfen haben; vor allem meinen Kollegen, die ihre Entdeckungen und Einsichten mit mir teilten. Ich danke insbesondere Don Symons für Jahre erhellender Diskussionen über das Thema Schönheit. Von Anne Becker, Hans Breiter, Helena Cronin, Paul Ekman, Victor Johnston, Sandy Pentland, David Perrett, Steve Pinker, Gill Rhodes, Devendra Singh und Randy Thornhill bekam ich wertvolle Informationen und Erkenntnisse. Ich danke meinem hervorragenden und inspirierenden Mentor und echten Freund Paul Ekman. Lauren Cooper hat mir außerordentliche Dienste als Assistentin geleistet; Steven Antonik, Greta Buck und Anne Grossetete haben selbst die obskursten Quellenbelege für mich ausfindig gemacht. Ferner danke ich für wertvolle Hilfe Pat Claffey, Catherine Carter, Caroline Kerrigan und Krista Tibbs.

Bedanken möchte ich mich auch für die Unterstützung meiner Institute, der Harvard Medical School und des Massachusetts General Hospital, Department of Psychiatry. Besonders verpflichtet bin ich Hans Breiter, Bruce Rosen, Michael Jenike und Ned Cassem. Bei meinen Forschungen unterstützte mich großzügig die Lynne M. Reid Fellowship. Sandy Pentland und seine Vision and Modeling Group am MIT Media Lab sind mir zu geschätzten Kollegen und Mitarbeitern geworden. Besonders danke ich Baback Moghaddam für seine Hilfe beim Aufbau von Demos. Dr. Shigeru Akamatsu danke ich für seine Einladung in die ATR Laboratories in Kyoto, Japan, und meiner netten Gastgeberin Masami Yamaguchi dafür, dass ich Einblick in ihre innovative Arbeit nehmen durfte.

Stan Sclaroff, Raffaela Rumiati, Claudio Luzzatti, Danielle Barry, Mark Halman, Trevor Darrell, Michael Jordan, Jamie Hamilton, Cindy Bogatka, Kathleen Peets, Laureen Cooper, William Green, Rhya Fisher, Janet Cahn und Philip Greenspun halfen mir mit Freundschaft, Rat, Zuneigung, Vertrauen und am meisten vielleicht mit ihrem wunderbaren Humor. John Magee war mir bei der Forschung am MIT ein echter Partner, der in allen wichtigen Belangen für mich da war. Mit Kevin Oregan führte ich wunderbare Gespräche über Mode, und Model Hoyt Richards und der Sprachtherapeut Sam Chwat beantworteten in meinen Interviews bereitwillig meine vielen Fragen. Geoffrey Cowleys scharfsinnige Fragen halfen mir, meine Gedanken zu präzisieren. Meine Redakteurin Betsy Lerner ließ mir achtsam Orientierung und Einsichten angedeihen und steuerte den Titel bei! Für wertvolle Hilfe danke ich ferner Matt Ellis. Jeremy Taylor, Ian Penton-Voak, David Perrett, Robert Marsters, Robert Klein, Marsit Erb und vor allem Robert Gurbo halfen mir bei der Zusammenstellung der Illustrationen für dieses Buch. Und schließlich danke ich Simson Garfinkel und Beth Rosenberg dafür, dass sie mir zum Schreiben drei Monate lang ihr wunderschönes Haus in Martha's Vineyard zur Verfügung stellten.

Ein besonderer Dank gilt John Brockman und Katinka Matson. Ohne ihre Ermutigung, ihre Unterstützung und ihre Vision wäre dieses Buch nicht entstanden. Meiner Mutter kann ich nicht genug danken für all die Liebe und Unterstützung, die sie mir gegeben hat. Meine Schwester Linda ist meine Freundin und Vertraute. Sie versteht vielleicht besser als irgendjemand sonst, wie dieses Buch zustande kam. Ich danke ihr und Chuck für ihre Ermutigung und für viele Diskussionen zum Thema Kunst und Schönheit bei ihren wunderschönen Abendessen. Mein Hund Max war Zeuge jedes Wortes auf diesen Seiten und erwies sich als der beste Freund, der ein Hund sein kann. Und ich denke oft an meinen Vater, der sich über dieses Buch gefreut hätte und der mich dazu inspiriert hat.

# Zur Autorin

Nancy Etcoff arbeitet an der Harvard Medical School und am Department of Psychiatry des Massachusetts General Hospital. Nach der Beendigung ihres Studiums (B.A.) an der Brown University mit der Auszeichnung magna cum laude, einem M.Ed. der Harvard University und dem Doktortitel in Klinischer Psychologie an der Boston University arbeitete sie im Bereich kognitive Neurologie am Massachusetts Institute of Technology (MIT). Sie erhielt für ihre Forschungen mehrere Auszeichnungen, darunter eine Lynne M. Reid Fellowship der Harvard Medical School für ihre Arbeit über Geschlechtsunterschiede und das Gehirn. Artikel von Dr. Etcoff wurden in der *New York Times* sowie in den Zeitschriften *Newsweek*, *Fortune* und *Mademoiselle* und in der Sendung »Dateline« von NBC publiziert. Sie lebt in Cambridge, Massachusetts.

# Sachwort- und Personenregister

Afrikaner
- Fettleibigkeit 224
- Gesichtszüge 153, 158, 160, 166
- Haut 122, 132,
- Schönheitsideal 25, 52, 108, 134
Afroamerikaner
- Gesichtszüge 157, 160 f.
- Haar 146 f.
- Haut 125, 134
- Schönheitsideal 146, 161
Ägypten (klassisches) 32, 110 f., 117, 119, 144
Ähnlichkeit in Familien 47 f. 163, 166 ff.
Akne 128 f., 132
Altern
- durch Computeranimation 124
- Gesichter 124, 127, 175, 178
- Geschlechtsunterschiede in der Haltung 74, 127, 143
- Wunsch, Altern zu verzögern 86, 126 ff., 229
Amerikaner asiatischer Abstammung 135, 157 f.
Androgene 128 f., 141, 216
Androstene 268
Anorexia nervosa s. *Essstörungen*
Apollo Belvedere 27, 51 f.
Aristoteles 9, 22 f. 50
Aromatherapie 269
Asiat(inn)en 25, 157 ff.
- Gesichtszüge 153, 157 f., 160 f., 166
- als Models 131, 175
Aucoin, Kevyn 116, 173, 236
Augen
- Blick 40 ff.
- Einsatz von Kosmetik an 173 f.

- Einzigartigkeit der 41
- evolutionäre Anpassung der 152
- feminine Gesichter 173 ff.
- als Indikator für sexuelle Anziehung 183
- kosmetische Chirurgie um die 127, 130 f., 161, 166
- maskuliner Gesichter 175 ff., 179 f.
- Messsysteme für Proportion und 23 ff., 159
- Pupillen 41, 48, 163, 181
- Reaktionen von Kleinkindern auf 42
Augenbrauen 112, 130, 172
Augenfälliger Konsum, Mode und 241 ff.
Augustinus 23
Aussehen s. *durchschnittliches Aussehen, Kleidung, Kosmetik, Mode, Schönheit*
Avedon, Richard 21, 39

Balenciaga, Cristóbal 249
Bambi 43
Banner, Lois 55
Barbie 110, 134, 217
Bardot, Brigitte 16, 214
Bärte 177 f.
Basketball(profis) 143, 146, 196
Bateson, Patrick 167
Baudelaire, Charles 11, 31, 266 f.
Becker, Anne 224 f.
Becker, Gary 94
Bell, Quentin 22, 234, 242 ff.
Bergman, Ingrid 168
Berührung, Bedeutung für Kleinkinder 109
Bibel, Schönheit als Abbild Gottes in der 26 f.

Bildung, Aussehen und Noten 58
Biologie
– elektrophysiologische Reaktionen auf
  Schönheit 184 f.
– Fettleibigkeit und 216
– genetische Vielfalt 53, 133
– des Geruchs 267 ff.
– Gesichtsausdruck und 130 f.
– Glück(lichsein) beeinflusst von 98 f.
– Hautfarbe und 119 f., 122, 131, 153
– historische Studien zur Schönheit und
  156 f., 162 f.
– Körpergröße und 195 ff.
– Standardmodell der
  Sozialwissenschaften ignoriert 28 f.
– Wahrnehmung von Schönheit
  beeinflusst durch 31 ff., 152, 184 f.
s.a. *Evolution, Fertilität/Fruchtbarkeit,
  Fortpflanzung/Reproduktion*
Blahnik, Manolo 220
Blumen 111, 209, 267
Bodybuilder 112, 143, 202
Brasilien 12, 132, 157
Breiter, Hans 186
Brüste
– Büstenhalter 212
– Stillen 213 f.
– Implantate 12, 201, 214, 252, 254
– Piercing der Brustwarzen 114 f.
– Größe der 211 ff.
Bulimie s. *Essstörungen*
Burson, Nancy 124
Buss, David 69

Campbell, Naomi 13, 146, 170, 218, 253
Camper, Petrus 51 f.
Capote, Truman 68
Cash, Thomas 137
Castiglione, Baldassare 50, 242
Cavell, Stanley 123
Chanel, Coco 249, 252
Charakter
– Schönheit als Indikator von 49 ff., 53,
  271 f.
– Hypermaskulinität und 179 f.
– Auswirkungen von Schönheit auf
  49 ff.

– Symmetrie und 210
Christentum
– künstlerische Darstellungen Christi
  236
– und Schönheit 26 f., 117
Clark, Kenneth 18, 20, 161
Clark, Marcia 195, 203
Computer 41, 124, 130, 152, 164, 171 f.,
  257
Cosmides, Leda 28, 30, 32, 55
Coutouriers 249 f., 252, 256 f.
s.a. *Mode*
Crawford, Cindy 13, 19, 69, 77, 253, 266
Cronin, Helena 191, 264 f.
Cruise, Tom 181, 199
Cunningham, Michael 158, 177 ff.

Daly, Martin 47 f.
Damon, Matt 181
Dante 18, 144
Darwin, Charles
– über Schönheit durch Diversität 11
– über das Erröten 122
– über Werbungsrituale bei Vögeln 191
– über die kulturelle Relativität von
  Schönheit 153 f.
– Einfluss der Physiognomie auf 30
– über Romantik und Fortpflanzung 81
– Tätowierungen, gesehen von 113
– über universalen Hang zu Schmuck
  11
Dawkins, Richard 172
De Waal, Franz 109
Della Porta, Giovanni 50 f.
Demokratie, Neid als Basis der 80
Depression 14 f., 28, 203, 269
Designer labels 250 f.
Diamond, Jared 85, 132
Diana, Prinzessin von Wales 174, 199
Diäten s. *Essstörungen, Gewicht*
Dickinson, Emily 17
Diener, Ed 98 f.
Dion, Karen 59
Dior, Christian 219, 234, 249, 256
Diskriminierung s. *Vorurteile aufgrund
  von Schönheit, Rassismus*
Drei-Körper-Problem 21

Durchschnittliches Aussehen
– Schönheit des 34, 164 ff., 169 ff.
– Symmetrie des 182 ff.
– Gewicht 216 ff.
Dürer, Albrecht 18, 24, 26 f., 90, 158 f.
  168

Eastwood, Clint 75, 181
Ehe/Heirat
– Altersunterschiede in 74 f.
– Aussehen und Aussichten in
  76 ff.
– Einkommen und 76 ff., 88
– äußere Ähnlichkeit von Paaren 70
– Frauen in Beruf und 94 f.
s.a. *Romantik*
Ehrlichkeit, Auswirkungen von
  Schönheit auf 54
Eibl-Eibesfeldt, Irenäus 205
Einkommen
– des Partners von Bedeutung für
  Frauen 88 ff.
– Körpergewicht und 226 ff.
s.a. *Karriere/Beruf, Status*
Ekman, Paul 31, 131
Eliot, George 274 f.
Elizabeth I., Königin von England 20,
  115, 118 f., 201, 241
Eltern s. *Väter, Mütter, Fortpflanzung*
Emotionen/Gefühle
– Ekel 106
– Gesichtsausdruck und 31, 130, 153,
  184 ff.
– Liebe 21 f., 60, 115
– Neid 10, 14, 78 ff.
Empfindungsstörungen 203
England
– Mode und Status in 234, 246
– Fettleibigkeit in 224 ff.
Eno, Brian 267
Erröten 105, 116, 119, 121 f.
Erwartungen
– an älter aussehende Kinder 46, 58
– schöner Menschen 55, 58 ff., 63
s.a. *Stereotypen*
Essstörungen 34 f., 203, 218, 227 f.
– Fortpflanzung und 229

– Geschlechtsunterschiede bei 71, 218,
  228
– Verantwortung für 35, 228
Europa
– Fettleibigkeit in 221, 226
– Geburt der Mode in 239
– Kleiderordnungen in 246 f.
– Kosmetikindustrie in 123
– Schönheitsideal aus/von 52, 134
s.a. *England, Frankreich, Italien*
Evangelista, Linda 19, 253, 266
Evolution
– durchschnittliche Proportionen
  gefördert durch 165 ff.
– Fortpflanzungsvorteile gefördert
  durch 121
– Gewicht und 222 ff.
– des nackten, haarlosen Körpers 106 f.
– Schönheit als biologische Anpassung
  32 f., 41, 28 ff., 44, 218
s.a. *sexuelle Selektion*

Fabio 68, 140, 201
Falten, Haut 111, 124 ff., 128 ff.
Farbe
– als Element von Schönheit 15, 123,
  166
– als Signal für Gesundheit 45, 120 ff.
– in der Kosmetik 110, 113, 116
– Werbungsritual bei Tieren 61, 190 ff.,
  235
Farkas, Leslie 25, 159
Fechner, Gustav 160 ff.
Feministinnen 35, 227, 274
Fett s. *Körpergewicht*
Fettleibigkeit 216
Ficino, Marsilio 50
Fidschi 224 f.
Field, Tiffany 109
Fisher, Helen 81, 93
Fisher, Sir Ronald 192
Fitness 183, 199 ff., 221 ff., 252 f.
Fortpflanzung/Reproduktion
– Anämie und 121 ff.
– Essstörungen und 229
– Gesundheit von Kleinkindern und 46
– Hautfarbe und Schwangerschaft 120

- Körpergröße und 199, 210
- Scheidung und 88
- sexuelle Anziehung und 33, 63, 85 ff., 211
s.a. *Fruchtbarkeit, Genitalien, sexuelle Selektion*
Frankreich
- historischer Gebrauch von Produkten zur Schönheitspflege 12
- Mode und Status in 234, 241, 246, 248
Fraser, Kennedy 105, 262
Frauen
- Einkommen von 92 f., 97
- Fruchtbarkeitsphasen 84 f.
- Häufigkeit kosmetisch-chirurgischer Eingriffe an 126 f.
- Intelligenz und Heirat 77
- Interesse am Aussehen von 74 ff., 77
- Paarungsstrategien von 88 f.
s.a. *Geschlechtsunterschiede*
Freud, Sigmund 27, 105 f., 206
Freundschaften
- als sexuelles Interesse missverstanden 61, 96
- zwischen Frauen 60 f.
Fruchtbarkeit/Fertilität
- Essstörungen und 229 f.
- Geruchssinn und 267
- Hautfarbe und 120, 122
- Körperfett und 224
- Phasen der weiblichen 83 ff.
- Symmetrie erhöht 183, 209
- (Wieder-)Erlangung der 85
s.a. *Genitalien, Fortpflanzung, sexuelle Selektion/Auslese*
Füße 18 f., 43, 106, 208 ff.

Galliano, John 233, 245, 256
Galton, Sir Francis 151, 162 ff., 166
Gangestad, Steven 62, 69, 208, 210
Gattenwahl 167
Geburtenkontrolle 84 f., 273
Gehirn 182 ff.
s.a. *Biologie*
Geld s. *Einkommen*

Genetischer Algorithmus (Computerprogramm) 171
Genitalien
- durch Kleidung verborgen 236
- Farbe der 116
- Nachahmung der Lippen 182
- Schönheit der 27, 206
Geruch von Körpern 106, 266 ff.
Geschlechtsunterschiede
- Anstellungschancen schöner Menschen 96 ff.
- Bedeutung des Aussehens 71 ff.
- bei der Bitte um Hilfe 55
- Bevorzugung von Körperbehaarung 106, 111 f., 136, 141
- Einstellungen zum Altern 74
- Einstellungen zum Neid 79 ff.
- Einstellungen zu Haaren/Frisur 138 ff.
- Gebrauch von Kosmetika 71, 110
- Gesichtszüge 169 ff.
- Paarungsstrategien 89
- und Pornographiekonsum 71 f.
- sexuelle Phantasien 62, 85, 236
- Schönheit vs. Status 77, 87
- Wahl der Beziehungspartner 76 ff.
- Zufriedenheit mit dem Körpergewicht 200 f., 229
Gene s. *Biologie*
Gesicht(er)
- »babygesichtige« Erwachsene 175, 179
- »Bevorzugte G.hälfte« 182 ff.
- Bevorzugung eigener Charakteristika 152 ff.
- biologische Reaktionen auf 184 ff.
- Computeranimationen von 124, 130, 152, 164
- Erkennen von 41 f., 155 f., 178, 185 ff.
- Erkennen von G. durch Computer 41
- Gefühlsausdruck durch G. s.a. *Emotionen*
- hyperfeminine 169 ff.
- hypermaskuline 177 ff.
- »ideale« G.proportionen 24 f., 158 ff.
- Schönheit des durchschnittlichen G. 160 ff.
- und Symmetrie 183 ff.

345

– universale Schönheitsmerkmale 40 f., 119 f., 133, 155 ff., 165, 184
– Vererbung von G.zügen 152 ff.
s.a. *Kosmetik, Augen, Mund, Nase*
Gesundheit s. *physische G.*
Giddon, Donald 152
Glamour, natürliche Schönheit vs. 19 ff.
Glück(lich sein) 98 ff.
Goldener Schnitt 160 ff.
Goodall, Jane 43
Greene, Graham 43
Griechenland (antikes) 24
– Haare/Frisuren im 137, 144
– Kriegerinnen im 212
– Norm für Gesichtsproportionen 51 f.
– System menschlicher Proportionen 23 f.
– Verwendung von Kosmetika 115
Größe
– Bedeutung von G. für Männer 90, 95
– Paarungspräferenzen bei Tieren und 180 ff.
Gründereffekt 153
Gut aussehend
– Definition 89 f.
s.a. *Männer, Schönheit bei*

Haar(e)
– am Körper 106 f., 136
– ambivalente Haltung zu 105 f., 137
– Bedeutung der 135 ff.
– blonde 144 ff.
– Entfernen von 111 ff.
– Farbe der 119 ff., 126, 144 f., 167 f.
– Geruch der 106
– Haarausfall 132, 137 f., 141 ff.
– zur Hervorhebung der Gesichtszüge 174
– Pflege 110 f., 136 f.
– Stile 138 f.
Haarpflegeprodukte
– Ausgaben für 135
– für blondes Haar 143, 146
– zum Glätten des Haars 146 f.
– historische Verwendung von Mehl 13, 116, 139
Haloeffekt 58

Hamilton, William 70
Hände 19, 24, 43
– Goldener Schnitt in den 160
Harlow, Jean 144
Harmonie, als Element von Schönheit 22 f., 42
Harris, Marvin 107
Hässlichkeit
– als Zeichen des Bösen 50
– Auswirkungen auf Beruf und Fortkommen 85 ff.
– eingebildete 204
– gesunde Haut und 105
– von Kleinkindern 43 f.
Hatfield, Elaine 69
Haut
– evolutionäre Anpassungen der 132
– Geruch der 266 ff.
– Gesundheit der 265
– Rauchen und 115, 175 f.
Hautkrebs 125, 132
Hautpflegeprodukte s. *Kosmetik(a)*
Hegel, Georg F. 51
Helena von Troja 18
Heranwachsende/Jugendliche
– Essstörungen 227
– Gebrauch/Genuss von Steroiden 203
– Hautfarbe 120 ff.
– Initiationsriten 115
– sexuelle Attraktivität 121, 125, 158, 171, 173, 175
– Wunsch, die Schönheit von H./J. zu verlängern 86, 119, 122, 125, 131, 273
Herzkrankheit(en) 142, 223
Hilfiger, Tommy 250 f.
Hispanoamerikaner, Gesichtszüge von 157, 160
Hoffman, Dustin 68, 75
Hohe Absätze 118, 219 f., 246
Hollander, Anne 114
Hollywood, Vorstellungen von Schönheit und 12, 16, 19 ff., 123, 126 f., 143 ff., 213, 251
Homosexualität
– Bedeutung des Aussehens und 68 ff., 186, 200

- Essstörungen und 228
- Haarentfernung und 112
- Pornographiemarkt und 69
Hormone
- Gerüche und 267 ff.
- Gesichtszüge und 173
- Haarausfall und 141 f.
- Haut und 120, 128 f.
- Immunfunktionen und 194, 269
- Körpergröße und 216
Hormonersatztherapie 128
Hutton, Lauren 13, 84
Hyman, Steve 186

Intelligenz
- Schönheit als Indikator von 52 f., 56
Italien, Mode in Venedig 241 ff.

Japan
- Augenform 153
- bevorzugte Hautfarbe in 116, 121
- Höhe von Frauenstimmen 265
- interkulturelle Forschungen 157, 179
- Kleiderordnungen in 119, 246
- und Modedesign 255 f.
- schüchterne Pose von Frauen 174
- Verwendung von Kosmetik in 110, 116
Jesus Christus
- künstlerische Darstellung von 236
- Lehre bezüglich Schönheit 26
- physische Schönheit von 26 f.
Johnson, Betsey 117, 257
Johnston, Victor 171, 173, 184
Jones, Douglas 121, 136, 156 ff., 172
Jordan, Michael 143
Joyce, James 16
Jugend s. *Heranwachsende/Jugendliche*

Kagan, Jerome 40, 145
Kahlheit/Kahlköpfigkeit 138, 141 ff.
Kama Sutra 121
Kanon s. *Schönheit, universale Standards der*
Kant, Immanuel 93
Karriere/Beruf
- Frauen und 96, 196

- männliche Körpergröße und 196 ff.
Kaukasier/Weiße
- Bevölkerungsanteil in den USA 135
- Glaube an die Superiorität der 154
- Häufigkeit kosmetischer Operationen bei 12, 126, 160
- Haut der 121, 124 f., 132, 135, 154
Keats, John 140, 261
Kertesz, Andre 182
Kinder
- Aussehen misshandelter K. 54 f.
- Erwartungen an schöne K. 58 f.
- Hingezogensein zu Schönheit 39
s. *Heranwachsende/Jugendliche*
Kissinger, Henry 90, 199
Klasse/Schicht, sozioökonomische s. *Einkommen, Mittelklasse, Status*
Kleid s. *Kleidung, Mode, Modeindustrie*
Kleiderordnungen 246 ff.
Kleidung
- beeinflusst die Wahrnehmung von Status 90 ff., 234 ff., 240 ff., 250 ff.
- Computer in der 257
- evolutionäre Entwicklung von 240 ff., 248, 250, 261
- Frauensport 212
- Stile s. *Mode*
Kleinkinder
- emotionale Reaktionen auf 40 ff.
- Erkennen von Schönheit durch 40 f., 185 ff.
- Geburtsgewicht 164, 228 f.
- Geruchssinn 271
- Haut–und Haarfarbe 119 f.
- Reaktionen von Müttern auf 40 ff.
- Reaktionen auf Gesichter 19 ff.
Koinophilie s. *durchschnittliches Aussehen*
Komposita 19, 162, 164 f., 170, 183 ff.
Konnor, Melvin 151
Kontrasteffekt 61 f.
(Körper-)Pflege 109
Körpergewicht
- bei Geburt 164, 224
- Diät halten 215, 218, 221 ff., 228 f., 253 f.
- Dünnsein 218, 227 ff.

347

– Geschlechtsunterschiede bezüglich der Zufriedenheit mit dem 200 f.
– sozialer Status und 225 f.
– Verteilung des 216, 221
Körpergröße 195 ff.
Körper-Masse-Index 216, 221
Körpersprache, Sexualität und 137, 176, 263
Korsett 212 f., 219
Kosmetik
– historische Verwendung von 111, 118
– Lippenstift 12, 115 ff., 123, 174
Kosmetikindustrie
– Werbung in der 125, 128
– Verkäufe in der 110, 135
Kosmetische Chirurgie
– am Gesicht 119, 126 ff., 166, 172
– am Penis 203
– Entwicklung von Veränderungen in der 165
Kosmetische Psychopharmakologie 28
Krieger
– Frauen 212
– Kleidung 242
– Muskeln 199
Kriminelle, Aussehen von 163
Kultur
– Modell der Sozialwissenschaften betont 29
– Wahrnehmung von Schönheit beeinflusst von 29, 31, 42
Kultureller Relativismus 29
Künstlerische Darstellung
– idealer Schönheit 23 ff., 50 f., 155 f.
– Karikaturen 43, 169, 187, 202, 219
– männlicher Gesichter 179 f.
– von Nacktheit 106 f., 204
– Porträts 112, 118, 140, 163 ff., 168 ff., 213
– Realismus 21

Lächeln 31, 131, 174, 179 ff., 263
Landschaften 12, 20, 23, 49
Lang, K.D. 82, 95
Langlois, Judith 39 f.
Lauder, Estee 55
Lavater, Johann Caspar 30, 52

Lebowitz, Fran 79 f., 93
Lehrman, Karen 273
Leonardo da Vinci 24, 159, 168
Lindzey, Gardner 28, 30
Lippen s. *Gesicht, Mund*
Lorenz, Konrad 42
Louis/Ludwig XIV. 139, 243 f.
Low, Bobbi 211
LPCs (late positive component of event-related potentials) 184

Macht
– Alter von Männern und 86 f.
– Erhaltung patriarchalischer M.strukturen 7
– vs. Schönheit bei Männern 90 f.
s.a. *Status*
Madonna 11, 146
Make-up s. *Kosmetik*
Maler s. *künstlerische Darstellung*
Malinowski, Bronislaw 47
Männer
– als Models 77, 201 f., 253 f.
– Besitzinteresse an der weiblichen Fruchtbarkeit 83
– Dominanz unter 90, 176, 179 f.
– Macht und 86 f., 90 f.
– männlicher Blick 71
– Schönheit bei 86 ff.
s.a. *Geschlechtsunterschiede*
»Masträume« 224
Mathematische Mess-/Maßsysteme s. *Proportion*
Matory, W. Earle Jr. 159, 161
Mazur, Allan 87, 176
Mead, Margaret 29, 110
Medien
– Ausbeutung vs. Schaffung von Präferenzen 11, 61, 134, 145, 156
– Körpergewicht und 120, 218
– Rassen in den M. ungleich vertreten 135
– schaffen Unzufriedenheit mit der Realität 221, 227, 229
s.a. *Werbung*
Medikamente
– gegen Depression 28

- gegen Haarausfall 142
- M.rückstände in Haaren 140 f.
Melanin 119, 125, 152, 145 f.
Menopause 86 f., 141, 215, 273
MHC (major histocompatibility complex)-Gene 270
Micky Maus 43
Mimik 31, 124, 130, 136, 167, 183, 185
Minotaurus-Syndrom 180
Missbildungen als Zeichen des Bösen 50
Miss America-Wettbewerb 134, 217, 227, 245
Mittelklasse, Mode und 147, 241, 245
Mithen, Steven 111
Mode
- historische Entwicklung der 255
- intelligente Kleidung 256 ff.
- Schönheit als Gegensatz zu 244
- Sexualität und 246 f.
- Status und 248 ff.
- zukünftige Trends 256 f.
s.a. *Kleidung*
Modeindustrie
- aristokratische Musen in der 245
- Designerkult in der 248
- Dünnsein und 220, 253 f.
- falsche Werbung in der 227
s.a. *Models*
Models
- Afroamerikaner(innen) als 133 ff., 146
- ausdruckslose Gesichter bei 131
- charakteristische Gesichtszüge 161 f., 170 ff.
- Dünnsein bei 218, 220, 253 f.
- Geschlechtsunterschiede beim Einkommen 77
- Körpergröße von 198 f.
- Lebensstile von 245 f.
- Nacktheit 112
- Specialty M. 19
- Stimmen von 266
- als Superstars 241, 245, 251 ff.
Moller, Anders 183, 194, 209
Mona Lisa 168
Monroe, Marilyn 11, 120, 182, 214, 217, 265

Montaigne, Michel de 101
Moore, Demi 86
Moral s. *Charakter*
Morris, Desmond 105 f., 181 f., 212, 239
Moss, Kate 13, 67, 170, 227
Mund
- dicke Lippen 154, 158, 164, 166 f., 171 ff.
- Geschlechtsunterschiede 173
Mugler, Thierry 233
Musik
- Goldener Schnitt in der 160
- Vorlieben von Kleinkindern in der 40
Muskeln
- Gesichtsausdruck und 129 f.
- männlicher Körperbau und 89, 199 ff.
Muskuläre Dysmorphie 202 ff.
Mütter
- Behauptung, das Kind würde dem Vater ähneln 47 f.
- Reaktionen von Kleinkindern auf 40
- Reaktionen auf Kleinkinder 44 ff.
Myers, David 98 f.

Nacktheit
- beeinflusst Urteilsvermögen 61
- evolutionäre Vorteile der 107
s.a. *Pornographie*
Narzissmus 27
Nasen
- evolutionäre Anpassungen 152 f.
- Geschlechtsunterschiede bei 172 f.
Natürliche Auslese s. *Evolution*
Neeson, Liam 100
Neuguinea 130, 153, 203
Niedlichkeit 42 ff.

O'Hara, Scarlett 145, 263
Onassis, Aristoteles 79, 93, 199
Orgasmus 62, 210
s.a. *Sexualität*
Östrogen 127 ff., 173, 199, 215, 217
Ovid 87, 111, 117, 233, 273
Ovulation/Eisprung
- und Pheromone 268 f.
- und Symmetrie 210 f.

Paglia, Camille 32, 78, 206
Paralysierende kosmetisch-chirurgische Eingriffe 114
Parfum 266 ff.
Patriarchat s. *Männer, Dominanz unter, Macht*
Penis 113, 204 ff.
Pentland, Alex 257
Perrett, David 170 f., 179 f., 185
Perücken 111, 117, 119, 137 ff., 144, 146, 155, 243 f.
Phantasien, sexuelle 62, 71 f.
s.a. *Pornographie*
Pheromone 267 ff.
Photographien s. *Komposita*
Physiognomie 30 ff.
Physische Gesundheit
– Schönheit als Indikator von 34, 85, 164, 209, 272
s.a. *Essstörungen*
Piercing von Körperteilen 114 ff.
Pipher, Mary 68
Pitt, Brad 177
Plastische Chirurgie s. *kosmetische Chirurgie*
Platon 9, 22, 25 f., 50 f., 158
Playboy Models 112, 134, 217 f., 227
Plotin 23
Pogrebin, Lethy Cottin 92
Poiret, Paul 219, 237, 249, 252
Polyklet 23 f.
Pornographie
– Brustimplantate und 254 f.
– Geschlechtsunterschiede im Konsum 71 f., 271
– Penisgröße und 206
Pound, Ezra 17
Praxiteles 23
Presley, Elvis 120
Prestige s. *Status*
Proportion
– Evolution fördert durchschnittliche 164 f.
– Messstandards und 22 ff., 51 f., 158 ff.
– Schulter zu Taille 200 ff.
Prosopagnosie 187

Psychiatrie, kosmetische Chirurgie und 27 f.
Pubertät s. *Heranwachsende*

Quant, Mary 234

Ramachandran, V.S. 120 ff.
Rasse
– Bevorzugung der Merkmale der eigenen 152, 154
– menschliche Veränderung und 52, 122
Rassismus
– Hautfarbe und 119, 122
– Messung von Gesichtswinkeln und 51 f.
– Schönheitsideale reflektieren 11
Rauchen 125 f.
Redford, Robert 177
Religion s. *Christentum*
Remnick, David 90
Renaissance, Schönheitsideal in der 24 f., 50 f., 158 f., 212 f.
Richards, Hoyt 89
Ridley, Matt 78
Rodman, Dennis 90, 146
Rom (antikes) 137, 201
Romantik
– Alterspräferenzen und 74 ff.
– Bedeutung des Aussehens für 69 ff., 73 ff.
– Fortpflanzung und 88 f.
– Phantasien 68 ff.
– Romane 68
s.a. *Ehe/Heirat*
Roosevelt, Eleanor 13, 100
Rosen, Bruce 186
RuPaul 95, 146
Ruskin, John 106
Russell, Bertrand 80, 99

Santayana, George 14 f.
Sappho 50, 261
Scham 27, 49
Schamhaare 106, 112
Scheidung 88, 94, 118
Schiffer, Claudia 16, 77, 218

Schmuck/Verzierung
- subjektive Wahrnehmungen von 31
- universale Vorliebe für 22
- Werbungsrituale bei Tieren 67
s.a. *Kleidung, Farbe, Mode*
Schnurrbärte 177 f., 182
Schönheit
- »All-American« 136
- Ambivalenz bezüglich S. 26, 35, 272 ff.
- als biologische Anpassung s. *Evolution*
- sich verändernde Haltung bezüglich S. 25 ff.
- sich verändernde Wahrnehmung von 16, 26, 31, 131 f., 164 f.
- Definitionen von 9 f., 15 f.
- Existenz idealer S. 17 f., 24
- Subjektivität von S. 17, 19, 26, 29 f.
- universales Trachten nach S. 9, 11, 22, 74 ff.
- universale Standards 22 ff., 31, 40, 119, 121, 133, 155 ff., 165 f., 184
s.a. *Hässlichkeit*
Schönheitsindustrie s. *Kosmetikindustrie, Modeindustrie*
Schönheitswettbewerbe 44, 155, 169
Schwangerschaft s. *Fruchtbarkeit, Fortpflanzung*
Schwarze s. *Afroamerikaner, Afrikaner*
Schwarzenegger, Arnold 201 f.
Schweiß 105 ff.
(Selbst-)Vertrauen, Schönheit und 56 ff.
Selbstwert(gefühl), Schönheit und 56 ff.
Selektion/Auslese, natürliche s. *Evolution*
Sexualität
- Geruch und 106, 226 ff.
- gesteigert durch Farbe 110 f., 120
- Körpersprache und 263 f.
- Orgasmus 62, 210
- Phantasien und 62 ff., 72
s.a. *Homosexualität*
Sexuelle Belästigung 97
Sexuelle Selektion/Auslese 120, 132 f., 165, 192 ff., 208
s.a. *Evolution*
Sforza, Luigi 133

Sims, Naomi 134
Singh, Devendra 216 f., 219, 224
Sonnenbräune 125
Sozialwissenschaften, Kultur vs. Biologie 28 ff.
Sprachen, universale Grammatik und 31
Status
- Einkommen von Frauen als 96 ff.
- Hautfarbe und Rassismus 122, 133
- Körper als 230, 238 f., 252 f.
- Körpergewicht und 219, 225 f.
- Körpergröße von Männern und 90, 197 ff.
- Männer mit S. und Frauen 87 f.
- Mode und 240 ff.
- Schönheit verleiht 55 ff.
- S.zunahme durch schöne Partner 76 f.
Stereotypen
- bezüglich Fettleibiger 224
- bezüglich Haarfarbe und Charakter 58, 145
- bezüglich schöner Menschen 62
- Sonnenbräune und 125
s.a. *Erwartungen*
Steroide 202 f.
Stoller, Robert 83
Strathern, Marilyn 123
Symmetrie
- als Element von Schönheit 183, 209
- bei Frauen 209
Symons, Donald 18, 29, 73, 83, 158, 165, 213

Tabak s. *Rauchen*
Taille-Hüfte-Ratio 215 ff.
Tarzan 112
Tätowierungen 114 ff.
Testosteron 129, 141 f., 172, 179, 181, 215 ff., 269
Thornhill, Randy 62, 183, 208 ff.
Tiere
- als Charaktersymbole 50 ff.
- Augen 41 f.
- Auswirkungen herabgesetzter Nahrungsaufnahme 229
- Bevorzugung gesunder Tiere 45, 193

– biologische Attribute schützen Jungtiere 43
– Durschnittlichkeit sichert Überleben 164
– Farbe 43 ff., 67
– Fell und Gesundheit 141
– (Fell-)Pflege 108 f.
– Genitalien 204 f., 207
– Lippen von Primaten 181 f.
– Paarungsverhalten 81, 167, 191, 264 f., 270
– Symmetrie bei 183, 194, 208 f.
Tolstoi, Leo 13, 49, 195
Tooby, John 28, 30, 32, 55
Townsend, John Marshall 91
Turlington, Christy 67, 77, 170, 253
Twiggy 218, 226, 252
Tyson, Mike 78, 88

Valéry, Paul 21 f.
Väter 47 ff.
Veblen, Thorstein 241
Venus von Willendorf 224
Vereinigte Staaten
– Bevorzugung aufgrund von Hautfarbe in den 134
– Fettleibigkeit in den 217 ff., 220 f., 224 f.
– WASP-Schönheitsideal 117 ff.
– Wertschätzung von Schönheit in den 73

Vionnet, Madeleine 219, 237, 249
Vitruvius 158 ff.
Vreeland, Diana 245

Wagatsuma, Hiroshi 121
Wagner, Richard 272
Watson, John B. 29
Webb, Veronica 21, 220
Wedekind, Claus 269 f.
Wek, Alek 108
Werbung s.a. *Medien, Models*
Wettbewerb
– Mode und 246 f., 248
– Penisgröße und 203 ff.
– unter Frauen 78 ff.
White, Barry 264
Wilson, Margo 47 f.
Windsor, Herzog von 182, 243
Wolf, Naomi 9, 31, 228
Wolfe, Tom 271
Worth, Charles Frederick 248 f.

Yeats, William Butler 74, 100 f.

Zahavi, Amotz 193
Zebrowitz, Leslie 30, 175
Zentner, Marcel 40
Zuk, Marlene 70
Zwillinge 46, 100, 226